DIE
SKYTHEN-SAKEN
DIE
URVÄTER DER GERMANEN.

MELCHIOR
Historischer Verlag

Das außergewöhnliche Werk

Die
Skythen-Saken
Die
Urväter der Germanen.

erscheint im Rahmen ausgewählter Literatur
als exklusive Reprint-Ausgabe in der
Historischen Bibliothek des Melchior Verlages.

Die Historische Bibliothek enthält wichtige
sowie interessante Bücher zur Geschichte
und lässt anhand dieser eindrucksvollen Zeitzeugen
bedeutende Ereignisse, Begebenheiten und Personen
aus längst vergangener Zeit wieder lebendig erscheinen.

Nachdruck der Originalausgabe von 1886
nach einem Exemplar aus Privatbesitz.

M
Reprint
© Melchior Verlag
Wolfenbüttel
2015
ISBN: 978-3-945853-12-2
www.melchior-verlag.de

DIE

SKYTHEN-SAKEN

DIE

URVÄTER DER GERMANEN.

VON

JOHANNES FRESSL,

ordentlichem mitglide des historischen vereines von und für Oberbaiern,
der Münchener geselschaft für anthropologie, ethnologie u. urgeschichte,
der deutschen anthropol. geselschaft u. der geogr. geselschaft zu München.

MELCHIOR
Historischer Verlag

DEM GROSZEN VOLKE DER GERMANEN.

Vorwort.

Wir Germanen haben biß zur stunde keine urgeschichte. die neuesten an und für sich herlichen werke von Georg Kaufmann, Wilhelm Arnold und Felix Dahn, welche in dises gebiet ein schlagen, müßen auß begreiflichen gründen gerade bei der frage über das Urgermanentum halt machen und können sich darüber nur in vermutungen ergehen. und doch müßen die Germanen, ehe sie dise bezeichnung trugen, schon längst da gewesen sein und konten als eines der grösten und gewaltigsten völker der erde für die mitwelt weder verborgen noch namenlos bleiben.

was man alles über iren früheren unbekanten aufenthalt gefabelt hat, wie, daß sie an irgend einem ab gelegenen winkel Osteuropas auf einem engen gebiete zusammen gedrängt gewesen wären, ja daß sie der unterjochung durch eranische völker durch die flucht sich entzogen hätten, bekundet eine völlige verkennung germanischer art und weise, und ist geradezu eine versündigung am ganzen germanischen geschlechte, welcher sich am wenigsten ein abkömling desselben schuldig machen solte. der löwe verbirgt sich nicht nach schakals art; auch die Urgermanen zeigten sich stets vor aller welt.

VIII

ebenso verstößt die neuere anname eines ureingeborenseins der Germanen in Nordeuropa so z. b. in Scandza der quasi officina gentium des Jornandes gegen hunderte von tatsachen, welche durch die einstimmigen berichte der alten über die arischen und unter disen die urgermanischen völker in Asien unwiderlegbar fest gestelt werden können.

welchen weg haben wir aber ein zu schlagen, um die spuren des Urgermanentums auf zu finden? wir wißen, daß die Kelten und insbesondere die Germanen die träger der weißen hautfarbe, des hohen wuchses, der blondroten hare und der blauen augen waren. wir müßen uns fragen: gab es außer disen beiden noch andere völker, denen dise merkmale vorzugsweise an klebten und wer waren dise? die alten Griechen und Römer, sowie die Eraner und Chinesen berichten uns nun übereinstimmend, daß auch die Thraken und Skythen in Europa und Asien ganz und gar mit den nämlichen körperlichen eigenschaften auß gestattet waren, wie die Germanen. solte das zufall sein, oder solte nicht vil mer nach den unabänderlichen ewigen gesetzen der natur ein band der verwantschaft zwischen allen disen völkern gerade so bestanden haben, wie zwischen den mit gleichem äußeren bedachten stämmen der Semiten, der Mongolen, der Neger, der Indianer u. a.? unmöglich darf ein so bedeutsamer wink unbeachtet gelaßen werden. es sind daher nicht bloß die körperlichen merkmale diser beiden fremden völker, insbesondere der Skythen, mit welchen wir es hier zunächst zu tun haben, sondern auch deren geistige anlagen, glaube, sitten, gewonheiten und gebräuche fest zu tellen und mit denen der Germanen zu vergleichen. vor allem aber ist das hauptaugenmerk auf die skythische sprache zu richten und die suche auf die ganze alte griechische und römische literatur auß zu denen, um möglichst vile, hauptsächlich aber solche skythische denkmäler zu erhalten, welche schlagend und unumstößlich das wesen skythischer zunge dar zu legen im stande sind.

der verfaßer hat nun eine reihe von jaren unter anwendung des gesamten durch den fortschritt der geschichtlichen wie sprachlichen wißenschaft verfügbaren gelerten rüstzeuges disen forschungen mit voller hingebung sich gewidmet und die endergebnisse derselben in der folgenden abhandlung in zwei büchern einem geschichtlichen und einem sprachlichen nider gelegt. one gegen die deutsche bescheidenheit zu verstoßen, glaubt derselbe, es auß sprechen zu dürfen, daß es im geglükt ist, derartig entscheidende und bißher völlig unbekante beweise auf zu decken, daß sie in zu dem schluße berechtigen:

die geschichte der Urgermanen ist mit flammenden buchstaben sowol in den werken der Griechen und Römer nider geschriben, als in leuchtenden denkmälern in den namen von ländern, gebirgen, flüßen, stätten etc. in Ost- Binnen- Vorder- und Kleinasien, wie in Osteuropa teilweise sogar biß auf den heutigen tag verewigt; sie fält mit der geschichte der Skythen zusammen; Asien ist die urheimat der Skythen oder Urgermanen, sowie der gesamten Arier.

München im März 1886.

der verfaßer.

Inhalt.

Erstes buch.

Geschichtliches über die Skythen.

Erstes hauptstück.

Das volk der Skythen.

herkunft 3. — einteilung 8. — lebensweise 8. — name 11. — Ulfila und das wort Skyþus 16. — namengeber der Skythen 18.

Zweites hauptstück.

Gestalt und tracht der Skythen.

keine Mongolen 19. — weiße haut, blonde hare, blaue augen, hoher wuchs 20. — hosen 22. — tierfelle 24. — kopfbedeckung, pileus, pileati 25.

Drittes hauptstück.

Geistige anlagen der Skythen.

gerechtigkeit 28. — weisheit 28. — witz 32. — fürstenstolz und frommer sinn 33. — hon und spott gegen Persen und Griechen 34. — verachtung des Bacchus 35. — feldhernblick 36. — urteil des Q. Curtius Rufus 36. — rede an Alexander den großen 37. — stammesstolz 41. — apostel Paulus über die Skythen 42.

XII

Viertes hauptstück.
Glaube, gebräuche, sitten und gewonheiten der Skythen.

vererung des kriegsgottes 46. — schlangenjungfrau 49. — das gold und die greifen 50. — daumen halten 51. — menschen- und tieropfer 51. — kochen des opferfleisches in keßeln 52. — leichenschmaus 53. — ertragen von hunger 53. — wein trinken 53. — blut trinken 54. — minne trinken 56. — trinken auß hirnschalen 57. — werwolf 57. — war sagen 58. — weiße rosse 59. — stellung der frauen 61. — ungenügende völkerscheidung des Hippokrates und Tacitus 64. — Tacitus kent nur die eine hälfte der Germanen 69. — die heutige geschichtsforschung 72.

Zweites buch.
Sprachliches über die Skythen.

Erstes hauptstück.
Die sprache der Skythen.

sprachdenkmäler 77. — wortdeutung 78. — eigennamen und dingenamen 79. — $\dot{\alpha}\delta\iota\gamma\acute{o}\varrho$ 80. — sacrium 82. — sualiternicum 88.

Zweites hauptstück.
Verschiedene skythische namen bei Herodot, welche zum teile auch von anderen autoren bezeugt werden.

warheit der berichte Herodots 91. — $\!\!'A\varrho\iota\mu\alpha\sigma\pi o\acute{v}\varsigma$, $\ddot{\alpha}\varrho\iota\mu\alpha$ und $\sigma\pi o\tilde{v}$ 91. — $\dot{\alpha}\nu\tau\alpha\kappa\alpha\tilde{\iota}o\varsigma$ 95. — $o\iota\acute{o}\varrho\pi\alpha\tau\alpha$, $o\iota\acute{o}\varrho$ und $\pi\alpha\tau\acute{\alpha}$ 98. — $\dot{\varepsilon}\xi\alpha\mu\pi\alpha\tilde{\iota}o\varsigma$ 101. — $\dot{\varepsilon}\nu\acute{\alpha}\varrho\varepsilon\varepsilon\varsigma$ 105. — $\pi o\nu\tau\iota\varkappa\acute{o}\nu$ und $\ddot{\alpha}\sigma\chi\nu$ 107. — $\!\!'A\varrho\gamma\iota\mu\pi\alpha\tilde{\iota}o\iota$ 110.

Drittes hauptstück.
Die skythischen götternamen bei Herodot.

$Ta\beta\iota\tau\acute{\iota}$ 114. — $\Pi\alpha\pi\alpha\tilde{\iota}o\varsigma$ 116. — $\!\!'A\pi\acute{\iota}\alpha$ 116. — $O\iota\tau\acute{o}\sigma\kappa\nu\varrho o\varsigma$ 117. — $\!\!'A\varrho\tau\acute{\iota}\mu\pi\alpha\sigma\alpha$ 122. — $\Theta\alpha\mu\mu\alpha\sigma\acute{\alpha}\delta\eta\varsigma$ 124.

Viertes hauptstück.
Die skythischen abstammungssagen bei Herodot.

behandlung der namen 127. — $Ta\varrho\gamma\acute{\iota}\tau\alpha o\varsigma$ 127. — $\xi\alpha\ddot{\iota}\varsigma$ 129. — $\Lambda\iota\pi\acute{o}\xi\alpha\ddot{\iota}\varsigma$ und $A\dot{\nu}\chi\acute{\alpha}\tau\alpha\iota$ 130. — $\!\!'A\varrho\pi\acute{o}\xi\alpha\ddot{\iota}\varsigma$ 130. — $Ka\tau\acute{\iota}\alpha\varrho o\iota$ 130. —

XIII

Τράσπιες 131. — Κολάξαϊς 132. — Ebels deutung 134. — Παραλάται 135. — Σκόλοτοι 140. — die goldene schale 143.

Fünftes hauptstück.

Skythische namen bei Plinius und anderen autoren.

Σάκαι, Sacae 151. — Σκύθαι Ἀμύργιοι 152. — Sakâ Humavarkâ 153. — Εὐεργέται 153. — Sakâ Tigrakhaudâ 155. — Saken innerhalb des persischen reiches 156. — freie Skythen oder Saken 157. — name der Saken 157. — Chorsari 158. — Graucasus 159. — Caucasus 161. — Amalchius oceanus 161. — Paropanisus amnis 165. — Silis 167. — Temerinda 169. — Μαιῆτις 172.

Sechstes hauptstück.

Skythische sprachdenkmäler bei Hesychius und anderen autoren.

ἀβί 173. — ἄβιε 174. — ἄγλν 174. — καραρύες 175. — μέσπλη 176. — μόσυνες, μόσσυνες 179. — σακυνδάκη 183. — σανάπτις und σανάπαι 184. — Σκυθιάς und Σκυθίς 186. — Κύνθος 186. — kun, vertex altitudo summitas 187. — Ἀράκυνθος und Ζάκυνθος 188. — hun, gigas 190. — hünebedde 193. — Altkun 194. — Hundesruche 194. — eigennamen mit hun 195. — Arakun, Ἑρκύνια, Ercynia, Ἀρκύνια, Ὀρκύνια und Hercynia 196. — Zeuß' richtige erkentnis 197. — Hercuniates und Kerkonosch 197. — Erkunia kein eigenwort der Kelten mer 197. — Κόραξ und harah 198. — Βερέκυνθος, Βερέκυντος, Βερέκυντες, Βερεκυντία, Parkana, Perkunas 199. — fairguni, firgen, fiörgyn, virguna 204. — fairguni und bairgahei, verschiedene worte 206. — ἄνορ 207.

Sibentes hauptstück.

Skythische fluß- und gebirgsnamen.

a. Flußnamen.

Ἴστρος, Hister 209. — Πόρατα 209. — Τιάραντος 211. — Ἄραρος 211. — Νάπαρις 211. — Ὀρδησσός 212. — Μάρις 212. — Τύρης 212. — Ὕπανις 212. — Βορυσθένης 213. — Παντικάπης 213. — Ὑπάκυρις 214. — Γέρρος 214. — Τάναϊς 214. — Ὕργις und Bisurgis 215. — Λύκος 216. — Ὄαρος, Varus 216. — Wolga 216. — Attel 218. — δόχια, das türkische begräbnis 218. — Τούρξανθος 219.

XIV

b. Gebirgsnamen.

'Ριπαῖα ὄρη, Ὄλβια, Ἄλβια, Ἄλπια, Albes, Alpes 220. — Libanon 221. — Hermon 222. — Κάραμβις 223. — Βρίξαβα, κριοῦ μέτωπον 224. — Tabis 225. — ταβάλα, ταβῆλα 225. — Tabae, Tapae 226. — Taberistan 227. — Tepe 227. — Tabor, Ἀταβύριον ὄρος 227. — Ἴμαον ὄρος, Himalaya, Ἠμωδός, Hêmavant 228. — wanderung der gebirgsnamen, Αἷμος 229.

Achtes hauptstück.

Der germanische glaube des unsichtbar machens wurzelt bei den Skythen.

Τάρανδος, tarandus 231. — taran, latere 233. — die tarnhût oder tarnkappe 235. — entstehung des glaubens des unsichtbar machens 236. — Budiner und Geloner 237. — das rentier in Osteuropa 239.

Neuntes hauptstück.

Uralte kultur der Skythen-Saken oder Urgermanen in Asien.

die Saken im persischen reiche 240. — sakische stätte und dörfer 240. — getreidebau 241. — kunst und wißenschaft 242. — die königin Zarina 242. — pyramidenbau und fertigung einer goldenen bildsäule 243. — die kultur der Germanen durch die wanderung unterbrochen 244. — eine skytho-sakische oder urgermanische statt in Sogdiana 245. — der fluß Πολυτίμητος 246. — statt und wort Marakanda 246. — die gleiche bedeutung von Μάρις, Çughdha und Πολυτίμητος 250. — die skythische kultur in Sogdiana die herschende und ältere 251. — statt und wort Samarkand 252. — die Sogdianer, urbilder der Germanen 253. — uralter grund und boden der Germanen 254. — Skythen-Saken oder Urgermanen unter Alexander dem großen 255. — warheit des Annoliedes 256. — A. Lehwalds haltlose meinung 257. — H. Kieperts irrige ansichten 257. — Eran und Turan 261.

Zehntes hauptstück.

Weitere spuren der Skythen-Saken oder Urgermanen in Asien.

a. Innerhalb des persischen reiches.

Bucharei, Bucharen, Bôkhârâ 265. — äußeres der Baktrier, Meder und Persen 267. — die Saken-Skythen oder Urgermanen, die Turaner des altertums 268. — die eranische heldensage der älteste rumessang der Germanen 270. — der seherblick von W. Menzel und A. F. graf von Schack 271.

b. Außerhalb des persischen reiches.

die freien Skythen 273. — Οὗννοι οἱ Ἐφθαλῖται 274. — die Chinesen kennen längst die Skythen 274. — die Skythen am großen okean 276. — die gebirge Ἀσκατάγκας und Ascanimia 277. — Ῥίβιοι 279. — Δαύαβα, Δάαι Δακοί, Dahae Daci, gleichzüngigkeit der Thraken und Skythen 280. — das land Οὐανδάβανδα 282. — Κάσια ὄρη, Nanschan und Βαύτισος, Hoang-ho 285. — Baikal, heiliges waßer, heiliges mer, dalai-noor, swjatoie more 286. — veihs, sacer 288. — Sokondo- oder Tschokondogebirge 289. — blonde und blauäugige völker im äußersten osten Asiens 290. — Klaproth und die Mandschu 290. — Skythen und Japanesen 291. — Sinto- oder Kami-no-mitsi-kultus 291. — sint, via 293. — die göttin Sinthgunt 293. — andere skythogermanische worte bei den Japanesen 294. — die Skytho-Germanen seit urzeiten in Asien 296. — die Skytho-Germanen fast eben so lange von den Ariern getrent 296.

Schluß.

Rükblicke und folgerungen.

außdenung der Skythen 298. — skythische und germanische nachhaltigkeit 299. — ende der beweisfürung 299. — einheit der Skythen und Germanen in allen wichtigen merkmalen 299. — glaubwirdigkeit der alten 301. — dr. H. Schliemann und die alten 302. — Thraken und Germanen 302. — Jakob Grimm und Karl Blind über die Thraken 303. — anzal der Skythen in Europa 304. — anzal der Skythen in Asien 306. — die Germanen zum herschen bestimt 307. — beschaffenheit der urheimat der Skythen 307. — die ältesten kultursitze der Skythen 309. — der Imaus scythicus oder Thian-schan, die urheimat der Skythen 311. — außbreitung der Skythen 312. — außdenung nach süd und nord 313. — wanderung nach ost 313. — höchste nördliche breite skythischen vordringens 315. — wanderung nach west 315. — südliche umgehung des Kaspi 318. — Thraken und Skythen in Armenien und die Armenier 319. — nochmal das Annolied 320. — urheimat der Arier 321. — die Sumir, Akkad und Kaldi 323. — zweite gattung der keilinschriften 324. — nördliche umgehung des Kaspi und übergang nach Europa 324. — verbleiben einer großen anzal von Skythen in Asien 325. — alter der Skythen

326. — zeit der ankunft in Europa 327. — die Skythen die lezten Arier in Europa 328. — West- und Nordgermanen gehen zunächst von Thraken und Skythen auß 330. — die Ostgermanen bleiben zurück 330. — verschwinden der Skythen in Asien 332. — aufgehen der europaeischen Skythen in Germanen und Sauromaten 334. — des Plinius berümter bericht 339.

Erstes buch.

Geschichtliches über die Skythen.

Erstes hauptstück.

Das volk der Skythen.

herkunft. – Ins graue altertum verlieren sich die Skythen. zu einer zeit, wo in Europa kaum noch die kultur begann, durchstürmten sie bereits Asien von jenseit des Imaus biß an das mittelmer und zu den Aegyptiern, mit welchen sie um das alter stritten. später finden wir sie vom Pontus in Europa durch Vorder- und Binnenasien biß nach Indien wie in einem großen halbringe hinter den weltreichen der Baktrer, Meder, Persen, Makedonen, Parther und Römer. zalreiche abkömlinge giengen von inen auß, wie die eben genanten Parther, zum teile die Baktrer, die Chorasmier, Sogdianer, Drangianer i. e. Sakastaner, Margianer u. a. sie gründeten und zerstörten reiche. unerschöpflich waren sie an immer frischen kriegerscharen, so lange ir name klang. Parther, Meder, Persen, Baktrer, Griechen, Römer und sogar Chinesen wurden von inen aufs haupt geschlagen. aber nicht bloß im kriege glänzten sie; ire edelsten hatten auch den drang nach weisheit. sie besuchten das damals an kunst und wißenschaft hervor ragende Griechenland, und ein Abaris und Anacharsis werden nicht als die geringsten selbst unter griechischen weisen genant.

wer waren nun dise Skythen? kaum möchte man glauben, daß biß zur stunde über sie, welche durch iren kriegerischen sinn die ganze alte welt in atem hielten, der schleier immer noch nicht volständig gelüftet ist. Chinesen, Eraner, Griechen und Römer kanten sie wol. sie sahen ire hohen gestalten, sie verstanden teilweise ire sprache, sie wusten um ire sitten und gebräuche. aber die Skythen gehörten unter die sogenanten barbaren, und deshalb betrachtete der damals gebildete Grieche und Römer alles, was sich an sie knüpfte, mit zimlicher geringschätzung. dise leidigen barbaren! und doch erstanden gerade auß irer mitte welche, die dem weltgebietenden reiche der Römer den todesstoß versezten und die träger der bildung und gesittung wurden für längere zeit, als Griechen und Römer je es waren.

so kam es, daß von der sprache der Skythen außer wenigen namen irer gotheiten, könige und helden nur bruchstücke auf uns kamen dank den alten schriftstellern, welche gerade für das eine oder andere skythische wort, weil es eine bemerkenswerte bedeutung, eine seltene sitte in sich barg, eine vorliebe faßten und es uns samt erläuterung in irer sprache überliferten. für die alten hatte es aber damit auch sein bewenden. die sprachen der fremden völker behufs irer abstammung oder ires verwantschaftsgrades unter einander zu vergleichen, wie wir es tun, hatten sie begreiflicher weise weder sinn noch bedürfnis noch auch das verständnis. unsere zeit nun konte mit einem solchen zustande der dinge sich nicht mer zufriden geben, und so wurde man denn nicht lange nach dem widerauflühen der griechischen und römischen sprachstudien auf alle dise sogenanten barbarenvölker, unter anderen auch auf die Skythen aufmerksam. es kann hier nicht der ort sein alle gelerten auf zu zälen, welche sich mit inen beschäftigten; es genüge auf einige wie Hugo Grotius, Schottelius, Verelius, Schilter,

Wachter, Scherz, Frisch, Adelung, Ukert, Barth, Ritter, Niebuhr, Klaproth, Böckh, Schafarik, Lindner, Halling hin zu weisen, von welchen sich die einen mer die geschichte, die anderen die sprache der Skythen angelegen sein ließen. daß dabei manches mit unter lief, was gegen jegliche sprachwißenschaft verstieß, ist begreiflich; es muß aber auch hinwiderum an erkant werden, daß man bei manchen der an gefürten namen auf urteile trift, auf deren richtigkeit wir erst auf dem umwege der strengen sprachwißenschaft zurück kommen. dabei kann nicht unerwänt bleiben, daß gleich von vorne herein zwei ansichten vertreten wurden, die sich schroff gegenüber stehen. die eine hält die Skythen für arische stämme, die andere erklärt sie für Mongolen. einer der lezten gelerten vertreter der mongolischen abstammung ist Niebuhr, in dessen fußstapfen neuestens Heinrich Kiepert und Karl Penka traten.

seit aufschwung der indogermanischen vergleichenden grammatik muste aber notgedrungen diser standpunkt auf gegeben werden. männer wie Alexander von Humboldt in der Asie central, Kaspar Zeuß in seinem berümten werke die Deutschen und die nachbarstämme, Lorenz Diefenbach in seinen Celtica und später in seinen Origines europaeae, allen voran Jakob Grimm in seiner einzigen geschichte der deutschen sprache haben mit nachhaltigen sowol sprachlichen als geschichtlichen gründen das Ariertum der Skythen aufrecht erhalten und für immer befestigt. geht hiebei Zeuß, um ein gleichnis zu gebrauchen, wie ein außgezeichneter anfürer nach allen taktischen regeln in seiner beweisfürung vor, so muß Grimm entschieden der feldhernblick zu erkant werden, der über die gränzen des gewönlichen hinauß den zusammenhang von dingen erkent, die dem altäglichen auge verborgen sind. ich werde noch des öfteren auf in zurück kommen

und namentlich in meiner abhandlung über die Thraken
zeigen, wie glänzend er meine behauptung rechtfertigt. in
jüngster zeit hat professor Müllenhoff in Berlin in
seiner untersuchung über die herkunft und sprache
der pontischen Skythen und Sarmaten in den
monatsberichten der k. preußischen akademie der wißen-
schaften auß dem jare 1866, wenn sich auch auß seinem
mistrauen zu Herodot manche warheit vor im verschloß,
dennoch in streng grammatischer weise schlagend dar
getan, daß die Skythen zu den Ariern und innerhalb diser
großen familie insbesondere zu den Eranern gezält werden
müßen. schon diß ist als hervor ragendes und freudiges
ereignis zu begrüßen; denn nun dürfte man demjenigen, der
es unternäme, bezüglich der abstammung derselben auf mongolische oder überhaupt außerarische völker zurück
zu greifen, wol mit recht gerade so wenig kentnisse der
skythischen sprache zu trauen, wie weiland den gelerten,
welche den urdeutschen stamm der Baiwaren als
keltisch auß riefen, one nur die kerndeutsche mundart
des nächst besten baiwarischen landmannes zu verstehen.
nach Müllenhoff unternam es J. G. Cuno in seinen forschungen im gebiete der alten völkerkunde I. teil.
die Skythen' eingehende untersuchungen über dises volk
an zu stellen. in disem werke, das eben so ser zeugnis von
der kentnis des umfangreichen materiales als von der wirdigung der von den alten überlifterten nachrichten über die
Skythen ab legt, sind eine menge treflicher warheiten enthalten. dem verfaßer muß vor allem das lob erteilt werden,
daß er ein entschiedener verfechter des Ariertums der
Skythen ist. wenn er in seinem endergebnisse nicht zur erkentnis der vollen warheit gelangt, sondern die Skythen für
Litauer und Slaven hält, so ligt die schuld einesteils an
der ungemeinen schwirigkeit des gegenstandes, anderteils
daran, daß er die skythischen worte einzeln für sich zu

deuten sucht, one den zusammenhang, welchem sie entnommen sind und welcher in den meisten fällen den schlüßel zur lösung bietet, gebürend rechnung zu tragen. wenn ich in meinem urteile über die Skythen über Müllenhoff und Cuno hinauß gehe und dieselben innerhalb der arischen oder indogermanischen völkerfamilie nicht zum eranischen aste reihe, sondern nichts geringeres beanspruche, als ire stellung unter die große germanische sippe, so will ich mich mit der rechtfertigung hiefür nicht weiter auf halten, sondern den gelerten leser auf das folgende meiner abhandlung verweisen, die ja nichts anderes, als eine kette von beweisen sein soll, meine anname zu erhärten.

hier ist auch der ort, kurz einer angelegenheit zu gedenken, welche in unseren tagen die gelerten lebhaft beschäftigt, ob nämlich Europa oder Asien das anrecht auf die urheimat insbesondere der Arier und mithin auch der Skythen geltend machen kann. es ist unmöglich, mich schon hier auf die förmliche behandlung diser frage ein zu laßen, bei welcher so vile umstände erwogen werden müßen. gewis aber ist, daß die geschichte der Skythen in irem ganzen umfange heran gezogen werden muß, um einer solchen untersuchung näher zu treten und zu einem auf unumstößlichen gründen fußenden ergebnisse zu gelangen; denn es werden sich, namentlich wenn wir die asiatischen Skythen erst näher betrachtet haben, bezüglich der zeit ires dortigen verweilens sowol, als auch bezüglich irer kultur so manche bißher unbeachtete punkte ergeben, welche nicht one schwer wigenden ja entscheidenden einfluß auf ein von der wißenschaft zu fällendes endurteil in der an geregten sache sein dürften. daß die anname von einer ureingeborenheit der Kelten, Germanen, Litauer, Slaven und unserer Skythen kurz der sogenanten Arier oder Indogermanen in Europa volständig erschüttert werden dürfte, glaube ich dem leser an deuten zu dürfen. damit verlaße ich für jezt disen punkt, um auf in beim schluße der abhandlung in außfürlicherer weise zurück zu kommen, und schreite zur einteilung der Skythen.

einteilung. — um nicht der widerholung anheim zu fallen, begnüge ich mich vorerst mit einer algemeinen übersicht der Skythenvölker, da ich ja auf einzelne stämme, insofern sie für die algemeinheit etwas bemerkenswertes bieten, onediß zurück kommen werde. zunächst zerfallen die Skythen in europaeische, asiatische und hyperboreische. unter die ersten zält man die pontischen Skythen, die Tauroskythen, die Keltoskythen; unter die zweiten vor allem die Skythen intra Imaum et extra Imaum, sowie die Indoskythen. die hyperboreischen Skythen werden bald im norden Europas bald in dem Asiens gedacht. dise scheidung ist aber nur eine von den Griechen und Römern beliebte und wird selbst von disen nicht ein gehalten, sondern es werden die Skythen nach iren engeren stammesnamen auf gefürt. noch weniger wusten die Skythen selbst von einer solchen einteilung; inen war sogar der name Skythe nicht geläufig. sie nanten sich, wenigstens was Königskythen waren, Skoloter. die Persen kanten die Skythen unter dem namen der Saken, den sie auf alle Skythen innerhalb und außerhalb ires reiches mit außname der Parther, Massageten, Chorasmier und noch einiger anderen stämme auß denten. doch war inen auch der name Σκύϑης nach den altpersischen keilinschriften nicht unbekant; denn *Sk'udra* dortselbst ist genau diser name, wie auch Müllenhoff an nimt und nicht wie Lassen meint, so vil wie Σκόλοτος.

lebensweise. — die Skythen waren zum teile ackerbauer und seßhaft, worunter insbesondere die innerhalb des persischen weltreiches in Parthien, Margiana, Baktriana, Sogdiana, Drangiana ff. an gesidelten, die Königskythen am Pontus u. a. gehörten, zum teile hirten und jägervölker, wie die Skythen, gegen welche Darius zu felde zog, die Dahen, Massageten und die jenseit des Oxus und Jaxartes wonenden, sowie vile andere; alle aber, selbst die sogenanten Abier nicht auß genommen, durchauß kriegerisch und meist beritten. ire kampfesart war die allen berittenen steppenvölkern eigentümliche: vermeidung unnützen verlustes und daher außweichen jeder offenen gefechtsweise, somit auch großen feldschlachten, wo es nicht unbedingt die verhältnisse forderten; dagegen umschwärmen und stetes beunruhigen des feindes, entziehung der notwendigen lebensmittel und des futters für leute und tiere durch abschneiden der zufuren und verwüstung der ganzen umgebung, locken in den hinterhalt und schließlich überfall und niderhauen des erschöpften und nichts anenden gegners.

daß die nicht seßhaften völker für ire unzäligen herden sowol, als auch für die jagd eine ungeheure strecke landes bedurften, leuchtet von selbst ein. war ja der gewönliche weidenwechsel und somit das ganze gedeihliche fortkommen von menschen und tieren, kurz das sein und nichtsein eines stammes damit zu enge verbunden. unter gewönlichen günstigen verhältnissen nam nun das leben diser nomaden seinen regelmäßigen verlauf. jeder stamm behauptete seinen durch herkommen gewissermaßen unantastbaren landbesitz. anders aber gestaltete sich die sache, wenn durch übervölkerung das gebiet zu enge wurde oder wegen miswachses, waßernot, krankheit u. d. gl. übel einem oder mereren stämmen eine ortsveränderung zur unabweisbaren notwendigkeit wurde. da konte es nicht auß bleiben, daß es zu reibungen und sogar zu einem algemeinen kampfe um land und weide kommen muste, der um so erbitterter wurde, je größer die not und somit die anzal der beteiligten war, und der wol damit

endete, daß nach volständiger verschiebung der früheren
verhältnisse die schwächeren stämme zulezt weichen und ir
heil in der außwanderung suchen musten, dadurch aber gerade wider die fernsten länder und völker in mitleidenschaft
zogen und neue unruhen und kämpfe veranlaßten, so daß
man mit recht ein solches ereignis einem **rollenden erdbeben** vergleichen kann, das in Asien seinen außgang nam,
ganz Europa durchzitterte und am atlantischen mere erst sich
besänftigte. und in der tat sehen wir denn auch ein fortwärendes völkergewoge nicht bloß an den gränzscheiden der
beiden erdteile, sondern dise selbst im norden der römischen
marken durch ein ewiges hin- und herdrängen der barbaren
irer ganzen breite nach biß in die heutige Mongolei in steter
unruhe. von einzelnen solchen großartigen völkerbewegungen haben wir kentnis dadurch, daß zulezt der eine oder
andere bedrängte stamm in römisches gebiet auß zu weichen
suchte. von anderen haben wir nur eine vermutung, so
lange das ganze hinter dem rücken der Römer und Griechen
verlief und sich lezterseits nur in einer algemeinen erregung der barbaren fülbar machte, welche zu dem schluße
berechtigte, daß zwar etwas eigentümliches vor gehen müße,
wol aber nie zur richtigen erkentnis der ursache hievon gelangen ließ. **das** aber läßt sich mit gewisheit sagen, daß
die völkerwanderung, in welche die Hunnen und zunächst
die Ostgermanen verflochten waren, durchauß nicht die **erste**
war, sondern nur deshalb am deutlichsten sich beobachten
ließ, weil das römische reich damit verwickelt wurde.

außer diser kurzen betrachtung möchte ich, was alte
völkerbeschreibung an geht, die lere gezogen wißen, daß es
durchauß verfelt ist, wie es biß in die jüngste zeit geschah
und noch geschiht, solche kriegerische nomaden in **bestimt
ab gegränzte** wonräume zu pferchen, wie sie nur zur
volständigen ruhe gekommene ackerbauer ein nemen können,
und daß es nicht das geringste sachverständnis zeigt, die

glaubwirdigkeit einzelner alten autoren in bezug auf lage und außdenung diser freien und ungebundenen stämme bloß deshalb an zu zweifeln, weil sie mit anderen irer früheren oder späteren fachgenoßen, welche auß irgend einem grunde gerade als maßgebend gelten, hierin nicht überein stimmen. das **gegenteil** wäre zu verwundern; denn was wäre merkwirdiger und der lage der dinge unangemeßener, als die anname, daß Tacitus, Cl. Ptolemaeus, Procopius von Caesarea irgend einen stamm der noch nicht seßhaften Kelten, Germanen, Thraken, Sauromaten, Skythen gerade auf dem **nämlichen** flecke wider finden solten, auf welchem sie Diodorus Siculus, Strabo oder zum teile gar Herodot beschreiben? hunderte von tatsachen beleren uns ja über dises unstete völkergetribe und wer sehen will, hat noch heut zu tage an den wanderungen der **Afghanen**, **Kurden**, **Turkmenen**, **Kirgisen**, **Eskimos** und **Rothäute** also in Asien und Amerika das sprechendste zeugnis.

name. – ich kere zu den Skythen zurück. wie kamen sie zu disem namen und welche bedeutung ist demselben bei zu legen? Homer erwänt denselben noch nicht, womit aber nicht gesagt ist, daß er überhaupt noch nicht im gebrauche war. aber er kent bereits das **volk**, wenn er Il. XIII, 5 sagt:

„… καὶ ἀγαυῶν Ἱππημολγῶν γλακτοφάγων, Ἀβίων τε δικαιοτάτων ἀνθρώπων'; denn die Hippemolger d. i. rossemelker sind, wie Strabo VII, 300 durch Hesiod beweist, „πῶς οὖν ἠγνόει τοὺς Σκύθας ὁ ποιητὴς (Homer) ἱππημολγοὺς καὶ γαλακτοφάγους τινὰς προσαγορεύων; ὅτι γὰρ οἱ τότε τούτους ἱππημολγοὺς ἐκάλουν, καὶ Ἡσίοδος μάρτυς ἐν τοῖς Ἐρατοσθένους παρατεθεῖσιν ἔπεσιν „Αἰθίοπας τε Λίγυς τε ἰδὲ Σκύθας ἱππημολγούς", niemand anderer als die Skythen, womit auch der name der Abier, welche von späteren autoren als stamm derselben an gefürt werden, genau überein stimt. soweit also

griechisches leben zurück reicht, erscheint auch schon der name der Skythen. ich möchte diß deshalb betonen, weil es ja für das auftreten der Germanen von wesentlicher bedeutung sein wird. ich komme zur deutung des wortes Σκύϑης selbst.
Orpheus argon. 1078 bezeichnet die Skythen als ͵τοξοφόρους τε Σκύϑας, πιστοὺς ϑεράποντας Ἄρηος᾽ somit als bogenfürende zu deutsch bogenschützen. Herodot IV, 9 berichtet, Herakles habe auf die frage der hylaeischen schlangenjungfrau, was sie mit den drei von im empfangenen sönen anfangen solle, wenn sie erwachsen seien, geantwortet: ἐπεὰν ἀνδρωϑέντας ἴδηαι τοὺς παῖδας, τάδε ποιεῦσα οὐκ ἂν ἁμαρτάνοις τὸν μὲν ἂν ὁρᾷς αὐτῶν τόδε τὸ τόξον ὧδε διατεινόμενον καὶ τῷ ζωστῆρι τῇδε κατὰ τάδε ζωννύμενον, τοῦτον μὲν τῆς δε τῆς χώρης οἰκήτορα ποιεῦ· ὃς δ᾽ ἂν τούτων τῶν ἔργων τῶν ἐντέλλομαι λείπηται, ἔκπεμπε ἐκ τῆς χώρης᾽. hierauf habe Herakles den einen seiner zwei bogen und seinen gürtel ir übergeben. von seinen groß gewordenen sönen hätten sich nun Agathyrsus und Gelonus an der gestelten aufgabe versucht, sie aber nicht zu stande gebracht und seien deshalb des landes verwisen worden, wärend es ibidem c. 10 von dem jüngsten heißt ͵... τὸν δὲ νεώτατον αὐτῶν Σκύϑην ἐπιτελέσαντα καταμεῖναι ἐν τῇ χώρῃ καὶ ἀπὸ μὲν Σκύϑεω τοῦ Ἡρακλέος γενέσϑαι τοὺς αἰεὶ βασιλέας γινομένους Σκυϑέων...᾽ nun hat allerdings nach der angabe die mutter die söne benant; dessenungeachtet bleibt es höchst beachtenswert, daß gerade der Σκύϑης den bogen spannen und somit die gestelte aufgabe lösen und den namen der Skythen mit der schießkunst in die innigste berürung bringen muste. weiter berichtet Herodot I, 73: ἐτυράννευε δὲ τὸν χρόνον τοῦτον Μήδων Κυαξάρης ὁ Φραόρτεω τοῦ Δηϊόκεω, ὃς τοὺς Σκύϑας τούτους τὸ μὲν πρῶτον περιεῖπε εὖ ὡς ἐόντας ἱκέτας, ὥστε δὲ περὶ πολλοῦ ποιεόμενος αὐτοὺς, παῖδάς σφι παρέδωκε τὴν γλῶσσάν τε ἐκμαϑέειν καὶ τὴν τέχνην τῶν

τόξων'. also wider die bogenkunde und die Skythen als lermeister derselben. Plinius h. n. VII, 56 läßt den Skythes son des Jupiter bogen und pfeil erfinden: ‚arcum et sagittam Scythen Jovis filium, alii sagittas Persen Persei filium invenisse dicunt.' Lukian im Tox. c. 8 heißt die Skythen ‚τοξεύειν ἀγαθοί' und sein name Τόξαρις — τοξάριον komt als demin. von τόξον vor — ist nur eine art übersetzung von Σκύθης. bei Appianus lesen wir: ‚... ὑπέφυγον γὰρ ἅμα βάλλοντες οἱ Πάρ-θοι καὶ τοῦτο κράτιστα ποιοῦσι μετὰ Σκύθας.' wie gefürchtet also auch die Parther waren, weil sie sogar fliehend ire feinde mit den pfeilen nider strekten, wurden sie doch noch von den Skythen übertroffen, welche mithin die ersten bogenschützen der welt waren. überall Skythen und schießkunst unzertrenlich. wenn wir aber über die bedeutung dises namens noch einen zweifel hätten, so muß derselbe völlig schwinden, wenn wir die beiden folgenden berichte gehört haben. Pollux onomasticon VIII, 132 ed. Bekh erzält nämlich: ‚οἱ μέντοι πρὸ τῶν δικαστηρίων καὶ τῶν ἄλλων συνόδων δημοσίου ὑπηρέται, οἷς ἐπέττατον ἀνείργειν τοὺς ἀκοσμοῦντας καὶ τοὺς ἃ μὴ δεῖ λέγοντας ἐξαίρειν, καὶ Σκύθαι ἐκαλοῦντο καὶ τοξόται καὶ σπευσίνιοι, ἀπὸ τοῦ πρώτου συντάξοντος τὴν περὶ αὐτοὺς ὑπηρεσίαν.' es werden also hier die öffentlichen diener, welche an die römischen lictoren gemanen, als τοξόται und Σκύθαι irer waffen wegen einander völlig gleich gestelt, sei es, daß wirkliche Skythen τοξόται oder umgekert beliebige τοξόται irer außrüstung halber schlechthin Σκύθαι benant wurden, welcher tatsache auch das wort σπευσίνιοι, wenn die lesart richtig, durchauß keinen eintrag tut. hieran reiht sich Diodorus Siculus mit einer stelle auß V, 74: ‚εὑρετὴν δὲ καὶ τοῦ τόξου γενόμενον (Ἀπόλλωνα), διδάξαι τοὺς ἐγχωρίους τὰ περὶ τὴν τοξείαν ἀφ' ἧς αἰτίας μάλιστα παρὰ τοῖς Κρησὶν ἐξηλῶσθαι τὴν τοξικὴν, καὶ τὸ τόξον Σκυθικὸν ὀνομασθῆναι.' diß darf dem zusammenhange nach nicht so auf gefaßt werden, als ob die Kreten iren bogen einen skythischen nanten, weil er etwa an gestalt einem solchen glich, oder weil sie selber sich in der nämlichen kunst den Skythen änlich däuchten, sondern will als einfache nakte tatsache nicht mer und nicht weniger bedeuten, als daß beide begriffe einander genau dekten, daß somit Σκυθικόν = τόξον in der art war, daß, wenn ein Krete von seinem Σκυθικόν sprach, die anderen sofort wusten, daß sein τόξον damit bezeichnet sei. durch wen wort und bedeutung nach Kreta vermittelt wurden, wißen wir freilich nicht. es kann diß durch Griechen vom mutterlande auß, oder durch die Phrygen, welche, wie wir noch hören werden, einst auf Kreta hausten, geschehen sein. daß die Kreten aber ein wort, welches die bogenkunst betraf, um so eifriger sich an eigneten und fest hielten, je mer sie selbst als bogenschützen einen ruf genoßen, braucht wol kaum jemand zu verwundern. diejenigen aber, welche in der gegebenen stelle statt Σκυθικόν — Κρητικόν oder irgend etwas anderes setzen wollen, vergeßen, daß die Skythen in irer kunst einen weltruf besaßen, der sich nur zu oft den mit inen streitenden völkern in verderblicher weise fülbar machte, und daß das menschliche gedächtnis damals wie heute bei benennung eines dinges gerne an algemein gemachte erfarungen knüpft und auf dise weise die namen in seiner erinnerung verewigt.

 wir aber müsten jedwede überliferung verkennen, wenn wir auß allen an gefürten beweisen nicht die hinlängliche überzeugung geschöpft hätten, daß die Griechen über die gleiche bedeutung der worte Σκύθης und τοξότης sich völlig klar waren. entkleiden wir nun das wort Σκύθης des griechischen gewandes, indem wir einmal berüksichtigen, daß das griechische ältere $\bar{v}$ = ŭ ist, wie in ἔ-φυγ-ον, φυγ-ή w. φυγ-, altind. *bhug*, got. *bug* (biegen), lat. *fug*; in κλύω, ai. çru, got. *hlu;* in φυτόν w. φυ, ai. *bhu,* lat. *fu* ff., und daß das ϑ, wie wir auß Diodorus XIV, 29 ͵... ἐντεῦϑεν δὲ διὰ τὰ Σκουτίνων (οὐ hier die zweite steigerung von v̄ = ŭ) πορευόμενοι...' ersehen, worunter die **Skutiner** südlich des Pontus, unzweifelhafte abkömlinge der Skythen verstanden sind — bei abkömlingen steigert sich häufig der wurzelvokal — eben so wenig organisch ist, wie in dem häufig z. b. bei Procopius erscheinenden worte Γότϑοι, welches wir sogar mit **Gotthen** wider geben müsten, wenn uns nicht die Goten selbst durch ir *Gut-þiuda* eines beßeren belerten, so bleibt uns der stamm *skut,* der nach grammatik und bedeutung untrieglich auf ein germanisches *skiutan skaut skutum* **schießen** hin weist, wozu got. *skauts* **zipfel am kleid,** krim. *schieten* **mittere sagittam** und die menge der den germanischen dialekten an gehörenden sproßen zälen, an welche sich die keltischen, litauischen u. s. w. verwanten an schließen. — vgl. Diefb. got. wtb.; Bopp glss. comp.; Fick vgl. wtb.; Schm. bair. wtb. — man solte demgemäß als richtig Σκύϑης deutsch nur mit **Skute** geben, wie es die bereits oben erwänte altpers. keilinschrift mit *Sk'udra* änlich tut. um indessen den weniger ein geweihten leser durch dise fremd auß sehende form nicht gleich beim anblicke des titelblattes irre zu füren, hauptsächlich aber, weil die gesamte römische überliferung, welche das spätere griechische v = lat. *ü* dem laute nach nemend die leztere schreibweise bei uns ein gebürgert hat, so möge es bei **Skythe** sein verbleiben haben. der **Skythe** ist sohin in warheit der deutsche **schütze.**

    Jakob Grimms bedenken bei der lautverschiebung von Σκύϑης: *skiutan* statt Σκύϑης: *skiudan* will ich hier noch einige worte widmen. es sind nur zwei fälle denkbar. entweder haben die Griechen *th* von den barbaren gehört und mit ϑ wider gegeben, oder aber der name klang mit *t* und wurde von den Griechen zu ϑ verschoben. im ersteren falle

lautete also der stamm des wortes bei den barbaren — wir
wollen vor der hand die namengeber noch so nennen —
Skuth = Skuþ. da aber þ, wie auß dem gotischen zu ersehen, häufig euphonisch für d steht — vgl. Holtzmann
gr. I¹, 27 ff. — so haben wir eigentlich den stamm *skud*,
der somit auf altgotischer oder urgermanischer stufe steht
und auch mit altpers. *Sk'udra* und mit altind. *skud-* vor
springen, vor stoßen völlig überein stimt, sich dann
im got. zu *skiutan* verschiebt und auch hier wider mit alt-
nord. *skyti* m., alts. *sceotan*, ags. *sceótan*, fris. *skiata* auf
gleicher linie steht. und somit ist Σκύϑης statt Σκύδης gerechtfertigt und zugleich erklärlich, wie sich scheinbar Σκυϑ-
in der wirklichkeit aber Σκυδ- zu *skiutan* verschiebt. im
zweiten falle lautete der stamm *skiut*, stand somit bereits auf
gotischer stufe; die Griechen aber verschoben noch um eine
stufe zu Σκυϑ- und ist daher auch hier das verhältnis von
Σκυϑ-: *skiut* oder beßer umgekert erklärbar. welcher fall
von disen zweien nun vorligt, ist schwer zu sagen; die
hauptsache aber bleibt, daß das von Grimm an genommene
bedenken durchauß nicht vorhanden ist.

Ulfila und das wort *Skyþus*. — betrachten wir nun
noch die stellung, die unser gotischer bibelübersetzer Ulfila
zu dem worte Σκύϑης nam. in dem sendschreiben des apostel
Paulus an die Kolossaeer c. 3, v. 11, dessen gotische übersetzung erhalten ist, heißt es nämlich: þarei nist Kreks jah
Judaius, bimait jah faurafilli, barbarus jah *Skyþus*, skalks
jah freis, ak alla jah in allaim Xristus'. *Skyþus* ist also
hier dem stamme nach genau Σκύϑης oder Scytha und
nur der endung nach der vokalischen gotischen *u*-deklination
an gereiht. nun ergibt sich die frage: erkante Ulfila an
dem worte die germanische resp. hier gotische abstammung
oder nicht? ich glaube, daß im, dem gelerten manne, der
zugleich durch das damals stark auf wogende leben der Ostgermanen begünstigt gelegenheit hatte, wol vile stämme

derselben auf seinen reisen wie in Konstantinopel der sitte
und sprache nach kennen zu lernen, das **volständige
wißen** um den namen der Skythen, sein **gotisches** herkommen und seine **bedeutung**, sowie um das **volk**, das
durch in dar gestelt werden solte, wol nicht ab gesprochen
werden kann. zur erwiderung aber auf den nun entstehenden
einwand, warum Ulfila nach solchen vorraußsetzungen den
namen Σκύϑης nicht in **rein** got. form gab, genüge kurz
das folgende. der **Grieche** = **heide** ist dem **Juden**,
der **beschnittene** dem **unbeschnittenen**, der **barbar**
dem **Skythen**, der **knecht** dem **freien** gegenüber gestelt. hinter dem worte *Skyþus* steht also hier das volk der
Skythen in seiner **gesamtheit**, wie hinter **barbarus**
alle zur zeit des Paulus wenigstens unter **disem namen**
noch geltenden völker. wäre nun Ulfila eingefallen, das wort
Σκύϑης **rein** gotisch nach dem auß dem nämlichen stamme
uns geretteten bereits mit geteilten got. worte *skauts* nach
maßgabe der auf gleicher lautstufe stehenden germanischen
dialekte etwa mit *Skuts* zu geben, so wäre auß dem **eigennamen** eines volkes mit einem schlage ein **rufname** geworden, wie er es ja früher auch war, welchen jeder damalige Gote nur unter dem uns heute geläufigen begriffe
schütze hätte auf faßen müßen. wo wäre aber dann der
sinn der ganzen bibelstelle hin gekommen? der **schütze**
wäre gegensatz zum **barbaren** geworden, der doch gerade
selber auch mer oder minder **schütze** war. wir sehen
also klar, daß es für Ulfila keinen anderen außweg gab, insoferne er, wovon wir überzeugt sein dürfen, treue widergabe des im vor ligenden textes seinem volke bieten wolte,
als daß er das griechische Σκύϑης durch das nämliche wort
Skyþus auß drükte, das wie *Skūthus* zu derselben zeit dem
griechischen einfluße gemäß klingend, dem gewönlichen **damaligen** Goten eben so fremd lautete, wie etwa **heut zu
tage** dem Hochdeutschen das wort *Skuts*, gerade deswegen

aber als **volkseigenname** in der bibel gelten und seinen zweck völlig erfüllen konte. auß disem grunde ist es aber auch erklärlich, daß das got. wort *Skyþus* für die etymologie one jeglichen belang ist.

namengeber der Skythen. – da die Skythen, wie geschichtlich bezeugt ist, sich nicht selbst so nanten, indem sie für sich, wenigstens was die Königskythen an geht, einen anderen namen beanspruchten, in der tat aber, wie beispile zeigen, nachbarvölker ser oft gegenseitig sich namen geben und gerade dise namen geschichtlich fort leben, so fragt es sich, von welchem volke wol der name $\Sigma \varkappa \acute{v} \vartheta \eta \varsigma$ stamt. wir haben gesehen, daß der stamm *skiut skut* nur in germanischer zunge rein erklingt und ebenda seine zalreichen nachkommen biß zur stunde bewart hat; wir dürfen deswegen, one vor den folgen zurück zu schrecken, es mit sicherheit auß sprechen, daß nur ein **germanischer** mund es gewesen sein kann, von welchem dise benennung auß gieng und iren weg zu den Griechen und Römern villeicht auch zu den Persen nam. wenn man nun ein wendet, wie das möglich sei, da ja weder von Griechen noch Römern germanischer stämme an der seite der Skythen in so hohem altertume mit einer silbe gedacht sei, so muß dem entgegen gehalten werden, daß das auch gar nicht möglich gewesen wäre, da ja die Germanen zur selben zeit unter disem iren namen noch nicht bekant waren, daß aber dessen ungeachtet wenigstens die **Ostgermanen** noch am Pontus saßen und, insofern sie mit iren vilen und volkreichen stämmen in dem ramen des skythischen volkes sich nicht insgesamt faßen ließen, zugleich noch unter einem zweiten anderen allerdings ebenfals fremden namen an der seite der Skythen hafteten und zwar unter dem weltberümten der — **Thraken**. der geerte leser wird es mir erlaßen, an diser stelle auf nähere begründung diser meiner behauptung ein zu gehen und mir gestatten, in auf meine abhandlung über die Thraken vertrösten zu dürfen.

Zweites hauptstück.

Gestalt und tracht der Skythen.

keine Mongolen. — Körperbau und sprache sind die bedeutendsten und dauerndsten zeugnisse eines volkes, sagt der gelerte und gründliche forscher Lorenz Diefenbach in seinen origines europaeae und nachher färt er fort, dürfen erst andere geltend gemacht werden: körperliche und geistige gewonheiten, trachten und sitten, stände und kasten, formen des states, der religiösen vorstellungen und des kultus. betrachten wir dem gemäß zu vörderst, was uns die alten über das äußere der Skythen berichten. Hippokrates de aëre, locis et aquis p. 291 schreibt: πουλὺ ἀπήλλακται τῶν λοιπῶν ἀνθρώπων τὸ Σκυθικὸν γένος, καὶ ἔοικε αὐτὸ ἑωυτέῳ. ὥσπερ τὸ Αἰγύπτιον. weiter p. 292: τὰ εἴδεα αὐτῶων παχέα ἐστὶ καὶ σαρκώδεα καὶ ἄρθρα, καὶ ὑγρὰ καὶ ἄτονα, αἵτε κοιλίαι ὑγρόταται πασέων κοιλιέων αἱ κάτω. οὐ γὰρ οἷόν τε νηδὺν ἀναξηραίνεσθαι ἐν τοιαύτῃ χώρῃ καὶ φύσι καὶ ὥρης καταστάσι, ἀλλὰ διὰ πιμελήν τε καὶ ψιλὴν τὴν σάρκα τά τε εἴδεα ἔοικε ἀλλήλοισι, τά τε ἄρσενα τοῖσι ἄρσεσι καὶ τὰ θήλεα τοῖσι θήλεσι. die schlußfolge, auß diser gleichartigkeit der körperbildung die Skythen von Mongolen ab stammen zu laßen, wie Niebuhr tat, hat bereits Zeuß d. D. u. d. n. p. 284 treffend ab gefertigt. ich muß dem bei fügen, daß sie zugleich eine unkentnis oder nichtbeachtung aller anderen alten autoren insbesondere des vaters der geschichte, des Herodot, in sich schließt, weil lezterer schon genau die Mongolen von den Skythen unterscheidet, wenn er IV, 23 erzält: ... διεξελθόντι δὲ καὶ τῆς τρηχέης χῶρον πολλὸν

οἰκέουσι ὑπώρεαν οὐρέων ὑψηλῶν *ἄνθρωποι λεγόμενοι εἶναι
πάντες φαλακροὶ ἐκ γενεῆς γινόμενοι, καὶ ἄρσενες καὶ
θήλεαι ὁμοίως, καὶ σιμοὶ καὶ γένεια ἔχοντες μεγάλα,
φωνὴν δὲ ἰδίην ἱέντες, ἐσθῆτι δέ χρεόμενοι Σκυθικῇ,
ζώοντες δὲ ἀπὸ δενδρέων . . . οὔνομα δέ σφί ἐστι Ἀργιμπαῖοι*.

weiße haut, blonde hare, blaue augen, hoher wuchs.
Hippokrates färt p. 102 über die hautfarbe der Skythen fort:
ὑπὸ δὲ ψύχεος ἡ λευκότης ἐπικαίεται καὶ γίγνεται πυρρή.
Kallimachus hym. in Del. 291 gedenkt der skythischen
ξανθῶν Ἀριμασπῶν. bei Cl. Alexandrinus lesen wir
paedag. III, 98 ed. Sylb.: *καὶ τῶν ἐθνῶν οἱ Κελτοὶ καὶ
οἱ Σκύθαι κομῶσιν, ἀλλ' οὐ κοσμοῦνται· ἔχει τι φοβερὸν τὸ
εὔτριχον τοῦ βαρβάρου καὶ τὸ ξάνθον αὐτοῦ, πόλεμον
ἀπειλεῖ, συγγενές τι τὸ χρῶμα τῷ αἵματι.*' Aristoteles
vergleicht Skythen und Thraken de gen. an. V, c. 3 mit
den worten: *οἱ μὲν ἐν τῷ Πόντῳ Σκύθαι καὶ Θρᾷκες
εὐθύτριχες'* ferner scheidet er probl. XIV. 4 die **blauäugigen und weißleibigen** nordvölker und die an
körper und augen schwarzen südländer, weil *γλαυκὰ
μέν ἐστι τὰ ὄμματα δι' ὑπερβολὴν τοῦ ἐντὸς θερμοῦ
μέλανα δὲ διὰ τὴν τούτου ἀπουσίαν.*' und ebenda XXXVIII,
2 nimt er an: *καὶ πάντες δὲ οἱ πρὸς ἄρκτον λευκό-
τριχές ἐστιν.*' Galenus läßt sich temp. II, c. 6 vernemen:
*Κελτοῖς μὲν γὰρ καὶ Γερμανοῖς καὶ παντὶ τῷ
Θρακίῳ καὶ Σκυθικῷ γένει ψυχρὸν καὶ ὑγρὸν τὸ
δέρμα καὶ διὰ τοῦτο μαλακόν τε καὶ λευκὸν καὶ
ψιλὸν τριχῶν.*' Plinius h. n. II, 78 spricht sich dahin auß,
daß ₎Athiopas ... adustis similes gigni, barba et
capillo vibrato', im norden aber, ₎candida cute esse
gentes, flavis promissas crinibus, truces vero ex coeli
rigore.' bei Vitruvius arch. VI, 1 zeichnen sich die nord-
länder auß durch ₎immanibus corporibus, candidis
coloribus, directo capillo et rufo, oculis caesiis ...',

die südländer durch ‚brevioribus corporibus, colore fusco,
crispo capillo, oculis nigris, crutribus invalidis.' bei
Q. Curtius Rufus de gest. Alex. IV, 47 begründet der feld-
herr Parmenio einen nächtlichen angriff der Makedonen auf
das her der Persen mit den worten: ‚at interdiu primum
terribiles occursuras facies Skytharum Bactrianorumque: hirta illis ora et intonsas comas esse,
praeterea eximiam vastorum magnitudinem corporum.
vanis et inanibus militem magis quam iustis formidinis causis
moveri.' beim nämlichen autor heißt es VII, 15 noch einmal über die leibesgröße der Skythen: ‚venturos autem
Chorasmios et Dahas Sacasque et Indos et ultra
Tanaim (Jaxarten) amnem colentes Scythas, quorum
neminem adeo humilem esse, ut humeri eius non
possent Macedonis militis verticem aequare.' der
prophet Jeremias c. V, 15, 16 ruft auß: ‚sih, spricht der
herr, ich will über dich, o haus Israel, von ferne ein volk
her füren, ein gewaltig volk; ein altes volk, ein volk, dessen
rede du nicht verstehst, weil du seine sprache nicht kenst.'
seine köcher sind offene gräber, alle sind sie eitel risen.'
das sind die Skythen in iren gefürchteten stürmen, welche
von Binnenasien schon im höchsten altertume nach der einen
seite biß zum stillen oder großen okean sich auß
denten und bei Chinesen und Japanesen ir andenken hinterließen, nach der anderen seite biß an die küsten Kleinasiens und darüber hinauß biß nach Aegypten sich
erstrekten, wobei sie widerholt auch Palaestina berürten
und sich daselbst durch die statt Skythopolis und den
berg Tabor in der provinz Galilaea verewigten. die
schilderungen irer weißen risenkörper mit den blauen
augen und den blonden oder rötlichen haren gemanen uns aber geradezu an die erzälungen über unsere
eigenen vorfaren, die Germanen. und in der tat, in
jeder über die Skythen erbrachten außsage könte statt ires

namens der der Germanen unbedenklich stehen, one daß der auffaßung im geringsten abbruch getan würde.

wie man völker von solcher körperbeschaffenheit für Mongolen mit breiten schädeln, kurzer gedrungener gestalt, dunklen haren und augen, gelber hautfarbe und gequetschter nase noch biß in die neueste zeit halten konte, darüber kann sich der vernünftig denkende schwer klar werden, es sei denn, daß er an nimt, daß die unwißenheit diser Mongolennarren eben so groß ist, als ire dreistigkeit, womit sie die deutlichen außsagen der alten unbeachtet laßen und ire eigenen hirngespinste an deren stelle setzen.

hosen. – mit dem körper innig verbunden ist die **bekleidung** desselben. sehen wir uns bei den Skythen bezüglich derselben um, so stoßen wir auf ein merkmal, das zwar längst bekant ist, welches aber im zusammenhange mit anderen verwanten völkern, wenigstens so vil ich weiß, durchauß noch nicht genug gewirdigt ist. ich meine das **hosen tragen**. Römer und Griechen trugen keine hosen, wenigstens nicht in unserem sinne. Kelten, Germanen, Thraken, Sauromaten, Skythen, Persen, Medern war dises kleidungstück unentberlich. solte das zufällig sein? mit nichten. es ist nur ein ring mer an der kette der vilen tatsachen, wodurch auch im äußeren eine verwantschaft zwischen disen nördlichen, nordöstlichen und östlichen völkern sich kund gibt, und die fernen Skythen auch hier wider sich mit unserem ein genommenen gesichtskreise verknüpfen. wir laßen die autoren selber sprechen. Diodorus Sic. V, 30: ‚($Γαλάται$) $χρῶνται \ldots ἀναξυρίσιν, ἃς ἐκεῖνοι βράκας προσαγορεύουσιν$' wobei unter Galaten, wie der weitere zusammenhang, den ich hier übergehen muß, ergibt, Germanen verstanden sind. Plinius h. n. III, 4: ‚Narbonensis provincia appellatur pars Gallorum ... bracata ante dicta.' Pomponius Mela II, 5: ‚pars (Galliae) ... fuit aliquando bracata, nunc Narbonensis.' Propertius eleg. IV, 10:

‚Illi (Belgae) virgatis jaculantis ab agmine bracis
Torquis ab incisa decidit unca gula.'

Polybius II, 30: ‚Τοῖς μὲν ὀπίσω τῶν Κελτῶν
πολλὴν εὐχρηστείαν οἱ σάγοι μετὰ τῶν ἀναξυρίδων παρεῖχον.'

Lucanus l. I, v. 400:

‚Et qui te laxis imitantur Sarmata bracis
Vangiones, Batavique truces ...'

Ovidius trist. III, 10:

‚Pellibus et sutis arcent male frigora bracis
Oraque de toto corpore sola patent.'

er spricht von thrakischen Bessern und Geten.

derselbe trist. V, 7:

‚Pellibus et laxis arcent male frigora bracis,
Oraque sunt longis horrida tecta comis.'

es sind Geten und Sauromaten damit gemeint.

derselbe trist. IV, 6:

‚Vulgus adest scythicum, bracataque turba Getarum.'

Pomp. Mela II, 1: ‚Satarchae (gens Scytharum) ...
specus aut suffossa habitant, totum bracati corpus, et,
nisi qua vident, etiam ora vestiti.' Valerius Flaccus argon.
V, 425:

‚Et jam Sarmaticis permutant carbasa bracis.'

Ovidius trist. V, 7:

‚Hos quoque qui geniti graia creduntur ab urbe
Pro patria cultu Persica braca tegit.'

Herodot VII, 61: ‚Πέρσαι ... εἶχον ... περὶ δὲ τὰ
σκέλεα ἀναξυρίδας.' derselbe VII, 62: ‚Μῆδοι δὲ τὴν
αὐτὴν ταίτην ἐσταλμένοι ἐστρατεύοντο Μηδικὴ γὰρ
αὕτη ἡ σκευή ἐστι καὶ οὐ Περσική.' derselbe VII, 64:
‚Σάκαι δὲ οἱ Σκύθαι ... ἀναξυρίδας δὲ ἐνδεδύκε-
σαν ...' Xenophon anab. I, 5: ‚... ἔχοντες (Πέρσαι)
τούτους τε τοὺς πολυτελεῖς χιτῶνας καὶ τὰς ποικίλας
ἀναξυρίδας ...' derselbe cyrop. VIII, 3: ‚... πρου-

φαίνετο ὁ Κῦρος ... καὶ περὶ τοῖς σκέλεσιν ἀναξυρίδας ὑσγινοβαφεῖς ... καὶ κάνδυν ὁλοπόρφυρον.'

tierfelle. - auch im übrigen stimten die Skythen in irer tracht mit anderen alten nordischen völkern indogermanischer abstammung durchauß überein. felle erlegter tiere spilten bei irer bekleidung natürlich eine hauptrolle. so lesen wir bei Justinus II, 2: ‚lanae iis (Scythis) usus ac vestium ignotus, quamquam continuis frigoribus urantur, pellibus tamen ferinis aut murinis utuntur.' bei Hesychius: ‚τάρανδος · ζῷον ἐλάφῳ παραπλήσιον, οὗ τὰς δορὰς εἰς χιτῶνας χρῶνται οἱ Σκύθαι.' von den Thraken und Sauromaten gibt uns oben Ovid einige beispile, namentlich wißen wir, daß der fuchspelz bei ersteren eine volkstümliche kopfbedeckung war; denn Herodot erzält VII, 75: ‚Θρήικες δὲ ἐπὶ μὲν τῇσι κεφαλῇσι ἀλωπεκέας ἔχοντες ἐστρατεύοντο ...' änliches berichtet Priscus gelegentlich seiner gesantschaft zu Attila über die Ostgoten: ‚... δωρησάμενος δὲ (Ἀττήλας) καὶ ἵππους αὐτοῖς καὶ θηρίων δορὰς, αἷς οἱ βασίλειοι κοσμοῦνται Σκύθαι.' die Skythen sind bei Priscus, wie auch anderen, die Ostgoten. von den zalreichen **fellen** und **pelzen**, in welche sich die anderen Germanen hülten, erwäne ich nur die **bärenhaut**, welche sich eines solchen rufes erfreute, daß heut zu tage träge schläferige menschen **bärenhäuter** zu benant werden. eine der schönsten schilderungen aber, wie ritterliche jäger des germanischen altertums in leder und pelz zur pirsche zogen, kann ich mir nicht versagen, hier wider zu geben. im nibelungenliede außg. Bartsch 5. aufl. heißt es nämlich von Sigfrid:

952. Von bezzerm pirsgewaete   gehôrt' ich nie gesagen.
einen roc von **swarzem pfellel**   den sah man in tragen
und einen huot von **zobele**   der rîche was genuoc.
hey waz er rîcher porten   an sinem kochaere truoc!

953. Von einem **pantêle** was dar über gezogen
ein **hût** durch die süeze.
954. Von einer **ludemes hiute** was allez sin gewant.
von houpte unz an daz ende gestreut man drûfe vant
ûz der liehten **riuhe** vil manic goldes zein
ze beiden sînen sîten dem küenen jegermeister schein.

übereinstimmung im **färben der kleider** zwischen
Skythen und Medern erfaren wir durch Plutarch vit. XXXIII, 16:
'.. αἵ τε βαφαὶ τῶν Μηδικῶν καὶ Σκυθικῶν χιτώνων
ἀναμεμιγμέναι χαλκῷ καὶ σιδηρῷ λάμποντι πυροειδῆ καὶ
φοβερὰν ἐν τῷ σαλεύεσθαι καὶ διαφέρεσθαι προσέβαλον
ὄψιν ...'

als **kampfhemd** *gundhamo* gebrauchten die Skythen
starke **häute** von größeren tieren und überzogen damit auch
ire schilde gerade wie es bei den Germanen sitte war. wir
lesen darüber bei Aelian d. n. an. II, 16: τούτου (ταράνδου)
τοι καὶ τὴν δορὰν ἀγαθὴν ἀντίπαλον αἰχμῇ, ταῖς αὑτῶν
ἀσπίσι περιτείναντες νοοῦσι καὶ οἱ Σκύθαι.' bei Plinius
h. n. VIII, 34: ‚tergori (tarandi) tanta duritia, ut thoraces ex eo faciant (Scythae).' wer denkt dabei nicht an
das **koller** von einem **elen**, das Gustav Adolf könig der
Schweden trug?

kopfbedeckung, pileus, pileati. — mit noch einem
kleidungsstücke der Skythen will ich mich, ehe ich weiter
gehe, befaßen und zwar mit der **kopfbedeckung** derselben. widerum werden wir die Skythen in der geselschaft
der nämlichen völker finden, welche ich bereits oben als
homines bracati auf zälte. es ist der **pileus**, der uns
beschäftigt und die völker welche in trugen, die sogenanten
nationes pileatae. der pileus πῖλος war eine eigentümliche kopfbedeckung auß dickem stoffe wie **filz, haut** oder
fell, bald höher bald nidriger, meist nach oben kegelförmig
verlaufend. ich laße über die stämme, welche in trugen,
das wort wider den alten autoren. Herodot VII, 61 erzält:

‚Πέρσαι μὲν ὧδε ἐσκευασμένοι περὶ μὲν τῇσι κεφαλῇσι εἶχον τιήρας καλεομένους, πίλους ἀπαγέας...' derselbe VII, 62: ‚Μῆδοι δὲ τὴν αὐτὴν ταύτην ἐσταλμένοι ἐστρατεύοντο· Μηδικὴ γὰρ αὕτη ἡ σκευή ἐστι καὶ οὐ Περσική.' derselbe VII, 64: Σάκαι δὲ οἱ Σκύθαι περὶ μὲν τῇσι κεφαλῇσι κυρβασίας ἐς ὀξὺ ἀπηγμένας ὀρθὰς εἶχον πεπηγυίας.' hiezu füge ich die entsprechende altp. keilinschrift nach Spiegels außg. 2. aufl. N. R. a:

25 ‚. . . . . Sa

26 kâ. Tigrakhaudâ' was Spiegel völlig richtig mit **spitzige helme tragend** übersezt, worunter man sich aber nicht helme von metall, sondern auß einem oben an gegebenen stoffe, worauß der pileus besteht, gefertigt zu denken hat; denn altp. *khaud* hängt mit zend. *khud* **verbergen bedecken** — vgl. Justi 91 — indogerm. *khud* **hüten bergen helen** — vgl. Fick I, 50 — zusammen, so dass also *tigrakhauda* zunächst eine **spitz zu laufende kopfbedeckung** bedeutet, womit auch die vorher gehende stelle Herodots überein stimt, welcher, wären dise art hüte von metall gewesen, es ebenso auß gesprochen hätte, wie es bei den Assyriern mit χάλκεα κράνεα geschehen, dann aber auch nicht ὀρθὰς πεπηγυίας bei zu fügen gebraucht hätte; denn eherne oder eiserne helme wären ja von selbst gerade aufwärts gestanden.

von den Parthern berichtet Martial epigr. l. X, 72:

‚Jam non est locus hac in urbe vobis
Ad Parthos procul ite **pileatos**.'

Sex. Aur. Victor schreibt de Caesaribus c. XIII:

‚Quippe primus (Ulpius Traianus) . . . vires romanas trans Istrum propagavit, domitis in provincia **Dacis pileatis Sacisque** nationibus Decebalo rege . . .'

Paulinus dichtet über Nicetas bischof von Dakien:

‚Et Getae currunt et uterque Dacus.
Qui colit terrae medio, vel ille
Divitiis multo bove pileatus
Accola ripae.'
bei Dio Chrysostomus in orat. 71 lesen wir: ‚... ἔνϑα
... βλέπουσιν ἀνϑρώπους τοὺς μέν τινας πίλους ἐπὶ ταῖς
κεφαλαῖς ἔχοντας, ὡς νῦν τῶν Θρᾳκῶν τινες, τῶν Γετῶν
λεγομένων.' durch Jornandes endlich erfaren wir c. V. de
Get. orig.: ‚unde et paene omnibus barbaris Gothi sapientiores semper exstiterunt, Graecisque paene consimiles, ut refert Dio, qui historias eorum annalesque graeco stilo composuit. qui Dio dixit primum Tarabostes eos, deinde vocitatos pileatos hos, qui inter eos genere exstarent, ex quibus eis et reges et sacerdotes ordinabantur.' und ibidem c. 52: ‚... fecitque (Diceneus) sacerdotes, nomen illis pileatorum contradens, ut reor, quia opertis capitibus tiaris, quos pileos alio nomine nuncupamus, litabant...'
wir haben also Persen, Meder, Skythen-Saken, Parther, Daken, Geten und Goten wider auf einer linie stehend. sie alle zeichnen sich von den übrigen völkern durch gleiche kopfbedeckung auß. wie die Skythen bereits als bracati, als träger von lederkollern und mit leder überzogenen schilden in die gemeinschaft mit indogermanischen völkern insbesondere mit Germanen traten, so sind neuerdings dieselben Skythen-Saken, wozu auch die Parther zu zälen sind, von anerkant indogermanischen völkern als pileati unzertrenbar und rücken uns namentlich durch hereinziehung der Goten auf eine weise näher, welche den weiteren vergleich mit den Germanen geradezu herauß fordert. diser soll auch fort gesezt werden, aber nicht in dem gebiete, was gestalt, äußeres und bekleidung betrifft, welches wir nun, wie ich glaube zur genüge erörtert haben, sondern in dem, was die geistigen eigenschaften dises hervor ragenden volkes an geht.

Drittes hauptstück.
Geistige anlagen der Skythen.

gerechtigkeit. – Homer in einer bereits oben an geförten stelle spricht von den **Abiern** als $\delta\iota\varkappa\alpha\iota o\tau\acute{\alpha}\tau\omega\nu$ $\acute{\alpha}\nu\vartheta\varrho\acute{\omega}\pi\omega\nu$. nur die Geten als $\acute{\alpha}\vartheta\alpha\nu\alpha\tau\acute{\iota}\zeta o\nu\tau\varepsilon\varsigma$ und die Germanen bezüglich irer verschiedenen hohen anlagen des geistes und gemütes, wozu sich noch die Kelten mit irer auß gebildeten götterlere gesellen, können sich in je gleich bedeutender weise an die seite diser Skythen stellen. die gerechtigkeit ist aber nicht das einzig lobenswerte an den Skythen, in jeder anderen hinsicht spricht sich ire hohe geistige begabung auß.

weisheit. – wie die Geten iren Zeuta, Dikeneus und Zalmoxis, so hatten die Skythen ire Abaris, iren Anacharsis und Zathraustes — nach Diodor, — welche nicht nur den grösten weisen des altertums, sondern sogar den göttern verglichen wurden. von einem diser Abaris — es gab deren merere — erzält J. Firmicus Maternus de errore profan. relig. c. 15: ‚Palladii etiam quid est, audite: simulacrum est ex ossibus Pelopis factum, hoc Abaris Scytha fecisse perhibetur: jam quale sit, considerate, quod Scytha barbarus consecravit ... simulacrum hoc Troianis avarus vendidit, stultis hominibus vana promittens.' sehen wir in diser stelle von dem eiferer und damit parteiischen beurteiler ab, so bleibt der kernpunkt, welchen Firmicus allerdings nicht fült, für uns der, daß wir war nemen, welches ansehen Abaris, obwol er Skythe war, genießen muste, wenn er den Troianern, welche doch zu den gebildeten völkern zälten, ein *simulacrum* verkaufen konte, und sie im bezüglich dessen wirkung glauben schenkten. gerade das zeigt so recht, daß der Skythe durch die wirde seines auftretens sowol als auch durch das überzeugende seiner beredsamkeit den Troianern weit überlegen war.

einen anderen Abaris kent Herodot IV, 36: ‚τὸν γὰρ περὶ Ἀβάριος λόγον τοῦ λεγομένου εἶναι Ὑπερβορέου οὐ λέγω, λέγων ὡς τὸν ὀϊστὸν περιέφερε κατὰ πᾶσαν τὴν γῆν οὐδὲν σιτεόμενος.' auch Strabo erwänt eines solchen in verbindung mit Anacharsis c. 301: διὰ τοῦτο καὶ ὁ Ἀνάχαρσις καὶ Ἄβαρις καί τινες ἄλλοι τοιοῦτοι παρὰ τοῖς Ἕλλησιν εὐδοκίμουν, ὅτι ἐθνικόν τινα χαρακτῆρα ἐπέφαινον εὐκολίας καὶ λιτότητος καὶ δικαιοσύνης.' wie wir auß Herodot ersehen, wird diser Abaris zu den Hyperboreern gezält; aber wir wißen, daß die Hyperboreer zu den Skythen gerechnet wurden, und Suidas und Eudoxia außdrüklich von skythischen orakeln sprechen, welche Abaris hinterließ. auf die sagen, welche sich an Abaris, seinen goldenen pfeil betreffend, knüpfen, welchen im Apollo schenkte und welchen er auf der ganzen erde herum fürte, oder worauf er nach anderer lesung über mere, ströme, gebirge und unwegsame gegenden flog, woher er auch αἰθροβάτης genant wurde, auf seine orakel und angeblichen schriften, seinen einfluß auf griechische götterlere, seine beziehungen zu Pythagoras und die reinere gotteserkentnis, welche hierauß erfloß, überhaupt auf die gesamtbedeutung seines auftretens und das diser nordischen weisen überhaupt, denn auch Thrakien hat seinen Abaris, einen angeblichen son des königs Seuthes, welcher als χρησμόλογος öffentlich an erkant wurde, ein zu gehen, kann hier nicht meine aufgabe sein. ich verweise zu dem zwecke auf Cl. Alexandrinus, Eusebius, Eudoxia, Jamblichus, Plato, Suidas u. a. sovil möchte ich aber kurz an deuten, daß die sendung diser weisen von seite der Skythen und Thraken im vereine mit der einwirkung der lere der Druiden von seite der Kelten, überhaupt die ganze verbindung der nordischen völker mit den griechischen orakeln vom höchsten altertume her durch abordnung von priestern, priesterinen und überreichung von weihgaben nur durch eine anschauung gewirdigt werden kann, welche vor allem auf der tatsache fußt, welche gerade die grösten griechischen philosophen selber zu gestehen müßen, daß die meisten leren irer göttervererung und weisheit inen von fremder seite her zu gefloßen seien. unter disen fremden elementen waltet vor anderem der einfluß der bezeichneten völker des nordens insbesondere der Skythen und zwar in der art, daß der beweis nicht schwer zu erbringen ist, daß die begabung derselben nicht nur auf der höhe derjenigen der Griechen stund, sondern in vilen beziehungen ir sogar überlegen war und deswegen maßgebend und bestimmend auf griechische vorstellungen ein wirken konte und muste. wenn nun auch im laufe der zeit fremder einfluß sich verwischte und die Griechen z. b. ire götterlere nur in irer anschauungsweise weiter bildeten und zu einem abschluße brachten, der bei beschränkterem gesichtskreise in seiner formvollendung einzig da zu stehen scheint und deshalb immer bestechend wirken wird, so dürfen wir unseren unparteiischen blick dadurch nicht trüben laßen, sondern müßen der anschauung von der einheit des gottesgedankens, welchen nicht bloß die Semiten pflagen, wie Spiegel in einem vergleiche zwischen Indogermanen und Semiten bd. I. seiner eranischen altertumskunde dar zu tun sucht, sondern welchem wir auch bei den Persen begegnen, vor allem unsere huldigung dar bringen. und so stehen denn die letzteren mit irem *Ahura-Mazda*, welchen sie bei jeder gelegenheit erfurchtsvoll erwänen — man vergleiche die altpers. keilinschriften — über Griechen und Römern. zwischen Persen aber und Skythen, Thraken, Germanen und Kelten, wobei die Skythen von Asien biß nach Europa vermittelten, war eine geistige wechselwirkung, welche natürlich Griechen und Römern entgieng, nicht nur nicht auß geschloßen, sondern one jeden zweifel an zu nemen, insbesondere wenn wir beachten, welch' große anzal von Skythen sowol innerhalb des persischen reiches im persischen untertanenverbande lebten und denselben trefliche kriegsdienste leisteten, als auch, wie vile stämme längs der gränzen Erans ire wonsitze auf geschlagen hatten und mit iren stammesgenoßen fortwärend in verbindung waren. allerdings, um vorurteilslos zu sehen, müßen wir uns von dem griechischen und römischen barbarendünkel, welcher noch biß zur stunde seine schatten wirft, völlig los machen und das naturwort $\beta\acute{\alpha}\varrho$-$\beta\alpha\varrho o\varsigma$, welches dem griechischen oren scheinbar rauh klingenden redeton fremder völker nach gebildet ist, als das nemen, was es bezeichnen soll und auch anfangs bezeichnet hat nämlich **den welcher eine fremde sprache redet**; dann werden wir auch dazu kommen, disen so benanten völkern volständige gerechtigkeit widerfaren zu laßen. und wenn wir sehen, daß sie nicht erst, wie der an genommene europaeische urmensch vom hölenbewoner mühesam und langsam sich empor arbeiteten, sondern seit nochmal so langer und noch längerer zeit, als ire indogermanischen stammesbrüder die Griechen und Römer, im fernen Binnenasien als **kulturvölker in stätten und palaesten** wonten, welche ire nachkommen nur der übervölkerung halber auf gaben, so werden wir auch zu geben müßen, daß sie mit **den höchsten geistesanlagen** auß gerüstet waren, deren ein indogermanischer stamm überhaupt von jeher teilhaftig werden konte, und daß sie nur die eigenheit für sich in anspruch namen, daß **vilen** von inen in folge der wanderung ein **mächtigerer und länger anhaltender trib nach freiheit und ungebundenheit zur gewonheit** ward, als es unter anderen gegenteiligen umständen der fall gewesen wäre. daß nun von solchen völkern Griechen und Römer geistiger weise gerade so beeinflußt werden konten, wie umgekert dise iren einfluß auf die fremden völker äußerten, kann uns daher nimmer verwundern.

witz. – von der schlagfertigkeit der zunge des Skythen Anacharsis hören wir bei Athenaeus IV, 49: *περὶ ἧς (φιλοχρηματίας) πυνθανομένου τινός, πρὸς τί οἱ Ἕλληνες χρῶνται τῷ ἀργυρίῳ, εἶπε, πρὸς τὸ ἀριθμεῖν;* bei Plutarch de vit. VII, 5: *Ἀνάχαρσιν μὲν εἰς Ἀθήνας φασὶν ἐπὶ τὴν Σόλωνος οἰκίαν ἐλθόντα κόπτειν, καὶ λέγειν ὡς ξένος ὢν ἀφῖκται φιλίαν ποιησάμενος καὶ ξενίαν πρὸς αὐτόν, ἀποκριναμένου δὲ τοῦ Σόλωνος ὡς οἴκοι βέλτιόν ἐστι ποιεῖσθαι φιλίας, οὐκοῦν, φάναι τὸν Ἀνάχαρσιν, αὐτὸς ὢν οἴκοι σὺ ποίησαι φιλίαν καὶ ξενίαν πρὸς ἡμᾶς.* ich empfehle dises ganze kapitel und hebe den lezten satz noch herauß, welcher lautet: *ἀλλὰ ταῦτα μὲν ὡς Ἀνάχαρσις εἴκαζεν ἀπέβη μᾶλλον ἢ κατ' ἐλπίδα τοῦ Σόλωνος ἔφη δὲ κἀκεῖνο θαυμάζειν ὁ Ἀνάχαρσις ἐκκλησίᾳ παραγενόμενος, ὅτι λέγουσι μὲν οἱ σοφοὶ παρ' Ἕλλησι κρίνουσι δ' οἱ ἀμαθεῖς.* über die lebensanschauung des skythischen philosophen möge nochmals Athenaeus XIV, 2 vernommen werden: *καίτοι γε οἶδα καὶ Ἀνάχαρσιν τὸν Σκύθην ἐν συμποσίῳ γελωτοποιῶν εἰσαχθέντων ἀγέλαστον διαμείναντα, πιθήκου ἐπεισαχθέντος, γελάσαντα φάναι, ὡς οὗτος μὲν φύσει γελοῖός ἐστιν, ὁ δ' ἄνθρωπος ἐπιτηδεύσει.* Fl. Vopiscus im Aurel. c. III gibt mit folgenden stolzen worten zeugnis von dem rume unseres Skythen: ‚An Platonem magis commendat, quod Atheniensis fuerit, quam quod unicum sapientiae munus illuxerit? an eo minores inveniuntur Aristoteles Stagirita, Eleatesque Zenon, aut **Anacharsis Scytha**, quod in minimis nati sunt viculis, cum illos ad coelum omnis philosophiae virtus extulerit?' Chorilus bei Strabo c. 303 zält den Anacharsis nicht nur unter die siben weisen, sondern kenzeichnet in auch als erfinder: *καὶ τὸν Ἀνάχαρσιν δὲ σοφὸν καλῶν ὁ Ἔφορος τούτου τοῦ γένους φησὶν εἶναι νομισθῆναι δὲ καὶ τῶν ἑπτὰ σοφῶν ἐπ' εὐτελείᾳ σωφροσύνῃ καὶ συνέσει εὑρήματά τε αὐτοῦ λέγει τά τε ζώπυρα καὶ τὴν ἀμφίβολον ἄγκυραν* καὶ τὸν κεραμικὸν τροχόν.' einen anderen Skythen, den Zathraustes, vom stamme der Arimasper stelt Diodorus Sic. I, 94 mit Zalmoxis und Moses in eine reihe: παρὰ μὲν γὰρ τοῖς Ἀριμασποῖς Ζαθραύστην ἱστοροῦσι τὸν ἀγαθὸν δαίμονα προσποιήσασθαι τοὺς νόμους αὐτῷ διδόναι, παρὰ δὲ τοῖς ὀνομαζομένοις Γέταις τοῖς ἀπαθανατίζουσι Ζάλμοξιν ὡσαύτως τὴν κοινὴν Ἑστίαν, παρὰ δὲ τοῖς Ἰουδαίοις Μωσῆν τὸν Ἰαῶ ἐπικαλούμενον θεόν.'

fürstenstolz und frommer sinn. – als Darius in seinem kriege mit den Skythen nach Herodot IV, 126 an deren könig Idanthyrsus mit den worten einen herold schikte Δαιμόνιε ἀνδρῶν, τί φεύγεις αἰεί, ἐξόν τοι τῶνδε τὰ ἕτερα ποιέειν; εἰ μὲν γὰρ ἀξιόχρεως δοκέεις εἶναι σεωυτῷ τοῖσι ἐμοῖσι πρήγμασι ἀντιωθῆναι, σὺ δὲ στάς τε καὶ παυσάμενος πλάνης μάχεσθαι, εἰ δὲ συγγινώσκεαι εἶναι ἕσσων, σὺ δὲ καὶ οὕτω παυσάμενος τοῦ δρόμου δεσπότῃ τῷ σῷ δῶρα φέρων γῆν τε καὶ ὕδωρ ἐλθὲ ἐς λόγους' antwortete derselbe: ‚οὕτω τὸ ἐμὸν ἔχει, ὦ Πέρσα· ἐγὼ οὐδένα κω ἀνθρώπων δείσας ἔφυγον οὔτε πρότερον, οὔτε νῦν σε φεύγω, οὐδέ τι νεώτερόν εἰμι ποιήσας νῦν ἢ καὶ ἐν εἰρήνῃ ἐώθεα ποιέειν ὅ τι δὲ οὐκ αὐτίκα μάχομαί τοι, ἐγὼ καὶ τοῦτο σημανέω· ἡμῖν οὔτε ἄστεα οὔτε γῆ πεφυτευμένη ἐστί, τῶν περὶ δείσαντες, μὴ ἁλῴη ἢ καρῇ, ταχύτερον συμμίσγοιμεν ἂν ἐς μάχην ὑμῖν· εἰ δὲ δέοι πάντως ἐς τοῦτο κατὰ τάχος ἀπικνέεσθαι, τυγχάνουσι ἡμῖν ἐόντες τάφοι πατρώϊοι. φέρετε, τούτους ἀνευρόντες συγχέειν πειρᾶσθε αὐτούς, καὶ γνώσεσθε τότε, εἴτε ὑμῖν μαχεσόμεθα περὶ τῶν τάφων εἴτε καὶ οὐ μαχεσόμεθα. πρότερον δέ, ἢν μὴ ἡμέας λόγος αἱρῇ, οὐ συμμίξομέν τοι. ἀμφὶ μὲν μάχῃ τοσαῦτα εἰρήσθω, δεσπότας δὲ ἐμοὺς ἐγὼ Δία τε νομίζω τὸν ἐμὸν πρόγονον καὶ Ἱστίην τὴν Σκυθέων βασίλειαν μούνους εἶναι. σοὶ δὲ ἀντὶ μὲν δώρων γῆς τε καὶ ὕδατος δῶρα πέμψω τοιαῦτα, οἷά σοι πρέπει ἐλθεῖν, ἀντὶ δὲ τοῦ ὅτι δεσπότης ἔφησας εἶναι ἐμὸς κλαίειν λέγω.' welcher stolz ligt

eines teils in den worten des Skythenkönigs, daß er keinen
hern über sich an erkent als nur die unsterblichen götter,
und welche innige vaterlands- und elternliebe offenbart anderen
teils der entschluß für die gräber der väter zu leben oder
zu sterben! bereits die alten fülten die hochherzigkeit solcher
gesinnung und Val. Maximus, welcher der nämlichen stelle
über die τάφιοι πατρώϊοι gedenkt, ruft V, 4 ext. bewundernd
auß: ‚... quo quidem uno tam pio dicto, immanis
et barbara gens ab omni se feritatis crimine redemit.
prima igitur et optima rerum natura pietas est magistra,
quae nullo vocis ministerio, nullo usu literarum indigens,
propriis ac tacitis viribus caritatem parentum pectoribus liber-
orum infundit.' haben wol diejenigen, welche die Skythen
leichtsinniger weise zu Mongolen stempelten, dises lob eines
römischen schriftstellers auch gelesen und überdacht? ich
glaube kaum. —

hon und spott gegen Persen und Griechen. — von
orakelhafter dunkelheit, durch welche aber hon und spott
schimmert, zeigen die geschenke, welche die Skythenkönige
dem Darius schikten. es heißt darüber bei Herodot IV, 131:
‚... καὶ οἱ Σκυθέων βασιλέες ... ἔπεμπον κήρυκα δῶρα
Δαρείῳ φέροντα ὄρνιθά τε καὶ μῦν καὶ βάτραχον καὶ
ὀϊστοὺς πέντε. Πέρσαι δὲ τὸν φέροντα τὰ δῶρα ἐπει-
ρώτεον τὸν νόον τῶν διδομένων· ὁ δὲ οὐδὲν ἔφη οἱ ἐπεστάλθαι
ἄλλο ἢ δόντα τὴν ταχίστην ἀπαλάσσεσθαι, αὐτοὺς δὲ τοὺς
Πέρσας ἐκέλευε, εἰ σοφοί εἰσι, γνῶναι τὸ ἐθέλει τὰ δῶρα
λέγειν.' Darius war nun allerdings nicht so weise, weil er
nur von seinem herschergefüle auß gehend das ganze auf
die unterwerfung der Skythen und die übergabe ires landes
und waßers deutete, indem er glaubte, wie sich die maus in
der erde von der nämlichen frucht näre, wie der mensch
und somit die erde vor stelle, so weise der frosch auf das
waßer, der vogel in seiner schnelligkeit auf das pferd, die
pfeile aber auf die werkraft der Skythen hin. Gobryas aber

kam im zu hilfe, indem er den sinn der geschenke dahin auß legte, daß, wenn die Persen nicht wie vögel gegen den himmel auf flögen, oder wie mäuse sich in der erde bürgen, oder wie frösche in die teiche sprängen, so kerten sie nimmer heim, sondern seien den geschoßen der Skythen verfallen. und bei diser lezteren auffaßung blib es auch.

von hoher freier gesinnung zeigt auch das denkwirdige urteil der Skythen über die jonischen Griechen. dise wurden nämlich von den Skythen unter hinweis auf die günstige gelegenheit, ire freiheit und unabhängigkeit zu gewinnen, aufgefordert, die brücke über den Ister, welche sie im dienste des Darius bewachten, ab zu brechen, dadurch demselben die rükker ab zu schneiden und in auf dise weise den Skythen preis zu geben. die Jonen aber, obwol der Athener Miltiades dem plane der Skythen seinen beifall zolte, brachen die brücke nicht ab, und Darius entkam auf derselben ungefärdet. und weiters hören wir darüber Herodot IV, 142: ‚Πέρσαι μὲν ὦν οὕτω ἐκφεύγουσι, Σκύθαι δὲ διζήμενοι καὶ τὸ δεύτερον ἥμαρτον τῶν Περσέων καὶ τοῦτο μὲν, ὡς ἐόντας Ἴωνας ἐλευθέρους, κακίστους τε καὶ ἀνανδροτάτους κρίνουσι εἶναι ἁπάντων ἀνθρώπων, τοῦτο δέ, ὡς δούλων Ἰώνων τὸν λόγον ποιεύμενοι, ἀνδράποδα φιλοδέσποτά φασι εἶναι καὶ ἄδρηστα μάλιστα. ταῦτα μὲν δὴ Σκύθῃσι ἐς Ἴωνας ἀπέρριπται.‘ einen schärferen denkzettel hat im ganzen altertume kein griechischer stamm von so genanten barbaren davon getragen. die alten Germanen hätten wol einen änlichen, irer gesinnung nach zu schließen, zu wege gebracht. und die heutige welt? sie wird den barbaren recht geben und nicht den Griechen.

verachtung des Bacchus. — für das gesunde urteil der Skythen zeigt, daß sie den rasenden dienst des Bacchus als vernunftwidrig verwarfen, worüber Herodot IV, 79 schreibt: ‚Σκύθαι δὲ τοῦ βακχεύειν πέρι Ἕλλησι ὀνειδίζουσι· οὐ γάρ φασι οἰκὸς εἶναι θεὸν ἐξευρίσκειν τοῦτον, ὅστις μαίνεσθαι ἐνάγει ἀνθρώπους.'

feldhernblick. – von irem feldhernblicke und irem geographischen wißen gibt der antrag zeugnis, welchen sie den Spartanern stelten, nämlich von zwei entgegen gesezten punkten, vom Phasis und von Ephesus auß ire beiderseitigen here ins Persenreich ein rücken zu laßen, und sich dann an einem bestimten punkte im feindlichen lande die hand zu reichen. diser plan würde jedem fürer der neuzeit ere machen; denn nach unserer kriegssprache hat er nichts minderes im gefolge, als das persische reich von zwei seiten auf zu rollen und in der mitte durch übermacht zu erdrücken. Herodot VI, 84 teilt hierüber mit: Σκύθας γὰρ τοὺς νομάδας, ἐπεί τέ σφι Δαρεῖον ἐσβαλεῖν ἐς τὴν χώρην, μετὰ ταῦτα μεμονέναι μιν τίσασθαι, πέμψαντες δὲ ἐς Σπάρτην συμμαχίην τε ποιέεσθαι, καὶ συντίθεσθαι, ὡς χρεὼν εἴη αὐτοὺς μὲν τοὺς Σκύθας παρὰ Φᾶσιν ποταμὸν πειρᾶν ἐς τὴν Μηδικὴν ἐσβαλεῖν, σφέας δὲ τοὺς Σπαρτιήτας κελεύειν ἐξ Ἐφέσου ὁρμεομένους ἀναβαίνειν καὶ ἔπειτεν ἐς τὠυτὸ ἀπαντᾶν.'

urteil des Q. Curtius Rufus. – Q. Curtius Rufus spricht sich VII, 33 über die Skythen gelegentlich irer gesantschaft von jenseit des Jaxartes an Alexander, wie folgt, auß: ‚Jamque ad transeundum omnia aptaverant, cum legati Scytharum XX, more gentis per castra equis vecti, nuntiare jubent regi, velle ipsos ad eum mandata perferre. admissi in tabernaculum iussique considere in vultu regis defixerunt oculos: credo quis, magnitudine corporis animum aestimantibus, modicus habitus haud quaquam famae par videbatur. Scythis autem non, ut ceteris barbaris, rudis et inconditus sensus est: quidam eorum sapientiam capere dicuntur, quantamcunque gens capit semper armata.' das ist von einem Römer eine höchst bemerkenswerte sprache. man merkt bereits herauß, daß man in verlegenheit ist, die Skythen den barbaren zu zu gesellen. doch ist sie, was den lezten satz betrift, nur in der weise richtig, daß wol wißenschaft und kunst durch den beständigen umgang mit den waffen in den hintergrund gedrängt werden können, nie aber verstand, gemüt und weisheit. man denke an die Griechen, welche ein jarzehent vor Troia lagen und wärend diser ganzen zeit in waffen starten; nam deshalb ire weisheit ab, oder finden wir nicht gerade innerhalb dises zeitraumes die herlichsten beispile edler und hoher gesinnung? betrachten wir unter den späteren Griechen selber zwei scharf sich gegenüber stehende griechische stämme, die Athener und Spartaner: die ersteren an wißenschaft und kunst hervor ragend, die lezteren arm an solchen vorzügen, nur gewont das schwert und den sper zu füren. legen wir nun den maßstab an edle geisteseigenschaften und vergleichen, abgesehen von den athenischen weisen, welche aber gerade wie z. b. Sokrates mit iren mitbürgern durchauß nicht vermengt werden können, beide völker unmittelbar mit einander, so finden wir im algemeinen bei den Athenern ungerechtigkeit, haß und neid gegen iresgleichen, gepart mit vilen anderen nidrigen leidenschaften, bei den Spartanern gerechtigkeit, wolwollen, liebe unter sich und eine überall sich geltend machende hochherzigkeit der gesinnung, so daß nach nur kurzer beurteilung und abwägung der beiden völker fest steht, daß die Spartaner trotz ires beständigen lebens unter den waffen an weisheit weit die Athener übertrafen. wißenschaft und weisheit sind eben gar verschiedene dinge, und nur unter disem standpunkte wollen auch die Skythen betrachtet werden, zu welchen wir jezt zurück keren.

rede an Alexander den großen. — die rede derselben an Alexander, welche uns Curtius ibidem auf bewarte, ist ein meisterstück nach form und inhalt. wenn nun allerdings auf den rednerischen schmuck rüksicht zu nemen ist, welcher sich bei allen reden, welche dem gedächtnisse nach auf ge-

zeichnet werden, ein schleicht, so können wir nach dem, was
wir bereits von den Skythen wißen, durchauß nichts übertribenes
darin finden; im gegenteile scheinen uns manche
vorstellungen echt oder vilmer nur skythisch zu sein: so der
vergleich der unfaßbaren körpergestalt Alexanders,
wenn er so groß wäre wie seine ländergir; das bild
vom hohen baume und von dem, welcher seine frucht
will, one seine höhe zu meßen; die beschreibung des
glückes, das keine füße, sondern nur hände und fittiche
hat; die aufforderung an Alexander, wenn er ein
gott sei, den menschen gutes zu tun, wenn er aber ein
mensch sei, immer dessen eingedenk zu sein u. a. m.
auf zwei punkte der rede aber möchte ich hauptsächlich
die aufmerksamkeit lenken. der satz ‚ceterum nos (Scythas)
et Asiae et Europae custodes habebis, Bactra, nisi dividat
Tanais (Jaxartes), contingimus, ultra Tanaim usque ad
Thraciam colimus . . .‘ drükt sowol das lebendige bewustsein
des inneren zusammenhanges des gesamtvolkes der Skythen
von Baktrien in dem großen halbbogen, welcher den kaspischen
see, die Maeotis und das schwarze mer südlich ligen
läßt, biß nach Thrakien auß, wie es auch der wirklichkeit
volkommen entspricht, als auch weist er auf eine warheit
hin, welche bißher noch wenig oder gar nicht von den
geschichtsschreibern beachtet wurde, nämlich daß es nicht
bloß ein lerer schall ist, wenn die Skythen als custodes
Asiae et Europae sich auf füren, sondern daß disen worten
eine bedeutung zu grunde ligt, die sich auf den ersten blick
gar nicht ermeßen läßt. wir können den sinn derselben in
den kurzen aber inhaltsschweren satz zusammen faßen: die
bildung und kultur der Eraner und Griechen und
damit auch der Römer, somit die gesamte auf uns
gekommene abendländische gesittung ist mittelbar
ein werk der Skythen und Thraken und da dise
beiden in lezter reihe zu unseren urvorfaren zälen,

ein werk der Germanen. mit anderen worten, wenn die
Griechen und Eraner die höhe in wißenschaft und kunst
überhaupt erreichen solten, wie es tatsächlich der fall war,
so durften in irem rücken, wenn auch kriegerische, so
doch an denken und empfinden nicht durchauß fremdartige und schon darum irer kultur unzugängliche und deshalb feindlich gesinte völker, wie z. b. die Mongolen, iren
ständigen aufenthalt nemen, sondern geistesverwante
stämme, welche an der kultur, welche sie vor sich sahen,
einen gefallen fanden und einen anlenungspunkt an dieselbe
suchten, wie wir es ja von den Skythen und Thraken gerade
so häufig beweisen können, und welche iren anlagen gemäß
auf der gleich hohen geistigen wenn auch noch nicht so
durch gebildeten stufe stunden, wie es ja wider bei den
Skythen und Thraken der fall war. kurz mit einem worte —
kinder einer und derselben arischen urmutter. und
somit ist es wirklich die so einfache und doch so schwer
wigende warheit: die Skythen und Thraken waren es,
welche die eranischen reiche und das Griechentum
jartausende gegen die zügellose weizengelbe men-
schenrasse dekten. und als in disem kulturfreund-
lichen thrako-skythischen ringe im laufe der zeit
lücken entstunden, über deren ursachen wir uns hier
nicht näher verbreiten können; als hiedurch das an-
stürmen der Hunnen, Bulgaren, Awaren, Chasaren
u. s. w. später ermöglicht wurde, fieng das römische
weltreich zu wanken an und die ganze abendländische bildung stund in frage, wenn nicht abermals
nachkommen der Thraken und Skythen d. i. germanische völker schützend sie auf genommen hätten.

    der andere punkt, welchen ich von der rede der Skythen
bei Curtius noch herauß hebe, handelt von irem kriege gegen
die Aegyptier. es heißt darüber: sic Syriae regem et postea
Persarum Medorumque superavimus, patuitque nobis iter us-

que in Aegyptum'. dieselbe begebenheit erzält außfürlicher Justinus II, 3: ‚Primus Scythis bellum indixit Vesosis rex Aegyptius missis primo lenonibus, qui hostibus parendi legem dicerent. sed Scythae jam ante de adventu regis a finitimis certiores facti, legatis respondent: tam opulenti populi ducem stolide adversus inopes occupasse bellum, quod magis domi fuerit illi timendum: quod belli certamen anceps, praemia victoriae nulla, damna manifesta sint. Igitur non exspectaturos Scythas, dum ad se veniatur, cum tanto sibi plura in hoste concupiscenda sint; ultroque praedae ituros obviam. nec dicta res morata: quos cum tanta celeritate venire rex addidicisset, in fugam vertitur, exercituque cum omni apparatu belli relicto, in regnum trepidus se recepit. Scythas ab Aegypto paludes prohibuere, inde reversi, Asiam perdomitam vectigalem fecere . . .' merkwirdiger weise nun läßt Jornandes de Get. s. Got. orig. den nämlichen feldzug von den Goten unternommen sein, indem er c. VI. schreibt: ‚hic (in der nähe des Pontus) ergo Gothis morantibus Vesosis Aegyptiorum rex in bellum irruit, quibus tunc Tanausis rex erat. quo proelio ad Phasin fluvium, a quo Phasides aves exortae in totum mundum epulis potentum exuberant, Tanausis Gothorum rex, Vesosi Aegyptiorum occurrit, eumque graviter debellans, in Aegyptum usque persecutus est, et nisi Nili amnis intransmeabilis obstitissent fluenta vel munitiones, quas dudum sibi ob incursiones Aethiopum Vesosis fieri praecepisset, ibi in eius eum patria exstinxisset. sed dum eum ibi positum non valuisset laedere, revertens paene omnem Asiam subiugavit et sibi tunc caro amico Sorno, regi Medorum, ad persolvendum tributum subditos fecit.' ebenso erwänt Eratosthenes in seinen geogr. fragm. l. III eines zuges des aegyptischen königs Sesostris nach Asien mit den worten: ‚εἶτα διαβὰς εἰς τὴν Ἀραβίαν κἀντεύϑεν τὴν Ἀσίαν ἐπελϑὼν τὴν σύμπασαν. διὸ καὶ πολλαχοῦ Σεσώστριος χάρακες προσαγορεύονται, καὶ ἀφιδρύματά ἐστιν Αἰγυπτίων ϑεῶν

ἱερῶν.' auch Val. Flaccus in seinem argonaut. V, 418 spricht von dem kriege der Geten mit Sesostris, wie Jornandes denselben den Goten zu schreibt: ‚. . . cunabula gentis
Colchidos hic ortusque tuens: ut prima Sesostris
Intulerit rex bella Getis; ut clade suorum
Territus, hos Thebas patriumque reducat ad amnem.'
Geten, Goten und Skythen werden hier in einer den uneingeweihten höchst befremdenden weise gleiche taten noch dazu von verschiedenen autoren zu geschriben. wie können dise völker, one die glaubwirdigkeit der einzelnen schriftsteller zu erschüttern, in einer solchen weise mit einander vermengt werden? ist es überhaupt möglich bei disen sich widersprechenden außsagen der warheit auf den grund zu kommen, wenn man beachtet, daß Jornandes in seiner weiteren außfürung von einem teile dises Gotenheres die Parther ab stammen läßt, welche wider nach skythischer sprache so benant seien, und die Amazonen ebenfals mit inen in verbindung bringt? die antwort auf dise fragen kann noch nicht erfolgen, weil sie noch nicht reif und darum unverständlich wäre. im verlaufe diser abhandlung wird sie sich von selbst und zwar one vile schwirigkeit ergeben.

stammesstolz. – an einem anderen merkmale des hohen skythischen geistes kann ich eben so wenig schweigend vorüber gehen. es betrift iren volksstolz, welcher sie behaupten läßt, eines der ältesten geschlechter der menschheit zu sein. wo in aller welt haben wir in der alten und neuen geschichte ein beispil solch' hoher anmaßung und zugleich unterschätzung sämtlicher anderen völker? weder den einwonern von Babylon und Ninive, noch den Baktrern, Medern, Persen, Griechen und Römern kam so etwas in den sinn. wir selber sind nur zu ser geneigt über solche punkte hinüber zu lesen und der sache bei weitem die aufmerksamkeit nicht zu schenken, welche sie verdient. keine geringeren sind es, als die Aegyptier, mit welchen die Skythen über das alter in streit geraten. Justinus, auf welchen ich hiemit verweise, berichtet II, 1 hierüber außfürlich, und indem ich hier die von den Aegyptiern vorgebrachten gründe der weitschweifigkeit und minderen wichtigkeit halber übergehe, laße ich die Skythen sprechen: ‚quodsi omnes quondam terrae submersae profundo fuerant, profecto editissimam quamque partem decurrentibus aquis primum detectam, humillimo autem solo eandem aquam diutissime immoratam; et quanto prior quaeque pars terrarum siccata sit, tanto prius animalia generare coepisse. porro Scythiam adeo editiorem omnibus terris esse, ut cuncta flumina ibi nata in Maeotim, tum deinde in Ponticum et Aegypticum mare decurrant. Aegyptum autem, quae tot regum, tot saeculorum cura impensaque munita sit, et adversum vim incurrentium aquarum tantis structa molibus, tot fossis concisa, ut cum his arceantur, illis recipiantur aquae, nihilo minus coli, nisi excluso Nilo, non potuerit; non posse videri hominum vetustate ultimam, quae sive exaggerationibus regum, sive Nili trahentis limum terrarum recentissima videatur.' hiezu Justinus: ‚his igitur argumentis superatis Aegyptiis antiquiores semper Scythae visi.' über die hierin entwickelten anschauungen aber zu einer zeit, wo man in naturwißenschaftlichen dingen kaum über die kinderschuhe hinauß gekommen war, muß man geradezu staunen. selbst vom standpunkte der heutigen geologie können sie als richtig unterschriben werden; denn noch in der tertiärperiode war das Niltal gerade so mit Waßer bedekt, wie etwa das becken von Paris, von Wien, die norddeutsche, die sauromatische tiefebene, Sibirien u. a. m.

apostel Paulus über die Skythen. — in welch' großem ansehen aber die Skythen zur zeit der ersten römischen kaiser als volk überhaupt stunden und vor allen anderen hervor ragten, dafür haben wir einen gewärsmann, dessen zeugnis geradezu entscheidend genant werden muß, welches aber allerdings den nicht überrascht, welcher die Skythen durch eine schärfere als die mongolische brille zu betrachten pflegt. es ist kein geringerer als der apostel Paulus, welcher für die Skythen in die schranken tritt. in seinem briefe an die Kolossäer, welchen wir bereits oben eines anderen grundes wegen an zogen, heißt es nach dem an erkanten griechischen und lateinischen texte c. III, v. 9, 10 und 11: ‚Μὴ ψεύδεσθε εἰς ἀλλήλους, ἀπεκδυσάμενοι τὸν παλαιὸν ἄνθρωπον σὺν ταῖς πράξεσιν αὐτοῦ, καὶ ἐνδυσάμενοι τὸν νέον, τὸν ἀνακαινούμενον εἰς ἐπίγνωσιν κατ' εἰκόνα τοῦ κτίσαντος αὐτόν· ὅπου οὐκ ἔνι Ἕλλην καὶ Ἰουδαῖος, περιτομὴ καὶ ἀκροβυστία, Βάρβαρος, Σκύθης, δοῦλος, ἐλεύθερος· ἀλλὰ τὰ πάντα καὶ ἐν πᾶσι Χριστός.' — Nolite mentiri invicem, exspoliantes vos veterem hominem cum actibus suis, et induentes novum eum, qui renovatur in agnitiorem secundum imaginem eius, qui creavit eum. ubi non est Gentilis et Judaeus, circumcisio et praeputium, Barbarus et Scytha, servus et liber, sed omnia et in omnibus Christus.' hier steht schmuklos, aber darum desto schärfer der heide dem Juden, beschneidung der vorhaut, der barbare dem Skythen, der sklave dem freien gegenüber. der Skythe aber hier ist nicht nur nicht selbst barbar, sondern nimt auch in den augen des Paulus unter den nichtbarbaren eine hervor ragende, ja die höchste stelle ein; denn wenn auch Griechen und Römer als hauptvertreter des heidentums unter der bezeichnung Ἕλλην oder *Gentilis* in begriffen werden musten, so wäre der gelerte Paulus wol nicht um einen anderen namen, welcher im die nichtbarbaren vertreten solte, verlegen gewesen. es bliben im ja die völker in Afrika, Spanien und Gallien, welche damals bereits volständig kultur an genommen hatten, die arischen und semitischen völker Kleinasiens, die Aegyptier, sowie die verschiedenen stämme des ehemaligen Persenreiches, über dessen grösten teil zur damaligen zeit allerdings die Parther als abkömlinge der Skythen herschten.

aber nicht hierauß wälte er zu seinem vergleiche, und darum
ist man zu der anname berechtigt, daß die Skythen durch
ire außgezeichneten körperlichen wie geistigen eigenschaften, welche bei keinem damaligen volke in gleichem
maße sich bemerkbar machten, den apostel Paulus bestimten,
sie nicht bloß auß den barbaren herauß zu heben, sondern
sie sogar an die spitze aller nichtbarbaren zu stellen. man
könte dem entgegen halten, daß der Skythenname villeicht
unwilkürlich oder doch auß einer gewissen unbekantschaft
mit den trägern desselben in disen vergleich auf genommen
worden wäre; aber da wir wißen, daß die reisen des Paulus
widerholt durch ganz Kleinasien, Griechenland, Thessalien,
Epirus, Makedonien und Thrakien sich erstrekten, hinwiderum
aber auch die Skythen durchauß nicht so abgeschloßen lebten,
sondern überall verschiedene dienste versehend an getroffen
wurden, so dürfen wir mit sicherheit an nemen, daß er wol
gelegenheit hatte, mit den Skythen von angesicht zu angesicht zu verkeren. betrachten wir aber noch dazu die schärfe
und klarheit der paulinischen außsprüche, die warheit, welche
seine rede stets durchdringt und in seinem ganzen tun und
laßen als innerster außfluß seines ich's erscheint, so muß die
volständige gewißheit raum gewinnen, daß Paulus nicht
bloß die Skythen oberflächlich kante, sondern von der
wirdigkeit der stellung, welche er inen ein räumte, sich voll-
kommen überzeugt hatte. noch könte am ende geltend
gemacht werden, daß ja die Gotenstämme bereits zur damaligen zeit rechts oder links der Donau in der nähe des
Pontus gesessen wären, und daß Paulus dieselben unter dem
namen Skythen vor gefunden hätte, wie ja später griechische
und römische schriftsteller die namen Skythen und Goten
und zwar hauptsächlich Ostgoten einander gleich sezten, daß
er somit nur berichten konte, was er in der tat vor fand.
gegen das vorhandensein von Goten unter dem namen der
Skythen und Thraken schon in damaliger zeit, habe ich nicht

das mindeste ein zu wenden, da ich ja beweisen werde, daß Thraken und Skythen germanische völker waren, und Goten hiemit so gut unter deren namen verstekt sein konten und in warheit es auch waren, wie später umgekert Skythen und Thraken in den namen germanischer völker auf giengen. im falle also wirklich dem Paulus Goten, deren name erst zu anfang des dritten jarhunderts als *Gotti* bei Spartianus sich ban bricht — vgl. Zeuß d. D. u. d. nchbst. s. 401 — als Skythen bezeichnet worden wären, so wäre ja, statt daß diß gegen die Skythen spräche, gerade glaubwirdiger gemacht, daß Goten und Skythen ein und dasselbe volk waren, und die hohe stellung der lezteren begriffe sich dann auch für den laien um so leichter.

ich könte die beispile, welche für die hoheit und schärfe des skythischen geistes zeugen, vermeren, aber ich glaube, daß die bereits gegebenen hinlänglich genügen werden, die Skythen auf eine höhe zu stellen, von welcher man änlich der der Germanen hätte vorauß anen können, daß sie dem Römer- und Griechentume einst mindestens ebenbürtig sich zeigen werde.

Viertes hauptstück.

Glaube, gebräuche, sitten und gewonheiten der Skythen.

Ich gehe zu dem glauben, den gebräuchen, sitten und gewonheiten der Skythen über. ich werde mich auch hier, da ich ja keine geschichte der Skythen schreibe, auf das beschränken, was von inen im algemeinen gesagt wird, und was davon zunächst bei den Germanen wider kert. einzelne stammeseigentümlichkeiten kann ich daher als meinem zwecke dawider gehend nicht weiter verfolgen. der skythischen gotheiten werde ich außfürlich bei dem sprachlichen teile gedenken.

vererung des kriegsgottes. — die Skythen waren vor allem vererer des Ares und stelten sich das bild desselben durch ein altes eisernes schwert dar, wie Herodot IV, 62 meldet: ἐπὶ τούτον δὴ τοῦ ὄγκου ἀκινάκης σιδήρεος ἵδρυται ἀρχαῖος ἑκάστοισι· καὶ τοῦτ' ἔστι τοῦ Ἄρηος τὸ ἄγαλμα.' damit stimt die äußerung von Arnobius in seinem advers. nat. VI, 11 überein: ‚ridetis temporibus priscis . . . coluisse acinacem Scythiae nationes . . .' bei den Alanen begegnen wir der nämlichen schwertheiligung, worüber Ammianus Marcellinus XXXI, 2 sich vernemen läßt: ‚nec templum apud eos visitur aut delubrum, ne tugurium quidem culmo tectum cerni usquam potest, sed gladius barbarico ritu humi figitur nudus, eumque ut Martem, regionum quas circumcircant praesulem, verecundius colunt.' ebenso hat Mars bei den Geten seine heimat; denn

‚gradivumque patrem, Geticis qui praesidet armis'

singt Vergilius Aen. III, 35. disen nämlichen Mars vererten aber auch die Goten und versönten in sogar mit menschenopfern, wie Jornandes d. r. G. c. V meldet: ‚quem Martem Gothi semper asperrima placavere cultura (nam victimae eius mortes fuere captorum), opinantes, bellorum praesulem apte humani sanguinis effusione placandum.' das nämliche taten die Thuliten d. i. Skandinavier, wie Procop d. b. g. II, 15 bezeugt: ‚θύουσι δὲ ἐνδελεχέστατα ἱερεῖα πάντα καὶ ἐναγίζουσι. τῶν δὲ ἱερείων σφίσι τὸ κάλλιστον ἄνθρωπός ἐστιν, ὅνπερ ἂν δοριάλωτον ποιήσαντο πρῶτον. τοῦτον γὰρ τῷ Ἄρει θύουσιν, ἐπεὶ θεὸν αὐτὸν νομίζουσι μέγιστον εἶναι.' nicht minder opferten die Hermundurer dem kriegsgotte menschen, wie wir auß Tacitus' ann. XIII, 57 wißen: ‚sed bellum Hermunduris prosperum, Cattis exitiosius fuit, quia victores diversam aciem Marti ac Mercurio sacravere, quo voto equi, viri, cuncta victa occidioni dantur.' und ebenso wie die Germanen machen es auch die Skythen, auch sie bringen irem schwerte, welches den kriegsgott dar stelt, menschenopfer, wie wir auß Herodot IV, 62 ersehen: ‚τούτῳ δὲ τῷ ἀκινάκεϊ θυσίας ἐπετέους προσάγουσι προβάτων καὶ ἵππων, καὶ δὴ καὶ τοισίδ᾽ ἔτι πλέω θύουσι ἢ τοῖσι ἄλλοισι θεοῖσι. ὅσους ἂν τῶν πολεμίων ζωγρήσωσι, ἀπὸ τῶν ἑκατὸν ἀνδρῶν ἄνδρα ἕνα θύουσι τρόπῳ οὐ τῷ αὐτῷ καὶ τὰ πρόβατα, ἀλλ᾽ ἑτεροίῳ . . .' desgleichen erweist dem schwerte götlichen dienst und schwört auch bei demselben das germanische volk der Quaden nach Ammian Marcellin XVII, 12: ‚eductis mucronibus, quos pro numinibus colunt, juravere (Quadi) se permansuros in fide.' auch bei den Tenkterern und den germanischen bewonern von Colonia Agrippina d. i. den Ubiern ist Mars der höchste gott, wie auß der rede eines tenkterischen gesanten bei Tacitus hist. IV, 64 hervor geht: ‚redisse vos in corpus nomenque Germaniae, communibus deis et praecipuo deorum, Marti, grates agimus . . .' weiter erzält Jornandes c. XXXV nach Priscus 201, 17, wie das skythische schwert in Attilas hände gekommen sei und den glauben erwekt habe, daß derselbe dadurch zum hern der welt erkoren wäre: ‚qui (Attila) quamvis huius esset naturae ut semper magna confideret, addebat ei tamen confidentiam gladius Martis inventus, sacer apud Scytharum reges semper habitus, quem Priscus historicus tali refert occasione detectum, quum pastor inquiens quidam gregis unam buculam conspiceret claudicantem, nec causam tanti vulneris inveniret, sollicitus vestigia cruoris insequitur, tandemque venit ad gladium, quem depascens herbas bucula incaute calcaverat, effossumque protinus ad Attilam defert. quo ille munere gratulatus, ut erat magnanimus, arbitratur se totius mundi principem constitutum et per Martis gladium potestatem sibi concessam esse bellorum.' Baiern und Schwaben waren ferner diener des Ares und wurden *Ziowari* zu benant. der Er-h-, Ir-h- oberpfälz. und wäldlerisch Aír-h-tag bei jenen und der Zis-tag bei disen, von einem und demselben, aber bei beiden stämmen verschieden benanten gotte *Er Ir Aír* und *Ziu*, sind noch heute unläugbare sprachdenkmäler des einstigen gottesdienstes. hieran schließen sich die Sachsen mit irem gewaltigen kriegsgotte *Sahsnot* zu deutsch *gladii consors* an, welcher noch zur zeit des christentums unter den Germanen gefürchtet ist, und welchem der täufling mit den worten ab schwört: end ec forsacho allum diaboles uuercum and uuordum Thuner ende Uuôden ende *Saxnôte* ende allum thêm unholdum thê hira genôtas sint.' die germanischen stämme der Heruler, Cherusker, Suardonen haben nach got. *haírus* und ahd. *swert* = gladius ire namen. das schwert der Skythen wurde nach Lambert von einer königin Ungarns an den Baiernherzog Otto verschenkt. von disem wurde es Dedi, dem sone des markgrafen gleichen namens, gelihen, kam dann an Heinrich IV. und hierauf an Lupold von Mersburg, welcher bei einem sturz vom pferde in dasselbe fiel und starb. herzog Alba soll es später nochmals auß der erde gegraben haben. nach der erzälung eines ungekanten mönches in der lebensbeschreibung des bischofes Altmann von Paßau zu schließen, war an dem platze der abtei Götweih ein alter schwertdienst der Baiern ein gerichtet. schwerttanz war bei den Germanen ein besonderes festvergnügen, wie auß Tacitus' Germ. c. 24 erhelt: „genus spectaculorum unum atque in omni coetu idem. nudi iuvenes, quibus id ludicrum est, inter gladios se atque infestas frameas saltu iaciunt. exercitatio autem paravit, ars decorem, non in quaestum tamen aut mercedem: quamvis audacis lasciviae pretium est voluptas spectantium.'

das schembartlaufen in Nürnberg verbunden mit schwerttanz, sowie noch im 18. jarhundert der schwerttanz der Braunauer in München sind noch nachzuckungen des ehemaligen schwertdienstes. als sinbild der macht und herlichkeit, sowie der gewalt über leben und tod wurde das schwert in Deutschland dem könige und richter vor getragen. wer kent endlich nicht die sagen, welche sich im deutschen altertum gerade an das schwert geknüpft haben? *Grani*, das schwert Sigurds, *Miming* von Wielant geschmidet die waffe Dietrichs von Bern, *Eckesahs* das schwert des risen Ecke, *Nagelring* vom zwergen Alberich gefertigt, *Durandarte* in Rolands besitze und *Balmunc* Sigfrids schwert sind dafür sprechende beweise. kein volk tritt also bezüglich der vererung des schwertes in so innige beziehung zu den Skythen, wie die Germanen.

schlangenjungfrau. – einen anderen glauben der Skythen finden wir bei Herodot IV, 9: $\dot{\varepsilon}\nu\vartheta\alpha\tilde{v}\tau\alpha$ ($\dot{\varepsilon}\nu$ $\tau\tilde{\eta}$ $\Upsilon\lambda\alpha i\eta$) $\delta\dot{\varepsilon}$ $\alpha\dot{v}\tau\dot{o}\nu$ (Ἡρακλέα) εὑρεῖν ἐν ἄντρῳ μιξοπάρθενόν τινα ἔχιδναν διφυέα, τῆς τὰ μὲν ἄνω ἀπὸ τῶν γλουτέων εἶναι γυναικός, τὰ δὲ ἔνερθε ὄφιος.' über denselben spricht Diodorus Sic. II, 43: ὕστερον.δὲ μυθολογοῦσι Σκύθαι γηγενῆ παρ' αὐτοῖς γενέσθαι παρθένον· ταύτην δ' ἔχειν τὰ μὲν ἄνω μέρη τοῦ σώματος μέχρι τῆς ζώνης γυναικεῖα· τὰ δὲ κατώτερα ἐχίδνης.' unwilkürlich wird man dabei an die gallische Melusine erinnert, die halb weib, halb fisch war. aber auch bei den Germanen ist biß zum heutigen tage der glaube an merweiber und merfräulein mit einem zur hälfte menschlichen, zur anderen hälfte schlangenartigen leib lebendig geblieben. unzälige male begegnen uns in deutschen märchen verwunschene prinzessinen, in mer oder minder schlangenänlicher gestalt, wie es sogar auf manchem alten deutschen geschlechtswappen noch zu ersehen.

das gold und die greifen. — bei den Skythen wird das gold von greifen bewacht. Herodot III, 116 schreibt: ‚πρὸς δὲ ἄρκτον τῆς Εὐρώπης πολλῷ τι πλεῖστος χρυσὸς φαίνεται ἐών ὅκως μὲν γινόμενος, οὐκ ἔγω οὐδὲ τοῦτο ἀτρεκέως εἶπαι, λέγεται δὲ ὑπὲκ τῶν γρυπῶν ἁρπάζειν Ἀριμασποὺς ἄνδρας μουνοφθάλμους. derselbe IV, 13: ‚... Ἰσσηδόνων δὲ ὑπεροικέειν Ἀριμασποὺς ἄνδρας μουνοφθάλμους, ὑπὲρ δὲ τούτων τοὺς χρυσοφύλακας γρῦπας.' der nämliche IV, 27: ‚... τοὺς μουνοφθάλμους ἀνθρώπους καὶ τοὺς χρυσοφύλακας γρῦπας εἶναι ...' auch Plinius gedenkt bei den Skythen-Arimaspern hist. nat. VII, 2 der goldbewachenden greifen: ‚... quibus (Arimaspis) assidue bellum esse circa metalla cum gryphis, ferarum volucri genere, quale vulgo traditur, eruente ex cuniculis aurum, mira cupiditate et feris custodientibus et Arimaspis rapientibus, multi sed maxime illustres Herodotus et Aristeas Proconnesius scribunt.' auch diser glaube ist mit den anschauungen der Germanen völlig verwachsen; denn nach germanischer sage ligen die drachen auf dem golde und leuchten davon — das gold selbst wird deshalb wurmbett genant. — bei tage bewachen sie es, nachts tragen sie es durch die lüfte. von den vilen beispilen will ich nur eines an füren, welches wir im Parzival II, 381 lesen, wo es von einem wappenrocke heißt:

„mit golde er gebildet was
daz zer muntâne an Kaukasas
ab einem velse zarten
grîfen klâ, die 'z da bewarten
und ez noch hiute aldâ bewarent.'

daumen halten. – in der oben bereits an gezogenen rede der Skythen an Alexander bei Curtius Rufus heißt es unter anderem: ‚proinde fortunam tuam pressis manibus tene. lubrica est, nec invita teneri potest.' ich vergleiche hiemit unseren uralten glauben an das **den daumen halten**, um welches wir stets unsere freunde ersuchen, fals wir etwas wichtiges zur außfürung bringen wollen.

menschen- und tieropfer. – die Skythen opferten irem kriegsgotte menschen, wie wir hörten, und gleichen sich darin völlig den Germanen, welche allerdings auch noch iren anderen höchsten gotheiten menschenopfer dar brachten. aber auch von tieropfern der Skythen erzält Herodot IV, 61: θύουσι (Σκύθαι) δὲ καὶ τὰ ἄλλα πρόβατα καὶ ἵππους μάλιστα' und IV, 62: ‚τούτῳ δὲ τῷ ἀκινάκεϊ θυσίας ἐπετέους προσάγουσι προβάτων καὶ ἵππων.' pferdeopfer waren nun bei den Germanen die weitauß vornemsten tieropfer; ir fleisch wurde algemein gegeßen, wie es ja in vilen gegenden Deutschlands heute noch geschiht. soll unter πρόβατα kleineres vierfüßiges weidevih genommen werden, so gehen die Skythen auch darin nicht über die sitte der Germanen hinauß; denn dise opferten ebenfals widder, schafe, lämmer, zigenböcke und zigen. wir lesen aber bei Herod. IV, 61 auch ‚... καὶ οὕτω βοῦς τε ἑωυτὸν ἐξέψει καὶ τὰ ἄλλα ἰρήϊα ἑωυτὸ ἕκαστον,' worauß unzweideutig der beweis von rinderopfern bei den Skythen und somit auch hierin ire übereinstimmung mit den Germanen erbracht ist; denn nach dem pferdeopfer galt auch das rinderopfer als wol gefällige süne bei den lezteren. über eselsopfer bei den Skythen berichtet Arnobius IV, 25: ‚quis ei (prodidit) canes a Caribus, quis ab Scythis asinos immolari?' gleiches wird von Hyperboreern und Slaven erzält, aber auch die Schlesier und Göttinger hießen schon seit alters her eselfreßer (vgl. Grimms mytholog.) **kochen des opferfleisches in keßeln.** – die Skythen kochen ferner das opferfleisch in großen keßeln und wenn solche mangeln, gleich in dem bauche des opfertieres selbst, indem sie mit knochen heizen. ir kochen aber ist stets ein sieden. Herodot sagt hierüber IV, 61: „τῆς δὲ γῆς τῆς Σκυθικῆς αἰνῶς ἀξύλου ἐούσης ὧδέ σφι ἐς τὴν ἕψησιν τῶν κρεῶν ἐξεύρηται. ἐπεὰν ἀποδείρωσι τὰ ἰρήϊα, γυμνοῖσι τὰ ὀστέα τῶν κρεῶν· ἔπειτεν ἐσβάλλουσι, ἢν μὲν τύχωσι ἔχοντες, ἐς λέβητας ἐπιχωρίους, μάλιστα Λεσβίοισι κρατῆρσι προσικέλους, χωρὶς ἢ ὅτι πολλῷ μέζονας· ἐς τούτους ἐσβάλλοντες ἕψουσι ὑποκαίοντες τὰ ὀστέα τῶν ἰρηΐων ἢν δὲ μή σφι παρῇ λέβης, οἱ δὲ ἐς τὰς γαστέρας τῶν ἰρηΐων ἐσβάλλοντες τὰ κρέα πάντα καὶ παραμίξαντες ὕδωρ ὑποκαίουσι τὰ ὀστέα.' auch die Germanen bedienten sich der keßel zum kochen der opfertiere, welche wie bei den Skythen stets gesotten wurden. der keßelgebrauch scheint somit bei beiden völkern von jeher zu bestehen. die Skythen insbesondere musten eine förmliche vorliebe dafür haben; denn Herodot meldet IV, 81 von einem gewaltigen keßel derselben, wie folgt: „ἐν τούτῳ τῷ χώρῳ κέεται χαλκήϊον, μεγάθεϊ καὶ ἐξαπλήσιον τοῦ ἐπὶ στόματι τοῦ Πόντου κρατῆρος, τὸν Παυσανίης ὁ Κλεομβρότου ἀνέθηκε. ὃς δὴ μὴ εἰδέ κω τοῦτον, ὧδε δηλώσω· ἑξακοσίους ἀμφορέας εὐπετέως χωρέει τὸ ἐν Σκύθῃσι χαλκήϊον, πάχος δὲ τὸ Σκυθικὸν τοῦτο χαλκήϊόν ἐστι δακτύλων ἕξ.' hiezu vergleiche ich den keßel, welchen nach Strabo c. 293 die Kimbern dem römischen kaiser Augustus übersanten; denn ich muß trotz neuerer ansichten, welche z. b. nach Bernhard Sepp die Kimbern und Teutonen den Kelten zu teilen wollen, mit Zeuß, Grimm und anderen ir Germanentum aufrecht erhalten auß gründen, welche ich später veröffentlichen werde.

leichenschmaus. – die uralte sitte des leichenschmauses, welche noch heut zu tage von den landleuten eifrig gepflogen wird, finden wir ebenfals bei den Skythen durch Herodot IV, 73 bestättigt: ͵οὕτω μὲν τοὺς βασιλέας θάπτουσι, τοὺς δὲ ἄλλους Σκύθας, ἐπεὰν ἀποθάνωσι, περιάγουσι οἱ ἀγχοτάτω προσήκοντες κατὰ τοὺς φίλους ἐν ἁμάξῃσι κειμένους, τῶν δὲ ἕκαστος ὑποδεκόμενος εὐωχέει τοὺς ἑπομένους, καὶ τῷ νεκρῷ πάντων παρατιθεῖ τῶν καὶ τοῖσι ἄλλοισι.͵

ertragen von hunger. – die Skythen kanten aber auch wol die gegenseite von eßen und trinken — den hunger und wie sie sich gegen disen ab härteten, lesen wir bei Gellius noct. attic. XVI, 3, welcher eine stelle auß Erasistratus wider gibt: ͵. . . εἰθισμένοι δέ εἰσι καὶ οἱ Σκύθαι, ὅταν διά τινα καιρὸν ἀναγκάζονται ἄσιτοι εἶναι, ζώναις πλατείαις τὴν κοιλίαν διασφίγγειν, ὡς τῆς πείνης αὐτοὺς ἧττον ἐνοχλούσης· σχεδὸν δὲ καὶ ὅταν πλήρης ἡ κοιλία ᾖ, διὰ τὸ κένωμα ἐν αὐτῇ μηδὲν εἶναι, διὰ τοῦτο οὐ πεινῶσιν. ὅταν δὲ σφόδρα συμπεπτωκυῖα ᾖ, κένωμα οὐκ ἔχει.͵ wie oft waren wol, ab gesehen von den alten Germanen, welche ja gegen alle körperlichen widerwärtigkeiten, somit auch gegen den hunger gestählt waren, noch in späterer zeit die farenden schüler und was sich daran knüpfte, in der lage, dise skythische sitte an sich selber tatsächlich zu üben? die deutschen handwerksburschen wenigstens kennen noch biß zur stunde dises mittel und wenden es auch an.

wein trinken. – geradezu germanisch an geheimelt fült der leser sich, wenn er über die Skythen hört, daß sie wie die Germanen wegen ires trinkens bei den alten berümt oder auch berüchtigt waren. die Skythen tranken nämlich, wie es heute noch bei uns von den gebildeten häufig, von dem volke fast one außname beliebt wird, den wein unvermischt d. h. one zusatz von waßer. Griechen und Römer dagegen tranken den wein nur mit waßer verdünt, und

die gegenteilige sitte galt inen nicht nur für barbarisch,
sondern wegen der weit heftigeren wirkung des reinen weines
auf die nüchternheit des geistes geradezu als ein zeichen der
hinneigung zur trunkenheit. Herodot VI, 84 läßt den wansinn des spartanischen königs **Kleomenes** von den Spartanern dem umgange mit den **Skythen** zu schreiben, von
dem er gelernt habe, den wein unvermischt zu trinken:
‚... αὐτοὶ δὲ Σπαρτῆταί φασι ἐκ δαιμονίου μὲν οὐδενὸς
μανῆναι Κλεομένεα, Σκύθῃσι δὲ ὁμιλήσαντά μιν ἀκρητο
πότην γένεσθαι καὶ ἐκ τούτου μανῆναι.' von Athenäus
deipnosoph. X, 7 hören wir: ‚καὶ προελθὼν, τὴν ἀκρα
τοποσίαν Σκυθικὴν καλεῖ πόσιν·

>   Ἄγε δεῦτε, μηκέθ᾽ οὕτω
>   πατάγῳ τε κἀλαλητῷ
>   Σκυθικὴν πόσιν παρ᾽ οἴνῳ
>   μελετῶμεν.

καὶ αὐτοὶ δ᾽ οἱ Λάκωνες, ὅταν βούλωνται ἀκρατέστε
ρον πίνειν, ἐπισκυθίσαι λέγουσι. Aelian var. hist. II,
41 schreibt: ‚Κλεομένης ὁ Λακεδαιμόνιος οὐ μόνον φασὶν
ὅτι πολυπότης ἦν, ἀλλὰ γὰρ προστιθέασιν αὐτῷ, καὶ τοῦτο
δήπου τὸ Σκυθικὸν κακὸν, ὅτι ἀκρατοπότης ἐγένετο.'
und ebenda ‚καὶ Ἀνάχαρσις δὲ παμπολύ φασιν ἔπιε
παρὰ Περιάνδρῳ. τοῦτο μὲν καὶ οἴκοθεν ἑαυτῷ ἐπαγόμενος
τὸ ἐφόδιον. Σκυθῶν γὰρ ἴδιον τὸ πίνειν ἄκρατον.'
Plinius hist. nat. XIV, 22 erzält: ‚Scitumque est Scytharum
legati, **quanto plus biberint, tanto magis sitire
Parthos.'** treffender konte selbst der **urgermanische
durst** nicht gekenzeichnet werden und beinahe ist es zu
verwundern, daß einem alten abschreiber nicht **Germanos**
statt **Parthos** in die feder floß.

blut trinken. – die Skythen trinken aber nicht bloß wein,
sondern das blut irer feinde nach Herodot IV, 64: ‚... ἐπεὰν
τὸν πρῶτον ἄνδρα καταβάλῃ ἀνὴρ Σκύθης, τοῦ αἵματος

ἐμπίνει.' auch dise sitte ist den Germanen nicht fremd; denn im Nibelungenliede außg. Bartsch lesen wir:

2114. ‚Dô sprach von Tronege Hagene: „ir edeln ritter guot.
swen der durst twinge, der trinke hie daz pluot.
daz ist in solher hitze noch bezzer danne wîn.
ez enmac an disen zîten et nu niht bézzér gesîn."

2115. ‚dô gie der recken einer da er einen tôten vant:
er kniete im zuo der wunden, den helm er abe gebant:
dô begonde er trinken daz vlíezénde pluot.
swie ungewon er's wäre, ez dûhte im groezlîchen guot.'

Hagen spricht aber hier auß erfarung, welche er auch wider von älteren überkommen hat.

vom gegenseitigen blut trinken der skythischen krieger, welche unter sich einen freundschaftsbund beschwören, berichtet ebenfals Herodot IV, 70: ὅρκια δὲ ποιεῦνται Σκύθαι ὧδε πρὸς τοὺς ἂν ποιέωνται· ἐς κύλικα μεγάλην κεραμίνην οἶνον ἐγχέαντες αἷμα συμμίσγουσι τῶν τὰ ὅρκια ταμνομένων, τύψαντες ὑπέατι ἢ ἐπιταμόντες μαχαίρῃ σμικρὸν τοῦ σώματος καὶ ἔπειτεν ἀποβάψαντες ἐς τὴν κύλικα ἀκινάκεα καὶ ὀϊστοὺς καὶ σάγαριν καὶ ἀκόντιον ἐπεὰν δὲ ταῦτα ποιήσωσι, κατεύχονται πολλὰ καὶ ἔπειτεν ἀποπίνουσι αὐτοί τε οἱ τὸ ὅρκιον ποιεύμενοι καὶ τῶν ἑπομένων οἱ πλεῖστον ἄξιοι.' diser gebrauch oder wenigstens ein ganz änlicher ist heute noch unter den Baiern üblich. ich finde hievon zwar nichts in Grimms mythologie noch bei Panzer, Schmeller, Schönwerth, Sepp u. a. bemerkt, aber er besteht, wie viles andere von sprache und gebräuchen noch in Baiern, was biß zur stunde unbekant ist und was ich seiner zeit veröffentlichen werde. wenn nämlich zwei oder merere innige freundschaft schließen wollen, so ritzen sie sich zu disem zwecke ire haut und laßen sich gegenseitig blutstropfen in ir getränke, welches sie dann auf disen glauben, daß nämlich ire gegenseitige zuneigung eine lebenslängliche sein werde, an stoßend leren. ebenso machen es liebende, welche sich dadurch für immer einander an oder zu schwören wollen, wie man es nent. aber auch, um bei fremden, welchen man seine neigung zu gewendet hat, gegenneigung zu erwecken, mischt man deren getränken heimlich einen blutstropfen bei.

minne trinken. – eines anderen brauches der Skythen gedenkt Herodot IV, 66: ῞Απαξ δὲ τοῦ ἐνιαυτοῦ ἑκάστου ὁ νομάρχης ἕκαστος ἐν τῷ ἑωυτοῦ νομῷ κιρνᾷ κρητῆρα οἴνου, ἀπ' οὗ πίνουσι τῶν Σκυθέων, τοῖσι ἂν ἄνδρες πολέμιοι ἀραιρημένοι ἔωσι τοῖσι δ' ἂν μὴ κατεργασμένον ᾖ τοῦτο, οὐ γεύονται τοῦ οἴνου τούτου, ἀλλ' ἠτιμωμένοι ἀποκατέαται ὄνειδος δέ σφί ἐστι μέγιστον τοῦτο ὅσοι δὲ ἂν αὐτῶν καὶ κάρτα πολλοὺς ἄνδρας ἀραιρηκότες ἔωσι, οὗτοι δὲ σύνδυο κύλικας ἔχοντες πίνουσι ὁμοῦ.' das ist geradezu das minne trinken der Germanen und zwar in des wortes ursprünglichem sinne, wobei ahd. *minna* = memoria, eines stammes mit got. *munan* gedenken, noch nicht den nebenbegriff von amor hat, welcher sich erst später entwickelte. die Skythen aber gedachten beim minne trinken irer erschlagenen feinde und daher ist es erklärlich, daß der nicht minne trinken durfte, welcher noch keinen feind erschlagen hatte; denn wessen hätte er beim trinken gedenken sollen? das spätere deutsche Gertrudis minne und Johannis segen trinken — vgl. Grimms myth., Schmeller, Panzer, Schönwerth u. a. — ist noch zur stunde ein abglanz der alten heidnischen sitte. das Johannis segen trinken findet in Altbaiern sowol am tage des täufers als des evangelisten noch statt. auch das trinken auß zwei bechern, welches den Skythen auß zeichnete, der vile feinde tötete, finden wir in Baiern wider. der großbauer oder hofbauer trinkt nämlich bei festlichen gelegenheiten stets auß zwei steinenen so genanten maßkrügen, welche je mit bier und kaffee oder mit wein und kaffee gefült sind und bringt es auch so seinen freunden und bekanten. daß er dabei an merere erschlagene feinde denkt, wird niemand mer von im verlangen, daß er aber viler geschlagenen sich erinnert, ist durchauß nichts seltenes.

trinken auß hirnschalen. – hieran knüpfen wir wider einen echt germanischen brauch der Skythen, welchen uns ebenfals Herodot IV, 65 überlifert: ταῦτα μὲν δὲ οὕτω σφι νενόμισται, αὐτὰς δὲ τὰς κεφαλὰς, οὔτι πάντων, ἀλλὰ τῶν ἐχθίστων, ποιεῦσι τάδε· ἀποπρίσας ἕκαστος πᾶν τὸ ἔνερθα τῶν ὀφρύων ἐκκαθαίρει· καὶ ἢν μὲν ᾖ πένης, ὁ δὲ ἔξωθεν ὠμοβοέην μούνην περιτείνας οὕτω χρᾶται, ἢν δὲ ᾖ πλούσιος, τὴν μὲν ὠμοβοέην περιτείνει, ἔσωθεν δὲ περιχρυσώσας οὕτω χρᾶται ποτηρίῳ. ποιεῦσι δὲ τοῦτο καὶ ἐκ τῶν οἰκηΐων, ἤν σφι διάφοροι γένωνται καὶ ἢν ἐπικρατήσῃ αὐτοῦ παρὰ τῷ βασιλέϊ. ξείνων δέ οἱ ἐλθόντων, τῶν ἂν λόγον ποιέηται, τὰς κεφαλὰς ταύτας παραφέρει, καὶ ἐπιλέγει, ὡς οἱ ἐόντες οἰκήϊοι πόλεμον προσεθήκαντο καί σφεων αὐτὸς ἐπεκράτησε, ταύτην ἀνδραγαθίην λέγοντες.' ich begnüge mich, hiezu ein hervor ragendes beispil auß der welt der Germanen an zu füren. in einer schlacht zwischen den Gepiden, richtiger Gebiden, und Langobarden tötete der könig der lezteren Alboin den könig der ersteren Kunimund und ließ sich auß dessen hirnschädel eine trinkschale machen, was im nachher noch krone und leben kostete; denn als er einige zeit darauf bei einem gelage seine gemahlin Rosamunda, welche eine tochter des erschlagenen Kunimund war, zwang, auß dem schädel ires vaters zu trinken, schwur sie im rache und ließ in ermorden.

werwolf. – daß die Skythen die leibhaftige werwolfsage der Germanen kanten, erzält Herodot IV, 105: λέγονται γὰρ ὑπὸ Σκυθέων καὶ Ἑλλήνων τῶν ἐν τῇ Σκυθικῇ κατοικημένων ὡς ἔτεος ἑκάστου ἅπαξ τῶν Νευρῶν ἕκαστος λύκος γίνεται ἡμέρας ὀλίγας καὶ αὖτις ὀ π ί σ ω ἐς τὠυτὸ κατίσταται.' man halte hiezu weitere belege in Grimms mythologie 4. außg. 915 ff.

war sagen. — eine nicht minder merkwirdige übereinstimmung zwischen Skythen und Germanen tritt in der art ires war sagens hervor. von den Skythen schreibt bezüglich dessen Herodot IV, 67: ‚Μάντιες δὲ Σκυθέων εἰσὶ πολλοί, οἳ μαντεύονται ῥάβδοισι ἰτεΐνῃσι πολλῇσι ὧδε ἐπεὰν φακέλους ῥάβδων μεγάλους ἐνείκωνται, θέντες χαμαὶ διεξειλίσσουσι αὐτοὺς, καὶ ἐπὶ μίαν ἑκάστην ῥάβδον τιθέντες θεσπίζουσι. ἅμα τε λέγοντες ταῦτα συνειλέουσι τὰς ῥάβδους ὀπίσω καὶ αὖτις κατὰ μίαν συντιθεῖσι. αὕτη μέν σφι ἡ μαντικὴ πατρωΐη ἐστὶ, οἱ δὲ Ἐνάρεες οἱ ἀνδρόγυνοι τὴν Ἀφροδίτην σφι λέγουσι μαντικὴν δοῦναι· φιλύρης ὦν φλοιῷ μαντεύονται· ἐπεὰν τὴν φιλύρην τρίχα σχίσῃ, διαπλέκων ἐν τοῖσι δακτύλοισι τοῖσι ἑωυτοῦ καὶ διαλύων χρᾷ.' von den Germanen erzält hierüber Tacitus Germ. c. 10: ‚auspicia sortesque ut qui maxime observant: sortium consuetudo simplex. **virgam frugiferae arbori decisam in surculos amputant eosque notis quibusdam discretos super candidam vestem temere ac fortuito spargunt.** mox, si publice consuletur, sacerdos civitatis, sin privatim, ipse pater familiae, precatus deos caelumque suspiciens, ter singulos tollit, sublatos secundum impressam ante notam interpretatur. si prohibuerunt, nulla de eadem re in eundem diem consultatio; sin permissum auspiciorum adhuc fides exigitur.' dise änlichkeit zwischen Skythen und Germanen fiel schon vor 60 jaren Wilhelm Grimm in seinem werke über **deutsche runen** auf, worauf ich hiemit verweise, da dortselbst noch merere beispile des weißagens mit zweigen und stäben von germanischen völkern gegeben sind. daß aber die **weide** wie den Skythen, so auch den Germanen bedeutungsvoll war, geht einesteils darauß hervor, daß noch der heutige volksglaube die **heilige Maria** auf einem **weidenbaume** erscheinen und **böse geister** in einen weidenbaum ein keilen läßt — vgl. Panzer, bair. s. u. br. —, andernteils gibt die übertragung der vererung der palme bei gelegenheit des kirchlichen katholischen palmfestes von seite unseres volkes auf die weide, die jezt so genante palmweide, und der umstand, daß die kirche sich herbei ließ, am palmsontage äste und zweige diser weide feierlich für das volk zu weihen, das beste zeugnis für das heilige ansehen, welches die weide bei den heidnischen Germanen gehabt haben muß; denn wäre dieselbe dem germanischen altertume gleichgiltig gewesen, so wäre sicherlich bei der wal des ersatzes für die wirkliche palme die weide umgangen worden. auch der bast, mit welchem die Skythen vorher sagen, hat bei uns noch eine geheimnisvolle kraft bei behalten; denn über den teufel wird eine schlinge von bast geworfen, welche er nicht zerreißen kann — vgl. Grimms myth. und Panzer —, und ein band von bast um die waden gebunden schüzt zeit lebens vor starkrampf und anderen derartigen zufällen.

weiße rosse. — was Tacitus im nämlichen caput 10 über die weißen rosse der Germanen sagt, wollen wir hier gleich an fügen: ‚... proprium gentis equorum quoque praesagia ac monitus experiri. publice aluntur iisdem nemoribus ac lucis, candidi et nullo mortali opere contacti; quos pressos sacro curru sacerdos ac rex vel princeps civitatis comitantur hinnitusque ac fremitus observant. nec ulli auspicio maior fides, non solum apud plebem, sed apud proceres, apud sacerdotes; se enim ministros deorum, istos conscios putant.' hiezu halte man den bericht Herodots über die Skythen IV, 52: ‚Τρίτος δὲ Ὕπανις ποταμὸς ὁρμᾶται μὲν ἐκ τῆς Σκυθικῆς, ῥέει δὲ ἐκ λίμνης μεγάλης, τὴν πέριξ νέμονται ἵπποι ἄγριοι λευκοί.' daß aber das halten von weißen rossen bei den Skythen nicht als bedeutungslos an gesehen werden darf, ist mer als warscheinlich, namentlich wenn wir die nämliche sitte bei den Persen, welche hier durch ire tausendjärige berürung mit den asiatischen Skythen sowol als auch durch ire verwantschaft mit den Germanen in betracht kommen, wider keren sehen und zwar in einer weise, welche mit germanischem brauche auffallend überein stimt; denn Herodot sagt darüber I, 189: ‚... τοῦτον δὴ τὸν Γύνδην ποταμὸν ὡς διαβαίνειν ἐπειρᾶτο ὁ Κῦρος ἐόντα νηυσιπέρητον, ἐνθαῦτά οἱ τῶν τις ἱρῶν ἵππων τῶν λευκῶν ὑπὸ ὕβριος ἐσβὰς ἐς τὸν ποταμὸν διαβαίνειν ἐπειρᾶτο ...' und VII, 40: ‚ὄπισθε δὲ τούτων τῶν δέκα ἵππων ἅρμα Διὸς ἱρὸν ἐπετέτακτο, τὸ ἵπποι μὲν εἷλκον λευκοὶ ὀκτώ, ὄπισθε δὲ τῶν ἵππων εἵπετο πεζῇ ἡνίοχος ἐχόμενος τῶν χαλινῶν· οὐδεὶς γὰρ δὴ ἐπὶ τοῦτον τὸν θρόνον ἀνθρώπων ἀναβαίνει.' das band aber, welches hier Persen, Skythen und Germanen umschlingt, ist nicht das erste, wie wir auß bereits weiter oben gezogenen vergleichen, in welchen dise drei völker einander näher traten, gesehen haben. bei den Germanen ist der **schimmel** insbesondere das **ros Wuotans**. über beider beziehungen ließe sich allein ein buch schreiben. der leser möge sich an Grimm, Panzer, Schönwerth, Quitzmann, Sepp u. a. hierüber wenden. deswegen bedienten sich auch könige, fürsten und feldherren biß in die neuere zeit mit vorliebe des **schimmels** als **prunk- und streitrosses**, was jezt freilich bedeutungslos erscheint, früher aber seinen wol berechtigten grund hatte. der **Schwedenschimmel** Gustav Adolfs steht noch heute im zeughause zu Ingolstatt. aber auch dem **gemeinen manne** hängt noch biß zur stunde eine unbewuste vorliebe für **weiße pferde** nach, wie auß dem noch täglich gesungenen liede über die walfarenden Vintschgauer eine strophe dar tut:

 Ünd gestə'n hand üns sime gwên
 heint hand üns nur mer drei
  deun viere hand bo 'n schimmej stejn
 Maria steh' i~e~ bei!

stellung der frauen. – die oben erwänten skythischen Ἐνάρεες οἱ ἀνδρόγυνοι, welche mit bast weißagen — auf die bedeutung ires namens komme ich beim sprachlichen — verraten bereits eine bedenkliche hinneigung zu den **weisen frauen** der Germanen. jedenfals bieten sie dadurch, daß in inen ein halb weibliches element zur geltung komt, anlaß auf die **frauen selbst** über zu gehen und uns mit irer stellung bei den **Skythen** zu beschäftigen. wir hören hierüber bei Diodorus Sic. II, 34: ‚Βασιλεῖσαι δὲ τότε τῶν Σακῶν γυναῖκα τὰ κατὰ πόλεμον ἐζηλωκυῖαν, καὶ τόλμῃ τε καὶ πράξει πολὺ διαφέρουσαν τῶν ἄλλων γυναικῶν τῶν ἐν Σάκαις, ὄνομα Ζαρίναν. καθόλου μὲν οὖν τὸ ἔθνος τοῦτο γυναῖκας ἀλκίμους ἔχει, καὶ κοινωνούσας τοῖς ἀνδράσι τῶν ἐν τοῖς πολέμοις κινδύνων.' bei dem nämlichen II, 44: ‚Μετὰ δὲ ταῦτα ἀναρχίας γενομένης κατὰ τὴν Σκυθίαν, ἐβασίλευσαν γυναῖκες ἀλκῇ διαφέρουσαι. ἐν τούτοις γὰρ ἔθνεσι γυμνάζονται πρὸς πόλεμον παραπλησίως τοῖς ἀνδράσι, καὶ ταῖς ἀνδρείαις οὐδὲν λείπονται τῶν ἀνδρῶν. διὸ καὶ γυναικῶν ἐπιφανῶν πολλαὶ καὶ μεγάλαι πράξεις ἐπετελέσθησαν, οὐ μόνον κατὰ τὴν Σκυθίαν, ἀλλὰ καὶ κατὰ τὴν ὅμορον ταύτης χώραν.' hier folgt die erzälung der niderlage des **Kyrus** und der entstehung des **Amazonentums**. Demetrius Phaler. περὶ ἑρμηνείας läßt sich vernemen: ‚. . μάχονται δὲ αἱ γυναῖκες ἐν Σάκαις ὥσπερ αἱ Ἀμάζονες.' Tzetzes in chiliad. bestättigt dise angaben durch die verse:

‚Τοὺς Σάκας ἔθνος γίνωσκε, ὧν εὕρημα τὸ σάκος
καὶ αἱ γυναῖκες τούτων δὲ συμμάχονται ἀνδράσιν
ὡς καὶ Κτησίας εἴρηκε καὶ ἕτεροι μύριοι.'

Aelian in seinen var. hist. XII, 38 schreibt: ‚ἐὰν δέ τις (τῶν Σακῶν) γῆμαι βούλεται παρθένον, μονομαχεῖ τῇ παιδίσκῃ, καὶ κρατήσασα μὲν, αἰχμάλωτον ἀγάγεται, καὶ κρατεῖ αὐτοῦ καὶ ἄρχει. ἐὰν δὲ νικηθῇ,

ἄρχεται, καὶ μονομαχοῦσι δὲ ἄχρι νίκης, οὐ μέχρι
θανάτου.' auß disen wenigen beispilen, wobei ich absichtlich das ganze her der amazonischen sagen übergehe, um
der schlichten warheit desto näher zu bleiben, sehen wir,
daß **skythische frauen die zügel der regirung ergreifen und sie so glänzend füren, daß sie die könige
rings umher demütigen und dadurch ewigen rum
erlangen.** aber diß komt nicht von ungefär; denn ire
ganze erziehung ist darnach an getan und eine förmliche
vorbereitung dafür, **jeder zeit und in allen lagen des
lebens den mann zu vertreten und zu ersetzen.** von jugend
auf nämlich teilen dise frauen leben und kriegsgefaren irer
männer. unter disen umständen ist nichts natürlicher als
daß sie gegebenen falles im kampfe selbst die lücken der
fallenden helden auß füllen und vom kampfesfeuer hin gerißen in die scharen der feinde dringen, welche durch die in
der schlacht ungewönliche erscheinung vorerst schwanken,
dann aber wirklich geschlagen werden. dise einmal erwachte
weibliche kampfbegir wirkt aber an steckend nach innen,
furcht gebietend nach außen, und da ist es denn kein wunder,
wenn solche heldinen als Amazonen verherlicht und mit
einem fabelhaftem schimmer almählich umgeben werden, obwol es dabei mit ganz natürlichen dingen zu geht. aber
hier dürfen wir wider einmal nicht mit den augen der alten
kulturvölker die sachlage uns betrachten. weder Griechen
noch Römer konten eine solche stellung, sagen wir lieber
gleichstellung der frau mit dem manne begreifen,
weil sie sie selber nicht kanten, da die frauen bei inen durchweg eine untergeordnete stellung ein namen. wenn sie nun
bei den Skythen die frauen nicht bloß mit den männern
gleich berechtigt, sondern mit denselben in den krieg ziehen,
sich in das kampfgewül stürzen und auch nach verlust der
männer ire statsangelegenheiten **selber** ordnen sahen, so
muste das nach damaliger anschauung als etwas außerordent-

liches erscheinen, und es konte nicht auß bleiben, daß die sage solcher vorkomnisse sich bemächtigte und nach irer weise auß schmükte. wir aber müßen in der **skythischen frau** zwar ein der zeit nach fernes, aber den tatsachen nach desto **warhaftigeres spiegelbild des germanischen weibes** erkennen, welches, seit germanisch gedacht wird, eben dadurch hervor ragt, daß es nicht die **dienerin**, sondern die **genoßin** des mannes ist, welche mit demselben nicht nur die aufgaben des **fridens** löst, sondern mit im alle beschwerden und gefaren teilt, mit im in das **feld** zieht und hinter der **schlachtlinie** sich auf hält, um die irigen stets von da auß geistig an zu spornen, körperlich zu erquicken, die verwundeten zu pflegen, sowie die gefangenen entgegen zu nemen, wie auß Taciti Germ. c. 7, histor. 4, 18, auß Strabo c. 294, auß Plutarch Mar. c. 27 und auß dem I. Merseburger zauberspruch zu ersehen; oder **sich selber dem feinde entgegen stürzt** nach Plutarch Mar. c. 19, Tacit. Germ. c. 8; oder endlich gleich **von voneherein nach mannes art gerüstet am kampfe teil nimt**, wie Dio 71, 3 und Vopiscus im Aurel. c. 34 erzälen. und somit sind selbst die **nordgermanischen Valkyrien** nur eine andere mit zutaten versehene und vergötlichte widergabe der einstigen **skythischen Amazonen**. werfen wir aber auf die obige stelle **Aelians** einen blick zurück, welche von der werbung des jungen Saken und von der stellung, welche die **sakische jungfrau** dazu nimt, handelt, so müsten wir blind sein, wenn wir in disem sakischen vorgange nicht die **urgermanische sitte** wider erkennen würden, wie sie z. b. im Nibelungenliede aventiure VI und VII bei der werbung **Gunthers um Prünhilt** sich ab spilt, nur mit dem unterschiede, daß disesmal auf fallender weise die **sakische sitte im milderen lichte** erscheint, wie die **germanische**; denn der Sake, welcher mit der **jungfrau** kämpft und unterligt, verliert nur seine

freiheit, der **Germane** aber das **leben**. die **sakische
jungfrau** aber hat den nämlichen hohen sinn, wie die
germanische. **beiden geht es gegen ire jungfräuliche wirde**, sich einem manne zu eigen zu geben, welcher
inen an ritterlichkeit **nach steht;** nur einem **solchen**
wollen sie gehören, welcher es inen hierin **zuvor tut. auf
blicken** wollen sie zu dem erwälten auß bewunderung,
nicht **nider schauen** auf in mit geringschätzung. wer
aber möchte in anbetracht diser **hohen stellung der
frauen bei den Skythen** es noch wagen sich zum anwalt des **Mongolentums** derselben zu erheben, bei welchem
das **weib** von jeher nur **dienerin** und **sklavin** war und
biß zur stunde gebliben ist! und welcher forscher hinwiderum, wenn er selbst sprache und alle anderen volkseigentümlichkeiten der Skythen unberüksichtigt ließe und nur
einzig und allein von eben diser tatsache auß gienge, käme
nicht von selbst zu dem berechtigten schluße, daß die
**Skythen nur der großen völkerfamilie der Arier
angehören können und in diser wider auf grund
solch' merkwirdiger übereinstimmung mit den
Germanen nur disen lezteren an gereiht werden
müsten?**

**ungenügende völkerscheidung des Hippokrates und
Tacitus.** — ehe ich mit dem glauben, den sitten und gewonheiten der Skythen schließe, muß ich noch zweier stellen
gedenken, welche man biß zur stunde als kenzeichen des
unterschiedes zwischen **Germanen** einerseits und **Sauromaten** nebst **Skythen** andererseits an gesehen hat.
die eine findet sich bei Hippokrates de aëre locis et aquis
(ed. Foesius s. 291) und lautet: ἡ δὲ Σκυθέων ἐρημίη καλουμένη πεδιάς ἐστι, καὶ λειμακώδης καὶ ψιλὴ καὶ ἔνυδρος μετρίως . . . ἐνθαῦτα καὶ οἱ Σκύθαι διαιτεῦνται, νομάδες δὲ
καλεῦνται, ὅτι οὐκ ἔστι οἰκήματα, ἀλλ' ἐν ἁμάξῃσι
οἰκεῦσι . . . ἐν ταύτῃσι μὲν ὦν ἁμάξῃσι γυναῖκες

διαιτεῦνται. αὐτοὶ δ' ἐπ' ἵππων ὀχεῦνται οἱ ἄνδρες· ἕπονται δ' αὐτέοισι καὶ τὰ πρόβατα ἐόντα καὶ αἱ βόες καὶ οἱ ἵπποι . . .' die andere bei Tacitus Germ. c. 46 und besagt: ͵hi (Venedi) tamen inter Germanos potius referuntur, quia et **domos fingunt** (figunt?) et scuta gestant, et **pedum usu ac pernicitate** gaudent; quae **omnia diversa Sarmatis** sunt, in **plaustro equoque viventibus**.' wann wird man endlich auf hören, solche **geradezu kleinliche und nur auf die enge bücherstube berechnete unterscheidungsmerkmale** insbesondere des Tacitus, welche der wirklichkeit der dinge in der geschichte diser völker oft geradezu **schnurstraks widersprechen**, auf zu geben! glaubt man im ernste, die Germanen hätten von jeher zumal auf iren großen wanderzügen auß dem osten sich mit **häusern** wenn auch mit zerlegbaren belastet, um sie **abends auf zu schlagen, ein zu richten und des morgens wider ab zu brechen und auf zu laden**, unter tags aber dessen ungeachtet ire **frauen und kinder, kranke und greise im kote einher wandern zu laßen**, statt für den **krieger das ros** und für **weib und kind** und was disen **gleich galt den wagen mit der plache** zu beanspruchen, welcher sowol tag wie nacht vor hitze, frost und unwetter schüzte und als wagenburg vor feindlichem überfalle barg? oder hat man die **hunderttausende deutscher furleute**, welche vor der zeit der eisenbanen alle straßen des landes belebten und welche zeit ires lebens nichts anderes kanten, als bei tage den **sattel irer pferde**, bei nacht das **lager in irem wagen**, darum bißher für **Sauromaten** oder **nomadische Skythen** an gesehen? was Hippokrates erzält, ist **mit nichten** etwa eine an klebende eigenart der **Gesamtskythen**, weil ja die **große zal der asiatischen Skythen** der so genanten Saken innerhalb des persischen reiches in Margiana, Baktriana, Sogdiana, Drangiana ff.

als außerhalb desselben jenseit des Jaxartes, östlich des kaspischen meres etc., sowie die Parther gar nicht zum vergleiche heran gezogen sind, sondern nur der an den **gränzen Europas und Asiens** wonenden **Nomadenskythen**, wie sie Hippokrates selbst nent und irer auch Herodot IV, 55 gedenkt. gleichfals sind die **Sauromaten des Tacitus ebenfals noch nomaden**, wärend die **Germanen**, von welchen er spricht, bereits alle mer oder minder zu den **ackerbauern** zälen. nun bringt es aber die natur der dinge mit sich, daß der ackerbauer den lon seiner arbeit an ort und stelle ab zu warten gezwungen ist, wenn er anders die früchte seines feldes ein heimsen will. daß er sich zu disem zwecke bequemer ein richtet, als der nomade, eine hütte baut, welche dem unwetter trozt, und in dise seine familie von dem wanderkarren herab unter bringt, versteht sich doch ganz von selbst. hinwiderum wäre es aber unerhört, wenn ein wandervolk, welches nur zunächst augen für **eine fette trifte** zum nutzen seiner herde hat, sich für die wenigen tage seines jeweiligen ortsaufenthaltes **feste hütten** errichten würde. da ist das **ros für den mann**, das **plaustrum für die familie** am richtigen platze. da aber, und hierauf ist das hauptgewicht zu legen, der **eine stamm von einem und demselben volke** bereits feste wonsitze haben kann, wärend der **andere** noch nicht zur ruhe gekommen ist, sondern es vor zieht, mit seinen wägen und herden noch herum zu schweifen, ja sogar fälle vor kommen können, wie sie geschichtlich nach zu weisen sind, daß **bereits seßhafte stämme** auß irgend einem grunde **wider zum wanderstabe** greifen, so ist eine **trennung der stämme und völker nach disem gesichtspunkte**, welchem auch noch der große Zeuß in seinem unvergleichlichen werke **die Deutschen und die nachbarstämme** s. 275 unbegreiflicher weise huldigt, als **durch auß nicht zu treffend völlig zu verwerfen**. Kelten, Germanen

und Skythen, wozu auch die Sauromaten in weiterem
sinne zu zälen sind, hatten gerade unter iren eigenen völkern
seßhafte und wanderstämme, unter lezteren sogar
solche, welche bereits früher seßhaft waren. ich erinnere
bei den Kelten an die züge unter Belloves und Sigoves,
unter den verschiedenen Brenni, unter Leonorius und
Lutarius; bei den Germanen an die züge der suebi-
schen und gotischen stämme, unter welch' lezteren den
Herulern eine geradezu abenteuerliche wanderwut eigen
war; bei den Skythen endlich an ire widerholten streif-
züge durch ganz Asien, bei welchen sie auf ire weiber,
kinder und sklaven in irer heimat vergaßen und leztere bei
irer endlichen heimker sogar mit peitschenhieben an ir unter-
täniges verhältnis wider erinnern musten. und alle dise
züge giengen von gebieten auß, welche längst eigentum
diser völker waren, innerhalb welcher sie ackerbau triben,
und welche als ire heimat um so mer an gesehen werden
müßen, als ire voreltern und eltern daselbst lebten und
starben, ire brüder, schwestern, gattinen und kinder daselbst
oft wärend der abwesenheit der krieg fürenden scharen
wonen bliben. gerade aber das ist Kelten, Germanen und
Skythen gemeinsam, daß alle one unterschied, sobald sie auf der wanderung begriffen sind, zu irem plaustrum oder carrus greifen, und der Kelte und Germane
somit eben so gut als $\dot{\alpha}\mu\alpha\xi\acute{o}\beta\iota o\varsigma$ oder $\dot{\alpha}\mu\acute{\alpha}\xi o\iota\varkappa o\varsigma$ gelten
kann und muß, wie der Skythe mit dem Sauromaten. dafür
haben wir denn auch die hinreichendsten belege: J. Caesar
b. g. I, 3 berichtet: ‚(Helvetii) iumentorum et car-
rorum quam maximum numerum coëmere' und ibidem c. 26
‚pro vallo carros obiecerant.' derselbe b. c. I, 51: ‚vene-
rant eo sagittarii ex Rutenis, equites ex Gallia cum multis
carris magnisque impedimentis, ut fert gallica consuetudo.'
derselbe b. g. IV, 14: ‚(Germani) inter carros impedi-
mentaque proelium commiserunt.' der nämliche b. g. I, 51:

‚tum demum necessario Germani suas copias castris eduxerunt, generatimque constituerunt, paribusque intervallis Harudes, Marcomannos, Triboccos, Vangiones, Nemetes, Sedusios, Suebos: omnemque aciem suam **redis et carris** circumdederunt, ne qua spes in fuga relinqueretur.' das ist bereits die so berümte **wagenburg**, welche später unter dem namen **carrago** in begriffen wird, und welcher sich Kelten, Germanen und Skythen bedienen. so schreibt Ammian Marcellin XXXI, 7: ‚carraginem, quam ita ipsi (**Gothi**) appellant. . . .' bei Trebel. Pollio in Gallieno c. 13 lesen wir: ‚Gallienus . . . Gothis vagantibus per Illyricum occurit et fortuito plurimos interemit. quo comperto, **Scythae facta carragine** per montem Gessacem fugere sunt conati.' mit **carrus** hängt eine nebenform zusammen, welche uns Hesychius überlifert: ‚$\varkappa\alpha\varrho\alpha\varrho\nu\varepsilon\varsigma$ οἱ σκυϑικοὶ οἶκοι · ἔνιοι δὲ, τὰς κατήρεις ἁμάξας.'

waren aber dise völker von iren wanderungen zur ruhe und hiemit zu **beständigem länderbesitze** zurück gekert, so sehen wir sofort auch **feste wonungen und ansidelungen** bei inen entstehen. so liebten es von den **Kelten die Galler, die Keltiberer, die Aquitaner, die Belgen sich in stätten, dörfern und höfen** nider zu laßen, wärend die **Germanen** auß freiheitsdrang meist von **stätten** ab sahen und mer zu **dörfern und einzelnen gehöften** hin neigten, die **Skythen** hinwiderum sowol in **dörfern** von hütten als in **stätten** sich zusammen geselten. ich unterlaße es für meine außsagen bezüglich der Kelten und Germanen beweise zu erbringen, welche jedermann auß Caesar schon hinlänglich geläufig sind. was die Skythen betrift, bestättigt Martial, daß sie in hütten wonen, wenn er epigr. X, 20 singt:

‚Et poteram **Scythicas** hospes amare **casas**.'

dasselbe erfaren wir durch Aelian var. hist. XII, 38: ‚$\pi\varepsilon\nu\vartheta\tilde{\text{ο}}\tilde{\text{υ}}\nu\tau\varepsilon\varsigma$ δὲ οἱ Σάκαι, εἰς οἴκους τινὰς ὑπάντρους καὶ κατασκίους ἀποκρύπτονται.' Herodot IV, 108 teilt uns über die hölzene statt der Budiner, welche unbedingt zu den Skythen zu rechnen sind, folgendes mit: ‚Βουδῖνοι δὲ ἔθνος ἐὸν μέγα καὶ πολλὸν γλαυκόν τε πᾶν ἰσχυρῶς ἐστὶ καὶ πυρρόν. πόλις δὲ ἐν αὐτοῖσι πεπόλισται ξυλίνη, οὔνομα δὲ τῇ πόλι ἐστὶ Γελωνός· . . .' gleichfals ist bekant, daß die Parther, welche abkömlinge der Skythen sind, in dörfern und stätten wonten, deren Cl. Ptolemaeus **etliche fünf und zwanzig** auf zält, worunter **Hekatompylos** wol am meisten genant wird. ebenso stoßen wir in **Drangiana**, **Baktriana**, **Sogdiana** und darüber hinauß gegen osten nach angabe des Diodorus Siculus und des Ptolemaeus auf stätte der Skythen, deren wir noch unter dem sprachlichen gedenken werden. wir sehen also auß dem vergleiche, welchen wir soeben gezogen haben, daß Kelten, Germanen und Skythen auf grund der von Tacitus oben an gefürten ursachen sich **nicht nur nicht** von einander scheiden, sondern darin sogar neue und nicht unwichtige punkte widerholter **gemeinsamer annäherung** besitzen. wer somit hier dem Tacitus blindlings folgen würde, verstöße nicht nur gegen die tatsächliche überliferung sämtlicher anderen autoren, sondern würde einer vor gefaßten meinung auf kosten einer leicht zu erholenden beßeren überzeugung bedenkliche zugeständnisse machen.

Tacitus kent nur die eine hälfte der Germanen. – immerhin wird, was **Tacitus** in seiner so genanten **Germania** berichtet, für geschichte und kultur der Germanen hohen ja unschäzbaren wert für alle zukunft behalten. aber je mer der forscher mit der urgeschichte der Germanen im zusammenhange mit der der **anderen** indogermanischen völker sich beschäftigt, je mer er nach einem faden sucht, welcher in von den schon im altertume häufig an außbreitung nach osten hin zu kurz gekommenen germanischen stämmen zu den **Thraken** und **Skythen** und durch leztere in das

alte mutterland Asien hinüber leitet, desto klarer wird es
im werden, daß das taciteïsche werk nur der eine teil
des gemäldes ist, welches für die geschichte der Germanen
bißher zur anschauung kam, und zwar die westliche
hälfte, wenn ich mich so auß drücken darf. mit anderen
worten: der gesichtskreis des Tacitus war ein beschränkter
und muste es bleiben auß dem einzigen grunde, weil er die
Germanen für ureingeborene ires landes hielt. darum
drängte er auch dieselben schon in ein gebiet zusammen,
welches nicht den damaligen verhältnissen entsprach und
schloß mit den Basternen bereits ab, wo er neuerdings
erst hätte wider beginnen sollen. so blib im der ganze
osten der germanischen welt und mit im der andere teil
von germanischer völkergeschichte für immer verborgen. in
disen anderen teil, welcher die östliche hälfte des bildes
geben solte, hätte das gewaltige Gotenvolk mit allen seinen
stämmen auf genommen werden müßen, welches am Pontus
teils unter eigenen teils unter den algemeineren namen
der Thraken und Skythen hauste. aber weder vor noch
nach Tacitus hat sich ein autor gefunden, welcher in diser
weise die zusammengehörigkeit der West- und Ostgermanen mit bewustsein erfaßt und in seiner schilderung
durch gefürt hätte. man wende mir nicht ein, daß ja
Tacitus Germ. c. 43 mit den worten ‚trans Lugios Gotones
regnantur paulo jam adductius quam ceterae Germanorum
gentes, nondum tamen supra libertatem,' beweist, daß er die
Goten kent, daß er sie aber deshalb noch nicht am Pontus
beschreiben konte, weil sie zu seiner zeit noch nicht dort
geseßen seien. glaubt man, Tacitus hätte, wenn er die masse
gotischer bevölkerung in Thrakien und Skythien gekant
hätte, das Gotenvolk, das hervor ragendste von fast allen
germanischen völkern, mit diser armseligen bemerkung ab
getan? was aber das verweilen der Goten in den unteren
Donauländern betrift, so muß ich auf hundertfältige beweise

gestüzt den satz aufrecht erhalten: so lange Thraken und Skythen dort saßen, eben so lange waren auch schon Goten dort. das hindert natürlich nicht, daß wärend dises langen zeitraumes gotische gefolgschaften vom schwarzen mere auß wanderten, biß zur Ostsee und nach Skandinavien kamen, dort eine zeit lang bliben und später den nämlichen weg sogar wider zurück machten, wie der von Jornandes berichtete und von im für ursprünglich genommene außzug des gotischen volkes von Skandinavien erklärt werden muß, oder auch unterwegs an inen zu sagenden gegenden haften bliben, wie die Gotonen des Tacitus. aber auch, wenn wir den Gotenkönig Hermanerich vom schwarzen mere biß zur Ostsee herschen sehen, so möchte ich fragen, wie das anders über die in disem unendlich weiten raume wonenden kriegerischen völker wol ermöglicht wurde, als daß starke gotische here almählich biß an die Ostsee vor drangen, um die fremden stämme zu unterwerfen, und andere gotische streitkräfte von nöten waren, um die unterworfenen im zaume zu halten und den rücken der vor dringenden siger zu decken? was aber die zeit betrift, innerhalb welcher so große eroberungen durch gefürt werden konten, so reicht selbst das lange leben eines Hermanerich nicht dazu auß, und musten seine vorfaren seit lange darin vor gearbeitet haben. eine durch jarhunderte aber sich hin ziehende aufgabe diser art läßt durch die macht- und kraftentfaltung, welche sie notwendiger weise bedingt, auf ein gewaltiges volk schließen; denn ein schwaches wäre einem solchen unternemen nimmer gewachsen gewesen. und gewaltig waren dise Ostgermanen und musten es sein, wenn sie auch, was ir alter an geht, biß zur stunde nicht nach gebür gewirdigt wurden, weil sie eben zufällig unter anderen namen, als denen, welche inen später bei gelegt wurden, in den ländern am Pontus verweilten.

die heutige geschichtsforschung. – ich glaube dise abschweifung rechtfertigen zu können, wenn ich auf den standpunkt aufmerksam mache, auf welchem heute noch unsere bedeutendsten geschichts- und altertumsforscher stehen, und welcher kein vil beßerer ist, als der des Tacitus. begnügen sich doch die meisten von inen damit, die Goten mit iren zalreichen stämmen zu anfang des dritten jarhunderts unserer zeitrechnung als bereits mächtiges volk wie einen **deus ex machina** am Pontus auf tauchen und dann weiter leben zu laßen. wie aber erledigen sich die bedenken, welche sich an dises plözliche erscheinen eines der streitbarsten völker des altertums unzertrenlich knüpfen? erfaren wir, wie dise zallose Gotenmasse es an stelte, daß sie über nacht in thrakischem und skythischem gebiete fridlich wonen konte, one mit den kriegerischen völkern der Thraken und Skythen um grund und boden in einen kampf auf leben und tod verwickelt zu werden, was doch statt gefunden haben müste, wenn die Goten als **fremde eroberer zu gewandert** wären? nichts von allem dem! weder von Griechen noch von Römern hören wir um die zeit des bißher geltenden scheinbaren erstmaligen auf tretens der Goten etwas von iren kämpfen mit der seit jartausenden ein gesessenen bevölkerung der Thraken und Skythen, auch nicht von einem besonderen abhängigkeitsverhältnis der beiden lezteren in folge etwaiger unterwerfung durch die Goten. und doch war die zeit des römischen reiches von Augustus an schon darnach an getan, daß am Pontus kein **pfeil ab geschoßen**, geschweige denn **schlachten geschlagen werden konten**, one daß das römische volk davon gehört hätte. die bißherige geschichtsschreibung antwortet uns auf alle dise fragen entweder gar nicht oder auf ungenügende weise. eben so wenig weiß sie zu erklären, warum mit dem auf treten der Goten römische und griechische autoren auf einmal an fangen, **Goten** für **Geten** zuerst zu setzen und dann beide namen für **gleich** zu achten, um schließlich die lezteren in den ersteren **volständig auf gehen zu laßen**; warum sie mit **Goten** und **Skythen** als mit begriffen, die sich decken, wechseln, die Skythen sogar als einen **teil** der Goten behandeln; vor allem aber, warum sie seit dem kriegerischen ein greifen der Goten in die verhältnisse des römischen reiches **Thraken** und **Skythen** zu erwänen **almählich auf hören**. man suchte sich nun damit bißher zu helfen, daß man dise schriftsteller der läßigkeit oder gar der unwißenheit geziehen hat, one daran zu denken, daß es doch von so vilen augen- und orenzeugen eine **eigentümliche** unwißenheit wäre, dieselbe gerade in der verwechslung der namen zu zeigen und zwar in der weise, daß namen, welche früher **bestimten** völkern außschließlich an gehörten, auf andere one allen grund übertragen worden wären. man weiß ja allerdings, daß in der späteren zeit von manchen halb wißenden chronikenschreibern, wie noch heut zu tage, mit namen arger misbrauch getriben wurde — wozu musten und müßen nicht die namen **Skythen**, **Hunnen** und **Vandalen** her halten —, aber von disen zeiten sprechen wir nicht, sondern von der zeit, in welcher die meisten schriftsteller, welche sich obiger verwechslungen bedienten, die völker, von welchen sie sprechen, noch **handelnd** und **wandelnd** vor sich zu **sehen** und mit inen zu **verkeren** gelegenheit hatten. und da die geschichte onmächtig vor der lösung diser rätsel steht, so ist es ganz selbstverständlich, wenn wir zu erwägen beginnen: wie? solten die **alten**, welche von der **lebendigen quelle** noch schöpften, am ende nicht dennoch von dem wirklichen stand der dinge **beßer** unterrichtet gewesen sein, als **wir**, die wir bereits nach mer als anderhalb tausend jaren über sie zu gericht sitzen wollen? und wenn dem so ist, welche wißenschaft ist es, die hier den endgiltigen entscheid fällen und die ersente klarheit bringen wird? es ist die sprachwißenschaft, diser mächtige faktor der geschichte, welche hier in ir recht ein tritt und deren endgiltigem urteile wir uns zu unterwerfen haben. und somit gehe ich zum sprachlichen teile meiner abhandlung über.

Zweites buch.

Sprachliches über die Skythen.

Erstes hauptstück.

Die sprache der Skythen.

sprachdenkmäler. – Nach dem, was ich im geschichtlichen abschnitte über die Skythen bei brachte, glaube ich den beweis gelifert zu haben, daß dieselben sowol an **körperlichen** wie an **geistigen** eigenschaften, an **glaube, sitten** und **gewonheiten** nicht nur den Germanen höchst **änlich**, sondern oftmals sogar volständig **gleich** erachtet werden müßen; und darum wird den gelerten leser die behauptung, welche er auf dem titelblatte dises werkchens auß gesprochen findet, schon nicht mer so ser befremden, zumal ich trachten werde, die ungewisheit, welche noch in im haften solte, durch sprachliche beweise im schritt für schritt zu nemen. ich stelle dem gemäß, um zur sache zu kommen, die folgende frage: steht uns überhaupt skythisches sprachmaterial zur untersuchung zu gebote und genügt es dem forscher in der weise, daß er nach jeder seite hin ein unanfechtbares wißenschaftliches endurteil gewinnen kann? und ich antworte: griechische und römische autoren teilen sich in die überreste der erhaltenen skythischen sprachdenkmäler, welche zwar durchauß nicht reichlich fließen, welche aber dennoch auß reichen, volkommene und unbestreitbare klarheit zu schaffen. von Herodot, dem vater der geschichte, welcher auch hier allen wirdig voran geht, biß herab zu Paulus diaconus trägt jeder der autoren, mit welchen wir im verlaufe noch zu tun haben, sein schärflein zur lösung der gestelten aufgabe bei. mancher kostbare

schatz, welcher nicht mit gold auf gewogen werden kann,
birgt sich sogar oft bei einem schlichten namen. als Germanen sind wir disen alten autoren insgesamt zu
danke verpflichtet; denn daß wir von unserem anteil,
welchen sie uns bereits seit tausenden von jaren bieten,
erst so spät nemen, ist warlich nicht ire schuld.

wortdeutung. – nun einiges über die art und weise der
deutung der einzelnen worte, welche ich ein halten werde.
es muß vor allem sicher sein, daß ein wort, welches mit
einer anderen sprache verglichen werden soll, wirklich ein
kind der sprache ist, welcher es zu geteilt wird d. h.: untersuchen wir ein skythisches wort, so muß der schriftsteller, welcher es bringt, dasselbe uns zuvor außdrüklich
selbst als solches bezeichnen oder statt seiner ein anderer
es auf glaubwirdige weise tun. zur lösung des wortbegriffes
laße ich ferner wo möglich den autor selbst die bausteine lifern, sei es daß er eine kurze wörtliche übersetzung
des fraglichen wortes bringt oder dasselbe durch eine längere
umschreibung zu erklären sucht. felen dise anhaltspunkte,
so suche ich auß dem zusammenhange ein verständnis
zu erzilen unter gleichzeitiger beziehung auf andere bereits
auf dise art erbrachten und geltung habenden beweise. ich
halte an dem algemeinen gangbaren texte fest, so
lange derselbe nicht als unrichtig erwisen ist, und sprachliche gesetze oder widersinnigkeit des gedankens nicht gebieterisch etwas anderes fordern.

ich maße mir nicht an, alle skythischen worte, welche
auf uns gekommen sind, zu deuten; einige werden sich villeicht noch später, manche gar nie auf hellen laßen, aber
sovil getraue ich mir schon jezt auß zu sprechen, daß
durch das, was mir zu erklären vergönt ist, aller zweifel
benommen werden wird, wohin unter der indogermanischen
völkerfamilie die Skythen für alle zukunft zu stellen sind.
dem gelerten leser mag hier wol unwilkürlich der gedanke

kommen, wie es wol möglich geworden sei, daß auf einmal
eine frage spruchreif sein solte, an welcher die gewaltigsten
sprachforscher vor allen ein Zeuß, Diefenbach, Grimm, Müllenhoff sich versuchten, one in iren annamen so weit gegangen
zu sein als der verfaßer. darauf möchte ich antworten, daß
in den werken diser außgezeichneten männer kein wort
von belang gesprochen ist, welches nicht, wie es ja in
der wißenschaft überhaupt zu gehen pflegt, den keim zu
einer späteren errungenschaft in sich trüge, und daß
somit auch die abhandlung des verfaßers an dem bereits an
gelegten baue nur fort arbeitete. übrigens hat bereits
Jakob Grimm in seiner geschichte der deutschen
sprache, wo er über Skythen und Thraken spricht, änliche anschauungen über beide völker, wie der verfaßer
über die Skythen, auß gesprochen. wenn die deutung der
einzelnen worte oft hinter seinem algemeinen prophetenblicke
zurück blib, so ist das sowol der umfangreicheren aufgabe, welche er sich stelte, als auch der damit bedingten
minderen prüfung des zusammenhanges zu zu schreiben,
welchem dise worte entnommen waren.

eigennamen und dingenamen. – die skythischen uns
erhaltenen denkmäler gehören verschiedenen wortklassen an.
daß manche von inen insbesondere die persönlichen eigennamen eranisches gepräge zeigen, ist nicht nur auf
rechnung des verkeres der Skythen namentlich der asiatischen
mit den Eranern zu setzen, sondern auch auf den größeren
umfang ires sprachschatzes zurück zu füren, welcher
inen im verhältnisse zu dem der Germanen noch zu gebote stund, dem gemäß also dise namen nicht so fast eranisches als vilmer algemein indogermanisches und
darum auch skythisches gut sind. wolte man daher
solche namen außschließlich den eranischen sprachen zu
sprechen, weil ire klarstellung oft nur durch dise gelingt,
so fiele man in den nämlichen feler, als wenn man manche

unserer altgermanischen namen deshalb, weil ire lösung nur
mit zuhilfename einer **verwanten** sprache ermöglicht wird,
für ungermanisch hielte; denn es ist den eigennamen **aller
völker** gemeinsam, daß sich in inen die ältesten wurzeln
und stämme finden, welche häufig der gewönlichen sprache
des volkes abhanden kommen und dadurch ire deutung erschweren. wichtiger als die eigennamen namentlich die persönlichen sind daher für unseren zweck noch die anderen
skythischen worte, die dingenamen, weil sie uns die
sprache des volkes **unmittelbar** erschließen und somit
die **echtesten** und **unumstößlichsten** zeugen für die
sprache des Skythenvolkes und dessen abkunft ab geben. und
nun leite ich, um den gelerten leser nicht länger hin zu
halten, mit zwei skythischen worten ein, welche je der
lateinischen und griechischen sprache an gehören.

ἀδιγόρ. – bei Hesychius heißt es: ͺἀδιγόρ· τροξαλλίς
ὑπὸ Σκυθῶν.᾽ τρωξαλλίς ist die gewönliche griechische form.
ich frage zunächst, was ist τρωξαλλίς? Aelian de nat.
animal. VI, 19 erzält: ͺ. . . ἀλλ᾽ ἴσμεν χελιδόνας καὶ κοσσύφους καὶ τὸ τεττίγων φῦλον καὶ κίτταν λάλον καὶ βομβοῦσαν ἀκρίδα καὶ πάρνοπα ὑποκορίζοντα καὶ μὴ σιωπῶσαν
τρωξαλλίδα, ἀλκυόνας τε ἐπὶ τούτοις καὶ ψιττακούς . . .᾽
Athenäus III, 86 zieht an:

ͺB. οὐκ οἶσθα γ᾽, ὦ μακάριε, τὴν ἀγορὰν ὅτι
κατεδηδόκασιν τὰ λάχανα τρωξαλλίδες.᾽

Plinius hist. nat. XXX, 6 endlich spricht sich am genauesten auß: ͺest animal locustae simile sine pennis, quod
troxallis graece vocatur, latinum nomen non habet; ut
aliqui arbitrantur, nec pauciores, hoc esse, quod **gryllus**
vocetur.᾽ auß disen beschreibungen ist zu ersehen, daß
τρωξαλλίς ein **schädliches** insekt ist, weil es nüzliche
gewächse verzert; daß es ferner, da im die **heuschrecke**
gegenüber gestellt wird, wegen seiner felenden oder wenigstens

nicht auß gebildeten flügel, welche ein leben **unter der erde vorauß setzen**, dann auch wegen der im an haftenden **gefräßigkeit**, welcher es im griechischen seinen namen verdankt — τρωξαλλίς von τρώγω ich eße, eigentl. **zerreibe, zermalme** — unbedingt den **gryllen** bei gezält werden muß und unter disen wider nur die **maulwurfsgrylle** *gryllotalpa vulgaris* sein kann, welche den arischen ackerbau treibenden völkern wegen irer schädlichkeit bekant genug ist, da sie die getreidewurzeln ab frißt und oft ganze äcker verwüstet, im hochdeutschen auch den namen **werre** trägt, im altbair. **g'wern** heißt, mhd. **krûtwerre** bezeichnend genant wird, sonst aber noch eine menge von namen fürt wie: **schrotwurm, gerstenwurm, grebing, erdengerling, kornwurm, getreidewurm** etc. wenden wir nun die schädliche eigenschaft des tieres auf das skythische wort an und berüksichtigen dabei, daß der name desselben auch bei den Skythen an **eben disen umstand** an geknüpft haben dürfte, und daß dabei wol nur die ackerbau treibenden Skythen heran gezogen werden müßen, da ja die nomaden nicht derlei erdenfrüchte hatten, welche inen von der werre verzert werden konten, so wird es für den sprachkundigen forscher nur noch eines blickes bedürfen und das wort ἀδιγόρ wird gelöst vor im stehen; denn sofort wird er ersehen, daß es auß zwei stämmen zusammen gesezt ist, auß *adi* und *gor* und mithin ein gotisches *ati* und *kaúrn* nur in einer früheren und teils unabgeleiteten gestalt erscheinen läßt, somit ein tier, welches sich mit **getreide** oder **korn äzt** oder mit gewönlichen worten einen **kornfreßer** oder wie der Skythe beliebte einen **frißkorn** bedeutet. und nun über das grammatische des wortes. ἀδιγόρ ist zusammen gesezt wie got. *mati-balgs, gasti-gôds, aurti-gards, naudi-bandi* nach Grimm gr. II, 413; dazu sind skythisch ἀδι und γορ den nämlichen gotischen stämmen in *atjan, atisk* und *kaúrn* gegenüber regelgerecht um **eine** lautverschiebung zurück; das skythische γoρ ist auch noch einfacher stamm, wärend got. *kaúr-n* bereits mit *-an* ab geleitet ist nach Gr. gr. II, 160. auch daß in *kaúrn* ein kurzer vokal stecke, kann auß γoρ entnommen werden; denn im anderen falle hätte Hesychius wol γωρ, γovρ oder γavρ geschriben. damit will ich aber nicht gesagt haben, daß got. *kaúrn* etwa monophthongisch statt diphthongisch zu sprechen sei, was, wie ich an einem anderen orte auß füren werde, durchauß irtümlich wäre. daß aber das skythische γoρ an stamm und bedeutung wirklich der vorfare des got. *kaúrn* ist, gerade dafür haben wir unumstößliche beweise: einmal an dem worte *kor* triticum, welches Anger. Busbequius im taurischen Chersones bei den Goten noch vor fand, wie auß Schottelii deutsch. haubtspr. 133 und Diefenbachs got. glss. II, 441 zu ersehen, und dann an dem heutigen jütl. *koer kôr* granum semen frumentum — Diefb. ibidem, — welche beiden formen noch unabgeleitet sind. ἀδιγóρ ist also, wenn ich so sagen darf, ein noch unverschobenes auf der altgotischen d. i. hier skythischen stufe stehendes und somit urgermanisches wort; denn in keiner anderen sprache treffen beide wortstämme in diser form und bedeutung zusammen.

sacrium. - ich komme zu dem uns römischerseits überliferten worte. Plinius h. n. XXXVII, 2 erzält: '... Xenocrates non succinum tantum in Italia, verum etiam thieum vocari, a Scythis vero sacrium, quoniam et ibi nascatur.' bei disem worte muß ich etwas weiter auß holen, indem auch völkerglaube und naturgeschichte zu berüksichtigen sind. leztere ist überhaupt für den sprachforscher ser wichtig, und ich möchte nur beiläufig erinnern, wie Grimm mit dem worte *chúleich* scarabeus und ebenso Schmeller mit dem nämlichen altbair. *kielek*, ferner mit den worten *elledeis*, *elritze* u. a. bezüglich irer deutung vergebliche mühe anwendeten, weil sie die naturgeschichte dabei zu wenig in betracht zogen. sehen wir daher zu, warum die Römer den bernstein **succinum** nanten. Plinius antwortet hierauf XXXVII, 3: ‚... quod arboris succum esse prisci nostri credidere, ob id succinum appellantes.' ebenso sagt Tacitus germ. 45: ‚succum tamen (succinum) arborum esse intelligas, quia **terrena quaedam atque etiam volucria animalia** plerumque interlucent, quae implicita humore mox durescente materia clauduntur.' sie hielten also den bernstein für den **erstarten saft eines baumes.** wie richtig merkwirdiger weise für die damalige zeit dise ansicht war und wie sie widerum von genauer naturbeobachtung der alten zeigt, erfaren wir durch die heutige wißenschaft, nach welcher der **bernstein** wirklich **vegetabilischen** ursprungs ist, hauptsächlich an der Ostseeküste, aber auch in Sachsen, Spanien, Sikilien, England und China gefunden wird und vom **bernsteinbaume** *pinites succinifer*, einem vorweltlichen an harzreichtum alle nadelhölzer der jezzeit übertreffenden baume komt. ob die Skythen die nämliche überliferung bewarten? wir können es mit vollem rechte behaupten; denn das skythische wort *sacrium* ist nach weglaßung der römischen ableitung und endung i-um nichts anderes als das zu *zahr* verschobene got. wort *tagr*, welches wir in dem volleren ahd. *zahar* und mit außfall des *h* in dem ags. *teâr taer*, in dem altn. *tar*, in dem engl. *tear* wider finden und welches von der ursprünglichen bedeutung **lacrima** in die von **gutta stilla** von **harz pech gummi** u. s. w. über gieng. ich setze also eine skythische form *zahr* an, welche der eben genanten althochdeutschen am nächsten komt, aber doch zum unterschiede von ir ein echt gotisches merkmal bewart, weil sie es verschmäht den im althochdeutschen zwischen den consonantenverbindungen liquida und liquida, liquida und muta oder muta und liquida beliebten vokal *a* ein zu schieben, wie in ahd. *alah aram achar suëval* gegen got. *alhs arms akrs svibls*. wie aber steht es mit der lautverschiebung, daß sie bei einem skythischen worte in althochdeutscher weise, also bereits in der zweiten stufe ein treten konte? wie läßt sich ferner zusammen reimen, daß das soeben ab gehandelte skythische wort ἀδιγόρ auf einer so genanten altgotischen stufe auch daneben platz hat? wollen wir zuvor uns ins gedächtnis rufen, was J. Grimm in seiner g. d. d. sp. s. 437 sagt: ‚daß unter den ostdeutschen stämmen lautverschiebung ungefär in der zweiten hälfte des ersten jarhunderts ein zu reißen begann und sich im zweiten und dritten fest gesezt hatte. westlich vor gedrungen könte sie aber schon früher ein getreten sein und darum reifte sie dort zu einer neuen stufe heran, deren beginn schwerer zu bestimmen fält, im sibenten jarhundert scheint auch dise entfaltet.' Grimm nimt nun dise folgerungen an vom stande des zu seiner zeit beweis gebenden materiales, über welches er natürlich nicht hinauß konte. dagegen weist bereits Fr. Dietrich in seinem werkchen über die außsprache des gotischen s. 80 ff. spuren der zweiten lautverschiebung bei den Ost- und Westgoten vil früher tatsächlich nach, als wir sie bei den Althochdeutschen kennen, und auf dieselbe weise werden wir sehen, daß, je höher wir mit den sprachdenkmälern an alter hinauf rücken, auch die lautverschiebung in einzelnen fällen mit folgt, hauptsächlich die von t zu z, so daß wir einen ganz anderen boden für dise anschauung gewinnen werden. es wird nämlich weniger im verlaufe diser abhandlung, als in der über die Thraken nicht schwer fallen, auf die lautverschiebung bereits im fünften jarhundert ante Christum aufmerksam zu machen. kann aber das im grunde für den forscher befremdend sein? bilden sich denn sprachliche gesetze über nacht? braucht ein sprachgesetz, biß es volkommen zur herschaft komt, nicht tausende von jaren, und ligt darin nicht zugleich der unumstößliche beweis, daß einer algemeinen verbreitung desselben lange zuvor einzelne versuche vorauß gehen und sich so lange widerholen und vervilfältigen, biß sie eben selbst gesetzes kraft erlangen? haben wir, um ein hervor ragendes beispil des langsamen schreitens der sprache zu erweisen, nicht noch heute in unserer baiwarischen mundart vokal- und konsonantenverhältnisse, welche, indem sie weit über die althochdeutsche periode hinauf reichen, bereits tausende von jaren zälen? zum verständnisse dises lezteren satzes muß ich bemerken, daß ich die belege für dise meine außsage, welche allerdings weder Schmeller noch Weinhold bißher liferten, in einer eigenen arbeit erbringen werde. es muß also unser skythisches wort *zahr* darum, weil wir auß dem gotischen des Ulfila, also geraume zeit nach Xenokrates, welcher nach Plinius das wort sacrium überlifert, noch *tagr* auf der ersten verschiebungsstufe kennen, noch nicht althochdeutsch sein; denn nicht alle gotischen stämme stunden auf der gleichen stufe des konsonantismus wie die des Ulfila, wie auch nicht alle in der vokalisation dem auf fallenden jotacismus, welcher in unserer gotischen sprache z. b. in *hilms*, *ibuks*, *inuh* ff. herscht, huldigten, wie wir noch sehen werden. auf dise weise konte also bei dem einen stamme der Goten recht gut eine verschiebung wie im althochdeutschen sich zeigen, welche der andere noch nicht gebrauchte. eine andere frage drängt sich auf: kann ein germanisches volk überhaupt noch für gotisch gelten, welches in seinem konsonantismus teilweise auf althochdeutscher stufe steht? da diser standpunkt für sich allein nicht entscheidend sein kann, allerdings; denn denken wir uns die althochdeutschen völker zu der zeit, wo sie noch auf der ersten stufe der lautverschiebung stunden, somit den Goten gleich waren und fragen uns, ob sie wol deshalb zu den Goten gezält werden durften? oder nemen wir umgekert die späteren Goten, welche, wie Dietrich nach wis, teilweise der zweiten lautverschiebungsstufe sich schon bedienten, wie es die Althochdeutschen taten und sehen zu, ob sie etwa deshalb Althochdeutsche wurden? dessen ungeachtet dürfen wir auch nicht verkennen, daß, wenn man auch nach dem heutigen stande der wißenschaft Althochdeutsche und Goten wie der sprache so der abstammung nach gesondert hält, denn doch schon im höheren altertume ire beiderseitige nahe verwantschaft sich gerade so erweisen läßt, wie Dietrich sie für die spätere zeit erwisen hat, und daß darum sein außspruch, daß das **gotische nicht zum niderdeutschen, sondern zum hochdeutschen hin neige**, volle bestättigung erhält. ich komme auf dise verhältnisse onehin noch merere male zu sprechen und breche darum hier ab, um zu *zahr* zurück zu keren. es ligt mir zunächst ob, das verhältnis oder vilmer den übergang von germanisch *zahr* in römisch sacr- zu erklären. beispile des wechsels zwischen den spiranten *s* und *z* sind innerhalb der indogermanischen sprachen ganz gewönlich. so wird altbaktrisch von w. *verez* **tun wirken** st. *vars-ta*, part. praet. pass., von *jaz* **opfern preisen** *jas-ta*, part. praet. pass., auß altpers. *Uvarazam'ish* griech. *Xω-ρασμία*, auß altpers. *Auramazda* griech. *'Ωρομάσϑης*; innerhalb der gotischen sprache erscheint statt *þis-uh — þiz-uh*, statt *jus-ei — juz-ei*, statt *izvis-ei – izviz-ei* ff.; ferner haben wir griech. und latein. *σάκχαρον* saccharum germ. *zucker*, lat. schedula deutsch *zettel*, griech. und lat. *σινδών* sindum deutsch *zindal;* der nämliche vorgang volzieht sich zwischen lat. und roman. worten, so lat. **sambucus** roman. *zambuco*, lat. **saburra** roman. *zavorra*, lat. **secius** roman. *zezzo*, lat. **sulphur** roman. *zolfo*, lat. **sufflare** roman. *zufolare* ff. doch bedürfte es aller diser beispile im grunde nicht, sondern nur der einzigen frage, wie die lateinische sprache den germanischen spiranten *z* wider zu geben im stande sei, worauf die antwort erfolgen muß, daß sie das nur mit irer spirans *s* tun kann; denn der lateinischen sprache mangelt eine spirans *z* und die worte, welche uns dennoch mit einer solchen begegnen, sind im lateinischen durchgehends fremdwörter, das lat. *c* aber in centum cibus citra, welches fälschlich aspirirt gesprochen wird, ist, wie bekant, ein reiner kellaut. ich komme zur rechtfertigung dises lat. *c* in sacr- auß german. *h* in *zahr*. beispile der art, welche auf dem gesetze der lautverhältnisse zwischen beiden sprachen beruhen sind germ. *hanf* lat. cannabis, *hund* — canis, *hund* — centum, *herz* — cord-is, *faih-u* — pec-u, *liuhap* — luc-is, *tiuh-an* — duc-ere ff. dises gesetz wirkte aber nicht nur zur zeit, als sich die Germanen dadurch von den verwanten völkern zu unterscheiden begannen, sondern noch später, ja biß auf unsere tage fort, sowie auch nicht einseitig von der urverwanten sprache zur germanischen, sondern auch umgekert von der germanischen zur urverwanten zurück. auf dise weise entstunden wie auß unserem german. *zahr* lat. sacr, so auß germ. *Hadumar* lat. Catumerus Tacit. annal., auß g. *hauha-land* l. caucalandensis Ammian 34, 4, auß g. *Hildebert* l. Celdebertus Jornandes 57, auß g. *Azimarh* l. Azimarca Gregor d. gr. ff. noch heute spricht der Romane den germanischen hauchlaut *ch* z. b. in *mich dich sich* wie *k* daher wie *mik dik sik*. es erübrigt noch zu erweisen, daß der stamm *zahr* in den germanischen sprachen in der an gefürten übertragenen bedeutung gutta, stilla geläufig ist. wir haben ags. *balsames teár* opobalsamum, *huniges teâre* Grein wtbch.; dän. *taar* stilla aquae, schwed. *taerar* pluvia quae guttatim cadit Scherz glss.; desgleichen bringt Schmeller im bair. wtbch. II, 1100 wertvolle und schlagende belege unter *zäher*: ‚3. was auß gewissen bäumen tropft pech, harz, gummi, so *fichten-zaher, mirren-zaher, balsem-zaher, therebinten-zaher, mastix-zaher* u. s. w. Vilmar im kurheß. idiot. 465 bezeugt das vorkommen des wortes *zehr* von *zahar* in hochdeutscher form für das jezt im hochdeutschen üblich gewordene niderdeutsche *teer*, ferner die worte *wagen-zehr* wagenschmire und *zehr-baum* fichte. der bernstein *zahr*

ist somit nach skytho-germanischer anschauung zunächst die
trähne, dann der tropfen vom harze des bernsteinbaumes
zulezt der bernstein selbst. dise sinnige vorstellung, welche
uns in skythischen namen noch öfter begegnen wird, hat
noch heut zu tage der deutsche landmann bewart. der Baier
sagt insbesondere von harz entwickelnden obstbäumen: *də'
bâ'm waĩt* = arbor lacrimat. zugleich hält er dises
trähnende harz für heilkräftig und verzert es. zu grunde
aber ligt disem glauben die uralte baumvererung der
Germanen, die ja auch den Skythen als teil des großen
ganzen an kleben muste. J. Grimm in seiner g. d. d. sp.
erwänt bereits das wort sacrium, geht aber merkwirdiger
weise an im vorbei, obwol in die sage, nach welcher perlen
und bernstein auß trähnen entspringen, hätte bedeutungsvoll manen können. Schlözer und Schafarik wolten
sacrium zu satrium verderben. man siht hierauß, wie gut
man tut, am ursprünglichen texte fest zu halten. *adigor*
und *zahr* sind also die zwei worte, welche die sprachliche
abhandlung eröfneten und von welchen ich glaube, daß sie
darnach an getan sind, die nach dem vorher gehenden an
gestalt, glaube, sitte und gewonheit uns so änlichen Skythen
auch der sprache nach in den germanischen kreis ein zu
füren.

sualiternicum. – ich fare weiter, benütze aber die gelegenheit, noch einen anderen skythischen außdruck an
sacrium an zu knüpfen, welcher ebenfals bernstein bedeutet.
Plinius h. n. XXXVII, 2 erzält: ‚Philemon: fossile esse et
in Scythia erui duobus locis: candidum atque cerei coloris,
quod vocaretur electrum; in alio loco fulvum, quod appella-
retur sualiternicum.' dises sualiternicum ist ebenfals
ein germanisches wort und zwar zusammen gesezt und ab
geleitet zugleich. zusammen gesezt nach art der oben bei
$ἀδιγόρ$ erwänten substantiva auß *suali* und *tar* oder *ter*,
so daß zunächst als form *suali-tar* oder *suali-ter* sich ergibt,

worauß konsonantisch auf -*n* nach Grimm gr. II, 155 und
160 ab geleitet *suali-tar-n suali-ter-n* erscheint. icum ist
überflüßige ableitung des fremden autors, welcher nicht wißen
konte, daß das wort bereits ab geleitet sei; denn dem germanischen kann eine zweimalige tautologische ableitung zu
einer zeit, wo sich die sprache gleichsam irer selbst noch so
klar bewust war, nicht zu gemutet werden. *suali* gehört
dem germanischen stamm *sval* an, welchen wir im ahd.
suellan suillan tumere intumescere turgere haben — vgl.
Grf. VI, 873; Fick II, 507 — und *tar* ist der germanische
stamm *triva* baum holz, wie er im got. *triu, veina-triu*,
alts. *trio treo*, ags. *treó treov*, ahd. als *tar ter tra* in zusammensetzungen nach Grf. V, 440 und Gr. gr. II, 530
sich zeigt, so in *aphol-tra* malus, *wechal-tar* juniperus,
recol-ter juniperus, *mazal-tra* juniperus, *pessol-dra* sentex, *hiufal-tar* tribulus, *holun-tar* sambucus. *suali-tar*,
welches in seiner gestalt als Skythenwort auf fallender weise
wider dem althochdeutschen sich an schließt und somit oberdeutsches gepräge wart, heißt also der schwel-baum, welcher vom harze schwilt oder an welchem das harz
hervor schwilt; denn der stamm *sval* hat die bedeutung
des hervor sickerns, hervor fließens im germanischen,
wie bei Grf. ibidem sowol der bachname *Suala*, als die
quellorte *Suala-Pah, Suala-heim, Suala-Velt* sowie der name
Sualm-aha fluß in Heßen, wobei *sual-m* wie *hel-m hal-m
mel-m* mit *m* ab geleitet ist, ergeben, und die überliferungen
von Frisch II, 247, wo wir *schwall* überlauf des waßers
eluvies, *widerschwall, waßerschwöllungen* inundationes
lesen, bestättigen. in disem sinne ist also das ab geleitete
sualitar-n, sualiter-n dasjenige, waß am *sualitar* oder *sualiter*
herab fließt, wovon derselbe schwilt, mit kurzen worten
das harz und der auß im gewonnene bernstein. dise entwickelung des begriffes von *sualitern* bin ich so glüklich
auch noch durch eine andere sprache und zwar durch die

letto-litauische erhärten zu können. daselbst kert die nämliche vorstellung wider. von *svak* fließen hervor fließen, welches im ahd. *swehhan* hervor quellen erscheint, bildet sich im lettischen *swaks* und im litauischen *sakas*, beide worte in der bedeutung harz der bäume, — vgl. Fick II, 505, 692 — ein genügendes zeugnis, daß dise anschauung bei den nordischen völkern durchauß herkömlich war.

Zweites hauptstück.

Verschiedene skythische namen bei Herodot, welche zum teile auch von anderen autoren bezeugt werden.

warheit der berichte Herodots. – Ich wende mich zu Herodot. was muste der vater der geschichte seit widererwachen der ethnographischen und geographischen studien über sich nicht alles ergehen laßen. auch an dem, was er über die Skythen bietet, giengen selbst ein Zeuß und Grimm oft abfällig urteilend vorüber. Müllenhoff vollends macht dem alten bittere vorwürfe über seine angeblichen sprachfaseleien. aber stellen wir doch für jene ferne zeit von einem halben jartausend vor Christus nicht solche genaue grammatikale anforderungen, wie wir heute von einem gelerten forscher der sprachvergleichung verlangen, sondern tragen den damaligen verhältnissen rechnung und wir werden im stande sein, Herodot glänzend rechtfertigen zu können.

$Ἀριμασπούς$, $ἄριμα$ **und** $σποῦ$. – Herodot erzält von den Arimaspern eigentl. Arimaspuhern IV, 27: '... καὶ οὐνομάζομεν αὐτοὺς Σκυθιστὶ Ἀριμασπούς· ἄριμα γὰρ ἓν καλέουσι Σκύθαι, σποῦ δὲ τὸν ὀφθαλμόν.' ich halte mich streng an das hier von Herodot auß gesprochene nämlich, daß $ἄριμα = ἕν$ und $σποῦ = ὀφθαλμός$ sei. schon Eustathius in seinen $ὑπομνήματα$ zu Dionysius Periegetes befaßte sich mit dem worte, trente aber wilkürlich in $ἀρί = ἕν$ und $μασπός = ὀφθαλμός$, und so vile andere, welche ich übergehe. der große Zeuß erklärt in seinem werke ‚d. D. u. d. nbst.' s. 299 anmkg. den außdruck als philologische fabelei.

Müllenhoff scheitert an der lösung, weil er in keiner sprache
ἄριμα als erstes numerale findet; er nimt daher auß zend.
airyama folgsam und *açpa* ros, somit folgsame rosse
habend. aber welcher abstand dem sinne nach! solte Herodot
wirklich einaugig auß drücken gewolt und uns dafür
folgsame rosse habend geboten haben? nein und abermals
nein; er wuste, was er wolte und sprach auch darnach.
ἄριμα ist nämlich ein echt urgermanisches und mit dem *a*-
privativum zusammen gesetztes wort, wie wir es in anderen
indogermanischen sprachen auch finden, so im altpersischen
a-nâmaka one namen, *a-khashta* one verletzung, im
zendischen, worüber Justi 379 in seinem handbuche zu vergleichen,
ebenso im germanischen z. b. im ahd. *a-maht, a-mund, a-riup, a-rumi* ff. — vgl. Grf. wtb. I, 15 und Gr.
grm. II, 704 ff. — und besteht demnach auß *a* und *rim*,
welches wir im ahd. als *rîm, hrîm*, im alts. ags. fris. als
rîm, also mit bereits verlängertem vokale, in der bedeutung
series numerus vor uns haben. einige beispile mögen hier
zur anschauung dienen. bei Otfrid lautet es:

III, 14, 1:

‚thes nist zála noh ouh *rím*, uuio manag wúntar ist sín.'

V, 14, 19:

‚waz thaz nézzi zeinit, ther *rim* dero físgo meinit.'

I, 5, 2:

‚ward áfter thiu irscrítan sar, so móht es sin ein hálb jar
mánodo after *ríme* thría stunta zwéne.'

wie aber das im alts. und ags. zusammen gesetzte substantiv
un-rîm eine unzal, eine ser große zal, und das ags. adiektiv
un-rîm in unzal, innumerabilis bedeuten, womit
Heliand 410 ‚sô ward thâr engilô te them ênum *unrîm* kuman',
Beowulf 1239 ‚*unrîm* eorla, sva hie oft aer dydon', und
„ 3013 ‚gold *unrime* (adi.) grimme geceápod'
zu vergleichen, so muß doch sonnenklar *a-rîm* skythisch

a-rim das gerade gegenteil das felen jeglicher anzal die onezal oder anders gesprochen die einheit ja eins schlechthin bezeichnen.

σπoῦ entspricht germanischem *spûh;* denn die spirans *h* konte ja Herodot mittels des spiritus asper weil am ende des wortes nicht geben. ein anderer laut etwa γ, κ, χ hätte mit dem, was er hörte, nicht überein gestimt. einen schlagenden beweis bietet uns der gleiche fall mit dem eigennamen Δάοι, Δᾶοι, Δάαι. auch hier kann der Grieche den hauchlaut nicht an deuten, und doch wißen wir auß dem zend., daß der name *dâha* lautet, daß in deswegen die Chinesen mit *ta hia* wider geben, die Römer gleichfals richtig Dahae schreiben und der name eines irer länder *Dagestan* — wechsel zwischen *h* und *g* — biß auf den heutigen tag lautet. sähen wir uns aber auch für dises *spûh* innerhalb des indogermanischen kreises nach einer anderen sprache um, welcher wir es ein fügen könten, so müsten wir allemal wider zur germanischen zurück keren, weil nur in diser der wortstamm zu hause ist. und zwar ist das nicht die ahd. form *spehôn*, welche sich zu lat. specio hält, sondern die nebenform *spiohôn*, welche Otfrid gebraucht — vgl. Grf. VI, 323 und 324 —, und welche mit notwendigkeit auf eine ältere form *spiuhon*, welche auch Grf. VI, 325 an sezt, zurück weist, gleichwie das altbaierische mundartliche *siug'n sieg'n*, welches Frommann-Schmeller nicht kent, nicht auf ahd. *sehan* got. *saihvan* videre zurück geht, sondern unbedingt eine form *siuhan* zum vorfaren haben muß, was durch got. *siuns* bestättigt wird. — vgl. Diefb. got. glss. II, 216 — wir haben also germanisch ursprünglich *spiuh*, welches im skythischen in zusammen gezogener form als *spûh* erscheint. wenn nun skythisch *spûhon* sehen bedeutet, was steht dagegen, daß der stamm *spûh* = σπoῦ für den gegenstand, welcher das sehen möglich macht, also für gesicht oder auge gebraucht wird? warlich nicht das mindeste. mithin haben wir in *a-rim-a-spûh*

= ἀ-ριμ-α-σπου = one-zal-auge d. i. einauge ein mit
a privativum und *a* compositivum zusammen gesetztes echtes
urgermanisches wort vor uns, welches genau den begriff von
μονόφθαλμος dekt. beachten wir, daß nach obigem der
begriff mit unzäligen augen durch *un-rîm-a-spiuh* = *un-
rîm-a-spûh* one allen zwang germanisch gegeben werden
könte, so muß das skytho-germanische wort *a-rim-a-spûh*
alles fremdartige in unseren augen verlieren. der einwurf,
daß der eigenname Ἀριμασπούς statt Ἀριμασπονούς
lautet, ist allerdings gerechtfertigt. aber erstens bietet uns
Herodot nicht den eigennamen, sondern die einzelnen worte
ἄριμα und σποῦ außdrüklich zum anhaltspunkte; zweitens
komt der eigenname, so oft er bei Herodot erscheint, mit
außname eines genitiv pluralis Ἀριμασπῶν, immer nur
im accusativ pluralis vor, und da der stamm σποῦ und die
accusativ-endung ους beiderseits ου zum diphthongen haben,
so kann durch die hand eines abschreibers, welchem zwei ου
überflüßig däuchten, leicht die vereinfachung durch unkentnis
herbei gefürt worden sein, wornach sich selbstverständlich
der genitiv pluralis an gleichen muste. Herodot aber, welcher,
wie wir von wort zu wort mer sehen werden, getreu überlifert, dürfen wir sicherlich zu trauen, daß er selbst Ἀρι-
μασπονῶν und Ἀριμασπονούς geschriben hat, wie sich
auch der künftige text zu verbeßern haben wird. bezüglich
des wortes *rim* möchte ich noch kurz auf folgendes aufmerksam machen. *rim*, ursprünglich auß der w. *ri* = *ra* = *ar*
= fügen hervor gegangen — vgl. Fick I, 405, 737 und
II, 442, 443 etc. —, ist lediglich skytho-germano-kel-
tische bildung und kert weder in der indischen noch in den
eranischen sprachen wider. auch das griechische ἀ-ρι-θ-μ-ος,
welches ein α vor geschlagen und ein θ ein geschoben hat,
schließt sich, obwol von der nämlichen wurzel, vom engeren
vergleiche auß. beachten wir nun, daß dises *rim* nach
Herodot den Skythen schon ein geläufiges wort war, die

Skythen aber zu den zeiten des assyrischen und babylonischen weltreiches schon längst von den übrigen Ariern d. i. den Indern und Eranern ein für sich gesondertes, eigenes volk bildeten, so muß, da trennung vom urvolke und gesonderte sprachenbildung hand in hand giengen, auch die selbständigkeit der skythischen und darum auch der urgermanischen sprache schon in das graueste altertum zurück und über jedes menschliche gedächtnis hinauß reichen.

ἀντακαῖος. – von einem skythischen fischnamen berichtet Herodot IV, 53, wo er über den Borysthenes spricht: ‚ἅλες τε ἐπὶ τῷ στόματι αὐτοῦ (des Borysthenes) αὐτόματοι πήγνυνται ἄπλετοι. κήτεά τε μεγάλα ἀνάκανθα, τὰ ἀντακαίους καλέουσι (οἱ Σκύθαι), παρέχεται ἐς ταρίχευσιν, ἄλλα τε πολλὰ θωυμάσαι ἄξια.' die nämliche fischart erwänt Aelian de nat. anim. XIV, 23: ‚γίνονται δὲ ἐνταῦθα ἰχθύων γένη διάφορα, κορακῖνοί τε, καὶ μύλλοι καὶ ἀντακαῖοι ...' und XIV, 26: ‚καὶ πάρεστι λαβεῖν (im Istros) κυπρίνους τε ... καὶ ἀντακαῖον καὶ τοῦτον ἁπαλόν ...' bei Athenaeus deipnos. III, 88 lesen wir:

‚Τάριχος ἀντακαῖον εἴ τις βούλετ' ἢ
Γαδειρικὸν, Βυζαντίας δὲ θυννίδος
ὀσμαῖσι χαίρει.'

und ebenda:

‚Ἐδέξατ' ἀντακαῖον, ὃν τρέφει μέγας
Ἴστρος, Σκύθαισιν ἡμίνηρον ἡδονήν.'

bei dem nämlichen VII, 98: ‚. . . ὡς καὶ τῶν ἀντακαίων αἱ γνάθοι καὶ οὐρανίσκοι, καὶ λεγόμενοι μελανδρύαι ἐξ αὐτῶν ταριχεύονται.' auch Strabo gedenkt des ἀντακαῖος 307: ‚ὀρυκτοί τέ εἰσιν ἰχθύες οἱ ἀποληφθέντες ἐν τῷ κρυστάλλῳ τῇ προσαγορευομένῃ γαγγάμῃ, καὶ μάλιστα οἱ ἀντακαῖοι δελφῖσι πάρισοι τὸ μεγεθός.'

ich fürte absichtlich merere alte autoren an, um über den laut des wortes keinen zweifel auf kommen zu laßen.

wir sehen darauß auch zugleich, daß der fisch den alten wol bekant war und insbesondere an guten tafeln als leckerbißen galt. das griechische $\overset{\text{\textasciiacute}}{\alpha}\nu\acute{\alpha}\varkappa\alpha\nu\vartheta o\varsigma$ geben also die Skythen durch $\overset{\text{\textasciiacute}}{\alpha}\nu\tau\alpha\varkappa\alpha\~\iota o\varsigma$ wider. $\overset{\text{\textasciiacute}}{\alpha}\nu\acute{\alpha}\varkappa\alpha\nu\vartheta o\varsigma$ heißt ein one-stachel, bei fischen natürlich ein one-gräte und kann sich nicht auf das äußere des fisches allein, sondern auch auf seinen inneren knochenbau beziehen, welchen die Skythen volkommen kennen musten, da sie ja das fleisch ein pöckelten. sehen wir uns in der zoologie um, so kann damit keine andere fischgattung gemeint sein, als die der knorpelfische chondracanthi, welche im gegensatze zu den grätenfischen osteacanthi ein knorpeliges skelett haben — vgl. Leunis zoolog. § 98 — und welche schon Aristoteles als $\chi o\nu\delta\varrho\acute{\alpha}\varkappa\alpha\nu\vartheta o\iota$ kent. und in der tat ist dem so, wie unzweifelhaft auß Solinus c. XX hervor geht: ‚apud Neuros nascitur Borysthenes flumen, in quo pisces egregii saporis, et quibus ossa nulla sunt, nec aliud quam cartilagines tenerrimae.' dahin gehört nun vor allen, wenn wir auch die größe, wie sie Strabo bemerkt, ins auge faßen, das geschlecht der störe mit seinen hauptvertretern dem acipenser sturio und acipenser huso — Leunis § 107 —, welche eine länge biß 18′ und eine schwere biß 400 pfund erreichen und welche von der Ost- und Nordsee, vom schwarzen und kaspischen mere in die mündenden ströme aufwärts steigen, deren fleisch und caviar, sowie der auß der schwimblase bereitete fischleim, die sogenante hausenblase, heute noch wichtige handelsartikel bilden. der etymologie nach kann nicht der geringste zweifel über das wort $\overset{\text{\textasciiacute}}{\alpha}\nu\tau\alpha\varkappa\alpha\~\iota o\varsigma$ bestehen; denn laßen wir ableitung und endung $\alpha\iota$-$o\varsigma$ weg, so bleibt das germanische wort $\overset{\text{\textasciiacute}}{\alpha}\nu$-$\tau\alpha\varkappa$- = *an-tak-*, welches auß der praeposition *anu* = sine und dem stamme *tak* = spitze, stachel, gräte zusammen gesezt ist, dem gemäß *anu-tak-* und hierauß *an-tak-* sich bildete und als substantiv in berüksichtigung der griechischen villeicht scheinbaren ableitung auf αι- skythisch *an-tak-eis* nach got. *hairdeis* gelautet haben mag. wie genau dekt sich aber das skythische *antak-* mit dem griechischen ἀνάκανθος! onegrät ist also die bedeutung des skythischen wortes und der bericht des geschmähten vaters der geschichte die hell leuchtende warheit. *tak-* ist ein echt skytho-germanisches wort, welches, wenn es auch zu *zacke* verschoben im oberdeutschen erst in der mittelhochdeutschen sprachperiode belegt wird, dennoch der germanischen sprache schon seit der urzeit an gehört haben muß, wie das ndl. *tack, tak,* das schw. *tagg,* das isl. *taggar* und das engl. *tack* bezeugen, wo das wort spitze stachel stift nagel bedeutet. auch Boxhorn in lex. antiqu. britan. gedenkt des wortes *taccl* sagitta, und auch im keltischen erscheint *tec* spitze — vgl. Adlg. IV, 1642; Frisch II, 462[3]. — das uralte baiwarische wort *zeck* klette, dessen anlaut verschoben und dessen stamvokal um gelautet ist, beweist auch das vorkommen des stammes *tak-* im oberdeutschen. skythische und gemeingermanische sprache stehen hier auf fast gleicher lautstufe. *tak-* geht auf ein *dag* zurück und dises fürt unmittelbar auf *dhag* stechen nach Fick II, 386. merkwirdiger weise knüpft sich auch das lit. *dagys* klette, wie das baiw. *zeck,* an den nämlichen stamm — vgl. Schm. II, 1081 —

an dem skytho-germanischen worte *antak-* haben wir ferner ein seltenes beispil, daß *anu* dennoch eine zusammensetzung ein geht, wie sie bißher nach den uns zu gebote stehenden sprachdenkmälern nach Grimms grm. II, 716 weder an einem substantivum noch an einem verbum nach gewisen werden konte. nicht minder bemerkenswert ist, daß zur zeit Herodots also ein halbes jartausend v. Chr. ungefär nachweislich die ahd. form *ana anu ano* und nicht die got. form *inu* als skytho-germanische im gebrauche war, somit *ana* ein vil höheres alter und mer berechtigung auf zu weisen hat als *inu,* was mit den forschungen der sprachvergleichung überein stimt. ich möchte bei diser gelegenheit an das erinnern, was Adolf Holtzmann gleichsam vor anend in seiner altd. grm. I, 18 sagt: ‚eigentümlich ist der gotischen sprache, daß sie das lange *â* auf wenige fälle beschränkt und das gemeindeutsche *â* meistens durch *ê* ersezt; aber ein fremdartiger zug, der sie von den deutschen sprachen entfernt, ist es, daß dises *ê* in der außsprache dem *î* nahe kam und zuweilen in *i* verkürzt wurde; *inu* statt *ânu* klingt fast nicht mer deutsch.' in der folge werden wir noch sehen, daß das kurze germanische -*e*-, welches zum teile im gotischen als kurzes -*i*- erscheint, ebenfals bei den Skythen schon nach gewisen werden kann, so in den stämmen *qĕn*- mulier, *tĕmr*- aedificare, *vĕg*- via, welche im gotischen *qin*-, *timr*- und *vig*- lauten, so daß also auch hier das urgermanische *ĕ* älter ist als das gotische *ĭ*, wenigstens als das *ĭ* der sprache der Goti minores bei Ulfila, deren eigentümlichkeiten wir auf die sprache des gesamten fast unzäligen Gotenvolkes keineswegs so one weiteres auß denen dürften.

οἰόρπατα, οἰόρ **und** *πατά.* - ein anderes skythisches wort bringt Herodot IV, 110, wo er erzält: ‚... *τὰς δὲ Ἀμαζόνας καλέουσι Σκύθαι Οἰόρπατα, δύναται δὲ τὸ οὔνομα τοῦτο κατὰ Ἑλλάδα γλῶσσαν ἀνδροκτόνοι· οἰὸρ γὰρ καλέουσι τὸν ἄνδρα, τὸ δὲ πατὰ κτείνειν.*' Müllenhoff hält *οἰόρ* auß *οἰρό* um gestelt, aber one grund. Zeuß s. 295 und Grimm g. d. d. sp. 236 erkennen in *οἰόρ* bereits den stamm, welcher allenthalben in den indogermanischen sprachen erscheint, so im altind. und zend. als *vîra*, im lat. als *vir*, im got. als *vair* ff. Zeuß siht ferner in *οἰόρ* griechische schreibung für *wior.* meiner ansicht nach scheint Herodot mit dem worte *οἰόρ* nicht allein ein an lautendes *w*, sondern zugleich eine art brechung gegeben zu haben, wie wir sie im got. *vair* haben, und wie sie auch die Skythen nach dem, was wir bereits von inen wißen, recht gut haben konten; denn sonst hätte im ja ein *οἰρ* oder *ἰρ* allein auch genügen können. sei dem wie im wolle, so vil steht fest: $οἰόρ$ ist = vair = $ἀνήρ$, dem lezteren natürlich nur der bedeutung nach. mit $πατά$ = $κτείνειν$ vergleicht Zeuß die persischen namen $Ἀρταπάτης$ und $Πατιζείθης$ und komt dabei auf altind. *patis*, zend. *paitis*, lit. *pats*, got. *faþ* dominus, worin im Müllenhoff folgt. es bestärkt beide zu diser anname der umstand, daß Skylax und Ephorus die Sauromaten $γυναικρατούμενοι$ nennen. darnach wäre $Οἰόρπατα$ sovil als die männer beherschenden die männerherrinen. aber einmal entscheiden die persischen namen nichts, weil gar kein grund zur anname vorhanden ist, daß das persische *pata* auch das skythische *pata* ist, wie es in der wirklichkeit auch nicht der fall ist; dann aber ist bei Herodot von den Amazonen die rede und nicht von den weibern der Sauromaten. der ruf der Amazonen war weltbekant, und widerum nicht von den frauen der Sauromaten, sondern den Amazonen allein wißen wir, daß sie alles mänliche haßten, männer bei sich nicht geduldeten, die mänlichen kinder sogar ermordeten etc. wenn deshalb die Skythen sie männertöterinen nanten, wozu sie also den triftigsten grund hatten, und Herodot uns den skythischen namen hiefür berichtet, so sehe ich nicht ein, warum wir in dise außsage über die Amazonen, von deren warheit die ganze damalige welt und mit ir Herodot und die Skythen überzeugt waren, deshalb einen zweifel setzen sollen, weil zwei andere schriftsteller die Sauromaten als $γυναικοκρατούμενοι$ an fürten. kann denn nicht die eine anname one die andere oder sogar beide zugleich, one einander den geringsten eintrag zu tun, bestehen? aber es möchte einem wie ein wares verhängnis erscheinen, wenn die außgezeichnetsten sprachforscher immer alles andere glauben, nur gerade das nicht, was der betreffende schriftsteller, hier was Herodot erzält, worin insbesondere Müllenhoff hervor ragt, welcher es s. 555 sogar für den einfältigsten kölerglauben erklärt, von Herodot one bedenken etwas ab zu nemen. ich neme auf gefar dises kölerglaubens hin an, daß Herodot wie anderwärts so auch hier die reine warheit erzält, und glaube es nicht vergeblich zu tun. demnach hat auch sein skythisches *πατα* mit *paitis, patis* dominus keine berürung, weil sie der sinn unmöglich macht, sondern gehört zum germanischen stamme *bad-* nach Fick II, 417 *bhatu* das schlagen, der kampf, welchen wir im an. *böd*, im ags. *beadu beado* pugna nex strages und in zalreichen compositis, im ahd. *badu-* in häufigen zusammensetzungen, im lat. in *batuere*, wovon die zalreichen romanischen ableitungen — vgl. Diez wtb. I, 59 — biß zum frz. *bataille* schlacht herab, im baier. *patzen* schlagen, töten — vgl. Schm. wtb. I, 416 — vor uns haben. villeicht stekt er sogar im got. *kaupatjan*, fals das wort auß *kauppatjan* sich zusammen sezt und nicht auf *atjan* ab leitet, was biß zur stunde eine offene frage ist. als namen mit disem stamme begegnen uns: $Bα\vartheta\text{-}α\text{-}ν\text{-}αρ\text{-}ιος$, warscheinlich, da der bindevokal *a* vorhanden, zusammen gesezt mit *harjis* exercitus, demnach der herschläger, hertöter, ein gotischer comes bei Zosimus V, 37, wobei, wie wir wißen, das griechische ϑ sowol *d* als *t* vertritt; $Bατ\text{-}ων$ dux Pannoniorum bei Strabo 314; $Bατ\text{-}τ\text{-}αριος$ bei Dio 71, 11; ferner *Badu-mar, Bat-hari, Badu-harius* auch *Bado-arius, Bad-win, Bad-ulf, Badu-gis, Batu-helm, Batu-hild, Batu-rich, Bad-ward* etc. — vgl. Förstemann p. n. s. 199 — das lautverhältnis von germanisch *bad*, ahd. auch *bat-* und *pat-* z. b. in *Pat-olf*, zu skythisch $πατ$- darf uns nicht im geringsten beirren, weil althochdeutsche lautverschiebung, wie wir sahen, sowol im skythischen von selbst ein treten oder im durchgang durch die griechische sprache veranlaßt werden kann, wobei ich an sacrium = *zahr, skut, skud* = $σκυ\vartheta$ in $Σκύ\vartheta αι$, *gut* in *Gut-þiuda* = $γοτ\vartheta$ in $Γότ\vartheta οι$, *tagg* = $τακ$ in $ἀντακαῖοι$ erinnere. der stamm *bad- pat- $πατ$-*, Skythen und Germanen widerum gemeinsam, hat also die grundbedeutung schlagen, durch schlagen töten, und die nämliche germanische vorstellung, nach welcher *man-slago* — homicida und *man-slaht* — homicidium bezeichnet, kert wider im skythischen $οἰορ$-$πατα$, welches sohin volständig, wie Herodot an gibt, für $ἀνδροκτόνοι$ steht. wenn jemand vom formalen standpunkte noch ein wendet, daß dasselbe wort das einemal ein substantiv im nominativ plural, das anderemal ein verbum im infinitiv vor stelt, so möge er bedenken, daß Herodot ja nicht skythisch dekliniren und conjugiren gelernt hat, sondern mit der widergabe des möglichst getreuen stammes sich begnügen muste. übrigens trift nach an., afris. und einer menge volksdialekte sprachgebrauch die skythische form $πατ$-$α$ ja sogar als infinitiv zu.

$ἐξαμπαῖος$. – an einer anderen stelle IV, 52 heißt es bei Herodot: ‚. . . $οὔνομα\ δὲ\ τῇ\ κρήνῃ\ καὶ\ ὅϑεν\ ῥέει\ τῷ\ χώρῳ$ $Σκυϑιστὶ\ μὲν\ Ἐξαμπαῖος\ κατὰ\ δὲ\ τὴν\ Ἑλλήνων\ γλῶσσαν$ $ἱραὶ\ ὁδοί$.' in IV, 81 wird der name noch zweimal erwänt. Zeuß s. 295 sagt hierüber: ‚auß dem zend. bietet sich *aschja aschavan aschaun aschaon* (*esch* nach Anquetils außsprache) heilig, häufig auch *asja* geschrieben und *pate*, pfad, weg; aber mit dem pers. *pai* in den benennungen *Mahpai* (mondgau), *Satterpai* ergäbe sich die einfachere bedeutung heiliggau, heiliger ort; wäre also auch hier ein philologischer mißgriff des Griechen an zu nemen?' J. Grimm g. d. d. sp. 235 bemerkt zu $Ἐξαμπαῖος$: ‚beide wörter haben manchen anklang: von $ἔξαν$ oder $ἔξαν$, was pluralform sein muß, läge wenig ab weder $ἅγιος$, $ὅσιος$, scr. *atschtschha, svatschtschha* purus, $ἅγιος$ aber könte fort leiten auf lat. *sacer, sanctus* zd. *spenta*, lit. *szentas*, let. *svehts*, sl. *svjat"* und sogar got. *veihs*, fin. *pyhä*; widerum wäre in $παῖος$ plural eines wortes zu suchen, das zu scr. *patha* via, gr. $πάτος$, ags. *päđ.*, ahd. *pfad* gehörte.' vor allem ist mit Müllenhoff 554 das zd. *aschja* etc. fallen zu laßen; denn das stamwort *asha* heißt zunächst rein und nicht heilig, *asha nâma ahmi* ich heiße rein etc. — vgl. Justi 39 —, und zwischen beiden begriffen ist ein großer unterschied, da eine sache rein und dennoch noch nicht heilig sein kann. aber auch *pai* in der bedeutung gau ist ab zu lenen, es heißt außdrüklich $i\varrho\alpha i$ $\delta\delta oi$. *pâi* aber auß *path* altpers. *pathi* pfad entstehen zu laßen änlich wie neupers. *pâi* auß *pâdha* fuß scheint bedenklich. ebenso ligt zd. *paya* weide trift der bedeutung nach ab; denn wir müßen uns auch hier wider genau an Herodot halten. das ’E ist ferner kein privatives *a* in ’$E\xi\alpha\mu\pi\alpha\tilde{\iota}o\varsigma$, wofür es Müllenhoff hält, sondern gehört zum stamme. dagegen halten Zeuß und Müllenhoff mit recht das $\alpha\mu$ in der mitte des wortes für nicht zum stamme gehörig. es ist entstanden auß dem verbindungsvokal *a*, dem ein euphonisches *n* sich an geselte, wie wir es noch heute im germanischen beobachten können. — vgl. die gram. von Weinhold § 168 und Schmeller 609 — dises *n* verwandelte sich aber vor einem lippenlaute zu *m*, so daß wir statt $'A\varrho\tau\iota$-ν-$\pi\alpha\sigma\alpha$ — $'A\varrho\tau\iota$-μ-$\pi\alpha\sigma\alpha$, statt $'A\varrho\tau\varepsilon$-ν-$\beta\alpha\varrho\eta\varsigma$ — $'A\varrho\tau\varepsilon$-μ-$\beta\alpha\varrho\eta\varsigma$, statt ’$I\varrho\alpha$-$\nu$-$\beta o\nu\sigma\tau o\varsigma$ — ’$I\varrho\alpha$-μ-$\beta o\nu\sigma\tau o\varsigma$ und statt ’$E\xi$-α-ν-$\pi\alpha\iota o\varsigma$ — ’$E\xi$-α-μ-$\pi\alpha\iota o\varsigma$ haben. gleiche erscheinung finden wir im germanischen: auß *Herinperht* wird *Herimperht*, auß *Reinprecht* — *Reimprecht*, auß *Warenfrid* — *Waremfrid* etc. — vgl. Weinhold § 139 — um zur lösung zu kommen, ist bei einem skythischen worte immer zu berüksichtigen, daß die gewonheit bei den Skythen besteht, häufig nach art der Griechen wie z. b. in $\Phi i\lambda\iota\pi\pi o\varsigma$ = pferdefreund in der von unserer verschiedenen umgekerten weise zusammen zu setzen, wie wir es am skythischen worte $\dot{\alpha}\delta\iota\gamma\acute{o}\varrho$ statt $\gamma o\varrho\alpha\delta i$ bereits gesehen haben. nemen wir daher für das erste wort in ’$E\xi\alpha\mu\pi\alpha\tilde{\iota}o\varsigma$ nämlich für $\dot{\varepsilon}\xi$ die bedeutung *weg* = via und für das zweite — $\pi\alpha\iota$-$o\varsigma$ dieselbe von *heilig* = sacer, so kommen wir zu einem geradezu überraschenden ergebnisse. es wird uns dann sofort klar, daß

Ἐξ-α-μ-παι-ος nach germanischen begriffen ein uneigentliches compositum und auß urgermanischen *veg-os* und *vaih-os* mittels bereits erwänten verbindungsvokales *a* und euphonischen *n* zu *veg-os-a-n-vaih-os*, welches sich in der außsprache durch den einfluß der zeit zu *veg(o)s-a-n-vaih-os* kürzte, zusammen gesezt ist. wir haben somit die echt urgermanischen oder altgotischen worte *veg-os* viae und *vaih-os* sacrae im nominativ pluralis vor uns und somit wider beide worte genauestens dem herodotischen ἱραὶ ὁδοί entsprechend. daß der nom. pl. von *vaih-s* sacer *vaih-os* wie von *dag-s dag-os* lautet, darf man einesteils der zusammensetzung zu gute halten, wodurch *vaihs* seine selbständigkeit verlor, andernteils ist nicht zu vergeßen, daß das adjektiv früher nur in seiner funktion und nicht in seiner form vom substantivum geschieden war, — vgl. M. Heyne got. grm. — was hiemit durch unseren fall bestättigt wird.

wie bildete nun aber Herodot auß *veg-s-a-n-vaih-os* sein Ἐξ-α-μ-παι-ος? auf dem einfachsten und regelmäßigsten wege nach den sprachgesetzen seiner zeit. das *v = w* auß fremden sprachen fiel damals im griechischen am anfange und in der mitte der worte meistens ab, da man seine widergabe durch β, *ον* oder späteres *οβ* noch nicht beliebte. darum haben wir *Veneti* = Ἐνετοί, altpers. *Dârayavaush* = Δαριαύης, *Fravartish* = Φραόρτης, *V̔indafrâna* = Ἰνταφέρνης ff.; auch die ersetzung des *w* durch den spiritus asper begegnet im griechischen, berürt uns jedoch hier nicht weiter. skythisch *vegs* konte, ja muste daher mit gutem grunde, da *e* kurz, dem laute nach griechisch nur ἐξ- werden. bezüglich der bildung παι-ος auß skythisch *vaih-os* möge folgendes bemerkt sein. es kommen innerhalb der indogermanischen sprachen häufig fälle vor, wo *v = w* zu *b* und sogar *p* sich erhärten und umgekert *p* und *b* zu *v = w* sich erweichen. so haben wir im altind. *açva* und im zend. *açpa;* die *Açvinen* der Inder sind die *Açpinen* der Eraner;

altind. *çvan* canis erscheint im zend. als *çpan;* auß nordisch
Vaeringjar wird $Βάραγγοι$, auß *Vandali* — $Βάνδηλοι$,
auß *Wŭlga* — $Βούλγα$, auß *Albes* — *Alpes,* auß ahd.
haraw — mhd. *herb,* auß ahd. *garawjan* — mhd. *gerben,*
auß *Fravitha* — $Φράβιϑος$, auß *Gaut, Gawt* — *Gapt* ff.
umgekert verwandelt sich zend. *apa* von in parsi *awé,* zend.
apara der hintere, spätere in parsi *awaré,* zend. *ap*
aqua in parsi *âw,* np. buch. *âb,* tâtî *âv,* talish *ôv,* kurd.
kurm. *âv,* ein vorgang, der auch mit dem germ. *awa, owa,*
der herkunft nach zu sondern von got. *ahva* ahd. *aha,* statt
gehabt haben muß, da dasselbe nicht nach Fick II, 301,
welcher den fall diser ein tretenden erweichung unberüksichtigt läßt, one zusammenhang in der luft schweben kann.
— vgl. Justi 22 und 23. — ich komme hierauf nochmal
und zwar bei dem namen der skythischen göttin $Ἀπία$ zu
sprechen. nach disen beispilen bildete sich zunächst auß
skyth. *vaihos* griech. $βαιος$, da ja das *h* in der mitte und
am ende der worte, wie wir oben bei $σπον$ = *spŭh* in
$Ἀριμασπονούς$ sahen, im griechischen nicht auß gedrükt
werden kann. in anbetracht aber, daß vor einem lippenlaut,
wie ich oben schon zeigte, *n* zu *m* wurde, daher auß $ἐξ$-
$α$-$ν$-$βαι$-$ος$ — $ἐξ$-$α$-$μ$-$βαι$-$ος$ entstund, die liquida *m*
aber wider lieber ein $π$ statt ein $β$ neben sich hatte, muste
sich die endgiltige form zu $ἐξ$-$α$-$μ$-$παι$-$ος$ gestalten, worauß $Ἐξαμπαῖος$ one das geringste sprachliche bedenken
hervor gieng. verwandelt sich ja auch im germanischen
nach einer liquida *b* gerne in *p*, — vgl. Weinhold baier.
grm. — so *wamba* in *wampa, eimber* in *eimper, tumber* in
tumper u. s. w. im ersten teile des wortes $Ἐξαμπαῖος$
nämlich in $ἐξ$ = *vegs* haben wir den ersten beleg für das
kurze urgermanische *ĕ*, welches gotisch zu *ĭ* in *vigs* wird.
das skythische *vaihs,* wie unbedingt aus -$παιος$ zu folgern
ist, spricht ferner dafür, daß auch das spätere got. *veihs,*
warscheinlich, wie schon Dietrich in seiner außspr. d. got.

dafür hält, diphthongisch und nicht wie *i* lautete. für das bestehen einer skyth. form *vaihs* sprechen aber noch zwei andere gewichtige zeugen nämlich die worte Ἀργιμπαῖοι und *Baikal*, in welchen der stamm *vaih* — sacer ebenfals enthalten ist. von disen zwei worten wird das erstere in bälde, das andere erst dann zur erklärung kommen, wenn der leser mer mit der großen bedeutung vertraut sein wird, welche die Skythen für das ganze alte Binnenasien in anspruch namen. mit Ἐξαμπαῖος = ἱραὶ ὁδοί aber hat Herodot sogar hargenau wider berichtet.

ἐνάρεες. – ich fare weiter. I, 105 lesen wir bei Herodot: „... καὶ ὁρᾶν παρ᾽ ἑωυτοῖσι τοὺς ἀπικνεομένους ἐς τὴν Σκυθικὴν χώρην ὡς διακέαται, τοὺς καλέουσι ἐνάρεας οἱ Σκύθαι‘ und IV, 67 bei demselben: ‚αὕτη μέν σφι ἡ μαντικὴ πατρωΐη ἐστί, οἱ δὲ Ἐνάρεες οἱ ἀνδρόγυνοι τὴν Ἀφροδίτην σφι λέγουσι μαντικὴν δοῦναι· ...‘ Ἐνάρεες sind hier also gleich gesezt den ἀνδρόγυνοι. Zeuß vergleicht s. 294 mit Ἐνάρεες die Ἀνάρεοι des Ptolemaeus und stelt beide namen zu pers. *ner* altind. *nar nara* homo mas, so daß, das *e* als privatives *a* genommen, Ἐ-ναρ-εες und Ἀ-ναρ-εοι nichtmänner bedeuteten. dem pflichtet Müllenhoff 533 bei, indem er eine hieher bezügliche stelle des Hippokrates ‚καλεῦνταί τε οἱ τοιαῦτοι ἀνανδριέες‘ erwänt. aber, muß ich wider fragen, warum bleibt man denn nicht bei der bedeutung stehen, welche Herodot dem worte gibt, sondern verfolgt etwas, was zu geben gar nicht in seiner absicht lag? es handelt sich ja hier, man beachte nur den ganzen hergang der sache, wie in Herodot I, 105 beschreibt, nicht um nicht-männer, wie Zeuß und Müllenhoff auf faßen, sondern um ἀνδρόγυνοι um mann-weiber. deswegen ist auch dise bezeichnung einzig und allein bei der deutung des skythischen wortes Ἐνάρεες fest zu halten, ab gesehen davon, daß auch zu berüksichtigen ist, daß die alten naturvölker überhaupt ire begriffe mer an die wirklich-

keit als an die einbildung knüpften, der Skythe sonach unter
einem manweib, also einem manne, der sich an leibesbeschaffenheit dem weibe nähert, sich vil eher etwas vor
stellen konte, als unter einem nicht-manne, welcher darum
noch nicht dem weibe änlich sein muß, sondern mit irgendeinem tiere oder leblosen gegenstande verglichen werden kann.
außer disem grunde kann auch die stelle des Hippokrates, weil
sie nur mit einer algemeinen auffaßung sich begnügt, auf
die außsage Herodots resp. deren erklärung gar keinen einfluß auß üben. Zeuß und Müllenhoff aber ließen sich durch
die änlichkeit von Ἀνάρεοι mit Ἐνάρεες bestechen, zwei
worte zusammen zu halten, welche dem stamme nach gar
nicht zusammen gehören; denn Ἀν-αρεοι, wie zu trennen
ist, komt von dem arischen *an-arya*, zd. *an-airya* — vgl.
Justi s. 18 und Fick I, 262 — welches un-arisch, nichtarisch bedeutet und sich, wie auß Ptolemaeus VI, 14, 8
'... καὶ τὰ καλούμενα Ἀνάρεα ὄρη, ὧν τὰ πέρατα ἐπέχει
μοίρας ...' hervor geht, zunächst auf ein gebirge bezieht,
welches, wenn wir den blick auf die karte werfen, auß dem
einfachen grunde so geheißen haben muß, weil es sich außerhalb der nordostgränze der persischen provinz Sogdiana hin
zog und daher nicht mer zu Arien selbst im weiteren sinne
des wortes gehörte. auß eben dem nämlichen grunde sind
auch die dortselbst wonenden Skythen Ἀνάρεοι zu benant
worden; denn Ptolemaeus sagt hierüber VI, 14, 13, also
nach obiger stelle: τῶν δὲ Ἀναρέων ὀρῶν καὶ τοῦ Ἀσκατάγκα ὄρους ὑπέρκεινται οἱ ὁμώνυμοι Σκύθαι, Ἀνάρεοι μὲν ὑπὸ τοὺς Ἀλανορσοὺς, Ἀσκατάγκαι δὲ ἀνατολικώτεροι τῶν Ταπουρέων καὶ μέχρι τοῦ Ἰμάου ὄρους· Ἐνάρεες ist daher ein ganz anderes wort als Ἀνάρεοι und
zwar gehört es unbedingt dem germanischen wortschatze an.
beachten wir bei der lösung in ansehung, daß griechisch
ἀνδρόγυνοι deutschem mann-weiber entspricht, die warscheinlich wider umgekerte zusammensetzungsweise der Skythen,

so haben wir als bestandteile des wortes Ἐνάρεες: ἐν und ἀρ, wobei εες die endung auß drükt. ἐν aber ist das urgermanische qĕn- weib und ἀρ- sovil als das algemein germanische var, welches als solches und als ar in vilen volksnamen so in *Tευτονοάραι*, *Vidivarii*, *Sturmarii*, *Ναύαροι*, *Σάυαροι*, *Chattuarii*, *Chasuarii*, *Ziuwari*, *Baioarii* u. s. w. begegnet und immer leute, männer bedeutet. demnach haben wir die echt germanischen formen *qen-var-* oder *qen-ar-*. weil aber Herodot noch nicht wie die späteren autoren so z. b. ein Plutarch im stande war sich zu helfen, welch' lezterer ein Quintus durch Κόιντος, ein Quinda durch Κούινδα oder ein Quintio durch Κονϊντίων gab, so blib im nur übrig, da er den laut $q = kv$ griechisch nicht auß drücken konte, in völlig unbezeichnet zu laßen und mit anfügung griechischer endung Ἐν-αρ-εες = Ἐνάρεες zu schreiben, was in der tat ἀνδρόγυννοι manweiber durch weibmänner, wie die Skythen belieben, genau übersezt und somit wider ein beweis mer ist für die warheit und glaubwirdigkeit der berichte Herodots.

ποντικόν und ἄσχυ. - IV, 23 erzält Herodot von kalköpfigen und platnasigen menschen mit langem kinne, welche hinter den Skythen wonten, eine eigene sprache redeten und von baumfrucht lebten, im übrigen aber skythische kleidung trügen. es besteht kein zweifel, daß er hier von echten Mongolen spricht. wäre dises kapitel schon früher hin reichend gewirdigt worden, so hätte es längst zur aufklärung dahin dienen müßen, einmal daß Herodot die wirklichen Mongolen kante und dann, daß die Skythen, weil sie eben durchauß in nichts disen leuten glichen, auch zu inen nicht gezält werden und darum auch keine Mongolen sein konten. für uns hat indessen, da wir wißen, wo die Skythen hin gehören, nur die benennung eines baumes und einer auß der frucht desselben gewonnenen schwarzen flüßigkeit, sowie der name diser kalköpfe weiteres interesse, weshalb wir dise

worte nach einander besprechen wollen. es heißt darüber:
‚... ζώοντες δὲ ἀπὸ δενδρέων. ποντικὸν μὲν οὔνομα τῷ
δενδρέῳ, ἀπ' οὗ ζώουσι, μέγαθος δὲ κατὰ συκέην μάλιστά
κῃ· καρπὸν δὲ φορέει κυάμῳ ἴσον, πυρῆνα δὲ ἔχει τοῦτο
ἐπεὰν γένηται πέπον, σακκέουσι ἱματίοισι, ἀπορρέει δ' ἀπ'
αὐτοῦ παχὺ καὶ μέλαν, οὔνομα δὲ τῷ ἀπορρέοντί ἐστι ἄσχυ·
τοῦτο καὶ λείχουσι καὶ γάλακτι συμμίσγοντες πίνουσι, καὶ
ἀπὸ τῆς παχύτητος αὐτοῦ τῆς τρυγὸς παλάθας συντιθέασι
καὶ ταύτας σιτέονται.' da Herodot mit disen leuten, wie
auß dem zusammenhange erhelt, selbst in keine berürung
kam, so unterligt es keinem zweifel, daß er dise nachrichten
und namen einem anderen volke verdankt und dises nur das
skythische sein kann. eine andere frage ist es, ob die
benennungen auch skythisch sind. für *ποντικόν* den namen
des baumes möchte man, da jede bestimte andeutung felt
und das wort mit dem griech. adjectiv *ποντικός* volständig
ein und dasselbe ist, wol in disem sinne nicht ein treten.
etwas anderes ist es mit *ἄσχυ* = *ashu*, welches one zweifel
der indogermanischen sprache aber auch der skythischen an
gehört, zu welcher behauptung uns Herodot wesentlich durch
seine darstellung verhilft. in den worten ‚*οὔνομα δὲ τῷ
ἀπορρέοντί ἐστι ἄσχυ*' ist nämlich alles gesagt; denn
ἄσχυ = *ashu* bedeutet in der tat das fließende, die flüßigkeit, den saft. es ist eines stammes mit dem keltischen
uisc wysc osk usk, welches zunächst ebenfals die bewegung,
die flüßigkeit bezeichnet und welches wir haben in *Oskara* einem fluße Galliens nach Zeuß gr. celt. 741 und 976,
in *Uisc Wysc* heute *Uske* einem fluße Cambriens von den
Römern *Isca* genant nach Zeuß gr. celt. 117; in *Asco* einem
künstlichen arme, wie es scheint, des Po nach Jornandes
c. XXIX, wo es heißt: ‚a septentrionali quoque plaga ramus
illi ex Pado est, qui fossa vocatur Asconis;' in *Ὄσκος*
einem fluße im lande der thrakischen Triballer, welcher sich
in die Donau ergießt, bei Thukydides II, 96, 4. diser fluß

heißt bei Ptolemaeus III, 10, 10 *Οἶσκος*, und an im ligt die gleichnamige statt *Οἶσκος*; in einer statt *Uscana* nach Livius 43, 18, *Οὔσκανα* nach Ptolemaeus III, 7 im gebiete der Jazygen; in einem fluße *Ἀσκάνιος* und einem see gleichen namens in Bithynien, in einem see *Ἀσκανία* in Phrygien; endlich in dem stättenamen *Usku-dama* im lande der thrakischen Besser nach Ammian 27, 4, dem späteren Adrianopel am zusammenfluße dreier ströme. von lezterem namen leidet es keinen zweifel, daß er die am waßer erbaute die waßerstatt bedeutet, und J. Grimm tut g. d. d. sp. 203 Obrien, welcher *Usku-dama* mit keltisch *Uisgedaimh* waßerstatt zusammen hält, wirklich unrecht, wenn er seine vorschnelligkeit tadelt, welche disesmal das richtige trift. nur muß fest gehalten werden, daß *Uskudama* als thrakische bildung gemäß der zugehörigkeit der thrakischen zunge zur indogermanischen sprache seine eigene berechtigung für sich hat. weitere zeugnisse für unser wort lifern Baxter, welcher im glss. antq. brit. s. 140 ein *isca* = aqua, dann innumerae *iscae* in Britanien und einen fluß *esch* oder *asch* bei den Belgen bezeugt; ebenso Luidius in advers. posth., welcher *usk* = aqua bei den Angeln weiß. somit ist es gar nicht mer auf fallend, wenn die Skythen, die nachbarn der Thraken, dises wort ir eigen nanten und den auß der frucht fließenden saft *ἄσχυ* = *ashu* hießen. in *ashu* könte man sogar ein neutrum auf *u* nach der gotischen *u*-deklination wie in *faíhu* erblicken. mag man nun disen stamm *ask*, *osk*, *usk* ff. mit altind. *uk's* conspergere humectare nach Bopps glss. comp. s. 49 zusammen halten, oder zum zend. *asha* durchsichtig — Justi 39 — stellen, weil das waßer vor allem durch dise eigenschaft sich auß zeichnet, oder endlich mit Fick II, 461 auß *vad-* quellen netzen herleiten, so drängt sich die frage auf, wie es sich denn damit bei den hochdeutschen stämmen verhalten habe. hier finden wir, wie auch in den anderen germanischen dialekten keine durch die litteratur gegebenen anhaltspunkte; denn der stamm *ask, askr, äsc,* welchem wir begegnen, bezeichnet vorzugsweise den germanischen baum, die **esche**. auf fallend bleibt allerdings, daß die bachnamen immer *ascpah asc-aha asc-awa* heißen, da doch die **eller** oder **erle** ahd. *elira erila* vor anderen bäumen am waßer gedeiht. aber wer möchte hier an nemen, daß *asc* wirklich **waßer** bedeutete und *pah aha awa* tautologisch nur deshalb stünde, weil man den ersten teil nimmer lebendig genug verstund? zwar ließe sich der name der statt *Asci-burgium* des Tacitus am Rhein angesichts des großen stromes eben so gut als **ansidelung am waßer waßerstatt waßerburg**, welche namen ja öfters vor kommen, erklären, als als **eschenburg** oder **schifsburg**, die schiffe auß eschenholz her gestelt gedacht; aber auch hier felen sichere anhaltspunkte, um zu einer bestimten ansicht zu gelangen. war daher der stamm *ask* = **aqua** den Hochdeutschen jemals eigen, so kam er jedenfals frühzeitig außer gebrauch.

Ἀργιμπαῖοι. - ich fare in den außsagen Herodots über die kalköpfe d. i. **geschorenen köpfe** weiter, um deren namen näher zu treten. es heißt über dieselben noch IV, 23: ‚πρόβατα γάρ σφι οὐ πολλά ἐστι· οὐ γάρ τι σπουδαῖαι νομαὶ αὐτόθι εἰσί· ὑπὸ δενδρέῳ δὲ ἕκαστος κατοίκηται, τὸν μὲν χειμῶνα, ἐπεὰν τὸ δένδρεον περικαλύψῃ πίλῳ στεγνῷ λευκῷ, τὸ δὲ θέρος ἄνευ πίλον. τούτους οὐδεὶς ἀδικέει ἀνθρώπων· ἱροὶ γὰρ λέγονται εἶναι. οὐδέ τι ἀρήιον ὅπλον ἐκτέαται. καὶ τοῦτο μὲν τοῖσι περιοικέουσι οὗτοί εἰσι οἱ τὰς διαφορὰς διαιρέοντες, τοῦτο δὲ, ὃς ἂν φεύγων καταφύγῃ ἐς τούτους, ὑπ' οὐδενὸς ἀδικέεται· οὔνομα δὲ σφί ἐστι Ἀργιμπαῖοι.' das folgende kaput zeigt, daß Herodot dise kunde von den Skythen hat, welche mit den hinter inen seßhaften völkern in handelsverbindungen stunden. deshalb ist auch der name Ἀργιμπαῖοι, wie die reine form lauten muß, der skythischen sprache an gehörig. die les-

arten wechseln noch mit Ἀργιππαῖοι, wo das μ sich dem
nach folgenden π an gleicht, Ὀργεμπαῖοι nach Zenobius
proverb. 5, 25, wo das α sich zu o verdumpfte und das i
zu ë um lautete, ferner mit Ὀργιεμπαῖοι, dessen ιε, da
nur ι oder ε stehen kann, schon unzuläßig ist. in der form
Arimphaei erweichte sich das ursprüngliche g in j, welches
leztere in dem folgenden i auf gieng, wärend paei in phaei
sich verschob, ein bemerkenswertes beispil der lautverschiebung vom griechischen π zum lateinischen ph. Arimphaei,
welches dann wider mit Aremphaei und Arymphaei
wechselt, gewären Pomp. Mela I, 21, J. Solinus c. 21 und
Plinius VI, 7. wie verhält es sich nun mit dem namen
selber? mit der widergabe der im von den Skythen geschilderten eigenheiten der kalköpfe gibt uns Herodot zugleich den schlüßel für die skythische benennung in die hand.
zwei punkte sind es, welche in irer lebensweise vor anderen
völkern sich bemerkbar machen: sie gelten als heilige
und sie füren keine kriegswaffen. der leztere umstand
insbesondere muste iren nachbarn den kriegerischen Skythen,
bei welchen der kriegsgott ja der höchste aller götter war,
besonders auf fallen und bei der namengebung derselben
wesentlich mit wirken. und so war es auch in der tat. in
Ἀργ-ι-μ-παι-οι, welches, was bindende mittelelemente
betrift, änlich zusammen gesezt ist, wie Ἐξαμπαῖος, ist
παι-οι wider nichts anderes als der got. stamm veih- urgermanisch oder skythisch vaih- sacer. der erste teil des
wortes aber ist der germanische stamm arg- — vgl. Grf. I,
441; BM. I, 55 — aber nicht in der bedeutung pravus
avarus tenax, auch nicht in der von cucurbita, wie es
Papias übersezt, sondern in dem sinne, daß die spätere d. i.
hier nachskythische oder germanische bedeutung timidus
ignavus, wie wir sie im Hildebrantslied ‚der sî doh nû
argôsto ostarliuto, der dir nû wîges warne etc.' und anderwärts noch haben, darauß hervor gehen konte. versetzen

wir uns deshalb in die anschauungsweise der kriegerischen Skythen und Germanen und fragen, wie sich der begriff **ignavus timidus** von *arg-* entwickelte, so will uns bedünken, daß nur der ursprünglich ein *arga* gewesen sein kann, welcher sich überhaupt vor waffen und kampf fürchtete, daß aber auch derjenige, welcher sich auß an geborener sitte also auß grundsatz der waffen nie bediente, mit ebendemselben worte *arga* bezeichnet wurde. wenn das nun auch anfangs in der nämlichen geringschätzigen weise geschah, welche an das wort *arga* überhaupt sich knüpfte, so konte es doch nicht auß bleiben, daß, wenn gleich ein **ganzes volk** wie die kalköpfe, welches noch dazu durch gerechtigkeit sich auß zeichnete, diser anschauung von waffenenthaltung huldigte, eine almähliche mildere anschauung über dise waffen- und kampfesscheu bei den Skythen sich geltend machte, welche sogar schließlich in hochachtung und in die meinung von der **heiligkeit** diser werlosen leute über gieng, wozu die hochherzigkeit der Skythen nicht wenig bei getragen haben mag. in disem sinne sind also die $\text{'}A\varrho\gamma\text{-}\iota\text{-}\mu\text{-}\pi\alpha\iota\text{-}o\iota$ die **waffen scheuenden oder die werlosen heiligen**, die warhaftigen *Arg-i-n-veih-os*, wie sie Herodot schildert. bezüglich des grammatikalen vorganges, wie sich auß *Arg-i-n-veih-os* oder vilmer auß *Arg-i-n-vaih-os* — $\text{'}A\varrho\gamma\text{-}\iota\text{-}\nu\text{-}\beta\alpha\iota\text{-}o\varsigma$, $\text{'}A\varrho\gamma\text{-}\iota\text{-}\mu\text{-}\beta\alpha\iota\text{-}o\varsigma$, $\text{'}A\varrho\gamma\text{-}\iota\text{-}\mu\text{-}\pi\alpha\iota\text{-}o\varsigma = \text{'}A\varrho\gamma\iota\mu\pi\alpha\tilde{\iota}o\varsigma$ entwickelte, verweise ich, um nicht zu widerholen, nochmals auf das von $\text{'}E\xi\alpha\mu\pi\alpha\tilde{\iota}o\varsigma$ gesagte. zugleich erinnere ich an disen neuen zeugen für die diphthongische ursprüngliche gestalt des gotischen *veihs*, welches im skythischen sogar *ai* besitzt, demnach im gotischen schon mit *ei* als geschwächt erscheint. diser vorgang gemant lebhaft an den nach fast anderhalb tausend jaren erfolgenden übergang des gotischen und auch ursprünglichen althochdeutschen *ai* in das gemeinalthochdeutsche *ei*, welch' lezterem die baierische mundart noch biß auf den heutigen tag erfolgreichen widerstand leistet. auch auf die abstammung des got. *veihs* ist das altgotische oder skythische *vaihs* geeignet, licht zu werfen. als belege für die bedeutung ignavus piger von *arga* beliebe man die wtbchr. von Wchtr. I, 70; Schltr. 62; Schrz. I, 59; Adlg. I, 424; Grimm I, 545; Schml. I, 141 zu vergleichen.

Drittes hauptstück.
Die skythischen götternamen bei Herodot.

Ueber die skythischen götter berichtet Herodot IV, 59:
‚*θεοὺς μὲν μούνους τούςδε ἱλάσκονται, Ἱστίην μὲν μάλιστα, ἐπὶ δὲ Δία τε καὶ Γῆν, νομίζοντες τὴν Γῆν τοῦ Διὸς εἶναι γυναῖκα, μετὰ δὲ τούτους Ἀπόλλωνά τε καὶ οὐρανίην Ἀφροδίτην καὶ Ἡρακλέα καὶ Ἄρεα. τούτους μὲν πάντες οἱ Σκύθαι νενομίκασιν, οἱ δὲ καλεόμενοι βασιλήϊοι Σκύθαι καὶ τῷ Ποσειδέωνι θύουσι. οὐνομάζεται δὲ Σκυθιστὶ Ἱστίη μὲν Ταβιτί, Ζεὺς δὲ ὀρθότατα κατὰ γνώμην γε τὴν ἐμὴν καλεόμενος Παπαῖος, Γῆ δὲ Ἀπία, Ἀπόλλων δὲ Οἰτόσκυρος, οὐρανίη δὲ Ἀφροδίτη Ἀρτίμπασα, Ποσειδέων δὲ Θαμιμασάδης.*'

Ταβιτί. — der name *Ταβιτί* der skythischen Ἱστίη oder Vesta wurde bereits von Zeuß d. D. u. d. nb. s. 286 gelöst und von J. Grimm g. d. d. sp. 231 und 232 in seinen verwanten stämmen weiter verfolgt. er komt bereits in allen indogermanischen sprachen vor. wir haben im altind. *tap* calefacere urere, im zend. *tap* brennen leuchten, im griech. *θάπτω* begraben urspr. verbrennen, im lat. *tepeo*, im ruß. *tepl'* calidus, hib. *tebhot* intense heat, germ. vet. *damp, damf.* — vgl. Bopps glss. comp. 163; Justi 132; Fick II, 367 — *Ταβιτί* ist demnach die göttin des ewigen feuers, des häuslichen herdes. das germanische beschränkt sich aber nicht bloß auf die an gegebene fortbildung *damf,* sondern hat den stamm in der nämlichen ursprünglichen form bereits, wie das skythische. das ahd.

chreo-diba = leichenbrand der lex salica tit. 74 art. 1 ‚si quis hominem ingenuum . . . occiderit et ad celandum igne combusserit . . .' hat bereits Grimm an gezogen und richtig gedeutet; ebenso das einfache *deba* = brand tit. 20 und das *andeba* tit. 19 de incendiis der malb. glss.; bei gefügt aber verdienen noch zu werden die folgenden stellen auß tit. 19 art. 7 ‚si quis spicarium aut machalum cum annona accenderit malb. *sal-deba*' und ibidem art. 8 ‚si quis sudem cum porcis, scuriam cum animalibus vel foenile incenderit malb. *leos-deba*,' welche über den sinn des wortes *deba* gar keinen zweifel mer auf kommen laßen; denn *sal* bedeutet hier hütte, boden, heuboden, wie noch heut zu tage nach Schilters thes. III, 204, und übersezt spicarium; *leos* aber ist eine schlechte lesart für das baierisch-schwäbisch-fränkische *láus láos loos* mutterschwein, — vgl. Schm. I, 1516 — bezieht sich auf porcis und *leosdeba* heißt daher mutterschweinsbrand. sonach darf mit vollem rechte der stamm *deb* als echt germanisch und noch dazn nicht selten vor kommend betrachtet werden. mit gutem grunde stelt Grimm g. d. d. sp. I, 232 noch ein anderes wort hieher nämlich das ahd. bißher unerklärte *depandorn* oder *deban-dorn* rhamnus spina. *depan-dorn* heißt feuerdorn, branddorn; er muß seiner zeit zum unterzünden gedient haben, wie heute unser reisig und daher sein name entstanden sein. dise auffaßung dürfte bestättigt werden durch das got. wort für dornstrauch nämlich durch *aihva-tundi*, wörtlich rossezünder, wobei noch alter glaube mit unter zu laufen scheint; denn offenbar kann von einem rossezünder nur in dem falle, als man pferde opferte, die rede sein. da aber pferdeopfer zu den vornemsten tieropfern gehörten, so muß auch der sorte dornstrauch, die zur unterfeuerung diente, etwas gewisses weihevolles an geklebt haben, auf daß sie für wirdig erachtet wurde, als rossezünder dienen zu dürfen. und in der tat! heute noch gilt

der uralte glaube, daß zwerge, kobolde und erdgeister und
seit einfürung des christentums auch der teufel ire schätze
gerne unter dornbüschen verwaren und zu gewissen zeiten
sonnen, wo sie dann so leuchten, daß der ganze busch
durch iren glanz in hellem feuer zu stehen oder zu
brennen scheint. durch hinein werfen insbesondere geweihter
sachen in die scheinbar brennenden dornbüsche können die
schätze gebant werden. bedeutungsvoll erscheint gott dem
Moses im brennenden dornbusche und verleiht dadurch
demselben etwas höchst geheimnisvolles. mancher glaube
aber durchwandert von volk zu volk die erde, wie prof. dr.
J. Sepp zu widerholten malen in seinem altbaierischen
sagenschatz beweist.

Παπαῖος. – der name des Zeus *Παπαῖος* ligt zu offen
da, als daß man darüber weitere worte verlieren solte. er
bedeutet vater und ist ganz und gar das ahd. *Babo, Bapo,
Pappo* nach Grf. III, 19. wir haben, so vil ich weiß, den
namen heute noch als familieneigennamen in Baiern und
Baden. — vgl. baierisch. militärhdbch. vom jare 1883 und
die badischen freiherren von Babo — wenn über die Sauromaten nach Jornandes ein könig *Babai* herscht, was natürlich der nämliche name ist, so vergeße man nicht, daß ja
die Sauromaten wenigstens der mänlichen herkunft nach
nach Herodot Skythen waren. aber auch den Thraken war,
wie es ja der verwantschaft halber nicht anders sein kann,
der name *Babas* eigen, wie auß Procop d. b. g. IV, 9
῾Οδόναχός τε καὶ Βάβας ἐκ Θρᾴκης zu ersehen.

Ἀπία. – auch die götliche *Γῆ*, die skythische *πία* die
gattin des Zeus hat Grimm der sache nach s. 233 bereits
richtig erklärt. das skythische *Ἀπία* fürt notgedrungen
zu dem germanischen *aw ow au* als leztem außläufer und
bedeutet ganz im sinne unseres *au* = pratum campus
ein land, durch welches waßer fließt, welches vom waßer

umgeben ist, welches dem waßer seine fruchtbarkeit verdánkt. die beiden stämme *akvâ* und *api*, welche waßer bedeuten, sind aber auß einander zu halten. zu *akvâ* gehören lat. *aqua*, got. *ahva*, as. *aha*, ags. *eah*, ahd. *aha,* mhd. *aha*, welches auch häufig in *ohe* sich verdumpft, wie vile bachnamen in Deutschland zeigen; zu altind. *apa api* waßer saft stellen sich zend. *ap*, altpers. *api*, gr. $\dot{o}\pi\acute{o}\varsigma$, lat. *opopia* in *copia* und *in-opia*, lit. *upi-s*, altpr. *ape* fluß, *apus* quelle brunnen, altn. *afa* f. saft fülle, ahd. *aw ow*. über die erweichung eines *p* zu *b* und *w* und umgekert über die verhärtung eines *w* zu *b* und *p* verweise ich auf das bereits unter Ἐξαμπαῖος gesagte. Fick in seinem vgld. wtbch. d. indgrm. sprache I, 16, 270, 473 und II, 7, 301 knüpft unerklärlicher weise das ahd. *aw ow* nicht an *apa api*, so daß dasselbe förmlich in der luft hängen würde, was um so weniger der fall sein kann, als ja, wie ebenfals schon erwänt, bei Justi s. 22 innerhalb der eranischen sprachen die nämlichen erweichten formen *âv âw ôv* = aqua vom selben stamme *apa api* nach gewisen sind. merkwirdig bleibt, daß der Peloponnes früher auch Apia genant wurde, one zweifel als ein vom waßer umgebenes inselland. wir lesen bei Plinius h. n. IV, 4: ‚Peloponnesus Apia ante appellata et Pelasgia peninsula haud ulli terrae nobilitate postferenda inter duo maria . . .' wie komt der name auf den Peloponnes? sicherlich durch skytho-thrakische völker. doch von deren spuren später und zum teile auch bei den Thraken.

Οἰτόσκυρος. – der Apollo der Skythen ist Οἰτόσκυρος. die lesarten schwanken zwischen Οἰτόσκυρος und Οἰτόσυρος; Hesychius hat entstelt Γοιτόσυρος, ebenso Ἀρτιμήασα statt Ἀρτίμπασα. nur Οἰτόσκυρος ist das richtige wort und in Herodot her zu stellen. deshalb gewint auch die inschrift in Gudii inscr. antiqu. p. 56, 2 — vgl. dieselbe bei Zeuß 289 und Müllenhoff 571 anm. 2 —, welche

einer Σελήνη Οἰτοσκύρα und einem Ἀπόλλων Οἰτόσκυρος gewidmet ist, an erhöhter bedeutung. der Οἰτόσκυρος kann den Skythen nur das gewesen sein, was Mithras
den Persen, Bel den Syrern, Belenus den Gallern, Phol
den Germanen und Apollo den Griechen anfangs hauptsächlich und allein war, wie auß Macrobius I, 17 und I, 21,
sowie auß Arnobius III, 33 u. a. zu ersehen, der gott des
lichts, der sonnengott, die sonne selbst, von welcher alle woltaten für die menschen auß gehen. dem gemäß
dürfen wir, wie in so manchen anderen sitten und gewonheiten, von welchen im geschichtlichen teile die rede war,
auch im götterdienste von den Indogermanen die Skythen
nicht trennen. wir erkanten sie als feuervererer bereits an
irer göttin Tabiti, und nicht minder haben wir bestättigung,
daß sie das licht aller lichter die sonne an beteten, sowol
durch Herodot I, 216, wo er von den Massageten, welche
one zweifel zu den Skythen, wenn auch nicht zu den königlichen gehalten werden müßen, sagt ‚θεῶν δὲ μοῦνον
ἥλιον σέβονται, τῷ θύουσι ἵππους. νόμος δὲ οἷτος τῆς
θυσίης· τῶν θεῶν τῷ ταχίστῳ πάντων τῶν θνητῶν τὸ τά-
χιστον δατέονται,' als auch durch Herodian, bei welchem es
von den Parthern, welche unzweifelhafte abkömlinge der
Skythen sind 4, 15, 1 heißt: ἅμα δὲ ἡλίῳ ἀνίσχοντι ἐφάνη
Ἀρτάβανος σὺν μεγίστῳ πλήθει στρατοῦ. ἀσπασάμενοι
δὲ τὸν ἥλιον, ὡς ἔθος αὐτοῖς, οἱ βάρβαροι (die Parther)
μεγίστῃ τε κλαγγῇ βοήσαντες, ἐπέδραμον τοῖς Ῥωμαίοις ...'
sehen wir uns daher das wort Οἰτόσκυρος in dem sinne
näher an, daß es irgend eine eigenschaft der sonne, wie
licht, glanz, glut etc. bedeuten müße, so wird uns sofort der erste teil des wortes klar werden, mittels dessen wir
auch die bedeutung des anderen lösen können; denn Οἰτόσκυρος ist wider ein rein germanisches wort und ein stern
erster größe am skytho-germanischen sprachenhimmel. es
zerglidert sich in Οἰτ-ο-σκυρ-ος. sein erster bestandteil

ist das noch heute in den oberdeutschen mundarten erhaltene
ait = **feuer**, *aiten* = **brennen**, welches wir haben in *aidstein ait-stein* = **bernstein**, *ait-ofen* = **feuerofen glutofen**, *aiter-nessel* = **brennessel**, ahd. *ait eit* ignis, *eitjan* **brennen**, ags. *âd*, mhd. *eit* **feuer**, *eiten* **glühen brennen**, ital splendens, altind. *idh* **entzünden entflammen**, *aidhâ* **glutflamme**, αἴϑω **flamme**, Αἴτνη **Aetna**, *aestus aestas* etc. — vgl. Bopp glss. 45 a; Fick I, 28, 29 und II, 292; Grf. I, 152; BM. I, 427; Grimm wtb. III, 391; Schm. I, 172; Wcht. I, 359; Schltr. III, 261; Schrz. I, 259 — auß dem tief klingenden *ai* in *ait*- ist *oit*geworden, wie noch heut zu tage vile, wenn auch unrichtig, für *haim — hoim, stain — stoin, ain — oin. ait — oit* schreiben und wie griech. οἶδα mit got. *vait*, οἶσϑα mit *vaist*, λέλοιπα mit *laif* wechselt. daß aber der stamm *ait*- unter völkern, welche dem skythischen einflueße unterstunden, dem worte und der bedeutung nach schon in grauer vorzeit vorhanden war und von den Griechen richtig ab gehört wurde, beweist der von *ait*- zu Αἰήτης außeinander gezogene name der tauroskythischen könige in Kolchis, welcher einen **abkömling der sonne, des lichts** bezeichnet. über skythischen einfluß in Kolchis aber vergewissert uns Diodorus Sic. IV, 45: ‚δοϑῆναι δ' αὐτὴν (Kirke, die eine tochter des Aietes) εἰς γάμον τῷ βασιλεῖ τῶν Σαρματῶν, οὓς ἔνιοι Σκύϑας προσαγορεύουσι.' ebenda 47 derselbe: ‚ἔνιοι δὲ φασὶ τὸν βασιλέα τῶν Σκυϑῶν ὄντα γαμβρὸν Αἰήτου, παρὰ τοῖς Κόλχοις ἐπιδημῆσαι . . .' über die taurische sprache der Kolcher wider derselbe IV, 48: ‚προσελϑοῦσαν δὲ (Μήδειαν) ταῖς πύλαις κεκλεισμέναις νυκτὸς τῇ Ταυρικῇ διαλέκτῳ προσφωνῆσαι τοῖς φρουροῦσι.' über die vererung der **sonne** in Kolchis der nämliche IV, 46: ‚τὴν δὲ Μήδειαν διαδρᾶσαν καταφυγεῖν εἴς τι τέμενος Ἡλίου . . .' und über die abstammung des **Aietes** von der **sonne** ebenderselbe IV, 45: ‚φασὶ γὰρ Ἡλίου δύο γενέσϑαι

παῖδας, Αἰήτην τε καὶ Πέρσην…' ebenso bestättigt
Apollodor 1, 9, 1 die abkunft des Aietes von der sonne:
Φρίξος δὲ ἦλθεν εἰς Κόλχους, ὧν Αἰήτης ἐβασίλευε παῖς
Ἡλίου καὶ Περσηίδος …' auch Xenophon kent den namen
Aietes, wenn er anab. V, 6 erzält: Αἰήτου δὲ υἱδοῦς
ἐτύγχανε βασιλεύων αὐτῶν (Φασιανῶν).' wie also Αἰήτης
der überliferung und der untrieglichen wortabstammung gemäß als königsbeiname den **abkömling der sonne, des
lichtes** bedeutet, so ist $Aἰτ\text{-}o\text{-}σκυρ\text{-}ος$ oder $Oἰτ\text{-}o\text{-}σκυρ\text{-}ος$ nach dem ersten teile des wortes **das feuer, das
licht, die sonne** selbst. faßen wir noch ins auge, daß
die königlichen Skythen und die ackerbau treibenden disen
gott vererten, so ergibt sich die zweite hälfte des namens
von selbst. $σκυρος$ ist nämlich das gotische *skûra*, ahd.
scûr, ags. *scûr*, mhd. *schûr*, nhd. *schauer* **imber tempestas
procella grando** und zwar hat $σκῦρ\text{-}ος$ langes v, wie
$μῦρω$, $Μῦσός$, $σῦρω$ u. a. m. — vgl. Fick I, 817; Grf.
I, 535; Diefb. glss. II, 255; BM. II b, 227; Schm. II, 449;
Wcht. II, 1476; Schrz. II, 1454; Frsch. II, 166; Adlg. III,
1382 — daß got. *skûra* langes *u* besizt, zeigen sowol, ab
gesehen davon, daß es jezt algemein an genommen wird, die
verwanten germanischen dialekte, als auch in unwiderleglicher
weise der vorgang, daß das wort im oberdeutschen zu *schauer*
geworden ist, was z. b. im baierischen nur mit einem ehemaligen langen *u* geschehen kann. $Ait\text{-}o\text{-}skur = Αἰτ\text{-}o\text{-}σκυρ\text{-}ος = Οἰτ\text{-}o\text{-}σκυρ\text{-}ος = Οἰτόσκυρος$ ist sohin
nicht bloß der gott **des lichts**, der alles **gedeihen** läßt,
sondern auch des **unwetters**, wodurch er alles **verderben** kann, mithin ein echter **wettergott, der gott
des sonnenscheins und des regens**, also ein gott,
welcher eine gewaltige macht namentlich einem ackerbau
treibenden volke gegenüber in sich begriff, weil er segen und
verderben spenden konte. Müllenhoff, welcher $Οἰτ\text{-}o\text{-}συρ\text{-}ος$ list, vergleicht den zweiten teil des wortes — mit dem

ersten befaßt er sich nicht — mit der zweiten hälfte des persischen namens Ἀρτ-α-συρ-ας bei Ktesias und hält συρ- zu altind. *kura*, zend. *çura* stark, her, mächtig. ebenso könte man auch an altind. *svare sûra* sonne, *sûrya* sonnengott, zend. *hvare* sonne denken. aber ab gesehen davon, daß dann das wort bloß mer halbskythisch wäre, wärend es nach Herodot rein skythisch ist, und daß sich im zweiten falle eine tautologie ergäbe, stehen beiden annamen wol berechtigte sprachliche gründe entgegen; denn da ein echt skythisches wort gemäß der uralten selbständigkeit der skythischen sprache nicht erst durch das zendische hindurch geht und dessen eigentümlichkeiten sich fügt, um dann erst als skythisch zu gelten, so müste der name im sinne Müllenhoffs skythisch Οἰτο-κυρος lauten, wie uns griech. κῦρος und ἄ-κυρος vom nämlichen stamme beleren; im zweiten falle hätten wir aber ein Οἰτο-συλος — σουλος oder — σαυλος zu erwarten, da der skythischen sprache das germanische merkmal bereits in der weise auf gedrükt ist, daß sie ebenda, wo die germanischen sprachen ein *l* an wenden, wie in got. *sauil*, ags. und altn. *sôl* sonne, es auch tut, zum unterschiede von den eranischen sprachen, welche durchweg, und der altindischen, welche teilweise bei -*r*- verharren. durch den skythischen flußnamen *Sil*- gegenüber altind. *sar*- und zend. *har*- werden wir diß bestättigt finden, worauf wir unten noch kommen werden. K. Neumann, einen der lezten verfechter des Mongolentums der Skythen in seinem werke die Hellenen im Skythenlande, welcher den Οἰτόσκυρος zum mongolischen *Ot-utschir* h. e. caussa annorum stempelte, one, wie Schiefner zeigte, vom mongolischen etwas zu verstehen, hat Müllenhoff s. 550 nach gebür gerichtet. über den oben zugleich genanten weiblichen namen Οἰτοσκύρα glaube ich nach dem bißher gesagten nichts mer bemerken zu dürfen.

Ἀρτίμπασα. – der weg zur erklärung des namens der skythischen **Aphrodite urania**, der Ἀρτίμπασα, ligt nicht so offen vor uns. Ἀρτ-ι-μ-πασ-α ist zunächst nach skythischer weise, welche wir in den worten Ἐξαμπαῖος und Ἀργιμπαῖοι kennen lernten, auß Ἀρτ-ι-ν-πασ-α entstanden, mithin auß den beiden wortstämmen ἀρτ = *art* und πασ = *pas* mittels bindevokal *i* und wollauts *n*, welch' lezteres sich vor π wider in μ verwandelte, zusammen gesezt. der stamm *art*- begegnet häufig in den arischen sprachen, und wir können hier keinen anderen im auge haben, als den, der im altind. *ṛta* und im zend. *areta* lautet und **richtig, volkommen, gerecht**, aber auch **hoch, erhaben** bedeutet. — vgl. Justi 30; Spiegel altp. k. 207; Fick I, 273 — Justi stelt zur ersteren bedeutung: altpers. *arta-khsatra*; dann die berichte des Hesychius: ἀρτάδες οἱ δίκαιοι ὑπὸ μάγων. ἀρταῖοι οἱ δίκαιοι παρὰ Πέρσαις; ferner die Ἀρταῖοι des Herodot VII, 61, sowie die phrygische Ἀρτάμας und Ἄρτεμις mit der lykischen *Artaleiasa*. Spiegel legt dem worte *Arta-khshatrâ* die zweite bedeutung unter. diser unterschied, der in den vilen eranischen namen, welche mit *arta*- zusammen gesezt sind, wol schwerlich jemals wird genau gezogen werden können, da beide bedeutungen zu ser in einander fließen, tut bei uns nichts zur sache. wichtig für uns ist aber, daß *arta* in den phrygischen und lykischen götternamen erscheint; denn ab gesehen davon, daß die **Lykier** höchst warscheinlich **Arier** waren, steht die **thrakische abstammung der Phrygen** unbedingt fest, und damit haben wir sicheren boden gewonnen. Thraken und Skythen sind nämlich, wie wir das noch merfach beweisen werden, brudervölker, welche die **gleiche zunge** reden und den **gleichen sprachschatz** teilen. das skythische *art*- in *Art-i-m-pas-a* ist also das nämliche, wie das thrako-phrygische in *Art-e-m-is*. ich bleibe aber dabei nicht stehen, sondern glaube, daß dises *art-*, mag im nun ursprünglich die eine oder die andere der bereits an gefürten bedeutungen zu grunde gelegen haben, mit der zeit im thrako-phrygischen sowol wie im skythischen geradezu die bezeichnung für **gott** oder **göttin** geworden sei. dise meine ansicht wird durch eine merkwirdige überliferung gestüzt. ein ungenanter compilator eines periplus des Pontus - vgl. Müllenhoff 563 — berichtet nämlich, daß noch zu seiner zeit etwa im fünften jarhundert die statt **Theodosia** im lande der Königskythen $Ἀρδάβδα$ geheißen habe, $τουτέστιν\ ἑπτάθεος$ d. i. **sibengott** oder nach unseren begriffen die **sibengötterige**. sehen wir uns nun $Ἀρδ\text{-}αβδα$ genauer an, so erkennen wir ein echt skythisches wort an demselben, das eigentlich *art-habda* lauten muste, da der Grieche das *h* in der mitte wider, wie wir schon wißen, nicht geben, und *ard*- für *art*- einem unkundigen ore, wie wir an dem worte *Ardakhcashca* der altpers. keilinschr. für *Artakhshatrá* ersehen können, leicht erklingen konte. *art*- ist hier aber völlig gleich $θεός$ und *habda* dasselbe wie zend. *haptan*, altind. *saptan*, gr. $ἑπτά$, lat. *septem*, got. *sibun*. das echt skythische merkmal aber, welches Müllenhoff noch entgieng, welchem übrigens das verdienst gebürt nach Diefenbach — vgl. dessen orig. europ. s. 88 — das wort wider in den kreis seiner betrachtungen gezogen zu haben, wenn es im auch nicht ganz klar wurde, weil er sich nicht strenge an die gleichheit von $Ἀρδάβδα$ und $ἑπτάθεος$ hielt, tritt in dem umstande zu tage, daß das wort gerade $Ἀρδάβδα$ und nicht, wie er vermeint, $Ἀβδάρδα$ lautete, weil ja, wie wir klar an den skythischen worten $ἀδιγόρ$, $ἐξαμπαῖος$, $ἐνάρεες$ gezeigt haben, der Skythe es liebt, in der uns gegen den sinn gehenden, umgekerten weise, welche auch den Griechen eigentümlich ist, manchmal zusammen zu setzen. der beweis, daß *art*- für gotheit gebraucht wird, ist somit erbracht, und wir dürfen daher die nämliche bedeutung auch auf den ersten teil unseres wortes $Ἀρτ\text{-}ι\text{-}μ\text{-}πασ\text{-}α$ übertragen.

zur lösung des zweiten teiles $\pi\alpha\sigma$- = *pas*- gibt uns der trefliche Herodot selbst den schlüßel in die hand. er nent die $\overset{\prime}{A}\varrho\tau\iota\mu\pi\alpha\sigma\alpha$ die $o\overset{\flat}{v}\varrho\alpha\nu\iota\eta$ $\overset{\prime}{A}\varphi\varrho o\delta\iota\tau\eta$ und darin stekt das ganze geheimnis; denn dise ist bei den völkern Asiens die göttin der sinlichen, der tierischen liebe, und auch die Skythen haben alle ire überliferungen auß Asien. nur der stamm *pas*- coire aber, welcher im germanischen teils sich unverschoben erhielt, teils zu *fas- vas* verschoben wurde, drükt das hauptmoment der sinlichen liebe auß und umfaßt in seinen zalreichen weiterbildungen, deren bedeutung sich um penis, vulva, foetus, proles, suboles dreht und worüber wir auf Fick I, 143, 372, 672, II, 406 u. ö. verweisen, alle hierauf bezüglichen worte, welche sich biß heute noch in allen germanischen mundarten — vgl. Wchtr.; Frisch; Schilt.; Scherz; Schottel; Adlg.; Grf.; Schm.; Grimm ff. — erhalten haben. und warlich, es kann nicht anders sein. die *Artimpasa* ist die skythische göttin der geschlechtlichen liebe, der ehe, der nachkommenschaft etc. widerum trägt der name das kenzeichen skythischer zunge an der umgekerten zusammensetzung an sich, welche wir im heutigen deutschen nicht mer nach amen können, sondern uns, wenn wir das wort einfach und doch wörtlich übersetzen wollen, mit liebesgöttin begnügen müßen. bemerkt verdient noch zu werden, daß den eranischen sprachen der stamm *pas*- felt, dagegen in der altind., lit., griech., röm. und germanischen sprache, in lezterer am zalreichsten vertreten ist.

$\Theta\alpha\mu\iota\mu\alpha\sigma\dot{\alpha}\delta\eta\varsigma$. - $\Theta\alpha\mu\iota\mu\alpha\sigma\dot{\alpha}\delta\eta\varsigma$, der skythische Poseidon, ist der form nach gebildet wie $'O\varkappa\tau\alpha\mu\alpha\sigma\dot{\alpha}\delta\eta\varsigma$ bei Herodot, $\Pi\alpha\varrho\vartheta\alpha\mu\alpha\sigma\dot{\alpha}\delta\eta\varsigma$, dessen lesart mit $\Pi\alpha\varrho\vartheta\alpha\mu\alpha\sigma\pi\dot{\alpha}\delta\eta\varsigma$ wechselt, bei Dio Cassius und $'P\alpha\delta\alpha\mu\alpha\sigma\dot{\alpha}\delta\iota o\varsigma$, vollere form, wie Müllenhoff 567 richtig erkent, für $'P\alpha\delta\alpha\mu\sigma\dot{\alpha}\delta\iota o\varsigma$. auch der parthische königsname Parthamasiris im Hadrian des Ael. Spartianus und des Eutropius VIII, 2 gehört hieher. Müllenhoff hat die zweite hälfte diser namen bereits gelöst. es ist der stamm *maz* groß, welcher sich mittels der affixe *ata* und *ira* nach Justi 366 ff. zu *maz-ata* und *maz-ira* erweitert und im griechischen mit konsonantenerweichung durch $\mu\alpha\sigma$-$\alpha\delta$-$\eta\varsigma$, $\mu\alpha\sigma$-$\alpha\delta$-$\iota o\varsigma$ wider gegeben wird. der sinn kann nur gewaltig, mächtig, groß sein. die erste worthälfte $\vartheta\alpha\mu$- ist aber nicht das zend. *zem* tellus humus altind. *jám*, welchem weder sinn noch grammatik entspricht: weder der sinn, weil wie Herodot außdrüklich bemerkt, nur die Königskythen, welche nach ebendemselben IV, 20, wie wir unten noch sehen werden, vor allen anderen am waßer wonten und sogar iren herscher $Ko\lambda\acute{\alpha}\xi\alpha\ddot{\iota}\varsigma$ nach dem waßer benant hatten, dem Poseidon opferten, sonach diser doch vil eher eine gotheit des waßers als des landes dar stellen muste; denn in lezterem falle hätten in ja auch die binnenländischen Skythen verert; noch die grammatik, weil Herodot fremdes *z* wider mit ζ oder mit σ gegeben hätte, wie er es mit $\Sigma\alpha\varrho\acute{\alpha}\gamma\gamma\alpha\iota$ für *Zaraǹka*, mit $\dot{o}\varrho o\sigma\acute{\alpha}\gamma\gamma\alpha\iota$ für *huvarezaṅhâ* tat, und wie es andere mit $\Omega\varrho o\mu\acute{\alpha}\zeta\eta\varsigma$ oder $\Omega\varrho o\mu\acute{\alpha}\sigma\vartheta\eta\varsigma$ für *Auramazdâ*, mit $X\omega\varrho\alpha\sigma\mu\acute{\iota}\alpha$ für *Uvârazam'ish*, mit $\Sigma\varepsilon\mu\acute{\varepsilon}\lambda\eta$ für *Zemele* den namen der phrygischen göttin der erde, welcher gerade mit dem fraglichen zend. *zem* tellus gebildet ist und sonach für meine ansicht den entscheidenden beweis lifert, von jeher in der übung hatten. $\vartheta\alpha\mu$- ist vilmer entweder eines stammes mit got. *tamjan*, lat. *domare*, gr. $\delta\alpha\mu\acute{\alpha}\omega$, ahd. *zamjan zamôn*, altind. *dam damaya* oder mit got. *timrjan*, welches bereits mit -*ar* nach Grimm gr. II, 136 ab geleitet ist und gleichfals auf einen stamm *dam- tam-* bauen, erbauen, erschaffen zurück geht. — vgl. Bopp glss. 179 b; Diefb. glss. II, 668; Fick II, 379 und 380 — das griechische ϑ steht ja, wie wir schon mermals zu beobachten gelegenheit hatten, teils für *d* teils für *t*, one daß man dessen anwendung eine feste regel ab gewinnen könte. $\Theta\alpha\mu$-ι-$\mu\alpha\sigma$-$\alpha\delta$-$\eta\varsigma$

ist daher entweder der gewaltige bezwinger der große beherscher oder der große schöpfer der mächtige vater sc. des meres. auf fallend stimt mit lezterer deutung der erste teil des skythischen wortes *Temerinda* = mater maris, welches uns Plinius überlifert und welches man unten vergleichen möge, dem sinne und der form nach überein und bestärkt die anname, daß wir auf der richtigen spur sind.

wir sehen, welches neue bißher kaum gehofte licht die skythischen sprachdenkmäler, welche wir bißher behandelten, und hiemit auch die skythische götterwelt erhelt, weil wir es wagten, die skythische sprache der germanischen näher zu rücken und leztere in einer weise, wie es bißher seit J. Grimm nimmer geschah, zur deutung der ersteren zu hilfe zu nemen. wir sehen aber auch, daß wir nur unter der bedingung zu einem erfreulichen zile gelangen können, wenn wir den angaben der alten und hier unseres so vil verkanten Herodots wort für wort glauben schenken. das nächste hauptstück wird dieses unser vertrauen in noch hervorragenderer weise belonen.

Viertes hauptstück.
Die skythischen abstammungssagen bei Herodot.

behandlung der namen. – Ich gehe zu den sagen über, welche Herodot die Skythen über ire eigene abstammung und einteilung erzälen läßt. wie in jeder sage ein warer kern stekt, wenn er auch durch die zeit verdunkelt wird, so auch hier. darum will bei der deutung von namen, welche sich an die sagen knüpfen, der ganze inhalt derselben berüksichtigt werden; denn manche namen sind nur oft die schlagwörter für tatsachen, denen sie als marksteine für die überlieferung dienen. wer daher irgend einen einzelnen namen herauß nimt, um die grammatisch-etymologische kunst an im zu versuchen, one den geschichtlichen zusammenhang biß ins kleinste zu wirdigen, wird sich bloß aufs raten verlegen müßen und darum meistens irre gehen. und disem feler sind selbst unsere grösten forscher verfallen.

Ταργίταος. – Herodot schreibt IV, 5: ‚Ὡς δὲ Σκύθαι λέγουσι, νεώτατον ἁπάντων ἐθνέων εἶναι τὸ σφέτερον, τοῦτο δὲ γενέσθαι ὧδε· ἄνδρα γενέσθαι πρῶτον ἐν τῇ γῇ ταύτῃ ἐούσῃ ἐρήμῳ, τῷ οὔνομα εἶναι Ταργίταον· τοῦ δὲ Ταργιτάου τούτου τοὺς τοκέας λέγουσι εἶναι, ἐμοὶ μὲν οὐ πιστὰ λέγοντες, λέγουσι δ' ὦν, Δία τε καὶ Βορυσθένεος τοῦ ποταμοῦ θυγατέρα.' diser satz fürt uns auf die spur der bedeutung des namens des göttersones Targitaos. nur dürfen wir dabei nicht außer acht laßen, daß die Skythen als echte Orientalen es lieben, oft blumenreich zu sprechen, wie es ja uns Germanen und auch den Slaven noch an klebt. Targitaos

ist also der erste und als solcher zugleich der äußerste
mensch am rande der zeit von den damaligen Skythen zurück
gerechnet, von welchem alle anderen menschen stammen,
welcher also alle anderen menschen gleichsam in sich schließt.
es ist das die nämliche einfache anschauung, wie mit Adam
in der bibel, der zwar allein sündigt, von welchem aber
die sünde auf alle menschen über gieng, weil er als der
erste mensch alle nachkommen in sich barg.
disen sinn hat aber unser germanischer wortstamm ahd. *zarg*-
mhd. *zarg*-, unverschoben *targ*-, welcher das äußerste,
von außen umfaßende, das in sich schließende
auß drükt. — vgl. Grf. V, 705; BM. III, 850; Schm. II,
1149; Vilm k. id. 465; Frsch. II, 465; Schrz. II, 2085;
Adlg. IV, 1655 — der außlaut in *targ*- hat sich vom skythischen zum germanischen eben so wenig verschoben, wie vom
gotischen mancher anlaut im althochdeutschen mit der verschiebung nicht durch drang z. b. g. *guþ*, *gaits*, *gairns* ahd.
got. geiz, *gern* deus, capra, avidus. von *targ*- ist mit
-*it* nach Gr. gr. II, 219 $T\alpha\varrho\gamma$-$\iota\tau$-α als schwaches nomen
ab geleitet und mit der griechischen endung $o\varsigma$ versehen.
$T\alpha\varrho\gamma$-$\iota\tau$-α-$o\varsigma$ ist also der alle Skythen als erster derselben umfaßende, in sich schließende, mit anderen
worten der alvater derselben. man beachte den treflichen
bildlichen außdruck, der nicht beßer zu den vorstellungen
eines noch halben aber geistig hoch begabten naturvolkes,
wie die Skythen waren, passen konte. denselben namen
trägt noch eine fürstentochter der Jaxamaten bei Polyaen
8, 55, und Targites heißt ein gesanter des Chagans der
Avaren in Byzanz bei Theophylakt I, 6. lezteres darf uns
nicht wundern; denn die Skytho-Germanen haben ire spur
tief in Binnenasien, ja sogar bei Chinesen und Japanesen,
wie wir bald sehen werden, zurück gelaßen.

Herodot färt IV, 5 fort: $\gamma\acute{\varepsilon}\nu\varepsilon o\varsigma\ \mu\grave{\varepsilon}\nu\ \tau o\iota o\acute{\upsilon}\tau o\upsilon\ \delta\acute{\eta}\ \tau\iota\nu o\varsigma$
$\gamma\varepsilon\nu\acute{\varepsilon}\sigma\vartheta\alpha\iota\ \tau\grave{o}\nu\ T\alpha\varrho\gamma\acute{\iota}\tau\alpha o\nu,\ \tau o\acute{\upsilon}\tau o\upsilon\ \delta\grave{\varepsilon}\ \gamma\varepsilon\nu\acute{\varepsilon}\sigma\vartheta\alpha\iota\ \pi\alpha\~{\iota}\delta\alpha\varsigma$

τρεῖς, Λιπόξαϊν καὶ Ἀρπόξαϊν καὶ νεώτατον Κολάξαϊν. ἐπὶ τούτων ἀρχόντων ἐκ τοῦ οὐρανοῦ φερόμενα χρύσεα ποιήματα, ἄροτρόν τε καὶ ζυγὸν καὶ σάγαριν καὶ φιάλην, πεσέειν εἰς τὴν Σκυθικήν. καὶ τῶν ἰδόντα πρῶτον τὸν πρεσβύτατον ἆσσον ἰέναι βουλόμενον αὐτὰ λαβεῖν, τὸν δὲ χρυσὸν ἐπιόντος καίεσθαι. ἀπαλλαχθέντος δὲ τούτου προσιέναι τὸν δεύτερον καὶ τὸν αὖτις ταὐτὰ ποιέειν. τοὺς μὲν δὴ καιόμενον τὸν χρυσὸν ἀπώσασθαι, τρίτῳ δὲ τῷ νεωτάτῳ ἐπελθόντι κατασβῆναι καί μιν ἐκεῖνον κομίσαι ἐς ἑωυτοῦ· καὶ τοὺς πρεσβυτέρους ἀδελφέους πρὸς ταῦτα συγγνόντας τὴν βασιληίην πᾶσαν παραδοῦναι τῷ νεωτάτῳ.' und IV, 6: ,ἀπὸ μὲν δὴ Λιποξάϊος γεγονέναι τούτους τῶν Σκυθέων, οἳ Αὐχάται γένος καλέονται, ἀπὸ δὲ τοῦ μέσου Ἀρποξάϊος οἳ Κατίαροί τε καὶ Τράσπιες καλέονται, ἀπὸ δὲ τοῦ νεωτάτου αἰτῶν τοῦ βασιλέος, οἳ καλέονται Παραλάται· σύμπασι δὲ εἶναι οὔνομα Σκολότους, τοῦ βασιλέος ἐπωνυμίην· Σκύθας δὲ Ἕλληνες οὐνόμασαν.' diser absatz ist einer der wichtigsten bei Herodot über die Skythen, einmal weil er eine größere anzal skythischer namen in einem zuge enthält und dann weil er auf die einteilung der Skythen bedeutsames licht wirft.

ξαϊς. – betrachten wir zuerst die namen der söne des Targita: Λιπόξαϊς, welche lesart ich der von Νιτόξαϊς vor ziehe, Ἀρπόξαϊς und Κολάξαϊς, so sehen wir auf den ersten blick, daß sie zusammen gesezt sind. und zwar ist der zweite teil diser namen ξαϊς, wie Müllenhoff bereits richtig herauß fand, das zend. khshaya, altind. kshaya mächtig, herscher, könig, welches auch in dem altpers. khsháya-thiya = könig — Spiegel 81 und 216 — enthalten ist. je der erste teil der drei königsnamen muß aber mit dem namen der abkömlinge eines jeden derselben zur gegenseitigen ergänzung des verständnisses zusammen gehalten werden, und wir kommen dann zu einem überraschenden ergebnisse; denn dann steht es fest, daß die ersten worthälften der drei herschernamen **das gebiet ires reiches** bezeichnen, dessen natürliche beschaffenheit wider mit dem leben und der einteilung der Skythen innig verflochten ist. und was ist auch einfacher als eine solche unterscheidung?

$\Lambda\iota\pi\acute{o}\xi\alpha\ddot{\iota}\varsigma$ **und** $A\mathring{v}\chi\acute{a}\tau\alpha\iota$. – es gehören nun zusammen $\Lambda\iota\pi\acute{o}\xi\alpha\ddot{\iota}\varsigma$ und die $A\mathring{v}\chi\acute{a}\tau\alpha\iota$, welche sich von im ab leiten. $\Lambda\iota\pi o$- aber, oder eigentlich $\Lambda\iota\pi$-, da o verbindungsvokal, ist gleich 'P$\iota\pi$-, welches uns in 'P$\iota\pi$-$\alpha\iota\alpha$ $\mathring{o}\varrho\eta$ begegnet, nach dem wechsel zwischen *r* und *l* im skytho-germanischen, somit $\Lambda\iota\pi$-o-$\xi\alpha\ddot{\iota}\varsigma$ = 'P$\iota\pi$-o-$\xi\alpha\ddot{\iota}\varsigma$ = **bergkönig, beherscher der bergigen gegenden, der gebirge.** in den gebirgen aber lebte man vor tausenden von jaren wie noch heute nämlich von der jagd und hauptsächlich von der **vihzucht**, und so taten auch die Skythen; denn der name $A\mathring{v}\chi$-$\alpha\tau$-$\alpha\iota$ ist nach Gr. gr. II, 213 von dem nämlichen *auh*-, wie got. *auh-s-a* bos — vgl. Fick II, 312; Bopp glss. 50, a; Diefb. I, 59 — mit *at* ab geleitet und der griechischen ersten deklination an gepast. die $A\mathring{v}\chi$-$\alpha\tau$-$\alpha\iota$ = *Auh-at-os* sind somit die **rinderzüchter, die rinderhirten auf den bergen**.

$A\varrho\pi\acute{o}\xi\alpha\ddot{\iota}\varsigma$. — von dem mitleren $A\varrho\pi\acute{o}\xi\alpha\ddot{\iota}\varsigma$ stammen die $K\alpha\tau\acute{\iota}\alpha\varrho o\iota$ und $T\varrho\acute{\alpha}\sigma\pi\iota\varepsilon\varsigma$ ab, und müßen deshalb auch dise drei namen wider gegen einander gehalten werden. $A\varrho\pi$-o aber ist hervor gegangen auß $A\varrho\beta$-o, welches *Arv-o* vertritt, nach einem vorgange der almählichen verhärtung, welchen wir bereits oben beleuchteten; *arv*- aber bedeutet zunächst fruchtbares **bauland, ackerland** und hängt zusammen mit an. *jörvi*, ahd. *ero* = terra, lat. *arvum*, griech. $\overset{\shortmid}{\alpha}\varrho o v\varrho\alpha$ nach Fick II, 306; der $A\varrho\pi$-o-$\xi\alpha\ddot{\iota}\varsigma$ ist daher der herscher über das **ebene fruchtbare bau- und ackerland**.

$K\alpha\tau\acute{\iota}\alpha\varrho o\iota$. – nur hierauf bezogen können die $K\alpha\tau\acute{\iota}\alpha\varrho o\iota$ und $T\varrho\acute{\alpha}\sigma\pi\iota\varepsilon\varsigma$ zu im gehören; denn $K\alpha\tau$-ι-$\alpha\varrho$-$o\iota$ ist zusammen gesezt auß *kat-* und *ar-*, wobei *i* bindevokal und *ο ι* griechische endung. *kat-* ist gleich germanisch *kat- hat-* und *had-* in Cat-walda, *Hadu-brand*, *Hadu-braht*, *Hadubald*, altn. *Hödhr*, ags. *headhu*, ahd. *hadu* pugna bellum nach Grf. IV, 804 und Fick II, 334. *ar* steht für *var*, got. *vair*, dessen *v* in der zusammensetzung auß fiel, wie wir oben schon gezeigt haben. $Και-ι-αρ-οι$ sind demnach die kampfes-leute, die krieges-leute, und zwar bilden sie das fußher, die infanterie.

$Τράσπιες$ – im außdrüklichen gegensatze stehen hiezu die $Τράσπιες$ wörtlich die drei-rosser, welche die reiterei, die cavalerie vor stellen; denn $Τράσπιες$ ist auf änliche weise zusammen gesezt wie das galatische $τριμαρκισία$ nämlich auß *tri* = tres und *αρpa* = equus und dann mit *i* ab geleitet nach Gr. gr. II, 93 und 95 oder nach Justi 369 und 374, so daß zunächst $Τρι-ασπ-ι-ες$ erscheint, worauß sich von selbst durch elision, wie sie ja in unserem althochdeutschen und mittelhochdeutschen versbau uns oft begegnet, $Τρ(ι)ασπ-ι-ες$ ergab. wir haben also hier die nämliche kampfesweise vor uns, wie sie als eben genante $τριμαρκισία$ Pausanias X, 19 bei den Galaten schildert und bei den Persen kent, wenn er erzält: $δύο$ $γὰρ$ $οἰκέται$ $περὶ$ $ἕκαστον$ $τῶν$ $ἱππευόντων$ $ἦσαν$, $ἀγαϑοὶ$ $καὶ$ $αὐτοὶ$ $τὰ$ $ἱππικὰ$ $καὶ$ $ἵππους$ $ὁμοίως$ $ἔχοντες$ ... $ταῦτα$ $ἐμοὶ$ $δοκεῖν$ $ἐνομίσϑη$ $τοῖς$ $Γαλάταις$ $ἐς$ $μίμησιν$ $τοῦ$ $ἐν$ $Πέρσαις$ $ἀριϑμοῦ$ $τῶν$ $μυρίων$, $οἳ$ $ἐκαλοῦντο$ $ἀϑάνατοι$ ... $τοῦτο$ $ὠνόμαζον$ $τὸ$ $σύνταγμα$ $τριμαρκισίαν$ $τῇ$ $ἐπιχωρίῳ$ $φωνῇ$· $καὶ$ $ἵππον$ $τὸ$ $ὄνομα$ $ἔστω$ $τις$ $μάρκαν$ $ὄντα$ $ὑπὸ$ $τῶν$ $Κελτῶν$.' die kelto-germano-thrako-skytho-persischen völker taten sich überhaupt durch eigenartige kampfesweise insbesondere, was die reiterei betrift, hervor. so berichtet Caesar de b. g. I, 48 über die Germanen: „genus hoc erat pugnae (equestris), quo se Germani exercuerant. equitum milia erant VI, totidem numero pedites velocissimi ac fortissimi; quos ex omni copia singuli singulos suae salutis causa delegerant. cum his in proeliis versabantur, ad hos se equites recipiebant; hi, si quid erat durius, concurrebant; si qui graviore vulnere accepto equo deciderat, circumsistebant; si quo erat longius prodeundum aut celerius recipiendum, tanta erat horum exercitatione celeritas, ut jubis equorum sublevati cursum adaequarent.' Q. Curtius Rufus schreibt von den Dahen einem unzweifelhaft skythischen stamme VII, 32: ‚equi binos armatos (Dahas) vehunt, quorum invicem singuli repente desiliunt: equestris pugnae ordinem turbant. equorum velocitati par hominum pernicitas.' von den Basternen, einem germanischen volkstamme, teilt uns Plutarch bei Aem. Paulus XII, 2 mit: ἧκον γὰρ αὐτῷ δεηθέντι Βαστάρναι μύριοι μὲν ἱππεῖς, μύριοι δὲ παραβάται, μισθοφόροι πάντες.' höchst bemerkenswert bleibt auch disesmal wider das verhältnis des Ἀρπόξαϊς zu seinen abkömlingen den Κατίαροι und Τράσπιες in der weise, daß die angaben Herodots volle bestättigung erhalten. Ἀρπόξαϊς ist nämlich der herscher über die fruchtbare ebene, und krieger zu fuß und zu ros d. i. Κατίαροι und Τράσπιες stehen im zur verfügung. warum? weil die fruchtbare ebene allein es ist, welche durch getreidebau und graswuchs menschen und tiere in großer anzal zu ernären vermag, und weil pferdezucht und entwickelung der reiterei außschließlich an sie geknüpft sind.

skythische, parthische, germanische, thessalische reiterei gedih nur auf ebenen, wie wir es auch später und noch heut zu tage von der ungarischen, kosakischen, kirgisischen und der reiterei der Indianer in den grasebenen Nordamerikas und in den steppen Südamerikas wißen.

Κολάξαϊς. - von dem jüngsten sone des Targitaos dem Κολάξαϊς, welchem die älteren zwei brüder Λιπόξαϊς und Ἀρπόξαϊς, weil er die vom himmel gefallenen feuerigen goldenen geräte unverlezt sich an eignen konte, das

königtum zu erkanten, stammen nun diejenigen ab, welche
Παραλάται heißen. auch in dem worte Κολ-α-ξαϊς
haben wir es, was die erste hälfte desselben an geht, mit
einer örtlichen bezeichnung zu tun, und zwar ist *kol*
= aqua urgermanisch und gehört zum nämlichen stamme
wie ahd. *quella* fons, nämlich zum stamme *gal-* defluere
delabi decidere, altind. *gal gal-ati, gala* und *jala* n.
waßer nach Fick I, 73 und II, 348; Bopp glss. 114 a.
übrigens bräuchten wir nicht einmal hiezu die altindischen
formen. auß dem germanischen herauß allein ist es uns
möglich, die bedeutung und die angehörigkeit des wortes
kol = aqua zu beweisen. wie nämlich *quick* und *quek* vivus
mit *kik* und *kek,* so wechseln auch *quel qual quul quol* mit
kel kal kul kol, welch' leztere formen unverschoben *gel gal
gul gol* lauten. wir haben als belege zunächst: *galle* hervor-
sickernde flüßigkeit in äckern wisen feldern gesteinen,
galle waßer enthaltende beule bei tieren nach Frsch. 315 a,
Adlg. II, 394, Schml. I, 890, Grimm wtb. IV, 1188 u. a.;
dann *gölle gulle* palus, *gülachtig* paludosus nach Frsch.
ibidem und I, 382 b, Adlg. ibidem und II, 752, Schm. I,
894, Diefb. glss. lat.-germ. 408 b, Lexer mhd. t. wtb. 64 c;
ferner *kol* = fons im baier. worte *kol-brunn* = *quelbrunn*
puteus vivarium, *chöl-brunn köl-brunn,* wie *koch-brunn* für
queck-brunn, kol-born nach Schm. I, 1236, Gr. wtb. V, 1611,
sowie *gal* = fons in *gal-brün, gal-prun, gal-prunn* und *kol-
brunn* = vivarium nach Diefb. glss. latino-germ. 474 c und
624 c und nov. glss. latino-germ. 310 b. an gefügt verdienen
noch zu werden das schwed. *källa* = quelle und das alb.
gjoll = palus, welches leztere unzweifelhaft lehnwort von ostgermanischen stämmen ist. von den Skytho-Germanen rüren
auch mitten in Binnenasien die zweiten hälften des namens
des grösten gebirgsees der erde am fuße des heutigen Jablonoi
des *Bai-kal* her, worüber ich noch später sprechen werde, sowie
die der namen *Kosso-gol* eines sees südlich vom vorigen, *Siri-kol*

eines sees auf der hochebene von Pamir, *Mohan-göl* und *Emirgöl* = see im osten und westen nicht weit vom Halys nach Spiegels Eran I, 282. es kann somit nicht dem geringsten zweifel mer unterligen, daß $Κολ\text{-}α\text{-}ξαϊς$ herscher über die Skythen bedeutete, welche am gewäßer wonten, somit waßer-könig auß drükte. und hiemit stimt genau überein, was Herodot IV, 20 von den Königskythen erzält: ‚πέρην δὲ τοῦ Γέρρου ταῦτα δὴ τὰ καλεύμενα βασιλήϊά ἐστι καὶ Σκύθαι οἱ ἄριστοί τε καὶ πλεῖστοι καὶ τοὺς ἄλλους νομίζοντες Σκύθας δούλους σφετέρους εἶναι· κατήκουσι δὲ οὗτοι τὸ μὲν πρὸς μεσαμβρίην ἐς τὴν Ταυρικὴν, τὸ δὲ πρὸς ἠῶ ἐπί τε τάφρον, τὴν δὴ οἱ ἐκ τῶν τυφλῶν γενόμενοι ὤρυξαν, καὶ ἐπὶ τῆς λίμνης τῆς Μαιήτιδος τὸ ἐμπόριον, τὸ καλέεται Κρημνοί· τὰ δὲ αὐτῶν κατήκουσι ἐπὶ ποταμὸν Τάναϊν.‘ denn hienach war das gebiet diser Skythen am schwarzen mere, an der Maeotis, am Gerrus und Tanais somit tatsächlich am gewäßer gelegen und rings von waßer umgeben, was nochmals dadurch bestättigt wird, daß nach Herod. IV, 59 die Königskythen allein dem meresgotte Poseidon opferten.

Ebels deutung. – ehe ich weiter gehe, kann ich nicht umhin, einer deutung Ebels bei Kuhn 6, 400 zu gedenken, wonach $Νιτόξαϊς$ gesalbter könig heißen soll. Müllenhoff 562 bemerkt hiezu mit recht: ‚Ebels deutung ist unangemeßen und unglaublich.‘ und in der tat! wie könte der mit der geschichte der Skythen nur einigermaßen vertraute zu der ansicht eines gesalbten königs gleich wie im reiche Juda oder im heiligen römischen reiche deutscher nation gelangen? das ist so ein hervor ragendes beispil bloßer wortdeutung one rüksicht auf alle andern umstände, wovor ich oben eingangs zu disen erzälungen der Skythen warnte. wir haben im gegenteile gesehen, daß die königsnamen in irem ersten teile nichts anderes bezeichnen wollen, als die natürliche beschaffenheit des irem herschertum unter geordneten landes, was auch die benennungen irer abkömlinge genau bestättigen.

$\Pi\alpha\varrho\alpha\lambda\acute{\alpha}\tau\alpha\iota$. – von Kolaxaïs nun, welchem die zwei älteren brüder auf das himlische zeichen hin die herschaft überließen, stammen, wie oben auß dem, was Herodot erzält, zu ersehen, diejenigen der Skythen ab, welche $\Pi\alpha\varrho\alpha\lambda\acute{\alpha}\tau\alpha\iota$ hießen. diser name, welcher bei den Skythen die eigentliche bezeichnung für stammes-fürst ist, muß folglich auch irgend eine disem stande an gemeßene eigenschaft auß drücken. und so ist es auch. die erklärung Müllenhoffs 562, welcher in $\Pi\alpha\varrho\alpha\lambda\acute{\alpha}\tau\alpha\iota$ ein zendisches *paradhâta,* pehlw. *péshdât,* die voran gestelten, die Pischdadier siht, ist sprachlich durchauß unzuläßig; denn niemals entspricht ein zendisches *paradhâta* einem skythischen $\Pi\alpha\varrho\alpha\lambda\acute{\alpha}\tau\alpha\iota$, ab gesehen von dem allererst zu beobachtenden grundsatze, daß wir es mit einem rein skythischen und nicht mit einem baktrischen oder medo-persischen worte zu tun haben. das gefül jedoch, welches Müllenhoff vor schwebte, als er dem worte $\Pi\alpha\varrho\alpha\lambda\acute{\alpha}\tau\alpha\iota$ den begriff des herschens, des anfürens unter legte, muß als ein richtiges bezeichnet werden: ja mit der heranziehung des zendischen *ratu* herr, herschaft hat er den nagel auf den kopf getroffen. nur darf nicht auß dem auge gelaßen werden, daß die Skythen dises wort nicht auß der zendischen sprache, sondern mit diser von der arischen mutter her gemeinsam besitzen. das zendische *rat-* muß aber skythisch *lat-* lauten, wie z. b. zend. *har-* in *hara-qaiti* altpers. *harauvati* Arachotus — vgl. Fick I, 227, 446 und Justi 321 — skythisch als *sal-* geschwächt *sil-* erscheint, worauf ich unten bei besprechung des skythischen flußes *Silis* noch zurück kommen werde. $\Pi\alpha\varrho$-$\alpha\lambda\alpha\tau$-$\alpha\iota$ ist demnach ein zusammen geseztes wort auß den stämmen $\pi\alpha\varrho$- = *par-* und $\lambda\alpha\tau$- = *lat-,* wovon also *lat-* anfürer herr fürst bedeutet gleichwie das zend. *ratu.* — vgl. Justi 252 — im uns zu gebote stehenden germanischen wortschatze hat sich der stamm *lat-* wie so vile andere nicht erhalten.

par-a ist keine praeposition, wie Müllenhoff meint, sondern ein echt germanisches substantiv, nur auf urgermanischer stufe; es ist das noch unverschobene germanische *fara* = generatio, prosapia, familia, welches früher einen noch umfaßenderen begriff hatte, als wie bei Paulus diaconus de gest. Langobard., wo es II, 9 heißt: ‚qui Gisulfus non prius se regimen eiusdem civitatis et populi suscepturum edixit, nisi ei, quas ipse eligere voluisset Langobardorum faras, hoc est generationes vel lineas tribueret. factumque est et annuente sibi rege, quas optaverat Langobardorum praecipuas prosapias, ut cum eo habitarent, accepit: et ita demum ductoris honorem adeptus est.' ebenso vernamen wir in der lex Langobard. l. III, t. 14 ‚si quis liber homo migrare voluerit aliquo, potestatem habeat infra dominium regni nostri cum fara sua migrare', was nicht mit farender habe zu geben ist, wie es Graff III, 573 tut, sondern mit familie, sippe, gefolge, welch' lezteres ja der freie mann, wenn er reich war, in der nämlichen oder noch größeren anzal besitzen konte, wie jeder adelige. $\Phi \acute{\alpha} \varrho \alpha \varsigma$ den namen eines anfürers einer schar Heruler bei Procop d. b. vandal. kann man geradezu als rufnamen im sinne des an der spitze diser herulischen *fara* stehenden anfürers auf faßen. ebenso gehören hieher die eigennamen *Fara-mund* = schützer der fara, *Faroald* = *Far-wald* = herscher gebieter der fara, *Farulf* = *Far-wulf*, *fara-man*, *fara-purc* etc.

hinsichtlich der lautverschiebung von *para : fara* wird sich uns an dem eigennamen $\Pi \acute{\alpha} \varrho \vartheta o\iota$ ein schlagendes beispil ergeben; denn dises ist ebenfals noch unverschoben und müste im germanischen $\Phi \acute{\alpha} \varrho \delta o \iota$ lauten, da es zu *faran* ire proficisci effugere gehört, welches urgermanisch *paran* lautet. andere beispile der verschiebung von *p : f* in eigennamen haben wir an *Pasiani : Fasiani*, *Parsi : Farsi*, *Parsi-*

stan : Farsistan, ja noch spät zur zeit der Türken an *Palaestina : Falestina* u. a. urgermanisch oder skythisch $Παρα-λατ-αι$ = *Para-lat-ae* steht also für germanisch $Φαρα-λαϑ-αι$ = *Fara-lath-ae.*

ich habe mit gutem grunde dise deutung des wortes an genommen, weil ich sowol für das vorhanden sein des noch unverschobenen *para* geschlecht, stamm bei den Skythen, als auch für das anderweitige vor kommen des bereits verschobenen *fara* beweise zu erbringen so glüklich bin. bei dem alten illyrischen volke der Albaner nämlich, bei den Albani der Römer, den $Ἀλβανοί$ des Ptolemaeus, den heutigen türkischen Arnauten, sonst Skipetaren, hießen größere sipschaften $φάραι$, wie Heinrich Kiepert in seinem lerbuche der alten geographie s. 355 anm. 1 bemerkt. das wort ist aber nicht albanisch, wie er an zeigt, sondern unser germanisches *fara,* welches dise alten gebirgsvölker ebenso wie das oben an gefürte *gjoll* = palus von ostgermanischen völkern zu lehen namen und uns dadurch den beweis retteten, daß das wort *fara* in der germanischen sprachwelt sicheren bestand hatte. aber auch bei den Skythen ist dasselbe zu hause. Strabo 515 erzält: $ἔπειτ'\ Ἀρσάκης$ $ἀνὴρ\ Σκίϑης\ τῶν\ Δαῶν\ τινας\ ἔχων\ τοὺς\ Πάρνους\ καλουμένους\ νομάδας\ παροικοῦντας\ τὸν\ Ὦχον,\ ἐπῆλϑεν\ ἐπὶ\ τὴν$ $Παρϑυαίαν\ καὶ\ ἐκράτησεν\ αὐτῆς.$' und ebenda: $φασὶ\ δὲ$ $τοὺς\ Πάρνους\ Δάας\ μετανάστας\ εἶναι\ ἐκ\ τῶν\ ὑπὲρ\ τῆς$ $Μαιώτιδος\ Δαῶν,\ οὓς\ Ξανδίους\ ἢ\ Παρίους\ καλοῦσιν$·' der Skythe Arsakes bemächtigt sich also an der spitze von Parnern auß dem stamme der Dahen Parthiens. dise **Parner-Dahen** sind aber außwanderer der Dahen an der Maeotis, welche man **Xandier** oder **Parier** nent. mer brauchen wir nicht. wir wißen, daß die ursitze der Dahen am kaspischen mere waren. wenn nun Strabo Dahen an der Maeotis nent, so muß dahin vom hauptvolke ein stamm gekommen sein, und gerade das bekunden die worte $Ξανδίους$

ἡ *Παρίους*, welche Strabo getreu überlifert, aber iren sinn schwerlich für so wichtig hielt, als er uns gilt; denn nun darf der sprachforscher bloß lesen wollen, und es wird im die erfreulichste warheit kund. *Παρ-ι-ος* ist nämlich von *para* = gens ab geleitet, und die *Παρ-ι-οι* sind eben die mitglieder der *para* oder *fara*, welche sich vom muttervolke der Dahen trente und in die ferne zog. daß dem so ist, bestättigt der andere name *Ξανδ-ι-οι*; diser ist gleich *Zαντ-ι-οι* und der eranische außdruck für das skythische *Πάριοι*, welcher vom zendischen *zaṅtu* genoßenschaft, vereinigung, stamm gebildet ist und ganz das nämliche wie das skythische *Πάριοι* bezeichnet, so daß in seltener weise beide worte unwiderleglich für einander zeugen und wir Strabo, der durch sein wörtchen ἥ, womit er *Ξανδίους* und *Παρίους* verbindet, sich der gleichheit der zwei namen wol bewust ist, zu großem danke für das fest halten diser stelle verbunden sind. was das grammatikale verhältnis von *Ξάνδιοι* zu *Ζάντιοι* also den wechsel der buchstaben ξ und ζ betrift, so bietet uns Justi s. 120 gerade an disem worte ein beispil, indem er das lykische *Xanthus* unter *zaṅtu* erwänt, welches auf einer münze mit $z = \zeta$ geschriben ist. daß ferner in *Ξάνδιοι* δ für τ steht, ändert eben so wenig, wie das *th* für *t* in *Xanthus*. auf dise weise ist also das vorkommen des wortes *para* = *fara* generatio gens unzweifelhaft bei den Skythen erwisen, da ja die Dahen als Skythen von den alten oftmals bezeugt werden. der name *Παρ-ν-οι* gehört zum nämlichen stamme; dessen ableitung von *para* fand schon auf ganz germanische weise mittels *an* statt, so daß auß ursprünglich *Παρ-αν-οι* — *Παρ-ν-οι* hervor gieng. Arsakes war somit in der tat auch ein *Παραλατ-ης*, ein *zaṅtu-ratu*.

zur bekräftigung des bißher entwickelten diene noch, daß nach Spiegels eranischer stamverfaßung s. 681 im Vendidad die einteilung der Eraner folgende ist: die unterste stelle nemen die bewoner eines hauses *nmâna* ein, also die familie; von da aufwärts ist die nächste unterabteilung der *clan (viç)*, dann folgt der stamm *(zañtu)*, zulezt die gegend oder provinz *(daghu)*. so änlich, dürfen wir an nemen, war auch bei den Skythen, unseren vorfaren, die gliderung. wir sahen ja, wie die drei könige der Skythen $Λιπόξαϊς$, $Ἀρπό$-$ξαϊς$ und $Κολάξαϊς$ ire namen von den gegenden empfiengen, welche sie beherschten. faßen wir noch die bei Spiegel ibidem gegebene stelle Yaç. XIX. 50—52. (= XIX. 18 bei Westergaard) ins auge, welche lautet ˏkaya. ratavô. nmânyô. viçyô. zañtumô. daqyumô. zarathustrô pukhdhô. âoghañm. daqyunañm. yâo. anyâo. rajôiṭ. zarathustrôit. cathru. ratus. ragha. zarathustris. kaya. aghâo. ratavô. nmânyaçca. viçyaçca zañtumaçca. zarathustrôtûiryô. d. h.: welches sind die herren? der hausherr, der clanfürst, der herr des stammes, der herr der gegend, Zarathustra als der fünfte. von den gegenden, welche außer (disem) zarathustrischen reiche sich befinden, hat (nur) vier herren das zarathustrische Ragha. welches sind die herren desselben? der hausherr, der clanfürst, der herr des stammes, Zarathustra als der vierte', so dürfen wir angesichts der zendischen worte *ratu* und *zañtu* und irer bedeutung die entsprechende anwendung des skythischen $Παρα$-$λατ$-$αι$ als etwas ganz selbst verständliches hin nemen.

es konte aber auch für die überzäligen nachkommen der skythischen könige, da ja nur immer einer die oberherschaft d. i. das königtum an treten konte, in der tat keine beßere verwendung geben, als daß sie als königliche prinzen an die spitze der einzelnen stämme als deren herren und fürsten traten. gerade dise einrichtung treffen wir ja auch bei den Persen wider und insbesondere war es grundsatz der herscher auß dem geschlechte der Achaemeniden, daß, so lange sie regirten, abkömlinge ires hauses stathalter und feldherren der bedeutendsten stämme und wichtigsten provinzen waren. dise gepflogenheit war beiderseits sowol bei den Skythen, wie bei den Persen eine außerordentlich kluge maßregel und trug wesentlich bei, die ruhe des states zu waren, den thron des königsgeschlechtes zu befestigen und widerstrebende elemente, gehörten sie nun verwanten völkern oder fremden durch gewalt unterjochten stämmen an, deren es sowol bei den Persen wie Skythen gab, nider zu halten; denn da die stammesfürsten zu ein und derselben familie wie ir oberhaupt der könig zälten, so hatten sie mit disem gleiches interesse an dem fortbestande und dem blühen ires hauses.

$\Sigma\varkappa\acute{o}\lambda o\tau o\iota$. – es verbleibt uns noch das wort $\Sigma\varkappa\acute{o}\lambda o\tau o\iota$. auch diser name läßt sich nur auß den stammessagen der Skythen herauß in genauem anschluße an die erzälungen Herodots deuten. J. Grimm in seiner g. d. d. sp. 223 erinnert bei $\Sigma\varkappa\acute{o}\lambda o\tau o\iota$ an *skildus* = clypeus, aber one allen grund und den zusammenhang volständig bei seite laßend. Zeuß versuchte sich nicht an einer erklärung. Müllenhoff 562 anm. meint, da die $\Sigma\varkappa\acute{o}\lambda o\tau o\iota$ nach $Ko\lambda\acute{a}\xi\alpha\ddot{\iota}\varsigma$ benant seien, so müße $Ko\lambda\acute{a}\xi\alpha\ddot{\iota}\varsigma$ im anlaut ein Σ verloren haben und darnach die deutung diser und der übrigen namen desselben stammes versucht werden. aber wenn wir den text uns an sehen, so finden wir nicht die leiseste andeutung, daß $\Sigma\varkappa\acute{o}\lambda o\tau o\iota$ und $Ko\lambda\acute{a}\xi\alpha\ddot{\iota}\varsigma$ in der weise beziehungen zu einander haben sollen, daß die $\Sigma\varkappa\acute{o}\lambda o\tau o\iota$ nach $Ko\lambda\acute{a}\xi\alpha\iota\varsigma$ benant seien. es heißt vilmer one jegliche unklarheit: $\dot{\alpha}\pi\grave{o}\ \delta\grave{\epsilon}\ \tau o\tilde{v}\ \nu\epsilon\omega\tau\acute{\alpha}\tau o\nu$ (d. i. $Ko\lambda\alpha\xi\alpha\acute{\iota}o\varsigma$) $\alpha\dot{v}\tau\tilde{\omega}\nu\ \tau o\tilde{v}\ \beta\alpha\sigma\iota\lambda\acute{\epsilon}o\varsigma,\ o\ddot{\iota}\ \varkappa\alpha\lambda\acute{\epsilon}o\nu\tau\alpha\iota\ \Pi\alpha\varrho\alpha\lambda\acute{\alpha}\tau\alpha\iota$· die $\Pi\alpha\varrho\alpha\lambda\acute{\alpha}\tau\alpha\iota$ also, weil sie die stammesfürsten dar stellen und dise von $Ko\lambda\acute{a}\xi\alpha\ddot{\iota}\varsigma$ ab stammen, stehen in verbindung mit eben disem $Ko\lambda\acute{o}\xi\alpha\ddot{\iota}\varsigma$. und dann färt Herodot fort: ... $\sigma\acute{v}\mu\pi\alpha\sigma\iota\ \delta\grave{\epsilon}\ \epsilon\tilde{\iota}\nu\alpha\iota\ o\ddot{v}\nu o\mu\alpha\ \Sigma\varkappa o\lambda\acute{o}\tau o v\varsigma,\ \tau o\tilde{v}\ \beta\alpha\sigma\iota\lambda\acute{\epsilon}o\varsigma\ \dot{\epsilon}\pi\omega\nu\nu\mu\acute{\iota}\eta\nu\cdot\ \Sigma\varkappa\acute{v}\vartheta\alpha\varsigma\ \delta\grave{\epsilon}\ ``E\lambda\lambda\eta\nu\epsilon\varsigma\ o\dot{v}\nu\acute{o}\mu\alpha\sigma\alpha\nu$.' $\sigma\acute{v}\mu\pi\alpha\sigma\iota$ bezieht sich hier auf alle Skythen, wie sie von $\Lambda\iota\pi\acute{o}\xi\alpha\ddot{\iota}\varsigma$, $A\varrho\pi\acute{o}\xi\alpha\ddot{\iota}\varsigma$ und $Ko\lambda\acute{a}\xi\alpha\ddot{\iota}\varsigma$ ab stammen.

Σκολότους aber steht Σκύθας gegenüber, denn Skythen hieß ja das volk bei den Hellenen, Skoloter nante es sich selbst. Σκόλοτος ist aber ein stehender beiname des jedesmaligen königs wie es außdrüklich heißt, und disen beinamen hatte auch Κολάξαϊς eben weil er könig war, aber auch jeder andere skythische könig vor und nach im, ja das ganze volk der Königskythen. wie kamen nun die könige der Skythen zu disem beinamen, welchen auch das volk als **wirklichen namen** für sich in anspruch nam? beachten wir vor allem, daß hier nur von den Königskythen wenigstens ursprünglich die rede sein kann, welche, wie wir oben IV, 20 bei Herodot sahen, alle anderen Skythen als weit unter sich stehend, ja als ire diener betrachteten, und halten damit die andere sage der abstammung der Skythen zusammen, welche, obwol sie Herodot von den Hellenen erzälen läßt, doch nicht minder skythisches eigentum ist, als die erstere; denn die Hellenen am Pontus konten ja nur **nach** erzälen, was inen die Skythen **vor** erzälten, so wird auch auf den namen Σκόλοτοι ein nie geantes licht fallen. die sage begint bei Herodot IV, 8 damit, daß Herakles in das jezt so benante Skythien gekommen sei, wo er sich ermüdet in seine löwenhaut ein gehüllt zur ruhe nider gelegt habe. unterdessen seien im seine auß gespanten pferde abhanden gekommen. in der suche darum sei er in das hyläische land geraten und habe in einer höle die schlangenjungfrau an getroffen. als er sie um seine pferde befragt, habe dieselbe erwidert, daß sie sie im wider verschaffen werde, wenn er bei ir schlafen würde. das habe Herakles getan, und die schlangenjungfrau habe von im drei söne empfangen und in gefragt, was sie mit denselben, wenn sie erwachsen seien, an fangen solle. darauf habe Herakles zu ir gesagt, sie solle denjenigen, welchen sie den bogen spannen und mit dem gürtel sich umgürten sähe, zum landeseinwoner machen, die anderen aber, welche diß nicht leisten könten, auß dem lande

schicken. und hierauf heißt es ibidem IV, 10 weiter: τὸν
μὲν δὴ εἰρύσαντα τῶν τόξων τὸ ἕτερον (δύο γὰρ δὴ φορέειν
τέως Ἡρακλέα) καὶ τὸν ζωστῆρα προδέξαντα παραδοῦναι τὸ
τόξον τε καὶ τὸν ζωστῆρα ἔχοντα ἐπ᾽ ἄκρης τῆς συμβολῆς
φιάλην χρυσέην, δόντα δὲ ἀπαλλάσσεσθαι . . .' und
die heran gewachsenen söne habe die mutter benant und
zwar den ältesten Agathyrsus, den mitleren Gelonos und den
jüngsten Skythes und hierauf den auftrag des Herakles inen
volziehen laßen. da hätten denn die beiden älteren demselben nicht genüge geleistet und seien deshalb von der
mutter des landes verwisen worden. der jüngste aber,
Skythes, habe die aufgabe fertig gebracht und sei im lande
geblieben. und nun folgt die hauptstelle: καὶ ἀπὸ μὲν
Σκύθεω τοῦ Ἡρακλέος γενέσθαι τοὺς αἰεὶ βασιλέας γινομένους
Σκυθέων, ἀπὸ δὲ τῆς φιάλης ἔτι καὶ ἐς τόδε φιάλας
ἐκ τῶν ζωστήρων φορέειν Σκύθας, τὸ δὴ μοῦνον
μηχανήσασθαι τὴν μητέρα Σκύθῃ.' wir sehen also einmal,
daß von disem Skythes, dem sone des Herakles, die jedesmaligen könige der Skythen ab stammen, als auch, daß, da
ja die könige nicht immer einen sondern merere söne hatten,
von welchen ja nur je einer immer könig sein konte, mit
der zeit ein ganzer stamm, ein ganzes volk entstehen
muste, welches sich von königen her leitete und darum mit
recht sich als söne der könige auch königliche Skythen
nante und die anderen Skythen, welche sich diser abkunft
nicht rümen konten, als seine diener, wie wir oben gesehen, an sah; und auß diser tatsächlichen abstammung ist
es begreiflich, daß jeder Skythe auß disem königlichen geschlechte zur erinnerung an den gemeinsamen stamvater
Skythes, welcher von Herakles, seinem vater, eine goldene
schale als andenken empfangen hatte, gleichfals eine goldene schale wie ursprünglich der könig allein an seinem
gürtel trug.

die goldene schale. – die goldene schale war demnach in hervor ragender weise ein königliches abzeichen. und nun sollen wir noch im zweifel sein, warum $\Sigma\varkappa\acute{o}\lambda o\tau o\varsigma$ ein königlicher beiname sei, welchen alle Königskythen fürten? wir müsten mit offenen augen nicht mer sehen, wenn wir nicht merkten, daß eben das wort $\Sigma\varkappa o\lambda\text{-}o\tau\text{-}o\varsigma$ nur die dumpfere form eines germanischen *Skal-ad-s, Skal-at-s* oder *Skal-ath-s* sei, welche von germ. *skal-a* $= \varphi\iota\acute{\alpha}\lambda\eta$ patera cratera sich ab leitet und den beschalten den schalenträger bezeichnet. dabei erinnere ich, daß im germanischen der stamm *skal-a* sowol kurz als lang erscheint, so daß wir ahd. *skala* und *skála*, mhd. *schale* und *schâle*, alts. *skala*, ags. *scala*, altn. *skál* alle in der bedeutung patera haben. — vgl. Dietb. glss. II, 233; Grf. VI, 474 — auch das stammes-*a* in *skal-a* wechselt mit *o*, wie baier. *schol'n* patera — Schmeller wtb. II, 394 übersiht disen wechsel — und kurheß. *schôl-holz, schôlen* nach Vilmar 365 beweisen. demnach besteht zwischen *skala* und *skola* von jeher ein änliches verhältnis, wie später zwischen ahd. *halôn* arcessere und *holôn, skal* debet und *skol*, got. *jah* und ahd. *joh*, got. *hana blindan* und ahd. *hano plinton*, und dem griechischen $\Omega\mu\alpha\nu\acute{o}\varsigma\ \text{'}O\mu\alpha\nu\acute{o}\varsigma\ \text{'}A\mu\alpha\nu\acute{o}\varsigma$ = zend. *Haôma*. damit wir aber auch sehen, daß in der tat die goldene schale mit dem leben der Skythen und Germanen unzertrenlich verknüpft ist, will ich noch folgendes an füren. ich habe bereits unter dem geschichtlichen auf die sitte der Skythen bei Herodot IV, 65 hin gewisen, nach welcher sie auß den köpfen irer erschlagenen feinde dadurch, daß sie dieselben je nach irem vermögen mit leder oder gold überzogen, trinkschalen sich bereiteten und auch die nämliche germanische sitte erwänt, one aber für leztere den beleg im texte an zu füren, der nun hier nach Paulus diac. I, 27 folgen möge: ‚in eo proelio Alboin Cunimundum occidit, caputque illius sublatum ad bibendum ex eo poculum fecit, quod genus poculi apud eos scala dicitur, lingua vero latina patera vocitatur.' bei Curtius VII, 34 spricht die gesantschaft der Skythen zu Alexander: ‚dona nobis data sunt, ne Scytharum gentem ignores, iugum boum et aratrum, hasta sagitta patera. his utimur et cum amicis et adversus inimicos. fruges amicis damus boum labore quaesitas; patera cum iisdem vinum diis libamus . . .' dise skythische sprache stimt durchauß mit der oben gegebenen erzälung Herodots, nach welcher $\chi\varrho\acute{v}\sigma\varepsilon\alpha$ $\pi o\iota\acute{\eta}\mu\alpha\tau\alpha$ $\acute{\alpha}\varrho o\iota\varrho\acute{o}v$ $\tau\varepsilon$ $\varkappa\alpha\grave{\iota}$ $\zeta v\gamma\grave{o}v$ $\varkappa\alpha\grave{\iota}$ $\sigma\acute{\alpha}\gamma\alpha\varrho\iota\varsigma$ $\varkappa\alpha\grave{\iota}$ $\varphi\iota\acute{\alpha}\lambda\eta$' auf die skythische erde nider fielen, überein. bei den Germanen ist das goldene regenbogenschüßelein die lezte noch lebendige erinnerung an die vom himmel gefallene goldene skythische schale. — vgl. auch Gr. mythol. 611; Schm. I, 1111; Panz. I, 266 — nur ein sontagskind kann es finden, und wer darauß trinkt, wird verschiedener woltaten teilhaftig. das lied der Nibelungen 1812[2] erzält von der bewirtung der Burgunden an Etzels hofe:

‚dô schancte man den gesten (mit vlîze tet man daz) in wîten goldes schalen mete, moraz unde wîn.'

Priscus berichtet von seiner gesantschaft zu Attila, daß in der tat die gäste auß goldenem und silbernem geschirre aßen und tranken, wärend Attila allein — wol auß kluger berechnung — sich hölzenen gerätes bediente. im Heliand außg. v. Moritz Heyne 2008 heißt es:

‚. . . gêngun ambaht-man skenkeon mid skalun, drôgun skîrana wîn.'

die goldenen becher, auß denen kaisern königen fürsten und feldherren der wilkomstrunk im deutschen mittelalter gereicht wurde, sind nur spätere vertreter der früheren skythischen und germanischen schalen. wie der Skythe mit der goldenen schale lebte, wurde er auch mit ir begraben. Herodot schreibt über das begräbnis der skythischen könige: ‚. . . $\vartheta\acute{\alpha}\pi\tau o v\sigma\iota$ . . . $\varkappa\alpha\grave{\iota}$ $\tau\tilde{\omega}v$ $\check{\alpha}\lambda\lambda\omega v$ $\acute{\alpha}\pi\acute{\alpha}v\tau\omega v$ $\acute{\alpha}\pi\alpha\varrho\chi\grave{\alpha}\varsigma$

καὶ φιάλας χρυσέας·' die änliche germanische anhänglichkeit an den leibtrinkbecher könte nicht treflicher verewigt sein, als es im könig von Thule durch Goethe geschehen:

> 3. und als er kam zu sterben,
> zält' er seine stätt' im reich,
> gönt alles seinem erben,
> den becher nicht zugleich.
>
> 4. er saß beim königsmale,
> die ritter um in her,
> auf hohem vätersale
> dort auf dem schloß am mer.
>
> 5. dort stand der alte zecher,
> trank lezte lebensglut
> und warf den heil'gen becher
> hinunter in die flut.
>
> 6. er sah in stürzen, trinken
> und sinken tief ins mer;
> die augen täten im sinken,
> trank nie einen tropfen mer.

wie wir auch andere skytho-germanische spuren durch ganz Binnenasien biß zum stillen okean verfolgen können, so darf es uns nicht wundern, auch bei den Tataren den ehemaligen nachbarn der Skythen skytho-germanischen nachklang von der goldenen schale noch zu finden. in A. Schiefners rythmisch bearbeiteten heldensagen der minussischen Tataren Petersburg 1859. s. 62 ff. heißt es:

> über zwelf der himmelsländer
> wächst auf einer bergeshöhe
> eine birke in die lüfte.

golden sind der birke blätter;
golden ist der birke rinde.
an dem fuß der birke liget
eine spanne tief im boden
ganz gefült mit lebenswaßer
dorten eine goldne schale.

. . . .

ich kann nicht umhin zu erwänen, daß ich, als ich schon längst mit der deutung der skythischen sprachdenkmäler mit mir im reinen war, mit innerer befridigung war nam, daß auch J. G. Cuno in seinen Skythen I, 325 den namen der Skoloter richtig mit *skala* stein, fels, wozu got. *skalja* ziegel und unser *skala* patera gehört, in verbindung bringt, leider aber nicht zur richtigen erkentnis der dinge gelangen konte, weil er ebenfals sich mer mit einzelner wortdeutung beschäftigt, als den ganzen zusammenhang einer ein gehenden wirdigung unterzieht, welch' lezteres vorgehen ich mir gleich von vorneherein als eines der ersten anfordernisse zur unabweichbaren richtschnur nam; denn die alten und insbesondere Herodot stehen ja schon deshalb auf einer vil höheren wißensstufe als wir, weil sie teils noch mit eigenen augen und oren sahen und hörten, teils durch zuverläßiges hörensagen mit dem wirklichen stand der verhältnisse sich vil mer vertraut machen konten, als wir, denen eine solche möglichkeit für immer entrükt ist.

es ist daher zu bedauern, daß ein forscher wie Penka in seinen origines ariacae in der Skythenfrage sich so wenig um die überliferung kümmert, daß er von seinem falschen vorein genommenen standpunkte auß das wort Σκό-λοτος mit einer form *skal-ta skar-ta* dunkel zusammen halten und damit die Skythen der finnisch-ugrischen völkergruppe zu teilen kann. eine solche auffaßung läßt auf eine nicht einmal oberflächliche bekantschaft mit den so klaren, bündigen, wie selten überein stimmenden und darum glaubwirdigen berichten aller alten autoren über das äußere des Skythenvolkes, geschweige über andere eigenschaften desselben schließen und ist ir darum gleich von anfang an jeder wißenschaftliche wert ab zu sprechen.

hören wir dagegen, was Joseph Hampel, conservator am ungarischen nationalmuseum, in seinem werke ‚der goldfund von Nagy-Szent-Miklós so genanter schatz des Attila etc.' Budapest 1886 s. 105 ff. spricht: ‚In einer detaillirten untersuchung nach dem ursprunge der ornamente, formen und technik der fundstücke erregen natürlich **die vier schalen mit an gesezten schnallen** (nr. 9, 10, 20, 21) ein ganz besonderes interesse. trotz irer vortreflichkeit, die manchmal an classische vollendung gemant, erhalten sie doch durch das unkünstlerische der schnallen einen barbarischen habitus; die schnallen weisen darauf hin, **daß die schalen einst eigentum von in weiten ländereien zu rosse herum ziehenden steppenbewonern waren.**

Herodotus erzält, daß die Skythen ire schalen an den gürtel an zu schnallen pflegten. diser gebrauch stamt nach einer sage der pontischen Griechen noch von Skythes, der von seinem vater Herakles den bogen und den gürtel mit der an geschnalten goldenen schale geerbt hatte.

die Skythen selbst fürten ire abstammung auf Targitaos und dessen drei söne zurück, unter deren herschaft ein goldener pflug, ein goldenes joch, ein goldenes beil und eine goldene schale vom himmel herab fielen.

in beiden fällen spilt die schale eine wichtige rolle und diß ist natürlich; denn die **an den gürtel geschnalte schale gehört zu den charakterischesten eigentümlichkeiten skythischen lebens.** es ist eine gewonheit, für die Herodot keine weitere erklärung gibt, denn sie ist durch die lebensweise eines nomadenvolkes leicht verständlich.

die sitte, die schale an den gürtel zu schnallen, ist noch heute bei den Mongolen und anderen steppenvölkern gebräuchlich. Neumann charakterisirt ser interessant die Kalmücken, welche nicht bloß auf der reise die schale mit sich füren, sondern auch sonst überall, da sie die zechereien ser lieben, ebenso wie die alten Skythen, bei denen diß so ser eine nationale gewonheit war, daß dieselbe bei den Griechen sprichwörtlich geworden ist.

die vier vom himmel gefallenen goldenen objekte sind der tradition nach den königlichen Skythen verblieben und die sage davon erhielt sich wol noch lange nach Herodot lebendig, ebenso wie die der im mythos der pontischen Griechen vor kommenden drei erbstücke, der schale, des gürtels und des bogens, und wir haben grund die existenz diser sagen auch für die zeit an zu nemen, als die reiche figuralisch verzierte schüßel des schatzes von Petreosa an gefertigt wurde. es scheint mir, als käme daselbst die schale nicht one ursache viermal vor, sie ist dreimal in den händen von frauengestalten (priesterinen?) und einmal in der hand eines jünglings zu sehen. auch die in der mitte der schale thronende frau hält eine schale in händen. nakte jünglinge halten pflug, bogen und joch in den händen, wärend der in einem kurzen schuppigen gewande da stehende Herakles oder Silvanus mit seiner rechten den gürtel ergreift. wenn wir nun disen kreis mit den darstellungen auf unseren krügen in zusammenhang bringen, so begreifen wir einiger maßen, daß es wol nicht ein bloßes ungefär, sondern eine verquickung antiker und skythischer traditionen ist, daß die vom adler getragene figur den adler auß der schale füttert, und so wird es uns auch einiger maßen verständlich, warum die übrigens ganz nakte figur einen gürtel trägt (fig. 10, 11).'
so Hampel.

nemen sich dise worte nicht auß wie eine triumphrede auf die warheit der berichte unseres vil geschmähten vaters der geschichte und bestättigen sie nicht glänzend die auffaßung über die bedeutung der goldenen schale im skythischen leben? kann es unter solchen umständen noch verwundern, daß der skythische name Σκόλοτος, der vor allen anderen den Königskythen an haftete, von disem durch die götter überkommenen bedeutsamsten warzeichen der skythischen welt, von der goldenen schale, auß gieng und sich für immer an dieselbe knüpfte? und da solte der sprachforscher mit der deutung des wortes Σκόλοτος als beschalter, schalenträger noch zaudern, wärend dem altertumsforscher bereits die helle gewisheit zu tagen begint? warlich, es wäre nicht zu verwundern, wenn der altertumskundige, sobald er die griechischen texte Herodots nur noch eingehender mit den tatsachen seiner funde verglihe, auf indirektem wege dem sprachkundigen, obwol diser direkt zu werke geht, in der deutung skythischer worte den rang ab liefe. freuen wir uns indes, daß von beiden seiten in selten überein stimmender weise für das verständnis einer wichtigen skythischen und damit zugleich urgermanischen warheit ban gebrochen wird.

hiemit haben wir die erzälungen Herodots über abstammung und einteilung der Skythen, soweit was die darin enthaltenen skythischen namen an geht, erschöpft. nur das zusammen halten aller außsagen der Skythen hat uns zu einem kaum geanten verständnisse gefürt, welches durch die einfachheit und natürlichkeit seiner entwickelung schon die innere warheit für sich in anspruch nimt. aber auch von dem ganzen wortschatze, welchen uns Herodot an skythischer sprache bietet, haben wir wenigstens das wichtigste gedeutet. es verbleibt uns noch ein rest teils von solchen worten, deren sinn bei genauerer prüfung offenbar zu tage tritt, aber auch von solchen, worüber kein sicheres urteil ab gegeben werden kann, weil alle näheren anhaltspunkte felen. ich werde hierauf zurück kommen. die warheit des Urgermanentums der Skythen kann nur gewinnen, wenn ich auch einmal von anderen alten autoren schlagende und unumstößliche beweise dafür dem geerten leser vor füre. der von wort zu wort vorurteilsfreiere blick desselben wird mir um so leichter bei dem vom vater der geschichte dann gelegenheitlich nach zu holenden folgen können.

Fünftes hauptstück.
Skythische namen bei Plinius und anderen autoren.

Σάκαι, **Sacae**. – Wir lesen bei Plinius h. n. VI, 17: ‚ultra sunt Scytharum populi. Persae illos **Sacas** in universum appellavere a proxima gente, antiqui **Aramaeos**. Scythae ipsi Persas **Chorsaros** et Caucasum montem **Graucasum** hoc est nive candidum.' bei Mela Pomponius III, 5: ‚inde Asiae confinia, nisi ubi perpetuae nives sedent et intolerabilis rigor, scythici populi incolunt, fere omnes in unum **Sacae** appellati.' hiezu halten wir den bericht von Solinus c. 52, welcher, wenn er auch den Plinius auß geschriben haben soll, dennoch dazu dient, um den text sicher zu stellen: ‚. . . quos Scythas Persae lingua sua **Sacas** dicunt, et invicem Scythae Persas **Chorsaros** nominant, montemque Caucasum **Graucasum** id est nivibus candicantem.' zur vervolständigung diene noch, was Herodot VII, 64 schreibt: Σάκαι δὲ οἱ Σκύθαι ... πρὸς δὲ καὶ ἀξίνας σαγάρις εἶχον. τούτους δὲ ἐόντας Σκύθας Ἀμυργίους Σάκας ἐκάλεον· οἱ γὰρ Πέρσαι πάντας τοὺς Σκύθας καλέουσι Σάκας. Βακτρίων δὲ καὶ Σακέων ἦρχε Ὑστάσπης ὁ Δαρείου τε καὶ Ἀτόσσης τῆς Κύρου.' es giengen uns hier eigentlich nur die skythischen worte näher an, doch wollen wir auch den anderen unsere betrachtung widmen, da sie zur klarstellung der verhältnisse der Skythen wesentlich bei tragen. nur den namen **Aramaei**, der auch **Aramei** und **Aramii** lautet, werde ich mir für später versparen, da seine besprechung mich hier zu weit füren würde. die Persen nanten also alle

Skythen sowol die innerhalb ires großen reiches seßhaften, als auch die außerhalb desselben insbesondere jenseits des Oxus und Jaxartes hausenden Saken. so überlifern wenigstens die alten und sie haben im großen und ganzen auch recht biß auf diejenigen völker, welche durch irgend einen umstand zu eigenen namen gekommen sind, obwol sie Skythen oder Saken waren, so die Parther, Massageten, Issedonen, Chorasmier u. a.

$\Sigma\varkappa\acute{v}\vartheta\alpha\iota$ $\mathring{A}\mu\acute{v}\varrho\gamma\iota o\iota$. – wenden wir uns nun zu den $\Sigma\varkappa\acute{v}\vartheta\alpha\iota$ $\mathring{A}\mu\acute{v}\varrho\gamma\iota o\iota$. dise wonten, wie ir beiname außdrüklich besagt, am flußse Margus, dem späteren Murghâb, von welchem das ganze land altpers. *Marg'u* nach Spiegel 235 sonst Margiana hieß. dises gränzte im osten unmittelbar an Baktrien und nordwestlich an Chorasmien. das wort $\mathring{A}$-$\mu\nu\varrho\gamma$-$\iota o\iota$ hat zunächst zum stamme *murg*-, denn das anfangs-*a* ist ebenso wenig organisch, wie in A-mardus statt Mardus, eines in den kaspischen see mündenden flußes, in A-mardi statt Mardi, in A-paesus statt Paesus einer statt in Troias, in A-parni statt Parni eines stammes der Dahen nach Strabo u. s. w. *murg*- ist aber nur auß *marg*- geschwächt und $\mathring{A}$-$\mu\nu\varrho\gamma$-$\iota o\iota$ eigentl. $\mathring{A}$-$\mu\alpha\varrho\gamma$-$\iota o\iota$ sind die am Margus wonenden. wenn in einer mir zu handen befindlichen karte der alten welt von Heinrich Kiepert die $\Sigma\varkappa\acute{v}\vartheta\alpha\iota$ $\mathring{A}\mu\acute{v}\varrho\gamma\iota o\iota$ unter den Saken jenseit des Jaxartes an gegeben sind, so zeigt das ein völliges verkennen der skythischen verhältnisse. jenseit des Jaxartes, auch irtümlicher weise Tanais, von den Skythen Silis genant, war das Persenreich und mit im auch dessen einfluß zu ende. es wonte allerdings daselbst erst die große merzal der Skythen, aber volständig unabhängig vom Persenvolke und eher feindlich als freundlich gesint. sie zalten auch weder tribut noch leisteten sie heresfolge. alle Skythen, welche dises taten, waren innerhalb des großen Persenreiches seßhaft.

Sakâ Humavarkâ. – Spiegel in seinen altpers. keilinschr. 246 vergleicht mit $\Sigma\kappa\acute{v}\vartheta\alpha\iota$ $\mathit{'A}\mu\acute{v}\varrho\gamma\iota o\iota$ die *Sakâ Humavarkâ*, was jedoch weder sachlich noch sprachlich geschehen kann; denn zieht man die hierauf bezüglichen keilinschriften von R. A. 22 an zu rate, so wird man ersehen, daß die aufzälung der völker im norden des persischen reiches von west nach ost fort schreitet, dann südlich nach Indien geht und von dort immer noch im süden des reiches den weg nach westen wider zurück nimt. Indien zunächst westlich ligt aber, von dem im verzeichnisse der keilinschriften bereits genanten Arachosien ab gesehen, die provinz *Zarañka* oder **Drangiana** von altpers. *daraya* mare wegen irer lage um den **Aria lacus** so genant. in Drangiana nun östlich vom Aria lacus am fluße $\mathit{'E}\tau\acute{v}\mu\alpha\nu\delta\varrho o\varsigma$ = Etymander der alten, von Plinius auch **Hermandus Herymandus**, von Polybius und Curtius **Erymanthus** genant, im awesta *haêtumañt* = der **überbrükte, mit brücken versehene**, hsv. *hêtômand*, bei Firdusi *Hirmend*, jezt *Hindmend* neupers. *Hilmend* lautend, nach Spiegels Eran und Justi 312, wonte seit alten zeiten ein stamm der Skythen, welche **Arimaspi** fälschlich auch **Ariaspi** verschieden von den **goldsuchenden Arimaspi** natürlich, hießen. zum beweise, daß sie reine Skythen waren, was auch alle alten autoren bezeugen, trug ir land auch den persischen namen *Saka-stâna* d. i. ort, platz, land der Saken, wie ja die Skythen durchweg bei den Persen hießen. noch spät hören wir den namen *Segistan*, *Seïstan*, *Sistan*, wie sich das wort im laufe der zeit verdarb.

$Eὐεργέται$. – dise Arimasper-Saken erhielten jedoch schon früh im altertume vom persischen könige Kyros wegen außgezeichneter dienste, welche sie im leisteten, nebst anderen belonungen den beinamen $Eὐεργέται$ = woltäter als erentitel, wie ja auch die Römer fremden völkern gegenüber mit der verleihung des wortes amici bei änlicher veranlaßung verfuren. wir lesen darüber bei Diodorus Siculus XVII, 81:

ἀπὸ δὲ τούτων γενόμενος, καὶ τὰ κατὰ τὴν Δραγγιανὴν καταστήσας, ἀνέζευξε μετὰ τῆς δυνάμεως ἐπὶ τοὺς πρότερον μὲν Ἀριμασποὺς, νῦν δ' Εὐεργέτας ὀνομαζομένους, διὰ τοιαύτας τινὰς αἰτίας. Κῦρος ὁ τὴν Μήδων ἀρχὴν μεταστήσας εἰς Πέρσας, ἔν τινι στρατείᾳ περιληφθεὶς ἐν ἐρήμῳ χώρᾳ καὶ πάσῃ σπάνει τῶν ἀναγκαίων, ἦλθε μὲν ἐπὶ τοὺς ἐσχάτους κινδύνους, διὰ τὴν ἔνδειαν τῆς τροφῆς ἀναγκαζομένων τῶν στρατιωτῶν ἀλλήλους σαρκοφαγεῖν· τῶν δ' Ἀριμασπῶν τρισμυρίας ἁμάξας σίτου γεμούσας παρακομισάντων, σωθεὶς παραδόξως ἀτελείαις τε καὶ ἄλλαις δωρεαῖς ἐτίμησε τὸ ἔθνος, καὶ τὴν προϋπάρχουσαν προσηγορίαν ἀφελόμενος προσηγόρευσεν Εὐεργέτας.' änliches erzält Arrian in seiner anab. III, 27 und Curtius VII, 11, worauß noch zu entnemen, daß auch Alexander der große disem volke eine außgezeichnete behandlung an gedeihen ließ. alle aber stimmen, was die örtliche lage der heimat der Evergeten betrifft, überein. sehen wir uns nun das wort *Humavarkâ* nochmal an, so müßen wir doch auf den ersten blick erkennen, daß es der ursprüngliche altpersische erentitel ist, welchen der Persenkönig den Arimasper-Saken ob irer im erwisenen hilfe verlih; denn *Humavarka* besteht auß den stämmen *su* = zend. und altpers. *hu* = εὖ mit dem affix -*ma* zu einer superlativbedeutung verstärkt, wonach sich also *hu-ma* ergibt, und *varj* = zend. *varez*, indogerm. *varg vargyati*, got. *vaurkjan* wirken tun arbeiten. — vgl. Fick I, 214, 449; Justi 268, 325, 376 — *Hu-ma-vark-a* ist demnach wörtlich der serguttäter serwoltäter woltäter und Εὐ-εργ-ετ-ης oder noch beßer Εὐ-ϝεργ-ετ-ης die genaue griechische übersetzung. dise leztere lifert uns den beweis, daß die Griechen den persischen namen sowol gekant als auch ganz gut verstanden haben müßen, um in so untadelhaft, ja sogar der etymologie nach mit den nämlichen worten wider zu geben. auß disem grunde schon ist eine gleichstellung der *Humavarkâ* mit den Ἀμύργιοι ein ding der unmöglichkeit.

Sakâ Tigrakhaudâ. - noch aber durch eine andere auffälligkeit trennen sich die Ἀμύργιοι Σκύθαι und die Ἀριμασποὶ Σκύθαι. in der keilinschrift sind sie nämlich als *Sakâ Tigrakhaudâ* und *Sakâ Humavarkâ* unterschieden. *Tigrakhaudâ* bedeutet nun spitzhütige spitzhelmige von *tigra* spitze und *khauda* hut helm. hiezu halte man die außsage Herodots VII, 64: Σάκαι δὲ οἱ Σκύθαι περὶ μὲν τῇσι κεφαλῇσι κυρβασίας ἐς ὀξὺ ἀπηγμένας ὀρθὰς εἶχον πεπηγυίας... und dann τούτους δὲ ἐόντας Σκύθας Ἀμυργίους Σάκας ἐκάλουν.' es ist also nicht bloß die außsage der keilinschrift, was die kopftracht der Skythen an geht, durch Herodot bestättigt, sondern die Σκύθαι Ἀμύργιοι sind durch seine angabe klar als die *Tigrakhaudâ* die spitzhelmträger erwisen und können daher auch auß disem grunde nicht mit den *Humavarkâ* die einen und dieselben sein.

aber auch das ist ein irtum, zu glauben, daß Herodot das altpers. *humavarkâ* lautlich in seiner sprache mit Ἀμύργιοι wider gegeben hätte. derselbe bildet nämlich die fremden persischen völker- und ländernamen, welche in lezterer sprache schon ab geleitet sind, auf ι-ος, ι-η: so *Katapatuka* — Καππαδοκ-ίη, *Arm'iniya* — Ἀρμεν-ιος, *Ariya* — Ἀρ-ιος, *Asagartiya* — Σαγαρτ-ιος ff. da es bei im auch Ἀμύργ-ιος heißt, so läßt diß mit sicherheit schließen, daß im ein änlich gebildetes persisches wort, welches ebenfals ein ortsname sein muste, vor geschwebt habe; denn nach den beispilen, welche uns in disem falle gerade von im zu gebote stehen und nach welchen er wol unterscheidend III, 93, 117 und VII, 66 das altpers. *Uvârazamish,* einen ortsnamen, durch Χωρασμ-ιος, dagegen VIII, 85 das altpers. *huvârezanha,* einen rufnamen, durch ὀροσαγγαι auß drükt, hätte er für *humavarkâ* einzig und allein one ableitungs-*i*, die übrigen gesetze bei widergabe eranischer worte durch die griechische sprache berüksichtigt, ὁμορκ-αι schreiben müßen. überdiß dürfen wir Herodot, welcher durch sein ὀροσάγγαι, welches er außdrüklich der bedeutung nach dem worte εὐεργέται gleich stellt, sein wißen um persische titulatur und deren bedeutung wol bekundet, sicherlich zu trauen, daß er, hätte er nur im entferntesten im sinne gehabt, *humavarkâ* lautlich durch Ἀμύργιοι zu ersetzen, über die bedeutung des lezteren wortes so wenig geschwigen hätte, wie bei ὀροσάγγαι. es steht also die bedeutung des außdruckes *Sakâ Humavarkâ* durch merfachen beweis fest, und kann irgend einer anderen erklärung desselben, so z. b. der durch Fridrich Müller algem. ethnographie 529 mit ‚die den *Haoma* bereitenden Saka' nicht mer statt gegeben werden.

Saken innerhalb des persischen reiches. – außer disen zwei Skythen- oder Sakenstämmen, von welchen die Ἀμύργιοι als persische untertanen mit den Baktriern sogar den gemeinsamen anfürer in Hystaspes teilten, gab es innerhalb des persischen reiches noch Saken in Kappadokien in der davon benanten landschaft Σακασηνή südlich vom Halys, in Armenien in Σακασηνή, bei Ptolemaeus Σακαπηνή, zwischen den strömen Kyrus und Araxes, in Sagartien nördlich und östlich von Medien, in Parthien, in Sogdiana, in Baktrien nach Justinus II, 3 ‚Parthicum et Bactrianum imperium (Scythae) ipsi condiderunt', in Gedrosien in der landschaft Παραδηνή u. a. o., also fast in sämtlichen nordöstlichen, östlichen und südöstlichen provinzen, somit in einem gewaltigen halbringe um die von Medo-Persen bewonten länder. alle waren wenigstens im weiteren sinne persische untertanen. ire abhängigkeit bestund aber nur in der zalung eines järlichen tributes und in der heresfolge nach Herodot III, 91 ff. und VII, 61 ff. sonst lebten sie nach iren eigenen gesetzen und sitten und hatten, wie wir später auß den eranischen heldensagen sehen werden, ire eigenen fürsten. der Persenkönig war nur ir oberkönig. – man vergleiche hiezu Spiegels eranische stamverfaßung –

freie Skythen oder Saken. – über das persische reich und über Eran überhaupt hinauß wonten die unabhängigen freien Skythen, welche ungeheuere gebiete, die sich gegen norden, osten und südosten erstrekten, beherschten. ich werde darauf außfürlich zurück kommen und kann daher hier auf näheres verzichten. sie sind alle reine Arier, echte Urgermanen.

name der Saken. – warum nanten wol die Persen die Skythen $\Sigma\acute{\alpha}\varkappa\alpha\iota$ Sacae. es ist schwer zu sagen, weil alle berichte hierüber schweigen und weil wir über das organische wesen des anfangsbuchstaben des wortes im ungewissen gelaßen sind. das wort erscheint in Spiegels altpers. keilinschr. als *Saka;* bei den indischen schriftstellern nach Diefb. orig. europ. s. 38 als *Çakâs;* Lassen in seinem buche ‚die altpers. keilinschr. von Persepolis' s. 114 sagt: ‚*Çaka* ist der algemeine persische und sanscritische name der nomadischen reitervölker.' auch H. Kiepert alt. geogr. s. 61 schreibt *Çaka.* nun ist aber unaußgemacht, ob der außdruck ursprünglich von der zendischen, von der altpersischen, von der altindischen, was am wenigsten warscheinlich, oder gar von der skythischen sprache selber auß gieng. ferner ist wider unerklärlich, wie Herodot, fals wir an nemen solten, daß die Eraner d. i. hier das Zendvolk die Skythen mit *Çaka* benanten, darauß $\Sigma\acute{\alpha}\varkappa$-$\alpha\iota$ und nicht vilmer nach der regel $K\acute{o}\varkappa\alpha\iota$ gebildet habe. — vgl. Fick I, 432 ff. — oder solte schon damals zend. *ç,* welches ja mit altind. *ç* auf ursprüngliches *k* zurück geht, — vgl. Schleichers compend. s. 17 u. 36 — den Griechen wie σ geklungen haben? knüpfen wir nun *Çaka* an den stamm *çak*- vermögen helfen geben, — vgl. Fick I, 431; Justi 290 — so wären die Saken entweder die kräftigen gewaltigen, was im hinblicke auf ire körpergestalt und ir kriegerisches wesen wol gerechtfertigt wäre, oder die helfenden in hinsicht auf die kampfesgenoßenschaft insbesondere der $\Sigma\varkappa\acute{v}\vartheta\alpha\iota$ $^{\prime}A\mu\acute{v}\varrho\gamma\iota o\iota$ und $\Sigma\varkappa\acute{v}\vartheta\alpha\iota$ $^{\prime}A\varrho\iota$-

μασποί mit den Persen. nemen wir aber in Saka das *s* als organisch an, so käme der stamm *sak-* secare in betracht, welcher, wenn er auch im altind. und eran. nicht belegt ist, dennoch, wie auß Fick I, 790 und II, 252 zu ersehen, seine volle **arische** berechtigung hat. da nun hieher verschiedene schneidwerkzeuge und waffen, unter lezteren auch *sag-it-a* **pfeil** und die skythische σαγ-αϱ-ις zälen, so wäre es möglich, daß die Saken entweder nach diser waffe, welche inen als eigentümlichkeit nach dem obigen berichte Herodots und nach IV, 5 desselben autors außdrüklich zu geschriben wird, benant worden wären, oder daß sie in hinsicht auf *sag-it-a* schlechthin **pfeilschützen, schützen** hießen, so daß Saca und Scytha einander dem sinne nach volständig gleich, und das europaeische Scytha nur als eine jüngere übersetzung des asiatischen Saca zu betrachten wäre. die zurükfürung des wortes *Saka* auf eine wurzel *ska* und die hierauß sich ergebende bedeutung **dunkel schwarz** nach Penka 137 ff. ist als der sachlage nach völlig unzutreffend ab zu weisen.

Chorsari. – wer war nun die proxima gens des Plinius, nach welcher die Persen die Skythen algemein mit dem namen Saken bezeichneten, und wie verhält es sich mit dem namen Chorsari, den hinwiderum die Skythen den Persen gaben? Herodot bietet dafür keinen anhaltspunkt; es muß daher dem Plinius noch eine andere quelle vor gelegen haben, auß welcher er auch die worte antiqui Aramaeos entnam. auß dem zusammenhalt seines berichtes geht hervor, daß der ramen, in dem sich bei im hier Persen und Skythen gegenüber stehen, nur ein ser enger örtlicher und für das unermeßlich große volk der Skythen keineswegs belangreicher ist. dagegen sprechen seine worte die völlige warheit; denn seine Skythen, welche nur die zwischen den strömen Kyrus und Araxes in Armenien sein können, wie auß dem namen Aramaei und der tatsache der eigenen benennung des

Caucasus von seite der Skythen durch Graucasus hervor
geht, werden auch von anderen autoren bezeugt und ir land
außdrüklich Σακασηνή oder auch Σακαπηνή genant. nur
gränzen die Skythen an die Meder statt an die Persen, welch'
lezterer name wol nur als der bekantere algemeinere zu
stehen scheint. von disem standpunkte nun ist auch der
name Chorsari für die Persen resp. Meder zu beurteilen,
und kann ich hier nur der meinung bei pflichten, welche
Cuno I, 264 schon entwickelte, daß nämlich die armenische
provinz Χορζηνή bei Strabo 528 mit der statt Χόρσα bei
Ptolemaeus V, 13, 12, womit hier die Persen oder Meder an
das kleine Sakenreich stießen, dem namen Chorsari zu
grunde lag. immer werden wir aber den grund missen, der
bestimmend war, gerade disen bruchteil der Saken oder
Skythen in Armenien den Persen zunächst wonend zu
halten, weil dise meinung mit den wirklichen verhältnissen
durchbauß im widerspruche steht, wobei ich nur an die Saken
in Margiana und Drangiana erinnere. sei dem, wie im wolle,
die hauptsache bleibt, daß einst Skythen in Armenien saßen
und daß sie Aramaei auch Aramei und Aramii genant
wurden. über disen namen sowie sein verhältnis zu dem
worte Armenia werde ich noch außfürlich am schluße diser
abhandlung bei betrachtung der westlichen wanderungen der
Skythen mich auß sprechen.

Graucasus. – das skythische wort Graucasus ligt klar
vor uns. Grimm g. d. d. sp. s. 234 vergleicht altind. *Grava-
kásas* glänzendes felsgebirg. aber ab gesehen von der
tatsache, die nimmer dem sprachforscher entgehen darf, daß
so hohe gebirge wie der Caucasus gar nicht als felsgebirge,
sondern mit iren ewigen gletschern als eis- und schneegebirge
in betracht kommen, ziehe ich vor, indem mir außdrüklich
ein skythisches und kein altindisches wort überlifert wird,
mich strenge an die übersetzung des Plinius nive candidus
zu halten, da derselbe sowol wort und bedeutung kennen

und zwischen altindisch und skythisch unterscheiden konte,
als auch seine zuverläßigkeit durch die worte *sacrium* = **succinum** und *sualiternicum* = **electrum fulvum**, wie wir
oben s. 82 und 88 ff. eingangs des sprachlichen bereits gesehen, bewisen hat und in anderen worten noch beweisen
wird. *Grau-cas-us* besteht nun von der endung ab gesehen
auß zwei wortteilen. *grau* ist unser ahd. *grâ crâ graw craw
canus*, — vgl. Grf. IV, 297; Fick I, 586 — und bei den
Skythen hieß der **schnee** *graw* vor konsonanten *grau* wegen
seiner **weißen lichten farbe**. sagt man ja bei uns in
Baiern noch heute *graweln* d. i. **licht werden**, wozu man
Schm. wtb. I, 581 vergleiche. der stamm *cas kas* verschoben zu *has* ist enthalten im ahd. *has-an* **politus** und
has-an-ôn **polire**, wenn auch dise worte scheinbar einen
anderen sinn haben. — vgl. Grf. IV, 1047 — der stamm
kas-n-a bedeutet aber auch **blank weiß** nach Fick I, 531,
welch' leztere bedeutung in der baiwarischen sprache ebenfals noch erhalten ist; denn wenn es in der volkssprache
heißt ‚de schaugt heint g'*hasi(g) kasi(g)* auß', so sagt das sovil als ‚die siht heute **bleich blaß weiß** auß.' dises wort
zu *käse* = **caseus** zu ziehen, wie es in Schmeller-Frommanns
wtb. I, 1300 geschiht, ist ganz und gar verfelt und gegen
jegliche vorstellung des volkes; es ist auß *ge-häsig* zu der
form *g'häsig käsig* geworden und muß also zu *häsig* daselbst
I, 1173 gezogen werden. dises einfache *häsig* findet sich
unumgelautet als *hasig* = **weiß** ebenfals noch in der baiwarischen sprache. es wird damit zunächst das pelzige in
rüben, rettigen und derlei knollengewächsen bezeichnet, welches, wie sich jederman überzeugen kann, durch auf fallende
weiße färbung vom übrigen gesunden fleische ab sticht.
somit heißt es ‚de ráub'n (rübe) is *hasi*, də‛ radi is *hasi*' ff.
Schmeller-Frommann bringt I, 1172 dises *hasig* als *has-lich*
irtümlicher weise gar unter *hase* **lepus**, womit es nicht das
mindeste zu tun hat. *Grau-cas-us* ist demnach wirklich, wie

Plinius erzält, der schnee-weiße in echt urgermanischer bezeichnung. auch die ordnung der übersetzung nive candidus trift zu, fals man, insofern *grau* = nix und *cas* = candidus ist, wegen der änlichkeit der begriffe der beiden worte versucht wäre, sie zu vertauschen; denn Isidor in seinen origin. XIV, 8 bestättigt, daß *cas* den Skythen candidus bedeutete.

Caucasus. – nachdem die bedeutung von Graucasus fest gestelt ist, kann unmöglich an *Caucasus* vorüber gegangen werden. auch diser name ist von den Ariern und zwar den nördlichen einst gegeben worden. germano-skythisch ist er zusammen gesezt auß *kauka* = got. *háuh-s* altus und dem obigen *kas cas* = candidus, so daß zunächst *kauka-kas-us* entstund, worauß sich *kauk-kas-us* und *kauk-(k)as-us* wol bilden konte, wobei ich auf ein änliches wort nämlich Caucaland-ensis locus got. *háuha-land* verweise, wozu man Zeuß d. D. u. d. nb. s. 410 anm. 2 vergleiche. die bedeutung wäre in disem falle für *Caucasus* hoher weißer sc. berg oder schlechthin weiß-gebirg; es kann aber Caucasus auch vom nämlichen stamme *kauka* = altus als *kauk-ara-s* ab geleitet sein nach Fick I, 535 und II, 327, worauß eben so leicht *kauk-asa-s* und *kauk-asu-s* entstehen konte, und einfach anhöhe berg gebirge auß drücken. für die erstere anname spricht der vorgang in *Graucasus,* für die leztere das im litauischen begegnende wort *kauk-ara-s* anhöhe, wonach auch der berggott *Kaukaras* seinen namen erhielt.

Amalchius oceanus. – ein weiteres skythisches wort bringt Plinius h. n. IV, 13, wo er erzält: ‚Septentrionalis oceanus: Amalchium eum Hecataeus appellat a Paropaniso amne, qua Scythiam adluit, quod nomen eius gentis significat congelatum . . .' dises skythische amalchius = $\dot{\alpha}\mu\dot{\alpha}\lambda\chi\iota o\varsigma$ = congelatus schreibt Duncker in seinen orig. germ. s. 96 den Kelten zu und vergleicht gadh. *meilich* algorem incutere vel sentire, *malc* fäulnis, wozu Diefenbach in seinen orig. europ. s. 388 noch bemerkt, daß gadh. *meilg* m. mors und der übergang der wz. *mar* (mori) in *mal* auch bei anderen völkern hier eine synonyme mit *morimarusa* = mare mortuum bei Plinius ibidem möglich mache. lezteres wort wurde bekantlich von Kaspar Zeuß in seiner grm. celt. s. 16 und 752 als keltisch von *muir mori* = mare und *marb* = mortuus von wz. *mar mor* erklärt. Zeuß will aber lieber *morimaruba* statt *morimarusa* lesen. unser amalchius hat aber mit der keltischen sprache durchauß nichts zu tun schon auß örtlichen gründen, da es bereits 500 meilen weit dem keltischen schauplatze entrükt ist, und wenn wir Plinius resp. Hecataeus glauben, daß es skythisch sei, werden wir wider sehen, wie wol wir daran tun, den alten zu vertrauen. weil aber das wort rein skythisch ist, so ist es auch zugleich germanisch. wir haben nun sowol im geschichtlichen abschnitte als im sprachlichen bißher gesehen, wie skythische und germanische vorstellungen so ganz und gar in einander auf giengen. wenden wir einmal eine germanische anschauung an, um ein skythisches wort zu lösen. eine solche ist die uralte und algemeine ansicht der Germanen, daß der himmel ein festes gewölbe, eine decke von erz oder stein bilde, und daß die sterne eigentlich nur löcher in diser decke seien, durch welche die dahinter sich entfaltende pracht hervor schimmere. daher der heute noch gangbare außdruck himmelsgewölbe, wozu man Schönwerth's sitten und sagen auß der Oberpfalz s. 263 II bdch., Sepp's baierischen sagenschatz s. 633 und Quitzmann's heidnische religion der Baiwaren s. 194 vergleichen möge. disem glauben verdankt auch das wort himmel ahd. as. *himil*, fris. *himul*, got. *himins* seine entstehung; denn es ist ab geleitet vom stamme *ham-* sich wölben umgeben bedecken, welcher im got. *-hamon* bereits in einer anzal verbis auf tritt, dann auch im ahd. unter andern in den bekanten worten *gund-hamo feder-hamo,* sowie im alt- und angelsächsischen, altfrisischen, altnordischen, zulezt im neuhochdeutschen im worte *hem-de* und im griech. $\varkappa\alpha\mu$-$\iota\nu$-$o\varsigma$ erscheint. — vgl. Diefb. glss. II, 525; Fick II, 319 — was ist nun das congelatum anders hier als das mit einem gewölbe, einer decke oder einer umhüllung von eis überzogene waßer des nördlichen meres? und wer siht nicht, wenn er unter disem gesichtspunkte amalchius betrachtet, daß in disem worte der nämliche stamm *ham-* stekt; daß die spirans *h* wie in so vilen anderen wörtern, selbst wenn sie im griechischen im spiritus noch haftete, im lateinischen auß fiel; daß ι-$o\varsigma$ und i-us nur griechisch-lateinische ableitung und endung, und daß nun one die geringste organische änderung von $\acute{\alpha}\mu\alpha\lambda\chi$-$\iota o\varsigma$ = amalch-ius ein germanisches *hamalch* = *hamalh* vor uns steht? sind wir nun aber so weit, so müßen wir auch noch erkennen, daß das germanische substantiv *hamalh*- zusammen gesezt ist auß dem stamme *ham* = gewölbe decke umhüllung und dem adjektiv *leik* = *lih* similis nach Grimm's grm. II, 567 mit dem verbindungsvokal *a*, so daß das wort ursprünglich als *ham-a-leik* = *ham-a-lih* erschin, wobei der vokal der silbe *lih* gerade so auß fiel, wie in *zwilch drilch welch* statt *zwi-lich dri-lich we-lich* und änlich in *lif* in *elf zwelf* statt *ein-lif zwei-lif* etc. *hamaleik* = *hamalih,* worauß zunächst *hamalh* = $\acute{\alpha}\mu\alpha\lambda\chi$ und $\acute{\alpha}\mu\acute{\alpha}\lambda\chi\iota o\varsigma$ = amalchius erwuchs, drükt also das einem gewölbe, einer decke änliche oder gleiche auß und ist darum in warheit das mit einer eben so sinbildlichen als natürlichen bezeichnung mit einer eisdecke, einem eisgewölbe versehene, mit anderen worten das gefrorne mer, das congelatum des oceanus septentrionalis.

    das skythische *ham-a-lih* steht hier ganz auf germanischer lautstufe; denn urgermanisch muste das wort *kam-a-lik* lauten. es geht also dem *ham* ein *kam* und dem *lih* ein *lik* vorher. nach dem, was ich eingangs des sprachlichen s. 82 ff. unter sacrium über das einzelne erscheinen der lautverschiebung

in so früher zeit bemerkte, dürfen wir uns auch hier über
disen fall, der ins vierte jarhundert v. Chr. zurück geht,
nicht wundern, um so weniger, als für den, der sehen will,
auch schon unter den eranischen dialekten gegenseitig
solche und änliche sprachverhältnisse nach zu weisen sind.
in der skythischen sprache werden uns noch ältere beispile
begegnen. ich habe oben in *ham-a-lih* das *lih* lang an genommen, ich gestehe aber, daß hiezu durchauß kein zwingen-
der grund vorhanden ist, da auß urgerm. *lik* ebenso *lih* one
vokalsteigerung bei den Skythen sich bilden konte, wie bei
den Goten *leik* und den Althochdeutschen *lîh* es mit einer
solchen geschah.

ich kann nicht weiter gehen, one mich mit den geographischen verhältnissen dises oceanus amalchius, über
welchen meines wißens nirgends noch befridigende aufschlüße weder von den alten noch neuen geographen biß
jezt gegeben wurden, näher noch zu beschäftigen. seine lage,
soweit er amalchius heißt, ist allerdings von vorneherein
nicht klar und daher ist es auch nicht zu verwundern, wenn
manche die ganze stelle des Plinius für fabelhaft erklärten,
wärend sie tatsächlich nur die warheit erzält. vom Paro-
panisusstrome an, da, wo derselbe Skythien bespült,
wird er von Hekataeus so genant. wo fließt aber der strom
Paropanisus? darüber läßt uns die gesamte geographische
wißenschaft im unklaren. und doch ist dise frage bei nur
näherem zusehen nicht so schwer zu beantworten. bedenken
wir vorerst, daß Hekataeus gelerter am hofe Alexanders des
großen war und daß er als solcher mer mit den verhältnissen
Asiens als mit denen Europas vertraut war, weil ja der ganze
schwerpunkt Alexanders nach Asien hin neigte, so dürfen
wir auch an nemen, daß seine worte auf Asien und nicht
auf Europa zu beziehen sind. wie aber Plinius ersichtlich
auß allen im nur zugänglichen quellen schöpfte und gleich-
artiges an einander reihte, so nam er auch dise bemerkung

des Hekataeus auf, weil gerade die rede auf den oceanus septentrionalis gekommen war, one sich weiter um die lage des oceanus amalchius zu kümmern. dise kann uns aber durchauß nicht gleichgiltig sein; denn es ist vom völkerbeschreibenden standpunkte von der höchsten wichtigkeit nach zu weisen, daß man zur zeit Alexanders des großen um die nordischen germanischen mere, wohin man gewönlich, one sich die geringste rechenschaft hierüber zu geben, den oceanus amalchius verlegt, noch ser wenig oder gar nichts gewust habe. drei dinge sind es vor allen, welche wir in irer übereinstimmung nach weisen müßen, um zur klarheit zu gelangen, nämlich: den strom Paropanisus; die tatsache, daß derselbe Skythien bespült und daß er in ein nördliches mer mündet.

Paropanisus amnis. — im ganzen altertume gab es nur einen namen Paropanisus, der allerdings bekant genug war. disen trug der berümte Paropanisus mons, Παροπάνισος ὄρος, der heutige Hindukuh im südöstlichen Vorderasien, ein gebirge, das jezt noch eine große rolle spilt. nur von disem kann der name entlehnt sein und dem strome an haften. schon der umstand also, daß sich nur in Asien ein Paropanisus findet, hätte zum nachdenken veranlaßen und verhindern sollen, daß man so one weiteres, weil gerade von norden die rede ist, den amalchius oceanus überhaupt nach Europa versezte, als ob es in Asien an nördlichen gegenden gemangelt hätte, wenn sie auch nur in der vorstellung der alten, die aber gerade für uns einzig und allein maßgebend ist, vorhanden waren. der strom muß aber in einer ser nahen beziehung zum Paropanisusgebirge gestanden haben, daß des lezteren benennung auf in über gehen konte, änlich wie es bei den völkern der Paropanisadae der fall war, welche deswegen so hießen, weil sie am ganzen gebirge Paropanisus entlang ire sitze hatten. und in der tat! ein einziger blick auf die karte genügt, um uns auf die richtige ban zu leiten. der berümte strom Oxus hat sein hauptsächliches quelgebiet an der nordseite des Paropanisus. was war natürlicher, als daß die begleiter Alexanders, welche sich von disem umstande persönlich überzeugen und warscheinlich dise bezeichnung schon von den einheimischen vernemen konten, den strom ebenfals mit disem beinamen auß zeichneten, der dem Hekataeus zum wirklichen und einzigen namen wurde? so ist nun auch der bestand eines stromes Paropanisus gesichert. diser, der uns also fortan eins mit dem Oxus ist, fließt nun, wenn wir von den skythischen provinzen, welche er innerhalb des persischen reiches durchmißt, ganz und gar ab sehen, weil dise länder Hekataeus wol nicht als Skythien, sondern mit iren persischen herkömlichen namen bezeichnet hätte, in seinem unteren laufe durch die unabhängigen freien skythischen gebiete der östlichen Dahen, Massageten, Chorasmier und der westlichen Dahen, in deren lande er sich in den Kaspisee ergießt. somit trift auch hier genau wider das qua Scythiam adluit des Hekataeus zu und ist die zweite oben gestelte aufgabe, daß der Paropanisus Skythien bespült, gelöst.

von der stelle an, wo derselbe im dahischen lande in das kaspische mer mündet, nordwärts, heißt dises oceanus amalchius, welcher name in der sprache der Skythen congelatus bedeutet. es ist also zu zeigen, ob und wie das kaspische mer zur bezeichnung eines oceanus septentrionalis gelangen konte. auch diser nachweis ist zu erbringen. es ist bekant, daß seit Alexanders zeit das kaspische mer, obwol es Herodot als geschloßenes kante, dennoch für einen busen des nördlichen okeans algemein galt und noch lange nachher, mit außname des Cl. Ptolemaeus, von Strabo, Plinius, Pomponius Mela, Solinus, Orosius, Jornandes, dem geographen von Ravenna u. a. dafür gehalten wurde. ich verweise zu disem behufe, um die weitläufigkeit zu vermeiden, außdrüklich auf J. G. Cunos Skythen s. 97, 98, 114, 120, 128, 132, 133, 140, 145, wo dise tatsache unter bekantgabe der einschlägigen stellen außfürlich und unwiderlegbar erhärtet ist. es konte also mit vollem rechte vom kaspischen mere als septentrionalis oceanus die rede sein, und damit haben wir auch die dritte der uns oben gestelten bedingungen nach gewisen. jezt erübrigt uns nur noch zu zeigen, daß auch der außdruck oceanus amalchius = oceanus congelatus der natur der sache nach gerechtfertigt werden kann. sehen wir uns in den betreffenden lerbüchern um, so erfaren wir, daß nach den meteorologischen beobachtungen die mitlere wintertemperatur von der ehemaligen mündung des Oxus ins kaspische mer an nordwärts 0 biß — 6 grad Réaumur beträgt, ein klima, welches nach den gezogenen isochimenen dem des nördlichen Deutschlands, Schwedens, Norwegens und Islands entspricht. es hat also auch hier Hekataeus genau beobachtet und Plinius war berichtet.

Silis. – h. n. VI, 7 schreibt Plinius: ‚Tanain ipsum Scythae Silin vocant, Maeotin Temerinda, quo significant matrem maris.' unter Tanais ist hier, wie auß ebendemselben VI, 16 zu ersehen, der Jaxartes zu verstehen, welchen die asiatischen Skythen, die Saken, *Silis* nanten. daß leztere bezeichnung außschließlich unter der an wonenden heimischen bevölkerung gebraucht wurde, beweist noch der heutige name des stromes: *Sir*, welcher alle anderen benennungen überlebte und nichts anderes als das wort *Sil-is* ist mit wechsel des *l* in *r*. der stamm *sil, is* ist endung, in welchem *i* nur schwächung eines ursprünglichen *a* ist, gehört zunächst zu altind. *sal, salati* gehen, *sal-ila* aqua, wozu auch gr. $\H{α}λ-λομαι$ auß $\H{α}λ-jομαι$ und lat. *sal-io* zälen, welche formen insgesamt mit indogermanisch *sar, sarati* gehen eilen strömen, zend. *har, haraitê* zusammen hängen, dessen bedeutung so recht eigentlich das wesen jedes

stromes als des **gehenden eilenden** bezeichnet. — vgl.
Bopp glss. 415; Fick I, 227 und 446 — die Skythen wendeten deshalb disen namen auf merere flüße an, wie auß
Ukert s. 194, 196, 238 und 355 zu ersehen. bei den Eranern
d. i. den Persen und dem Zendvolke begegnet uns derselbe
stamm, so im altpers. *haraiva,* zend. *haraêva* der *Heri Herât,*
im altpers. *harauvati,* zend. *haraqaiti* **Arachotus** und von
disem **Arachosien** nach Justi 321, Spiegel 245, Fick 446.
im germanischen hat sich das wort *sil* als flußname ebenfals
noch erhalten, und ist dadurch wider der beweis einer tausendjärigen gemeinsamen skytho-germanischen angehörigkeit des
außdruckes *sil* sowie der allen stürmen der zeit trotzenden
eigenart der beiden völker, der Skythen und Germanen, gelifert. wir verzeichnen: die *Sil* bei Zürich, den *Sil-bach* im
Wiptal, rechten nebenfluß des In, den *Sil-see* im oberen Engadin, den *Sil,* welcher durch die lagunen dem adriatischen
mere zu fließt. die flußnamen *Sala* leiten sich warscheinlich
dem inhalte und geschmacke ires waßers nach von *sal-,* got.
sal-t, ὁ ἅλς her, welche formen allerdings eines stammes mit
ἡ ἅλς sind, welches nebst ὁ σάλος als das **ewig sich
bewegende** zu unserem indogerm. *sar,* wie auch Bopp will,
one zweifel gehört; ὁ ἅλς das **salz** ist daher gleichsam
das mer in zweiter linie nach der salzigen eigenschaft. nicht
unerwänt kann ich das frisische *sil* **schleuße** laßen, wozu
man Grimm's grm. I³, 405 und Richthofen's wtb. 1014 vergleiche, auß welch' lezterem hervor geht, daß in folge der
eigennamen *Gundereking-sile* und *Hripon-sile* das wort auch
altsächsisch war. Vilmar im kurh. idiot. s. 385 erwänt *sil*
= **abzugskanal,** Adelung IV, 93 fürt *sil siel* **schleuße**
an und vergleicht es mit einem ags. *sele,* **sanft fließender fluß,** wie auch Frisch II, 276 in änlicher bedeutung
des wortes gedenkt. ob dises *sil* = **schleuße** zu unserem
skytho-germanischen *sil* = **flumen** gehalten werden darf,
ist nicht völlig auß gemacht. die schwächung des *a* zu *i*

in *Sil-is* kert wider im lat. *dis-sil-io*. noch nach einer anderen seite ist das wort *Silis* für uns von großer wichtigkeit. es gibt uns den unumstößlichen beleg in die hand, daß die Skythen schon damals scharf von den Eranern d. i. dem Zendvolke und den Persen irer sprache nach sich sonderten. beide lezteren völker kennen kein *l*, sondern nur *r*. durch den gebrauch des *l* stellen sich die Skythen auch, was den sprachbau betrift, entschieden zu den Germanen, wie es ja nicht anders nach den bereits vor ligenden ergebnissen sein konte. Müllenhoff gebürt die ere, die warnemung bezüglich des skythischen *l* bereits s. 562 gemacht zu haben. nur stand im kein so entschiedenes beispil behufs vergleiches zu gebote.

Temerinda. – mit dem worte *temerinda* = mater maris hat man sich schon merseitig beschäftigt. Zeuß s. 296 vergleicht das ungarische *tenger* = mare; Grimm s. 234 vermutet ein *tê* = mater nach dem zigeunerischen *dei dai* und griech. $\vartheta\varepsilon\iota\alpha$ amita; Böckh nimt *teme* als mare und *rinda* als mater. sein vergleich mit $\Theta\alpha\mu\iota\mu\alpha\sigma\acute{\alpha}\delta\eta\varsigma$ hätte, wenn weiter verfolgt, in villeicht zu einem beßeren ergebnisse gefürt. erst bei Müllenhoff 556 komt ein glüklicherer gedanke zum durchbruche. er stelt den zweiten teil des wortes d. i. *inda* richtig mit *unda* von wz. *ud* = quellen netzen zusammen, indem er *inda* für eine verdorbene lesart hält, die es nicht einmal zu sein braucht, wenn *i*, wie es manchmal im angelsächsischen vorkomt, für *y* steht. im germanischen begegnen uns: ahd. *und(j)a*, as. *uđia*, ags. *yđ* in der bedeutung fluctus unda, welches recht wol für mer stehen kann, wie ja auch lat. unda bei Horatius carm. l. III, od. IV, 28 in Sicula unda für Siculum mare gebraucht wird. mit dem ersten teile des wortes *temer-inda* nämlich mit *temer* verfärt Müllenhoff zu wilkürlich. er nimt zunächst ein *temar* an, wogegen nichts zu erinnern ist; nun aber stelt er die ersten buchstaben so um, daß er zuerst *metar*, dann *mater* herauß bringt, und hat nun mit *mater-unda* allerdings an scheinend die aufgabe im sinne von mater maris gelöst. wohin kämen wir aber mit einem solchen verfaren. da könte man ja auch z. b. auß der *Artimpasa* eine *Aspamitra* machen, welches wort der form, dem sinne und dem klange nach uns gar verfürerisch altpersisch an heimeln würde, one es doch zu sein u. a. m. Plinius wird demnach auch wol gewust haben, was er schrib, und hätte er *mater-unda* im sinne gehabt, so hätte er wol auch so geschriben, schwerlich aber mer von einem skythischen worte gesprochen. *Temerunda* ist aber, wie wir sehen werden, bildlich gesprochen, dergleichen ja die Orientalen von jeher und auch heute noch lieben und dem sich auch die Skythen nicht entziehen konten. deshalb gehört *temer* mit got. *timrjan* zu einem und demselben stamme *tam- dam-* bauen erbauen erschaffen; — vgl. Fick II, 379 — beide sind bereits mit *ar* nach Grimm's gr. II, 136 ab geleitet. *temer* lautete sicherlich einst *tam-ar*, und da *timrja*, eigentlich *tim-ar-ja*, gotisch ursprünglich aedificator bedeutete, wie auß Mark. 12, 10 und Lukas 20, 17 hervor geht, wo das wort mit bauleute übersezt werden muß, demnach *timrja* = zimmermann wie wir es jezt verstehen, eine einseitige widergabe in sich schließt, so muß im skythischen für aedificatrix ein ganz änliches wort etwa wie *tem-ar-ja*, da der außgang der got. feminina auf *ei* auß altem *ja*, *jâ* hervor gieng, bestanden haben. wenn daher *temar-unda* aedificatrix, creatrix maris zunächst bedeutet, so frage ich, ob dise anname nicht schon an und für sich den begriff des mutterseins in der blumenreichen sprache der Skythen in sich schließt? Skythen und Germanen sind einer und derselben abstammung. können wir das verläugnen? betrachten wir unsere denkweise, ob wir mit derselben nicht noch heute auf skythischem standpunkte stehen? sagen wir nicht: wer ist der vater dises werkes diser tat dises gedankens gleichbedeutend mit erbauer urheber schöpfer? heißt gott nicht der vater der welt im sinne von creator mundi u. s. w.? mit derselben vorstellungsweise ist daher auch *temar-unda* als creatrix maris zugleich auch mater maris und Plinius hat auch disesmal, wie schon widerholt, nur wares berichtet. bezüglich der grammatik bemerke ich noch, daß skythisch *temar* und got. *tim-r-jan* auf einer lautstufe stehen, skythisch *unda* und *inda* aber dem erhaltenen nasallaut und der media nach an ahd. *undja* sich anschließt, aber auch mit disem auf der stufe der urverwanten sprachen sich befindet, wie altind. *uda* n. waßer woge und lat. *unda* dar tun. der vorgang, wie auß *tamar* — *temer* entstund, ist einfach. die skythische sprache liebt im gegensatze zur späteren gotischen, welche dafür *i* sezt, in stamsilben das kurze urgermanische *e*, wie wir es bereits oben in *veg* = via einem bestandteile des wortes Ἐξαμπαῖος und in *qen* = mulier einem anderen des wortes Ἐνάρεες beobachteten und wie es uns bald wider im skythischen μέσπλη begegnen wird. es ergab sich daher zunächst *temar*. da aber in der zusammensetzung mit *unda* oder *inda* die endsilbe *ar* die betonung verlor, so schwächte auch sie sich zu *er* ab, und es entstund *temer*. um nochmal auf den wechsel zwischen *u* und *i* in *unda* und *inda* zurück zu kommen, so ist auch diser der germanischen sprache nicht fremd und kann es auch darum der urgermanischen oder skythischen nicht gewesen sein. ich erinnere einmal an das ablautsverhältnis zwischen *i* und *u* in got. *brinnan* — *brunn*, *drigkan* — *drugk*, *findan* — *fund* etc., und dann an den wechsel zwischen *u* und *i* im got. *trudan* — ahd. *trëtan*, got. *vinja* — ahd. *wunna* d. i. *wunia*, got. *fimf* — ahd. *funf* etc. — vgl. Gr. gr. I³, 86 — wir haben demnach folgeweise: *tamar-unda*, *temar-unda*, *temer-unda* und *temer-inda*, so daß also auch die leztere form als skythisch nicht beanstandet werden kann.

Μαιῆτις. – hier sei des änlichen begriffes des wortes *Μαιῆτις* noch gedacht, worüber Herodot IV, 86 bemerkt: ‚ἣ Μαιῆτίς τε καλέεται καὶ μήτηρ τοῦ Πόντου.' Zeuß s. 296 anm. 2 nimt *Μαιῆτις* als skythisches wort und vollere form vom stamme *mate* = mutter. aber *Μαιῆτις* ist nichts weniger als ein skythisches, sondern ein griechisches wort, wie nach Zeuß schon J. Grimm 234 erkante, ab geleitet von *μαῖα* hebamme säugamme mutter. der leztere begriff ist durch die ableitung nur personificirt, wie änlich der rufname *Αἰήτης* von dem stamme *ait- it-* entflammen erhellen, worüber wir unter *Οἰτόσκυρος* dem skythischen wettergotte schon gesprochen.

Sechstes hauptstück.

Skythische sprachdenkmäler bei Hesychius und anderen autoren.

ἀβί. – bei Hesychius lesen wir: ͺἀβί· ὑπό. Σκύθαις
εἴρηται.' wer erkent am skythischen ἀβί = abi nicht den
urgermanischen stamm apa, — vgl. Fick II, 302 — welchen
wir im got. af, im ahd. apa aba ab, im mhd. abe ab ave, im
baiwarischen abe abi vor uns haben. ἀβί ist aber hier orts-
adverb mit der bedeutung hinab hinunter, wie sie das
baiw. abe abi noch hat. lezteres ist der form nach so ursprünglich, wie ahd. fure furi, baiw. heut zu tage füre füri,
mithin nicht, wie oft an genommen wird, auß ab-hin hervor
gegangen. e und i wechseln im baiwarischen, wie im schwäbi-
schen füßle und füßli, däuble und däubli, gökle
und gökli etc. anders verhält es sich mit baiw. abə' = her-
unter herab, welches unstreitig auß ab-her sich bildete.
die beispile ͺgeh' abe od. abi in 'n bach; lâ'f in 's dal abe
od. abi; kraxl in 'n brunnə̃ abe od. abi' stehen alle auf die
frage wohin? im sinne von hinab hinunter. Moritz
Schmidt ergeht sich in seiner recensirten außgabe des Hesychius, Jena 1858, bezüglich dises skythischen ἀβί in den
verschiedensten vermutungen, aber den deutschen laut,
auf welchen heute noch Baiwaren, Schwaben und Franken
hören, zu erkennen, ist im als Deutschen kenzeichnend
genug nicht vergönt. wer gedenkt da nicht des berümten
Εὐ μαγαζιν, welches seiner zeit dem professor Thiersch,
wie mir von unbedingt glaubwirdiger seite versichert wird,

als er es eines tages zu Athen an einem gebäude geschriben fand, so lange gelertes kopfzerbrechen verursachte, biß im auf befragen ein baierischer soldat zu seinem höchlichen erstaunen das rätsel mit der antwort **heumagazin** löste.

die lautstufe des skyth. *abi* steht nicht im regelrechten verhältnisse zu germ. *af of,* wie uns das schon öfters begegnete. ich neme im skythischen eine erweichung von *api* zu *abi* an, wie sie auch im lat. *ab* gegen altind. und zend. *apa* sowie griech. ἀπό ein trat. das ahd. *apa* entspricht dagegen skyth. *abi.*

ἄβιε. – an ἀβί schließt sich sowol dem stamme als der bedeutung nach das skythische ἄβιε. Hesychius sagt darüber: ‚ἄβιε· ἔβαλλον Σκύθαι.' die skythische form ist hier nicht rein gegeben, wie öfters bei Hesychius vor komt, wobei ich an skyth. Ἀρτίμπασα, wofür er Ἀρτιμήασα, an Οἰτόσκυρος, wofür er Γοιτόσκυρος und Γοιτόσυρος, an οἰόρπατα, wofür er ὁρμάται fälschlich gibt, erinnere. warscheinlich haben wir ein starkes ab lautendes skythisches verbum vor uns, welches änlich dem got. *ita at êt — iba ab áb* bildete, — den Skythen möchte ich noch nicht *ê* für *á* zu muten — und in der durch das griechische an gedeuteten form *áb-un* lautete. merkwirdiger weise erinnert an dises skythische *iban* unser hochdeutsches *aben* deficere occidere, woran man gewönlich unser wort *abend* vesper also eigentlich *den ab nemenden unter gehenden* sc. tag knüpft. — vgl. Wcht. I, 2; Frsch. I, 3² und I, 4¹; Adlg. I, 22; Gr. wtb. I, 22 — beide worte, das skythische *iban* und das deutsche *aben,* gehen auf eine und dieselbe wurzel *ab-* zurück, und die bedeutung des einen **weg werfen** und die des anderen **weg sinken** entsprechen einem solch' innigen wechselverhältnisse, wie es nur auß der zusammengehörigkeit skythischer und germanischer zunge entspringen kann.

ἄγλυ. – Hesychius färt fort: ‚ἄγλυ· ὁ κύκνος ὑπὸ Σκυθῶν.' in allen gegenden, wo je Skythen hausten, kann es nur weiße schwäne gegeben haben. da sich nun der schwan durch seine **ungemischte, helle, glänzende farbe** vor allen anderen vögeln auß zeichnet, so ist es ganz selbstverständlich, wenn er ursprünglich auß disem grunde von den Skythen benant wurde. *ag-l-u* ist daher von *ag-* **blank hell machen** nach Fick I, 8 und II, 297 echt skythisch oder urgermanisch auf *al* ab geleitet und der ableitungsvokal wie im gotischen unterdrükt. *ag-al-u* = *ag-l-u* heißt somit der **blanke,** der **helle,** der **weiße.** damit ist auch die herkunft des armenischen *angł ὁ κύκνος* gelöst; denn ein teil der Skythen saß lange zeit, wie wir noch sehen werden, in Armenien in der davon so genanten provinz *Σακασηνή*. das skythische *ag-* weiß gieng ferner als *ak-* in vile mongolische sprachen über und hat sich biß auf den heutigen tag erhalten. *ak-gol* weiß-waßer, *ak-tepe* weiß-berg u. a. sind ganz gewönliche außdrücke in Eran und Turan.

bei disem *ag-al* denke ich auch an einen ahd. **vogelnamen.** hätte es nicht eine warscheinlichkeit für sich, das ahd. *â-gal-ast-r-a* pica, statt es nach Grimm's grm. II, 367 auß *ar* = *â* und *galan* = clamare sowie der ableitung *ast-r-* mit der bedeutung **schreiender vogel** zu bilden, wodurch sich ja die älster vom übrigen rabengeschlecht nicht unterscheidet, vilmer auß *ag-al* etc. hervor gehen zu laßen, demnach *ag-al-ast-r-a* an zu setzen, was die **blanke, hell gefiderte** bedeutete? das ags. wort *agu* pica, welches Wachter I, 28 und Adelung I, 233 verbürgen, spräche ebenfals für leztere anname, welche auch durch die tatsache, daß die ansicht Grimm's durch die alemannischen formen des wortes, welche im schweizerischen idiotikon von Fr. Staub und Ludwig Tobler I, 126 gegeben sind, nicht gestüzt wird, an boden gewänne.

καραρύες. — καραρύες· οἱ Σκυθικοὶ οἶκοι· ἔνιοι δὲ τὰς κατήρεις ἁμάξας· lesen wir weiter bei Hesychius. vor allem dürfen wir an nemen, daß in *καραρύες* der stamm *kar-* wie in *carrus* = **wagen karren** und in *carrago* = **wagenburg**, von welchen das erstere außdrüklich Gallern und Germanen, das leztere den Goten zu geschriben wird, wie auß den bereits im geschichtlichen abschnitte s. 64 ff. gebrachten quellen hervor geht, enthalten ist, — vgl. auch Diefb. orig. europ. s. 283 ff. — und somit hierin skythische und germanische sprache überein stimmen. wenn Hesychius $\varkappa\alpha\varrho\alpha\varrho\upsilon\acute{\varepsilon}\varsigma$ mit $o\tilde{\iota}\varkappa o\iota$ erklärt, so ist das lediglich eine sacherklärung, welche nur sovil sagen will, daß die skythischen wagen von der art waren, daß sie zur wonung wie eine hütte, ein haus benüzt werden konten. die worterklärung enthält der außdruck $\varkappa\alpha\tau\acute{\eta}\varrho\varepsilon\iota\varsigma\ \dot\alpha\mu\acute\alpha\xi\alpha\varsigma$, welcher uns den weg der lösung vor zeichnet. $\varkappa\alpha\tau\text{-}\acute\eta\varrho\eta\varsigma$ hat drei hauptbedeutungen: ab geleitet von $\alpha\check\iota\varrho\omega$ — **hangend schwebend**, von $\dot\varepsilon\varrho\acute\varepsilon\omega$ — **mit ruderern versehen**, von $\check\alpha\varrho\omega$ — **zu bereitet auß gerüstet fertig**. nur die leztere kann mit rüksicht auf *kar* in betracht kommen. in irem sinne begegnet uns im germanischen ein wort desselben stammes und derselben bedeutung nämlich das alts. *aru* und das ags. *earu* **celer alacer expeditus paratus** vom stamme *arva*. — vgl. Fick II, 304; Heliand Cott. 2568; Grein ags. sprchschtz. 249 — $\varkappa\alpha\varrho\text{-}\alpha\varrho\upsilon\text{-}\varepsilon\varsigma$ = *kar-aru-es* ist demnach auß dem germanischen *kar* und *aru* zusammen gesezt und bedeutet also **carri expediti, carri parati** d. i. die zum wandern **auß gerüsteten, die reisigen wagen**, wobei es sich von selbst verstund, daß ein solcher wagen das haus ersetzen muste.

$\mu\acute\varepsilon\sigma\pi\lambda\eta$. — $\mu\acute\varepsilon\sigma\pi\lambda\eta\cdot\ \acute\eta\ \sigma\varepsilon\lambda\acute\eta\nu\eta\ \pi\alpha\varrho\grave\alpha\ \Sigma\varkappa\acute\upsilon\vartheta\alpha\iota\varsigma$' heißt es abermals bei Hesychius. das griech. wort $\mu\varepsilon\sigma\pi\acute\iota\lambda\eta$, **mespelbaum** hat nur zufällige äußere änlichkeit mit dem skythischen $\mu\acute\varepsilon\sigma\pi\lambda\eta$. erinnern wir uns, daß die Skythen lichtanbeter sind und iren licht- und wettergott $Oi\tau\acute o\sigma\varkappa\upsilon\varrho o\varsigma$ haben, dessen erster teil des namens *ait-*, wie wir sahen, wirklich **brennen leuchten auß drükt**, so dürfen wir

mit gutem grunde an nemen, daß in $μέσπλη$ auch ein
wort stekt, welches **schimmern leuchten** bedeutet, und auf
dise weise die bildliche vorstellung des mondes wider gibt.
und so ist es auch in der tat. $μέσπλη$ ist nämlich zusammen gesezt auß $μεσ$- und $πλ$-$η$. $μεσ = mes$ mit
kurzem vokal gehört zum stamme *mit-as* = **abwechselnd
wechselweise gegenseitig verkert** — vgl. Fick I, 397
und II, 436 — und ist der vorgänger des got. *missô*. in
$πλ$-$η$ = *pl-e* ist offenbar, da $η$ griechische endung, der
stammesvokal auß gelaßen, wozu erstens die zusammensetzung
und dann auch die kürze dises vokals veranlaßung gab. zugleich kann aber auß der elision des vokals entnommen
werden, daß das wort $μέσπλη$ schon seit undenklich langer
zeit im gebrauche sein muste. der in $πλ$-$η$ auß gefallene
vokal kann nur ein *a* gewesen sein. wir erhalten daher mit
ergänzung des stammvokals $παλ$-$η$ = *pal-e*. *pal-* ist aber
das um eine lautstufe zurück stehende ahd. *fal-o* **fulvus
flavus pallidus**, welches heute noch insbesondere in den
oberdeutschen mundarten erscheint. — vgl. Grf. III, 468;
B M. III, 213; Gr. wtb. III, 1239, 1267; Schm. I, 706 u. a.
— Fick sezt dafür II, 414 den stamm *bhal* **hell sein** an,
wozu *bal-tas* **weiß** und $φαλός$ $φάλιος$ etc. gehören. den
verlängerten stamm besitzen wir im altn. *bâl* ags. *bael*
flamme brand. aber auch im gotischen sind wir so glüklich den stamm *bal* und seine bedeutung **hell weiß** nach
zu weisen; denn bei Procopius d. b. g. I, 18 lesen wir von
einem rosse, welches Belisar ritt: $ὃς\ δὴ\ ὅλον\ μὲν\ τὸ\ σῶμα$
$φαιὸς\ ἦν,\ τὸ\ μέτωπον\ δὲ\ ἅπαν\ ἐκ\ κεφαλῆς\ ἄχρι\ ἐς\ ῥῖνας$
$λευκὸς\ μάλιστα.\ τοῦτον\ Ἕλληνες\ μὲν\ Φάλιον,\ βάρβαροι\ δὲ$
$Βάλαν\ καλοῦσι.$' unter disen barbaren aber sind gotische
völker zu verstehen, da von anderen gar nicht die rede ist.
die gepflogenheit aber bei den Goten, ein pferd mit großem
weißem flecke $Βάλας$ zu nennen, blüht noch heute beim
baierischen landmanne, welcher ein solches noch nach ander-

halb tausend jaren mit dem wenn auch ab geleiteten und
verschobenen namen *fal-h fal-ch* bezeichnet. keren wir zu
unserem skythischen worte zurück, so haben wir also mit
gutem grunde $\mu\varepsilon\sigma\text{-}\pi\alpha\lambda\text{-}\eta$ *mes-pal-e* an zu setzen, woraus
erst $\mu\varepsilon\sigma\text{-}\pi(\alpha)\lambda\text{-}\eta$ $\mu\varepsilon\sigma\text{-}\pi\lambda\text{-}\eta$ entstund. was kann aber
diser name auf den mond an gewendet anders bedeuten als
schließlich wechsel-licht, und welcher außdruck wäre
auch dem veränderlichen bilde des mondes gegenüber, welcher
bald mit seiner ganzen, bald mit seiner halben oder viertel
scheibe auf die erde hernider glänzte, treffender gewesen?
die Skythen wusten aber stets, wie wir bißher sahen, die
dinge kurz und schlagend zu benennen. ich erlaube mir
noch zu bemerken: das got. $B\acute{\alpha}\lambda\alpha\varsigma$ stimt in der lautstufe
sowol mit $\Phi\acute{\alpha}\lambda\iota o\varsigma$ als mit altn. *bál*, ags. *bael* überein; das
skythische *pal-* nimt die mittelstufe zwischen gotisch und
althochdeutsch, wenn es nicht auß *bal-* durch die Griechen
bereits verschoben wurde; das ahd. *fal-* verlangt übrigens
ein unmittelbar vorauß gehendes *pal*. die Baiwaren haben
den stamm *bal pal* noch in einem anderen worte bewart,
welches bißher unrichtigem ursprunge zu geschriben wurde,
nämlich in dem namen des weithin glänzenden weißen quarz-
gebirges, welches quer den baierischen wald durchzieht. wer
dise schimmernden felsen je im sonnenglanze oder bei monden-
schein gesehen hat, dem ist es keinen augenblick zweifelhaft,
warum die alten dises gestein mit dem namen *Pfal* belegt
haben; denn *pfal* ist nur oberdeutsch verschoben auß *phal*,
welches seinerseits wider auf *pal-* das im althochdeutschen
vermiste aber unbedingt an zu nemende bindeglid zurück
geht, welches zulezt auf *bal* fürt. die reihenfolge ist dem-
nach: *bal pal phal pfal* wie in $\beta\alpha\acute{\iota}\tau\eta$, got. *paida*, ahd.
pheit, mhd. *pheit* und *pfeit*, baiw. *pfaid* und in unzäligen
anderen' nach Grimm's gr. I² 127 fg. und 132 fg. und Weinhold's gr. § 128 ff. der *Pfal* verdankt also seinen namen der
weiße seines gesteins und hat weder mit lat. palus, welches

bei gleichem lautstande sich natürlicher weise im deutschen auch zu *phal pfal* verschieben muste und namen wie *pfalrain pfal-hecken pfal-ranken pfal-graben* bildete, noch mit lat. vallum irgend etwas gemein. — vgl. Schm. I, 423 — der älteste zeuge dafür aber, daß der *Pfal* wirklich vom volke als weißes gebirge von jeher betrachtet wurde, ist die uralte burg Weißenstein, einst unter dem regiment der grafen von Bogen jezt ruine nahe bei dem markte Regen, welche in der ahd. zeit auf dem Pfale erbaut und one zweifel nach der farbe des gesteins benant wurde. durch das wort *Phal Pfal* erhält endlich auch der germanische *Phol*, der gott des lichtes, seine unverrükbare stelle, um so mer als statt *Pfal* heute noch auch *Pfol* erscheint, dessen notwendiger vorgänger *Phol* sich somit volständig dem worte des gottes *Phol* gleich stelt. — vgl. Grimm's mythol. IV. außg. I, 185 ff.; Panzer I, 371 —

μόσυνες, μόσσυνες. — ich komme zu einem längst bekanten aber bißher nicht genug beachteten worte. ich laße vor allem die bezüglichen stellen folgen: ‚Μόσσυνες ἐπάλξεις. πύργοι. καὶ ἔθνος Σκυθικόν.' Hesychius. ‚Μοσσυνικὰ μαζονομία· ποντικὰ ὁ Δίδυμος ἤκουεν· οἱ γὰρ Μοσσύνοικοι ἐν Πόντῳ εἰσί. λέγει δὲ τοὺς ξυλίνους πίνακας.' der nämliche. ‚Μοσσυνικοί· ξύλινοι πίνακες μεγάλοι, ὥστε ἐν αὐτοῖς καὶ ἄλφιτα μάσσειν · (ἐν τῷ Πόντῳ δέ εἰσι)' ebenderselbe. Strabo 549 erzält: ‚τινὲς δὲ καὶ ἐπὶ δένδρεσι ἢ πυργίοις οἰκοῦσι, διὸ καὶ Μοσυνοίκους ἐκάλουν οἱ παλαιοί, τῶν πύργων μοσύνων λεγομένων.' bei Dionysius Periegetes heißt es 766:

‚Μάκρωνες, Φίλυρές τε καὶ οἱ μόσσυνας ἔχουσι δουρατέους ...'

Eustathius bemerkt zu diser stelle: ‚ὅτι τοὺς Μοσυνοίκους περιφράζων ἢ ἐτυμολογῶν ὁ Διονύσιος λέγει μόσυνας ἔχειν δουρατέους, ἤγουν ξυλίνους...' Xenophon

anab. V, 4, 14 berichtet über dises volk: ‚εἶχον δὲ καὶ
σαγάρεις σιδηρᾶς. ἐντεῦθεν ἐξῆρχε μὲν αὐτῶν εἷς, οἱ δὲ
ἄλλοι πάντες ἐπορεύοντο ᾄδοντες ἐν ῥυθμῷ . . .' ibidem
32: ‚. . . ἐπεδείκνυσαν αὐτοῖς παῖδας . . . ἁπαλοὺς καὶ
λευκοὺς σφόδρα . . .' ibidem 33: ‚λευκοὶ δὲ πάντες
οἱ ἄνδρες καὶ αἱ γυναῖκες.' bei Diodorus Sic. XIV, 30
lesen wir: ‚. . . συμφυγόντων δὲ εἴς τι χωρίον ἐν ᾧ κατῴ-
κουν ἑπτορόφους ἔχοντες ξυλίνους πύργους . . .' auch
Apollonius Rhodius II, 381 gedenkt der holztürme:

*Δουρατέοις πύργοισιν ἐν οἰκία τεκτήναντες
Κάλλινα, καὶ πύργους εὐπηγέας, οὓς καλέουσι
Μόσσυνας.'*

Pomponius Mela I, 21 erwänt die Mosunoeker mit den
worten: ‚ultra Carambin Mosynoeci turres ligneas sub-
eunt . . .' eine stelle des Athenaeus VIII, 35 lautet: ‚οἶδα
δὲ καὶ τοὺς περὶ Μόσυννον τῆς Θρᾴκης βοῦς, οἱ ἰχθῦς ἐσ-
θίουσι . . .' wer sind die Mosunoeker? sie sind ein altes
volk und haben schon lange ire wonsitze inne; denn Herodot
III, 94 und VII, 78 kent sie bereits als untertanen des
Persenreiches, one sich aber über ire abstammung auß zu
sprechen. Hesychius nent sie Skythen, wofür auch Xenophons angaben sprechen; denn die Mosunoeker haben kinder
von weicher und weißer haut und auch männer wie
frauen sind weiß. insbesonders aber ist es die eisene
σάγαρις, deren sie sich bedienen, welche sie zu Skythen
stempelt, weil die waffe unter allen Asiaten allein den Saken
d. i. Skythen eigen ist. die sitte des schlachtgesanges aber,
des vil besprochenen germanischen baritus, sowie der
gebrauch des einbaums nach Xenophons anab. V, 4, 11
‚ἧκον (Μοσύνοικοι) . . ἄγοντες τριακόσια πλοῖα μονόξυλα
καὶ ἐν ἑκάστῳ τρεῖς ἄνδρας . . .' stelt sie von selbst an die
seite der Germanen. wenn Athenaeus von der statt *Μόσυνος*
in Thrakien spricht, worunter nur das asiatische verstanden

werden kann, so ist diser irtum in so ferne zu entschuldigen, als ja an der südseite des Pontus Thraken und Skythen sich fast gerade so die hand reichten, wie auf der nördlichen. die Mosunoeker erhielten iren namen von den **türmen häusern und befestigungen**, welche sie bewonten. dise ire bauwerke wurden μόσυνες μόσσυνες μόσυνοι genant, weil sie **auß hölzenen baumstämmen** gefertigt waren. der einzelne stamm aber hieß ebenfals und ursprünglich allein μόσυν, wie ja klar darauß hervor geht, daß größere und kleinere einzelne holzgefäße, welche auß holzstämmen gearbeitet waren, die namen μοσυνικός μοσυνικόν nach Hesychius trugen, so insbesondere die größeren schüßeln zum an machen und kneten des brodteiges. diß gleicht auch unserer sitte, nach welcher **tröge mulden becher auß stämmen im ganzen geschnizt wurden**. pokale der art auß birken her gestelt füren biß auf heute den namen **birkmaier**. was aber dem worte μόσυν mosun die große bedeutung wider verleiht, ist die tatsache, daß es ein echt germanisches wort ist, welches uns zwar nicht in der **hochdeutschen sprache**, wol aber in der **volksmundart** begegnet, welch' leztere ja vile worte bewarte, welche die hochsprache verlor oder nie hatte. wie nun μοσ-υν *mosun* auf *-un* vom stamme *mos-* ab geleitet ist, so das germanische wort auf *al el* vom nämlichen stamme *mos-*. *mos-el mus-el* lautet daher das leztere, welches der oberdeutschen sprache und insbesondere der baiwarischen mundart an gehört und den **ab gehauenen teil eines baumstammes** gerade so bedeutet wie μοσ-υν. vom baierischen hochgebirge biß zum baierischen walde bin ich disem worte nach gegangen und habe es immer in der nämlichen bedeutung gefunden. *mosel musel blöchel* und *zil* sind die namen, welche je nach der länge des holzstammes bald gleich bald verschieden in der bedeutung gebraucht werden. *mosel blöchel* und *zil* schneiden auß den gefälten ganzen bäumen ist die tägliche beschäftigung der holzarbeiter. *span-musel liucht-musel schindel-musel* sind namen auß der verwendbarkeit des betreffenden stück holzes hervor gegangen. — vgl. Schm. I, 1674; Adlg. III, 324 — ‚müsele, ein ab gesägter holzklotz, welcher sich leicht in dachschindel spalten läßt' lesen wir auch in Schmid's schwäb. wtb. 396. die gebäude auß disen μόσυνες = holzstämmen waren also hölzene blokhäuser, in welchen die Skythen wonten und welche inen zugleich zu schutz und trutz dienten. so ist das ἐπὶ δένδρεσιν ἢ πυργίοις bei Strabo zu verstehen und auß Diodor ersehen wir, daß biß zu siben stokwerken, also in der tat turmänlich dise werke in die höhe gebaut wurden.

in den assyrischen denkmälern begegnen uns die Μοσσύνοικοι unter dem namen *Mas-n-aka*. dise form für einen beweis an zu sehen, daß die Griechen das skythische *mosun* nicht mit irem οἶκοι zusammen gesezt hätten, wie H. Kiepert alt. geogr. s. 95 anm. meint, ist völlig unerfindlich; im gegenteile, die Griechen haben das wort Μοσσύνοικοι od. Μοσύνοικοι durchauß selbständig und unabhängig vom assyrischen *Masnaka* gebildet. sie kanten ja, insbesondere die in Kleinasien, längst, villeicht sogar ehe sie nach Europa übersezten und jedenfals vor den Assyriern das skythische volk der Mosunoeker an der küste des südlichen Pontus durch ire handelsverbindungen und hatten über dasselbe ire ein gehenden beobachtungen an gestelt, wie auß den zalreichen von mir oben an gefürten stellen klar hervor geht. wären inen die Mosunoeker erst durch vermittelung der Assyrier bekant geworden, so hätten sie sicherlich nach dem assyrischen namen ir wort auch Μασάνακαι geformt. mit vil größerem rechte kann man den assyrischen außdruck für eine wörtliche herübername auß dem griechischen halten; denn wenn die Assyrier in der bildung ires wortes selbständig zu werke giengen, warum gestalteten sie dann auß dem skythischen stamme *mos-* oder *mos-un-* nicht unmittelbar *mas-a* oder *mas-n-a,* sondern ganz änlich und greifbar nach $Μοσύνοικοι$ oder vilmer $Μοσ(υ)νοικοι$ — *Mas-n-aka*?

bezüglich des sprachlichen verhältnisses zwischen dem skythischen *mos- moss-* und dem deutschen *mos- mus-* sind nur zwei fälle denkbar. entweder ist das *s* in dem worte organisch, dann versteht sich die gleichheit des skythischen und deutschen wortes von selbst; oder das *s* ist nicht organisch, dann kann es in berüksichtigung des durchganges des skythischen wortes durch die griechische sprache nur ein *t* vertreten und $μόσσυνες$ $μόσυνες$ statt $μόττυνες$ $μότυνες$ stehen. in disem falle erhalten wir im skythischen *mot-,* auß welchem durch verschiebung im deutschen wider *moz- muz-* und schließlich *mos- mus-* sich ergeben muß. merkwirdig erscheint in lezterer beziehung dann eine annäherung des skythischen *mot-* an das *med-ela med-ula* der lex alam. 96, 1 im sinne von *lancwitu* = **langholz langbaum**, an das *mod-ula* der lex Rothar. **quercus robur**, sowie an das an. *meiðr* **arbor** und das lit. *med-is* **arbor lignum**.

ob die alten ländernamen $Μυσία\ Μοισία$, denn beide worte sind nach überliferung der alten autoren völlig gleich, zu unserem *mus-* gestelt werden dürfen, kann, obwol ich in einem alten berichte las, daß $Μυσία$ **baumland waldland** bedeuten solle, nicht entschieden werden, da keine belegstelle eines alten autors, der dise anname bestättigen würde, auf gefunden werden kann.

$σακυνδάκη.$ — $Σακυνδάκη·$ $ἔνδυμα\ Σκυθικόν.$' Hesychius. dises $σα\text{-}κυνδ\text{-}ακη$ ist ein überauß lerreiches und darum für uns höchst schäzbares wort. jederman siht sofort seine bildung auß $σα$ und dem perso-griechischen $κανδ\text{-}υκη$, welches in $κυνδ\text{-}ακη$ warscheinlich des wollautes halber wegen des zu anfang stehenden $σα$ mit vokalwechsel des $α$ und $υ$ verkert wurde. $κανδ\text{-}υκη$ ist aber selber ab geleitet auß *κανδ-υς*, welches uns Xenophon in seiner cyrop. I, 3 treu bewart hat. *κανδ-* = *kand-* ist also der ursprüngliche skythische wortstamm. im medo-persischen bedeuten *κάνδυς* und *κανδύκη* eine art oberkleid. daß wort und tracht von den asiatischen Skythen auf die Medo-Persen über gehen konte, ist ebenso natürlich, als wie daß umgekert eine medische kleiderübername von seite der Parther, welche ja abkömlinge der Skythen waren, statt fand. Skythen, Medo-Persen und Baktrer kamen ja seit tausenden von jaren in fort gesezte teils feindliche teils freundliche berürung und darum ist es selbstverständlich, daß wechselseitiger einfluß sich geltend machte. das bemerkenswerteste an dem worte *σακυνδάκη* = *σα-κυνδ-ακ-η* bleibt aber, daß wir an im das demonstrative pronomen *σα* = *sa* nach weisen können, welches die Skythen bereits wie die Goten ir *sa sô þata* als artikel gebrauchten und vor das substantiv sezten. Hesychius konte natürlich das nicht verstehen, und gerade darüber dürfen wir uns freuen; denn im anderen falle hätte er den artikel als nicht zum worte gehörig weg gelaßen. wir können freilich nicht sagen, ob das skythische *sa* masculinum oder femininum auß drücken soll, erstens, weil wir nicht wißen, welches geschlecht das skythische hauptwort hatte und zweitens, weil damals das masculinum und femininum nur durch die quantität des *a* sich unterschieden. das tut aber der tatsache vom artikel keinen eintrag. wir werden demselben gleich in dem nächstfolgenden worte wider begegnen, wo er auch bei den Thraken in fast einem und demselben sprachdenkmale nach gewisen werden kann.

σανάπτις und *σανάπαι.* – *Σανάπτιν· τὴν οἰνιώτην· Σκύθαι.*' Hesychius. hiezu halte man: ‚*οἱ μέθυσοι σανάπαι λέγονται παρὰ Θρᾳξίν, ᾗ διαλέκτῳ χρῶνται καὶ Ἀμάζονες.*' schol. Apoll. Rhod. II, 948. Skythen und Thraken ist hier das nämliche wort gemein, wie ja auch beide völker brudervölker sind. wenn auch von den Amazonen gesagt wird, daß sie dieselbe sprache reden, so hat das für uns ebenfals nichts fremdartiges, sovil wir über dieselben bereits wißen. wichtig aber ist, daß wir an disem worte die zusammengehörigkeit von Skythen, Thraken und Germanen wider erweisen können. um aber zur lösung des wortes zu kommen, müßen wir darüber im klaren sein, was wol Thraken und Skythen veranlaßung zur bezeichnung des trunkenen zustandes überhaupt gegeben haben mochte. und da glaube ich, daß die gewönlichen äußerungen derselben als: unsicherheit im gebrauche der glider, wanken des körpers, taumeln, stolpern und zulezt schläfriges wesen inen gerade so wenig entgiengen, als uns heut zu tage. damit sind wir aber schon am zile; denn für dise sämtlichen zustände haben wir im germanischen den stamm *hnap-*, so im ags. *hnappian* dormitare, *hnappung* dormitatio nach Greins sprachsch. I, 90, engl. *to nap,* im ahd. das intensivum *hnaffezan nafizan nafizôn* dormitare, *naffezunga* dormitatio, im mhd. *nafzen* etc. — vgl. Grf. II, 1053; BM. II, 296; Schm. I, 1729; Grimm's wtbch. VII, 349 ff. — wie aber noch heute *nafezen* nicht bloß für dormitare, sondern für taumeln schwanken stolpern gilt, so muste es auch bei Thraken und Skythen gewesen sein, so daß also der $\sigma\alpha\nu\acute{\alpha}\pi\eta\varsigma$ als der taumelnde sowol, als auch als der durch die wirkung der getränke wie zum schlafe ein nickende so recht das wesen der trunkenheit zur anschauung brachte. in $\sigma\alpha$-$\nu\alpha\pi$-$\alpha\iota$ = *sa-nap-ae,* $\sigma\alpha$-$\nu\alpha\pi$-τ-$\iota\varsigma$ = *sa-nap-t-is* haben wir aber wie im vorhergehenden worte das demonstrative pronomen *sa* als artikel im skythischen wie im thrakischen. in lezterer sprache wurde bei dem plurale der artikel nicht mit deklinirt, worüber den überliferer, der ja *sa* zum stamme gehörig hielt, natürlich kein vorwurf treffen kann. das im stamme *hnap* organische *h* konte in der zusammensetzung nicht gegeben werden. bemerkenswert bleibt aber die ganz richtige ableitung im hesychischen σα-ναπ-τ-ις mit t, wodurch wie im germanischen bereits auch im skythischen das substantiv bezeichnet wird. Schmidt und Diefenbach orig. europ. s. 68 verkennen hier den Hesychius, weil sie sein σανάπτις dem thrakischen σανάπαι gegenüber tadeln; sie vergeßen eben ganz und gar, daß das skythische wort substantiv, das thrakische adjektiv ist.

Σκυθιάς und *Σκυθίς.* – ‚*Σκυθιάς·* οὕτως ἐκαλεῖτο ἡ *Δῆλος·*‘ Hesychius. diß bestättigt Stephanus von Byz. p. 227, 3 mit den worten: ‚*Δῆλος* . . . *κεκλῆσθαι δὲ αὐτὴν καὶ Σκυθίδα Νικάνωρ φησίν.*‘ dise zwei unscheinbaren sätze sind in iren folgen von geradezu unabsehbarer tragweite; denn Skythen, Thraken, Germanen sowie die stämme der Kelten werden wir durch sie mit einem unlösbaren bande verknüpft sehen. die insel Delos hatte also die namen *Σκυθίς* oder *Σκυθιάς*, weil sie von Skythen einst bewont und beherscht war. die Skythen in iren oftmaligen stürmen durch Asien beschränkten sich nicht bloß auf das festland, sondern betraten auch die see, gerade wie die Thraken und deren abkömlinge die Phrygen, deren spuren auf Kreta, dem Peloponnes, auf Zakynthos und anderwärts nach gewisen werden können.

Κύνθος. – auch die Skythen ließen auf Delos ein unsterbliches denkmal zurück im höchsten berge der insel im *Kunthus* = *Κύνθος*, auf welchem Apollo und Diana von der Latona geboren wurden und deshalb die beinamen *Κύνθιος*, *Κυνθία* erhielten, mit welch' lezterem auch Delos selbst oft genant wird. längst vor der griechischen kultur muste dise skythische benennung des berges statt gefunden haben, welche die Griechen übernamen und getreu überliferten. Strabo c. 485 schreibt: ‚. . . *ὑπέρκειται δὲ τῆς πόλεως ὄρος ψιλὸν ὁ Κύνθος καὶ τραχύ* . . .‘ bei Vergilius Aeneid. I, 502 heißt es:

‚. . . . aut per juga Cynthi
Exercet Diana choros . . .' und ibidem IV, 147:
‚Ipe jugis Cynthi graditur . . .'

Plinius hist. nat. IV, 12 erzält unter anderm von Delos: ‚cingitur quinque mil. pass. assurgit Cyntho monte.' die namen Cynthius und Cynthia von Apollo und Diana gewären Vergil ecl. IV, 3; Ovid metam. VII, 755, XV, 537, fast. II, 91, II, 159, III, 345 u. a. der skythische name $Kv\nu$-ϑ-$o\varsigma$ lat. Cyn-th-us = Kun-th-us aber ist mit -th oder fals skythisch t im griechischen erst zu ϑ verschoben wurde, mit -t auf ganz germanische weise vom stamme kun vertex altitudo summitas ab geleitet.

kun, vertex altitudo summitas. — diser stamm ist Indoskythen, eranischen Skythen oder Saken, Skythen jenseit des Imaus, europaeischen Skythen, Thraken, Germanen und Kelten gemeinsam und zwar erscheint er unabgeleitet im altnidd. *kun kůn* und im kelt. *cun cwn*; konsonantisch ab geleitet im skyth. *kun-th khon-d kon-d,* im thrak. *kun-th,* im germ. *hun-t hun-d,* im kelt. *chyn-i-ad chun-i-ad cun-i-ad.* zusammen gesezt finden wir *kun* resp. dessen ableitung *kun-th* mit folgenden partikeln: mit thrakisch *ara,* wofür auch verdumpft *ora* und *or* erscheint, mit germ. *er her* und mit kelt. *ar er her.* endlich finden wir *kun-th* mit dem vor stehenden Skythen, Thraken und Goten gemeinsamen artikel *sa,* der freilich Griechen und Römern entgeht. als belege für das einfache ab geleitete und zusammen gesezte wort mögen folgende beispile dienen: Polyaen strat. I, 1 erzält: $\tau\rho\iota\kappa\acute{o}\rho\upsilon\varphi o\nu$ $\ddot{o}\rho o\varsigma$ $\tau\tilde{\eta}\varsigma$ $'I\nu\delta\iota\kappa\tilde{\eta}\varsigma\cdot$ $\tau\tilde{\omega}\nu$ $\delta\grave{\epsilon}$ $\kappa o\rho\upsilon\varphi\tilde{\omega}\nu$ $\dot{\eta}$ $\mu\grave{\epsilon}\nu$ $\kappa\lambda\eta\ddot{\iota}\zeta\epsilon\tau\alpha\iota$ $Ko\rho\alpha\sigma\beta\acute{\iota}\eta,$ $\dot{\eta}$ $\delta\grave{\epsilon}$ $Ko\nu\delta$-$\acute{a}\sigma\kappa\eta,$ $\tau\grave{\eta}\nu$ $\delta\grave{\epsilon}$ $\tau\rho\acute{\iota}\tau\eta\nu$ $\alpha\dot{\upsilon}\tau\grave{o}\varsigma$ $\dot{\epsilon}\kappa\acute{\epsilon}\lambda\epsilon\upsilon\epsilon$ $M\eta\rho\acute{o}\nu.'$ sonst heißen die drei spitzen des indischen götterberges: Kailâsa *Kuntha* und Meru. — vgl. v. Bohlen alt. Ind. I, 143 — heute noch gibt es nach Spiegels Eran ein *Khond*-gebirge in der nähe von Jelalabad; ebenso nach demselben zwei berge

Kond-er-açp in Eran. sämtliche bißher auf gezälten namen gehören den in Binnenasien biß nach Indien verbreiteten Skythen an. als einen sprachüberrest desselben volkes im äußersten nordosten, im heutigen Transbaikalien, dürfen wir mit gutem grunde das gebirge *So-kondo* oder *Tscho-kondo* gelten laßen. daß die Skythen so weit, ja biß an den großen okean schweiften, werden wir nicht vergeßen zu beweisen.

Ἀράκυνθος **und** Ζάκυνθος. – ich komme zu der zusammensetzung mit der thrakischen partikel *ara* und *kun-th* und der phrygo-thrakischen bildung mit dem artikel *sa* und *kun-th*. weil aber dise sprachdenkmäler an orten gefunden werden, von welchen Thraken und Phrygen später wider wichen, ist es notwendig, die ehemalige anwesenheit derselben nach zu weisen. dabei muß ich gleich von voneherein, sovil die Phrygen an geht, aufmerksam machen, daß nach allen sprachlichen beweisen, welche wir von den Phrygen besitzen, es sich so verhält, wie die hervorragendsten alten autoren an nemen, nämlich, daß die **Phrygen** unbedingt den **Thraken** der herkunft nach zu gewisen und deshalb als ein **echt thrakischer stamm** betrachtet werden müßen, dadurch aber mit den **Germanen** in ein verwantschaftsverhältnis treten, von welchem man bißher gar keine anung hatte. ich muß darüber auf meine abhandlung über die Thraken des weiteren verweisen, in welcher ja die Phrygen als ein teil des ganzen außfürlich besprochen werden.

von den Thraken wißen wir nun, daß sie in uralten zeiten fast ganz Griechenland beherschten. Strabo 321 erzält: ‚Ἑκαταῖος μὲν οὖν ὁ Μιλήσιος περὶ τῆς Πελοποννήσου φησὶν διότι πρὸ τῶν Ἑλλήνων ᾤκησαν αὐτὴν βάρβαροι. σχεδὸν δέ τι καὶ ἡ σύμπασα Ἑλλὰς κατοικία βαρβάρων ὑπῆρξε τὸ παλαιόν, ἀπ' αὐτῶν λογιζομένοις τῶν μνημονευομένων, Πέλοπος μὲν ἐκ τῆς Φρυγίας ἐπαγαγομένου λαὸν εἰς τὴν ἀπ' αὐτοῦ κληθεῖσαν Πελοπόννησον ...' wir haben demnach schon Phrygen d. i. Thraken im Peloponnes.

weiter aber heißt es daselbst bei Strabo: ‚τὴν μὲν γὰρ Ἀττικὴν οἱ μετὰ Εὐμόλπου Θρᾶκες ἔσχον.' ferner ebendaselbst: ‚οἱ δὲ Θρᾶκες καὶ Ἰλλυριοὶ καὶ Ἠπειρῶται καὶ μεχρὶ νῦν ἐν πλείραῖς εἰσιν . . . Μακεδονίαν μὲν Θρᾶκες καί τινα μέρη τῆς Θετταλίας (ἔχουσι) . . .' zu dem erzält Dionysius Halicarn. I, 1, daß **Ζάκυνθος**, ein son des phrygischen königs **Dardanos**, ein gefolge von Phrygen auf eine insel des jonischen meres an gesidelt und nach sich benant habe. wir sehen also bereits das **ganze griechische festland und eine insel von den Thraken**, welche Herodot unter die grösten völker des altertums rechnet, in der vorgriechischen zeit ein genommen. daß aber die sagen und überliferungen der alten einen waren geschichtlichen untergrund haben, werden wir sogleich erfaren; denn bei eben demselben Strabo lesen wir 450: ‚ἔχει δὲ καὶ ἡ Αἰτωλία ὄρος μέγιστον μὲν τὸν Κόρακα, συνάπτοντα τῇ Οἴτῃ, τῶν δ' ἄλλων ἐν μέσῳ μὲν μᾶλλον τὸν Ἀράκυνθον . . .' bei dem nämlichen steht 460: ‚κατὰ δὲ τὴν Αἰτωλίαν ἣν Ὤλενος, ἧς ἐν τῷ Αἰτωλικῷ καταλόγῳ μέμνηται Ὅμηρος, ἴχνη δ' αὐτῆς λείπεται μόνον ἐγγὺς τῆς Πλευρῶνος ὑπὸ τῷ Ἀρακύνθῳ.' von Dionysius Perieg. lautet vers 431:

‚Τῆς δ' ὕπερ ἐς νότον εἰσι μετὰ σκοπιὴν Ἀρακύνθου, ἀνδρῶν Αἰτωλῶν πεδίον μέγα . . .'

Plinius hist. nat. IV, 2 schreibt: ‚montes clari . . . in Acarnania **Aracynthus** . . .' Vergil ecl. II, 23 ff. singt:

‚Canto, quae solitus, si quando armenta vocabat, Amphion Dirçaeus in Acteo **Aracyntho**.'

wir treffen demnach zwei gebirge mit dem namen **Ἀράκυνθος** und zwar das eine an der gränze zwischen Acarnania und Aetolia am flusse Achelous, das andere im lande der Boeoter. beide sind **unvertilgbare denkmale thrakischen wesens** und bilden eine glänzende bestättigung der oben an gefürten angaben der alten über ehemalige außbreitung des thrakischen volkes. Ἀρα-κυν-θ-ος = *Ara-kun-th-us* ist nämlich zusammen gesezt auß unserem vom stamme *kun* **vertex altitudo summitas** ab geleiteten *kun-th* und der partikel *ara*, welche verstärkend wirkt, so daß *Arakunth* den **großen berg, die gewaltige höhe** bedeutet. auch die oben erwänte sage von Ζάκυνθος ist in der weise richtig, daß die insel von den Phrygen den abkömlingen der Thraken benant wurde. und zwar ist Ζάκυνθος = Ζα-κυν-θ-ος = Σα-κυν-θ-ος = *Sakun-th-us*, wobei *sa* der thrako-skytho-gotische artikel vor das wort trat, wie wir es schon oben sahen beim thrakischen σα-νάπαι, beim skythischen σα-νάπτις und σα-κυνδάκη. *Sa-kun-th-us* will demnach, wenn wir die verhältnisse einer insel berüksichtigen **die hohe, die empor ragende** bezeichnen. *z* und *s* wechseln wie im gotischen so auch häufig im thrakischen z. b. Ζάλμοξις und Σάλμοξις, Ζεύθης und Σεύθης, Γεβελέϊζις und Γεβελέϊσις u. a. nach Thukydides II, 66 bevölkerten später achäische kolonisten **Sakunth** und die **Sakunthier** gründeten selber wider die spanische statt **Sagunt**, in welchem worte das *s* im ursprünglichen artikel *sa* durch die sprache der Römer wider zur geltung gelangte.

hun, gigas. – nach disen vor gefürten beweisen über das vorkommen des ab geleiteten *kunth* etc., wonach die anname eines skytho-thrakischen einfachen stammes *kun* im höchsten altertume über jeden zweifel erhaben ist, weil es ja one *kun* kein *kun-th* geben könte, wird auch auf manche andere worte, welche uns der zeit nach näher stehen und bißher unaufgeklärt waren, helles licht fallen. vor allem müßen wir einsehen, daß das keltische *cun cwn* **vertex altitudo summitas** mit nichten eine eigentümlichkeit diser sprache allein ist, sondern nur ein gemeinsames gut, welches sie mit Skythen und Thraken und wie wir gleich erfaren werden, auch mit

Germanen von jeher geteilt hat; denn ziehen wir die germanischen sprachen behufs untersuchung ires wortschatzes bezüglich unseres fraglichen *kun* in unseren bereich, so müßen wir gleich das ahd. *hun* **gigas** und alles was sich daran knüpft, zu *kun* stellen. vor allem steht urverwantes skytho-thrakisches *kun* zu got. und ahd. *hun* im richtigen abstufungsverhältnisse, wie altind. *kapâla* (cranium), griech. *κεφαλή*, got. *haubiþ*, ahd. *houpit;* lit. *kwetys* **triticum**, got. *hvaiteis*, ahd. *hweizi;* kelt. *Catmôr* = *Catumârus*, ahd. *Hadumar* dar tun. sachlich fält doch von dem risen zuerst seine größe, sein empor ragen über andere menschen auf. seit urdenklichen zeiten werden ferner berge mit risen verglichen, wobei ich an die von bergen gebildeten risennamen *Albion* und *Bergion*, söne des Neptun, gegen welche Herkules kämpft, wie Pomp. Mela II, 5 erzält, auf die risen *Haimo* und *Thurs*, *Orentil* und *Kerwentil* offenbar dem berge *Orteles* und *Karwendel* nach gebildet, hin weise, sowie an den ebenso alten glauben erinnere, nach welchem die bergspitzen nur die häupter oder helme der versunkenen risen und die täler ire fußstapfen bilden. — vgl. Quitzm. h. rel. d. B. s. 181 ff. und Sepp's bair. sgnsch. s. 532 — die bißherige anname, daß ahd. *hun* rise mit dem volksnamen der Hunnen Hiunen Heunen zusammen zu halten sei, war von jeher nicht durch den mindesten anhaltspunkt begründet. wie solten überhaupt die Germanen dazu gekommen sein, den Hunnen den begriff des risenhaften unter zu schieben! die Hunnen stunden an gestalt, körperkraft und anzal durchweg unter den Germanen. diß geht sowol auß den berichten der alten hervor, als auch klingt es durch das ganze Nibelungenlied noch nach. das verhältnis der Ostgermanen, welche sich Attila an schloßen, war das von verbündeten ebenbürtigen fürsten, nicht von vasallen, wofür vile unumstößliche tatsachen sprechen. dagegen können römische oder griechische meldungen, welche etwa worte wie untergeben unterworfen u. s. w. gebrauchen, nicht auf kommen. Attila war nur der kopf, welcher die germanischen fürsten, welche seit dem höchsten altertum wie leider biß auf die neueste zeit einander befehdeten, für eine einzige idee zu begeistern und zu gebrauchen verstund. aber er hieng von irem willen ab und muste denselben manchmal zu dem seinigen machen. ein beispil möge diß erhärten. Attila schikte eine gesantschaft zu Theodosius dem jüngeren behufs rükgabe der zum kaiser geflohenen Skythen id est Goten und zalung des tributs und fügte bei: damit nicht die Skythen d. i. die mit im verbundenen Goten krieg erheben würden; denn sagte er: ‚$οὐδὲ\ αὐτὸν\ ἔτι\ ἐθέλοντα\ τὸ\ Σκυθικὸν\ ἐφέξειεν\ πλῆθος$‘ er könne auch wenn er wolle die gotische menge nicht mer im zaume halten. das war denn auch in wirklichkeit der fall, und Attila nach Petrus Patricius zu einem einfalle ins römische gebiet gezwungen. nicht umsonst wurden ferner in der holzburg Attilas bei tische die germanischen fürsten nach Priscus mit goldenem und silbernem geschirre bedient, und strozten ire waffen und ir geschmeide von gold und edelsteinen, welche nicht zum minderen teile geschenke Attilas waren. die Hunnen hatten ire weltmacht überhaupt nur durch die Germanen erlangt und aufrecht erhalten und als leztere sich von inen ab wendeten, brach dieselbe auch wider zusammen. ‚et sic (Goti) eos (Hunnos) suis a finibus inglorios pepulerant, ut jam ex illo tempore, qui remanserunt Hunni, et usque hactenus Gotorum arma formident' heißt es c. LIII bei Jornandes. kein volk aber wird diejenigen, welche es zu widerholten malen aufs haupt schlägt und biß an die Wolga jagt, risen nennen, am wenigsten ein germanisches. als die Hunnen wider auf ire östlichen steppen beschränkt waren, verschwanden sie auß der geschichte, und auch ir name wurde nicht mer genant und wäre sicherlich verschollen, wenn er nicht künstlich wider erwekt worden wäre. diß geschah, als die **Ungarn** erschinen und mit denselben die einfälle dises volkes in Deutschland begannen. äußere änlichkeit dises Finnenvolkes mit den ehemaligen Hunnen fürten auf den unbegründeten wan, als wären leztere wider auf erstanden. die Ungarn wurden nun mit dem geborgten namen der Hunnen belegt und der irtum, der von halb wißenden chronikenschreibern mit vorliebe gepflegt wurde, wucherte fort und überdauerte weit die zeit des mittelalters. da ist es denn erklärlich, daß der germanische wortstamm *hun* nicht mer erscheinen konte, one mit den **Hunnen** in verbindung gebracht zu werden, und daß der begriff des **unheimlichen** und **schreklichen** ebenfals von dem namen der Hunnen unzertrenbar wurde; denn der blick war einmal getrübt, wie er es noch heutigen tages ist; konten sich ja die hervorragendsten sprachforscher, darunter selbst ein Jakob Grimm, obwol er dise vermengung ser gut kent, — vgl. mythol. s. 433 und wtbch. IV^2, 1942 ff. — noch nicht ganz von disem seit jarhunderten ein gewurzelten vorurteile los machen.

hünebedde. — einen der triftigsten beweise für des verfaßers ansicht lifern die sogenanten *hünebedde hunebedden,* welche bezeichnung fast außschließlich in Niderdeutschland — *hünengrab* ist ein verhältnismäßig junges hochdeutsches wort — biß nach Gronningerland und Dronthe für **risengräber risenhügel** gebraucht wird, und wo noch heute *grot as en hüne* risenmäßigen wuchs bezeichnet. gerade aber in dise gegend hatte, wie geschichtlich nach zu weisen ist, ein Hunne nie einen fuß gesezt. hier hat sich eben *hun* in der ursprünglichen bedeutung **altus summus** erhalten und *hünebedde hunebedden* mag sowol grab eines *hunen* d. i. risen oder villeicht noch einfacher und ursprünglicher geradezu **hohes grab hügelgrab**, von den auf getürmten erd- und steinmassen so genant, bedeutet haben, gleichwie in Oberdeutschland die landbevölkerung dise alten heidnischen gräber, aber auch künstliche hügel mit *lewern lewer* bezeichnet von ahd. *hlêwari*, mhd. *lêwer,* welches auf ahd. *hlêo* got. *hlaiv* zurück geht und auch alts. als *hlêo,* ags. als *hláv,* afris. als *hli* h ü g e l g r a b h ü g e l wider kert. — vgl. Grf. IV, 1093 —

Altkun. - auch dafür, daß *kun hun* und ire ableitungen im germanischen wirklich h ö h e b e r g bedeuten, bürgen unumstößliche tatsachen. so finden wir im Taunus einen berg *Alt-könig,* welcher sich erst in der neueren zeit so schreibt, früher aber *Alt-kun Alt-kŭn* lautete, wovon der zweite teil des wortes sicher unser *kun* ist, sei es nun, daß der erste teil das deutsche *alt* = v e t u s oder das lat. *altus* = *hoch* ist, in welch' lezterem falle *kun* eine übersetzung wäre. in disem *Alt-kun* hat sich die lautverschiebung auf der ursprünglichen stufe erhalten, wie im ahd. *kouh,* altind. *kôkila,* lat. *cuculus.*

Hundesruche. - bei unserem bekanten namen H u n d s - r ü c k aber ahd. *Hun-d-es-ruche* müßen einem jeden die augen geöfnet werden. dises wort hat weder mit *hund* = c a n i s noch mit dem volke der H u n n e n etwas zu tun, denn alle sagen von freiwilliger oder zwangsweiser ansidelung der lezteren, angeblich von kaiser Gratian, sind hinfällig, weil merere gebirge mit disem namen vorhanden sind und zwar der Hundsrück an der M o s e l, in der preußischen Rheinprovinz, der Hundsrück im S c h w a r z w a l d e und der Hundsrück in den S u d e t e n nördlich von G o l d e n s t e i n. der name *Hun-d-es-ruche* will einfach nichts anderes als b e r g e s - r ü c k e n bezeichnen, wobei das wort r ü c k e n seine anwendung der eigentümlichen beschaffenheit des gebirges, welches eine hochebene dar stelt, auf welcher sich merere bergketten erheben, wie man es beim rheinischen Hundsrücken so deutlich sehen kann, verdankt. *hun-d* in *Hun-d-es-ruche* ist mit *-d* von *hun* a l t i t u d o m o n s ab geleitet. nicht unbemerkt darf hier bleiben, daß schon der alte Frisch I, 448[3] und II, 120[2], obwol er sich mit dem worte nicht

recht zu helfen weiß, dennoch gleichsam auß vorgeful in
seinem dorsum editissimorum montium eine zimlich
richtige übersetzung von *Hunds-* oder wie er lieber will von
Huns- oder *Hünen-rück* gibt. dagegen gebürt Daniel Deutschl.
353 die ere der richtigen deutung.

eigennamen mit hun. – auch die alten eigennamen wie
*Hun-bolt   Hun-breht   Hun-frid   Hun-gunt   Hun-hart   Hun-coz
Hun-olf   Hun-olt   Hun-rât   Hun-rîh* ff. zeugen laut für ein *hun*
= risenhaft groß gewaltig schreklich, welche
eigenschaften nicht auf das volkswort Hunne, sondern auf
hun mons altitudo zurück gehen, weil ja die risen, wie
bereits oben erwänt, im volksglauben immer mit bergen verglichen werden. bekantlich wendeten die Goten schon die
zusammensetzung mit *hun* an, wie ire namen *Huni-mund,
Hun-e-ricus* bei Jornandes und *Huni-gais* dolmetscher in
Attilas here auß der vita des Lupus ep. Trecensis erweisen.
da nun die träger diser namen zeitgenoßen der Hunnen
waren und ire eigene überlegenheit über dieselben täglich
beobachten musten, wie könte man unter disen voraußsetzungen den Goten zu muten, auß dem namen der Hunnen
sich ein ideal für das risenhafte und gewaltige zurecht zu
bilden! war aber diß bei den Goten, worunter hier hauptsächlich Ostgoten zu verstehen, nicht der fall, so noch vil
weniger bei den übrigen Germanen, von denen ja eine große
anzal stämme in der schlacht auf den catalaunischen gefilden
gerade zur niderlage der Hunnen bei trug. aber auch als
einfachen volksnamen kann ich *hun* in den zusammensetzungen germanischer namen kaum gelten laßen, weil es vil-
fach dem verständnisse widerspräche. was soll z. b. ein *Hun-
breht* mitten unter Germanen als glänzender Hunne, ein
Hun-olf als Hunnen-wolf, ein *Hun-rîh* als Hunnen-
gebieter u. s. w., wärend glänzender rise oder held,
risenwolf od. schreckenswolf und gewaltiger gebieter

oder fürst einen verständnisvollen und wol den richtigen sinn geben.

Arakun, Ἐρκύνια, Ercynia, Ἀρκύνια, Ὀρκύνια und Hercynia. – keren wir zu dem worte Ἀράκυνθος = *Ara-kun-th* zurück, worunter wir oben zwei von den Thraken in Griechenland benante berge kennen lernten. faßen wir statt des ab geleiteten *Ara-kun-th* das noch unabgeleitete *Ara-kun* ins auge und sehen uns nach seinen genoßen bei den westlichen völkern um, so müßen wir ja augenbliklich darüber im reinen sein, daß dises *Ara-kun* der vorgänger von unserem längst bekanten Ἐρ-κυν-ια (sc. ὄρη), *Er-cyn-ia* (sc. silva) = *Er-kun-* ist. und so verhält es sich in der warheit. die partikel *ara* in älterer zeit noch gewart, hat in der folge das schluß *-a* ab geworfen und sich in *er* geschwächt, der stamm *kun* hat adjektivische vokalableitung auf *i* an genommen. darum ist es auch erklärlich, warum bei Aristoteles meteorol. I, 13 noch Ἀρ-κυν-ια ὄρη, bei Eratosthenes nach Caesar d. b. g. VI, 24 Ὀρ-κυν-ια, wobei *ar* in *or* nur verdumpfte und selbst bei dem späteren, aber ebenfals dem orient angehörigen Ptolemaeus II, 10 Ὀρ-κυν-ιος δρυμός sich findet, wärend die Römer und der mit inen in berürung gekommene Strabo Ἐρ-κυν-ιος δρυμός, *Hercyn-ia silva*, *Her-cyn-ius saltus* schreiben. dise hatten eben das wort in jüngerer zeit durch einen westgermanischen oder gallischen mund vernommen, welcher bereits den hauchlaut hinzu treten ließ, Aristoteles und Eratosthenes aber jedenfals ältere ostgermano-thrakische überliferung, welche sich der gleichheit der in Germanien ligenden Ἀρ-κυν-ια (ὄρη) und des in Griechenland befindlichen Ἀρα-κυν-θ-ος noch sprachlich bewust war. mit disem geschichtlichen gange von dem älteren *Ara-kun-* zum jüngeren *Er-kun-* und *Her-kun-* stimt auch die heutige sprachwißenschaft volkommen überein.

Zeuß' richtige erkentnis. – alle bewunderung aber müßen wir dem sprachenmeister Kaspar Zeuß darüber zollen, daß er das wort Ἐρ-κυν-ια = *Er-cyn-ia* = *Er-kun-ia* (ὄρη, silva), zu dessen erklärung wir auf ganz entgegen gesetztem wege gelangten, schon so richtig in seinen bestandteilen erkante; denn er läßt es auß der verstärkungspartikel *er* und *cun-ia* von kelt. *cun,* kymr. *cwn* altitudo summitas bekantlich hervor gehen, wobei er noch folgender keltischen worte als: *cun* altus in zusammensetzungen, *cynu cunu* surgere, *er-chynu er-cunu* elevare exaltare, *er-chyn-iad er-cun-iad* elevatio gedenkt, worauß wir ersehen, daß auch das keltische eine wenn auch anders gestaltete ableitung auf *-d* kent.

Hercuniates und Kerkonosch. – hieher gehört auch der pannonische völkername *Her-cun-iates* bei Plinius III, 25, 28 und Ἐρ-κουν-ιαται bei Ptolemaeus II, 14. das anderweitige vorkommen von *cun* im keltischen hat für uns zunächst keinen weiteren belang. – vgl. Zeuß gr. celt. 109, 829 und Glück kelt. nam. s. 10 ff. anm. – mit *Hercynia* = *Herkunia* hängt one zweifel auch der slavische gebirgsname *Ker-kon-osch* zusammen, indem die spirans *h* zur tenuis *k* sich erhärtete, ein vorgang wie er innerhalb der indogermanischen sprache öfters vorkommt, ich erinnere an *Aspar Haspar Kaspar,* an *Arpi Harpi Karpi* u. a.

Erkunia kein eigenwort der Kelten mer. – noch eine bemerkung über *Herkunia.* da der stamm *kun* Kelten und Germanen, ich meine hier Westgermanen, disen in jüngerer stufe *hun,* in älterer ebenfals noch *kun,* wie das obige *Alt-kun* zeigt und wie das wort überhaupt ja vor der lautverschiebung auch bei den Germanen, wie durch Skythen und Thraken bezeugt ist, gelautet haben muß, gemeinsam ist, ebenso die partikel *er* beiderseits erscheint nach Gr. gr. II, 818 ff., und die Westgermanen es auch lieben ein unorganisches *h* den anfangsvokalen vor zu setzen, wie in *h-erda* statt *erda, h-ahsala* für *ahsala* axilla, *h-eber* für *eber* aper, ja sogar *h-arbeit* für *arbeit* labor, desgleichen ableitungen auf *i* im germanischen nach Gr. gr. II, 93 u. öft. ebenfals häufig sind, so kann *Erkunia Herkunia* wol keltisch sein, nichts desto weniger aber auch den Germanen zu geschriben werden, so daß man sich also, so lange nicht andere unumstößliche anhaltspunkte gegeben sind, von nun an nimmer auf *Herkunia* als auf einen sprachgeschichtlichen beweis für die benennung dises gebirgszuges in Germanien durch die Kelten berufen kann; denn sowol Zeuß als Glück entgieng, daß der stamm *kun* nicht bloß Kelten sondern auch Skythen, Thraken und Germanen eigen ist.

wer möchte, wenn er die worte $Κύνθος$ $Κύνθιος$ $Κυνθία$ $Ἀράκυνθος$ $Ζάκυνθος$ $Ἀρκύνια$ $Ὀρκύνια$ $Ἐρκύνια$ list, es auf den ersten blick für möglich halten, daß dise namen uns so nahe an gehen, ja daß sie, gerade weil sie das eigentum der Skythen und Thraken sind, auch mit vollem rechte das unsrige nur in älterer zeit sein musten, da ja Thraken und Skythen unsere vorfaren sind, so daß griechische und lateinische sprache hier nur mitlerrolle spilten! aber freilich die verdorbene fast algemein gangbare außsprache, welche namen, welche wie Kunthos, us, Kunthios, us Arkunia Erkunia Herkunia klingen sollen, griechisch wie Künthos Arkünia Herkünia und lateinisch gar wie Zünthus Arzünia Erzünia Herzünia ertönen läßt, hat den Deutschen blind und stumpf für die erkentnis seines eigentums gemacht.

$Κόραξ$ **und harah.** -- ich darf nicht vergeßen, daß Strabo an der stelle, wo er den $Ἀράκυνθος$ nent, auch einen berg $Κόραξ$ an fürt, welch' lezteren er als den höchsten gipfel in Aetolien bezeichnet. ich solte hierüber allerdings erst bei den Thraken sprechen, doch mag auch hier davon erwänung geschehen, weil auch bei den Skythen der nämliche wortstamm viermal darunter als bergname in Taurien und im asiatischen Sauromatien nach Ptolemaeus begegnet. *Κόραξ* auß *κοραχ-ς-* entstanden, ist nicht das griechische *κόραξ* rabe, denn raben gab es ja überall, sondern ein echt thrakisches wort und der abstammung nach eins mit dem skythischen *κόρακοι, φίλιοι δαίμονες* in Lukians Toxaris und mit dem *Κοραξοί· γένος Σκυθῶν* bei Hesychius. wie nun skytho-thrakisch *κορ-καρ* = *kor- kar-*, wovon *κορ-ακ-* sich ab leitet, im germanischen als *hor- har-* erscheinen muß, ich erinnere z. b. an den thrakischen eigennamen *Κότ-υς* germ. *Had-us* von *hadu* pugna nach Fick II, 334, so fürt thrak. *κορ-ακ-* auf germ. *har-ah* lucus nemus fanum delubrum idolum, wozu die nebenformen *harag harug haruc haruh* treten nach Gr. grm. II, 297, III, 428, mythol. I, 54 und Grf. IV, 1015. es hängt daher auch der *Κορ-ακ-ας* wie er thrakisch gelautet haben mag, seinem namen nach sicherlich mit einem uralten heiligtum der Thraken, welches auf seiner spitze verert wurde, zusammen, wie ja auch bei den Germanen dise art gottesdienst durch die worte *Harahes-heim* und *Hargen-stein* nach Gr. myth. nchtrg. s. 32 und Quitzm. h. rel. d. Baiw. s. 215 nach gewisen wird. wenn ich später das skythische *Κόρακοι* und *Κοραξοί* sowie *Φαῦδαι· γένη Σκύθαι* besprochen habe, wird sich auch hier wider eine übereinstimmung zwischen Skythen, Thraken und Germanen zeigen, welche laut die einstige einheit diser drei großen völker vor augen fürt.

Βερέκυνθος, Βερέκυντος, Βερέκυντες, Βερεκυντία, **Parkana, Perkunas**. — wir sind im vorher gehenden den Phrygen als einem auß gesprochenen stamme der Thraken begegnet. ich muß neuerdings mit denselben mich beschäftigen, weil ein phrygischer berges- volks- und götter- name in seiner äußeren form an die so eben ab gehandelten thrakischen namen *Ἀράκυνθος* und *Ζάκυνθος* zu ser gemant. hören wir vor allem die belege. Plinius hist. nat. XVI, 16 erzält: ‚buxus Pyrenaeis ac Cytoriis montibus plurima et

Berecynthio tractu.' bei Diodorus Sic. vernemen wir V, 64: ͺοἱ δ' οὖν κατὰ τὴν Κρήτην Ἰδαῖοι Δάκτυλοι παραδέδονται τήν τε τοῦ πυρὸς χρῆσιν καὶ τὴν τοῦ χαλκοῦ καὶ σιδήρου φύσιν ἐξευρεῖν, τῆς Ἀπτεραίων χώρας περὶ τὸν καλούμενον Βερέκυνθον . . .' diser kretische Βερέκυνθος hat aber seinen namen vom phrygischen, wie der kretische Ida vom phrygischen empfangen. die Phrygen hatten nämlich ire wanderungen zur see biß auf Kreta auß gedent und phrygischen götterdienst nach Kreta gebracht. Herodot weiß noch, daß Kreta von anderen völkern als Griechen bewont und beherscht wurde, wenn er I, 173 erzält: ͺ. . . οἱ δὲ Λύκιοι ἐκ Κρήτης τωρχαῖον γεγόνασι (τὴν γὰρ Κρήτην εἶχον τὸ παλαιὸν πᾶσαν βάρβαροι).' wie an die Lykier eigentl. Lukier, ebenso hat sich die erinnerung an die einwanderung der Phrygen erhalten, wie auß Diodorus Sic. V, 64 zu ersehen: ͺἔνιοι δ' ἱστοροῦσι, ὧν ἐστι καὶ Ἔφορος, τοὺς Ἰδαίους Δακτύλους γενέσθαι μὲν κατὰ τὴν Ἴδην τὴν ἐν Φρυγίᾳ, διαβῆναι δὲ μετὰ Μίνωος εἰς τὴν Εὐρώπην·' auch von Strabo 472 wird dieselbe folgender maßen bestättigt: ͺἐν δὲ τοῖς Κρητικοῖς λόγοις οἱ Κουρῆτες Διὸς τροφεῖς λέγονται καὶ φύλακες, εἰς Κρήτην ἐκ Φρυγίας μεταπεμφθέντες ὑπὸ τῆς Ῥέας.' bei Strabo begegnen uns ferner Βερέκυντες und Βερεκυντία als volks- und landes namen. so heißt es bei demselben c. 469: ͺοἱ δὲ Βερέκυντες Φρυγῶν τι φῦλον καὶ ἁπλῶς οἱ Φρύγες καὶ τῶν Τρώων οἱ περὶ τὴν Ἴδην κατοικοῦντες . . .' c. 472: ͺκαλεῖσθαι δέ φησιν αὐτοὺς ἐκεῖνος ἀπὸ τοῦ ὄρους τοῦ ἐν Βερεκυντίᾳ Καβείρου·' und c. 580: ͺλέγεται δέ τινα φῦλα Φρύγια οὐδαμοῦ δεικνύμενα, ὥσπερ οἱ Βερέκυντες.' selbstverständlich ist hier nur von den anwonern und dem lande um das gebirge Berekunth die rede. Ovid fast. IV, 355 läßt sich vernemen:

ͺQuod bene mutarit sedem Berecynthia, dixit,
Captant mutatis sedibus omen idem.'

der nämliche metamorph. XI, 106:

‚Laetus abit; gaudetque malo Berecynthius heros',
worunter gewönlich der Phryge Midas verstanden wird.

ebenderselbe Ib. 507:

‚Sive idem simili pinus quem morte peremit:
Phryx et venator sis Berecynthiades.'

Vergil Aeneid. IX, 80 singt:

‚Tempore, quo primum Phrygia formabat in Ida
Aeneas classem et pelagi petere alta parabat,
Ipsa Deum fertur genitrix Berecynthia magnum
Vocibus his affata Jovem: da, nate, petenti,
Quod tua cara parens domito te poscit Olympo.'

auß allen stellen geht unzweifelhaft hervor, daß der stamm des in frage stehenden wortes $Βερεκυνθ$- oder $Βερεκυντ$- = *Berekunth-* oder *Berekunt-* ist, daß es aber auch wider auf echt germanische weise mit *th* und *t* von einem einfacheren $βερεκυν$- = *berekun-* ab geleitet ist. und nun entsteht die in iren folgen ungemein wichtige frage: stekt in disem *berekun-th*, *berekun-t* das nämliche *kun-th*, welches wir so eben im skythischen *kun-th*, im thrakischen *Arakun-th* und im phrygischen *Zakun-th* ab handelten, so daß *Bere-kun-th* od. *Bere-kun-t* zu trennen ist, oder aber ist *Berekun-th* oder *Berekun-t* von vorneherein nicht zusammen gesezt, sondern auf *un* von einem stamme *berek- berk-* ab geleitet, so daß *Berek-un- Berk-un-* an zu nemen und *Berek-un-th Berek-un-t* nur eine weitere bildung ist? für die erstere ansicht, wonach *Bere-kun-th Bere-kun-t* her zu stellen und das wort zunächst in der hauptsache als zusammen geseztes zu betrachten sei, sind die oben genanten beispile verlockend genug, wozu noch die tatsache komt, daß $Βερέκυνθος$ als bergname überlifert wird. wir hätten in disem falle *Berekun-th* ganz und gar wie *Ara-kun-th* und *Za-kun-th* an zu

sehen und der erklärung wäre damit genüge geleistet. aber
die partikel *bere!* dise offenbar auß $\pi\varepsilon\varrho\varepsilon = pere$ erweicht
müste in disem falle auf ein älteres *parâ para parai pari
pairi* zurück leiten, — vgl. Fick I, 366 u. a. o., Justi
s. 179, 185 — somit eine praeposition dar stellen, die sich
mit *kun-th* verbunden hätte. da aber dise nicht, wie das
thrakische *ara* und das keltische *er,* einfach als verstärkungs-
begriff auf gehen, sondern ire bestimte bedeutung haben
würde, so müste eine ursache für ire anwendung vorhanden
gewesen sein. suchen wir nun nach einer solchen, so können
wir nach allen möglichen voraußsetzungen keine, die einen
sinn hätte, entdecken. auch ein anderer berg etwa mit
namen $K\acute{v}\nu\vartheta o\varsigma$, mit welchem ein vergleich des $B\varepsilon\varrho\acute{\varepsilon}$-
$\varkappa v\nu\vartheta o\varsigma$ in irgend einer gegenüber stellenden weise wie
z. b. des Taurus mit dem Anti-Taurus, des Cragus
mit dem Anti-Cragus, des Choatras mit dem Para-
Choatras gedacht werden könte, ist nicht vorhanden, und
der Kunthus auf Delos kann hier unmöglich in betracht
kommen. ebenso muß die vermutung, als ob gr. $\beta\varepsilon\varrho\varepsilon$- in
$B\varepsilon\varrho\acute{\varepsilon}\varkappa v\nu\vartheta o\varsigma$ für *vere,* $\beta =$ lat. *v* oder deutsch *w* genommen,
stünde und somit mit der keltischen verstärkungspartikel *ver,*
welche im kelt. *Veragri Vergasillaunus Vercingetorix ver-
tragus* etc. erscheint, nach Zeuß grm. 829, zusammen fiele,
von vorneherein ab gewisen werden, da wir in disem falle
bei Diodorus $O\dot{v}\varepsilon\varrho\acute{\varepsilon}\varkappa v\nu\vartheta o\varsigma$, bei Strabo $O\dot{v}\varrho\acute{\varepsilon}\varkappa v\nu\tau o\varsigma$, bei
den Römern Verecynthus durchweg geschriben finden
müsten. es bleibt sonach nichts übrig als die zusammensetzung mit *bere* und *kun-th,* welch' lezteres aber auf jeden
fall mit *th,* bei Strabo mit *t* ab geleitet bleibt, fallen zu
laßen und der anderen meinung, wonach das wort ursprünglich von einem bereits consonantisch auf *-n* ab geleiteten
stamme auß gehe, gerecht zu werden. wenn wir nun ins
auge faßen, daß der anlaut *b* in *Berekun-* auß einem früheren
p erweicht ist, daß ferner sämtliche kurzen vokale schwächung

erlitten haben, so kommen wir von selbst auf eine urform *Parakan* oder *Parkan*, welche auß der wurzel *parak* oder *park* mit *an* ab geleitet ist, so daß wir *Parak-an* oder *Park-an* endgiltig erhalten. daß *parak* gleich *park* und daher auch *Parak-an* gleich *Park-an*, läßt sich mit sicherheit durch das ahd. *forah-ana* und *forh-ana* forelle, eigentlich die bunte, beweisen, welches wort ebenfals auf einen stamm *park̦ park̦ana* nach Fick I, 142 zurück geht, wozu um *forahana* zu erklären, auch *parak̦-* und *parak-ana* an genommen werden kann, aber nicht muß nach den gesetzen der indogermanischen wurzelbildung. unser wort *park-ana* nun müßen die Phrygen von der arischen mutter mit genommen haben, und als solches schwächte und erweichte es sich im laufe der zeit zu *Berekun Berkun*, wofür wir mit recht jezt auch *Perekun* und *Perkun* setzen dürfen; denn nur dadurch, daß die kentnis der bildung von *Berkun* den Phrygen durch das alter sich verwischte, erklärt es sich, daß sie, wie es ja auch bei anderen sprachen vor komt, mit vermeintlich gutem rechte zur neuerlichen ableitung mit *th* oder *t* also zu *Berekun-th* oder *Berekun-t* schritten. sehen wir uns nun nach der bedeutung unseres *Parkan* um, so stehen wir mit einem schlage vor *Parkana* dem arischen regen- und donnergotte von *park* schwellen platzen, welcher name im altind. zu *Parjan-ya* erweichte, und jezt muß es uns freilich wie schuppen von den augen fallen und wir müßen erkennen, daß das phrygische *Berekun Berkun Perkun* eins ist mit *Perkunas* dem lit. donnergotte und mit lit. *perkunja* f. gewitter, mit altpreuß. *percun-is* donner, mit let. *Pehrkons* donnergott und donner, und mit ksl. *Perunŭ* donnergott und donner, — vgl. Fick I, 143, 370, 669 und II, 609, 749 — somit die große lücke, welche zwischen Litauern, Altpreußen, Letten und Kleinslaven einerseits und Altindern andererseits bestund, durch die Phrygen d. i. Thraken auß gefült ist.

fairguni, firgen, fiörgyn, virguna. – einmal aber auf diser spur und noch dazu beachtend, daß die Phrygen als teil der Thraken den Germanen vil näher stehen als den Litauern, Letten, Altpreußen und Slaven, können wir nicht an nemen, daß die Germanen bei disem namen 1er auß gegangen seien, indem sie in allen wichtigen dingen mit den nordischen und östlichen völkern verbunden sind. und so ist es auch in der tat. wir müsten nicht auf der höhe unseres gegenstandes stehen, wenn wir darüber auch nur einen augenblick im ungewissen wären; denn nemen wir einmal das phrygische oder litauische wort *Perkun-* und laßen die eine germanische lautverschiebung in demselben ein treten, da ja die germanischen sprachen, wie bekant, iren arischen schwestern um eine, die ahd. sprache sogar um zwei stufen vorauß sind, berüksichtigen ferner, daß ein kurzes *e* im gotischen nur mit *ai* wider gegeben werden kann und daß auß urverwantem *k* nach analogie von gr. ὄκος lat. *oculus* got. *augo,* von gr. δάκρυ lat. *lacrima* got. *tagr* u. s. w. gotisches *g,* auß urverwantem *p* gotisches *f* entsteht, so haben wir auß *Perkun-* das verschobene gotische *fairgun-* worauß *fairgun-i* berg ab geleitet wurde. dises got. *fairguni* wird im ags. durch *firgen fyrgen,* im altn. durch *fiörgyn,* im ahd. durch *Virguna,* fälschlich *Virgunna,* waldgebirgstrich zwischen Ansbach und Elwangen, auch *Virgun-d-a Virgun-d-ia Vergun-t Vergun-t,* höchst merkwirdiger weise nach analogie von phrygisch *Berekun-th Berekun-t* nochmals mit *d* und *t* ab geleitet, und *Ferguna,* fälschlich *Fergunna,* außer es sei dises mit dem eben genanten *Virgunna* auß *Virgunda Fergunda Firgunda* durch angleichung des *d* zu *n* entstanden, vertreten. hiezu gesellen sich noch altn. *Fiörgyn,* nach der Edda Thôrs mutter, die göttin Erde und *Fiörgynn* vater der Frigg, Odins gemahlin. — vgl. Zeuß d. D. u. d. nbst. s. 10 ff.; Grimm gr. II, 175, 453; mythol. I, 142, 143 und öfters —

wir haben nun aber auf der einen seite die bedeutung

von donner und regen mit dem personificirten donner-
und regengotte, auf der anderen seite die von berg und
gebirge; wie ist das zu erklären? es ist ein zug, der nicht
bloß den Germanen, sondern sämtlichen arischen völkern
eigen ist, daß vile irer götter auf bergen geboren und er-
zogen werden, ire sitze daselbst auf schlagen, heiligtümer
daselbst gewidmet erhalten und vererung genießen. um
wie vil mer musten aber gerade die götter des blitzes
donners und regens in der vorstellung der völker an berge
und gebirge geknüpft werden, wenn man die hohen gipfel
und spitzen in ein beständiges nebel- und wolkenmer
gehült sah, auß welchem blitze zukten, donner er-
krachten und zulezt reichlicher regen sich ergoß!
deswegen ist Zeus der $νεφεληγερέτα$ und hat seinen sitz
auf den höhen des Olymp auf geschlagen, heißt hinwiderum
ein berg in Großarmenien Niphates d. i. wolkenberg,
nebelberg und wird die phrygische göttermutter durch $Βερε-$
$κυνϑία$ neuerdings nach dem berge $Βερέκυνϑος$ benant,
welcher doch offenbar von ir als ursprünglicher göttin des
blitzes donners und regens als $Βερεκύνη$ oder wenigstens
von irem sone $Βερέκυνος$ mit *th* oder *t* ab geleitet wurde.
es konte daher nicht auß bleiben, daß hohe berge anfangs
den donner- und regengöttern geweiht, später nach inen
benant und zulezt sogar volständig mit inen dem wesen
nach verschmolzen wurden. nur so haben wir den phrygischen bergnamen $Βερέκυνϑος$, so auch den gotischen bergnamen *fairguni* und seine oben auf gezälten genoßen zu
verstehen. bei Phrygen und Germanen ist aber auch neben-
her das bewustsein an die gotheit wach geblieben und zwar
mit der erinnerung an die ursprüngliche eigenschaft,
welcher die namen *Parkana Parjanya Perkunas fairguni* ff.
ire entstehung verdanken; denn bei den Phrygen ist die
$Βερεκυνϑία$, obwol die mater deum schlechthin, gleichwol
und insbesondere, wie auß dem da, nate, petenti der oben

an gefürten stelle des Vergil hervor geht, die mutter des
Zeus des gottes des blitzes und donners und bei
den Germanen *Fiörgyn* die göttin Erde die mutter des
Thôrs des germanischen donnergottes. Berekunthia und *Fiörgyn*, der abstammung nach völlig
gleiche worte; beide namen von göttinen und jede
von disen gerade wider mutter des donnergottes! wer
könte an disen tatsachen vorüber gehen, one dem gedanken
raum zu geben, daß zwischen Phrygo-Thraken und
Germanen das engste verwantschaftsverhältnis
bestanden haben müße!

wüsten wir etwas von gotischer götterlere, so dürfte,
was Jakob Grimm myth. s. 143 vermutet, zur volständigen
gewisheit werden, daß wir nämlich, wie wir got. *fairguni*
besitzen, nach den statt gefundenen eröfnungen, auch einem
gotischen *Fairguns* als donnergotte oder einer got. *Fairgunô* als mutter des donnergottes begegneten.

fairguni und bairgahei, verschiedene worte. − ich
kann nicht schließen, one unserer großen sprachforscher und
irer stellungname zu unserem got. *fairguni* und seinen genoßen zu gedenken. weder Zeuß noch Grimm haben das
wort *fairguni* und seine vertreter in den anderen germanischen
dialekten irer endgiltigen abstammung nach erkant. Grimm
schreibt zwar in seiner mythologie s. 143 mit seinem bekanten seherblicke volkommen richtig: ‚in allen disen wörtern
muß man *fairg firg fiörg* als wurzel an nemen und nicht
ab teilen *fair-guni fir-gun fiör-gyn*.' aber in seinem wörterbuche I, 1052 spricht er sich auß ‚unsere vorfaren müßen
für *berg* früher gesagt haben *ferg*', und manche sprachgelerten mit wenigen außnamen wie Bopp, Schafarik,
Diefenbach got. glss. I, 359 sind Grimm meines wißens bißher gefolgt. nun bietet das gotische, wie wir ja wißen, für
den begriff berg gebirge zwei worte: das ab geleitete
bairg-ah-ei, was in der tat mit unserem got. *bairg*, nhd. *berg*

mons eines stammes ist, und unser dem sinne nach übertragenes *fairguni,* was bißher ebenfals nach Grimm, Benfey und vilen grammatikern als ein von *bairg-* ab geleitetes wort an gesehen wurde. ab gegangen aber davon, daß im gotischen nur die vokalisation *ai* in beiden worten zufällig dieselbe ist, wärend schon im ags. *beorg beorh biorg* mons von *firgen fyrgen* mons saltus und im altn. *berg biarg* saxum rupes von *fiörgyn* den stamvokalen nach auf bißher unerklärliche weise ab stunden, wie könte man disen sprachen die ungeheuerlichkeit zu trauen, zweierlei formen eines und desselben stammes, welche um zwei lautverschiebungsstufen von einander ab stehen, ruhig neben einander und für einander zu gebrauchen, one dadurch den ganzen sprachgeist auf den kopf zu stellen! so wenig wir in unserem hochdeutschen es fertig bringen, ein *berg* und *ferg* in der gleichen bedeutung neben und für einander zu sprechen, one an uns selbst irre zu werden, eben so wenig konten das die Goten, die Angelsachsen und die Skandinavier.

noch einmal an derselben stelle seines wörterbuches sezt Grimm an und will nun *fairgun-* und *Herkun-* unter einen hut bringen. immer fält er aber dabei in die unglükliche meinung zurück, daß *fairguni* und *bairgahei* eines stammes sein müsten. zulezt nimt er seine zuflucht zu dem außwege, als hätten Griechen und Römer mit wandlung des *f* in *h* auß *fairguni* ‛Ερκύνια *Hercynia* gemacht, was Glück s. 13 anm. mit recht als großen irtum rügt. wer hätte aber auch gedacht, daß erst Skythen, Thraken d. i. hier Phrygen kommen musten, um zur lösung diser fragen bei zu tragen!

$\overset{\text{\'{}}}{α}νορ.$ — wir kommen zu einem anderen denkmal skythischer sprache: $\overset{\text{\'{}}}{α}νορ\cdot\ νοῦς\ ὑπὸ\ Σκυθῶν$' schreibt Hesychius. dises wort, welches Müllenhoff s. 558 der endung nach für verstümmelt hält, was aber nicht der fall ist, trägt germanisches gepräge gleich von vornehrein an sich. $\overset{\text{\'{}}}{α}ν\text{-}ορ$ *an-or* konsonantisch auf -*r* ab geleitet, ist eines stammes mit dem got. *an-an on an-ans* hauchen, dem gr. ἄν-εμ-ος, dem lat. *an-im-us* hauch odem sele von der wurzel *an-*, welche durch alle indogermanischen sprachen geht. — vgl. Fick I, 268, 485, II, 15 u. ö. — hiezu gehören ahd. *an-ad-o anto,* mhd. *ande,* ags. *anda* animus, altn. *andi,* schwed. *ande,* dän. *aande* spiritus. — vgl. Grf. I, 267; BM. I, 35; Gr. wtb. I, 192. — wie nun die griechische sprache mit irem ἄνεμος wehen hauch wind der ursprünglichen bedeutung der wurzel *an-* sich genau an schließt, hat die lateinische sprache *animus* bereits auf geist herz mut übertragen, und an dise gemant uns die skythische sprache mit ἄνορ anor verstand klugheit überlegung.

Sibentes hauptstück.
Skythische fluß- und gebirgsnamen.
a. Flußnamen.

Ἴστρος, **Hister**. – sehen wir uns nach den namen von flüßen im Skythenlande um, so begegnen uns folgende: vor allen andern der Ἴστρος Ister Hister bei Herod. IV, 47 u. a. Jornandes c. 12 erzält: ‚Danubius lingua Bessorum Hister vocatur.' also ein thrakischer name, da die Besser entschiedene Thraken waren. weil aber die Thraken im nämlichen verhältnisse wie die Skythen zu den Germanen stehen, so dürfen wir *instra* schmere altn. *istra* f. fethülle der eingeweide nach Fick I, 311 one bedenken heran ziehen, so daß Ἴστρ-ος der fette schmirige schlammige ist, wie schon J. Grimm g. d. d. sp. richtig an nam.

Πόρατα. – in den Ister münden nach Herod. IV, 48 folgende nebenflüße: der Πόρατα Porata, welchen die Griechen Πυρετός nennen. Πορ-ατ-α mit Müllenhoff s. 574 von *par* an füllen ab zu leiten, verstößt gegen die skythischen sprachgesetze, nach welchen in disem falle statt des *r* unbedingt ein *l* wie bei den Germanen erforderlich wäre, sonach der name skythisch Πολ-ατ-α Παλ-ατ-α lauten müste. eher läßt sich *para* fart od. *partu* furt nach Fick II, 401 vergleichen, wonach Πορ-ατ-α den übersezbaren farbaren oder den mit furten versehenen bedeutete. beachten wir aber die bemerkung Herodots τόν τε (i. e. ποταμόν) Σκύθαι Πόρατα καλέουσι,

Ἕλληνες δὲ Πυρετόν˙ so kommen wir zu einem noch ganz anderen ergebnisse. vor allem müßen wir uns des glaubens entledigen, als ob Herodot mit Πόρατα und Πυρετός ein bloßes wortspil habe bieten wollen. nichts von dem. der vater der geschichte spricht kein wort one grund; er hat diß hinlänglich, denk ich, bewisen. griechisch Πυρετός ist demnach eine wörtliche übersetzung von skythisch Πόρατα und die beiden worte lauten nur deshalb so gleichmäßig, weil sie wirklich **eines** stammes sind, welcher noch dazu nicht einmal zur hälfte den Griechen, sondern ganz und gar den Thrako-Skythen an gehört. Πυρετός ist nämlich ab geleitet von πῦρ **feuer hitze**. πῦρ = *pûr* ist aber, wie Plato im Cratylus 410 außdrüklich erklärt, kein griechisches sondern ein phrygisches wort. man hat bißher auf dise außsage kein gewicht gelegt, ob wol sie von höchster bedeutung ist und wider zeigt, wie gut Plato unterrichtet war. die Phrygen sind aber, wie im vorher gehenden bewisen wurde, ein stamm der Thraken und **dise gerade so gut ältere Germanen wie die Skythen; denn Skythen, Thraken und Germanen sind ein und dasselbe große volk.** verschieben wir nun dises phrygische πῦρ = *pûr* einmal, so erhalten wir das germanische *fûr, vûr* = *fiur* nhd. *feuer* und damit zugleich die glänzende probe des platonischen außspruchs sowol als der zusammengehörigkeit der Phrygen und Germanen. wenn nun den Thraken *pûr*, den Germanen *fûr fiur* eigen ist, so dürfen wir mit sicherheit an nemen, daß auch dem skythischen wortschatze *pûr pôr*, dises an fris. *fior* erinnernd, nicht felte. und dises *pûr pôr* haben wir ganz germanisch auf -*t* ab geleitet als schwaches nomen in unserem Πορ-ατ-α = *Pôr-at-a*. aber da solte es wenigstens Πωρ-ατ-α heißen, wird der grammatiker ein wenden. es entspräche beßer unserem gefüle, aber die notwendigkeit dazu ist nicht vorhanden; denn wie die Griechen vor Herodot schon phrygisch *pûr* nicht als ποῦρ oder πῶρ sondern als πῦρ auf namen, wie sie das altpers. *uvârazamʽish* öfters Χορασμία für Χωρασμία schreiben, wie Herodot selbst VIII, 85 das zend. *hu-varez-aṅhâ* εὐεργέται mit ὁροσάγγαι lautlich wider gibt, demnach zusammen fallendes *u* und *a* in *hu-var-*, welches doch mer anrecht auf ὠρ- hätte, durch ὁρ- bezeichnet, so konte auch das fremde skythische *pûr* oder *pôr* im griechischen als πορ- in Πορ-ατ-α erscheinen. da nun griech. Πυρετός brennende hitze fieberhitze auß drükt, so muß das skythische Πόρατα das nämliche bezeichnen und der so benante fluß hitzefluß oder fieberfluß wegen irgend einer gemeiniglich fülbaren schädlichen eigenschaft seines waßers, welche fieber erzeugte, geheißen haben. in der bezeichnung des fiebers mit feuer hitze stimmen nun merkwirdiger weise Skythen und Goten überein; denn wie die ersteren das fieber *pûra* genant haben werden, so bezeichnen die Goten dasselbe mit *heito*, was mit ahd. und mhd. *heiz* calidus eines stammes ist. der skythische *Pôrata Pûrata* lebt noch fort im heutigen *Prut*.

Τιάραντος. – der Τιάραντος läßt sich wol mit rüksicht auf seine späteren namen Ἱερασός bei Ptolemaeus, Gerasus bei Ammian und Seret in der gegenwart nur auf zd. *jar* altind. *gar* rauschen knistern nach Müllenhoff s. 569 zurück füren.

Ἄραρος. – Ἄραρ-ος = placidus, wie der nächste fluß heißt, ist nach Zeuß' gr. celt. s. 13 anm. Skythen und Kelten gemein.

Νάπαρις. – Νάπαρις = Ναπ-αρ-ις = Nap-ar-is ist ab geleitet von dem skythischen stamme *hnap- nap-*, welcher zugleich germanisch ist und uns oben bereits im skythischen σανάπτις ἡ οἰνιώτης und im thrakischen σανάπαι οἱ μέϑυσοι begegnete. Nap-ar-is ist dem gemäß das nickende schläfrige waßer.

Ὀρδησσός. – in Ὀρδησσός = *Ord-ess-us* gleicht die ab
leitende bildung auf -ησσ-ος *ess-us* genau der germanischen
auf *ass-us*; ὀρδ- ist jedenfals = *ard- art-* = *hard- hart-*. ob
aber das *hard-*, wozu got. *hard-us* heftig stark, oder das
hard-, worauß unsere gebirgs- und waldnamen gebildet sind,
kann natürlich nicht entschieden werden; darum *Ordessus* der
heftige oder der bergfluß heißen kann.

Μάρις. – in dem namen Μάρις = *Mar-is* einem fluße
auß dem lande der Agathurser stekt das germanische *mar-*,
worauß ahd. *mâri* praeclarus eximius. der name hat
sich erhalten im ungarischen Maros, einem nebenfluße der
Theis; nur war bei den Skythen das verhältnis umgekert,
da Maris damals hauptfluß und Theis nebenfluß war. *Maris*
ist also der reine der herliche der trefliche und das
skythische wort *mar-* ist ersichtlich älter als das gotische
mêrs, woran sich erst das ahd. *mâri* knüpft. ich werde gelegenheit nemen diß noch an einem anderen worte, welches
uns in Asien begegnet, schlagend dar zu tun.

Τύρης. – der zweite hauptfluß Herod. IV, 51 ist der
Τύρ-ης = *Tur-as*, dessen name, wie Müllenhoff s. 574 bereits richtig an nimt, von *tu* stark sein auf -*r* ab geleitet
ist, somit der starke der gewaltige. der name *Turas*
um gelautet *Türas* hat sich biß heute in ganz Deutschland
vorzüglich aber in Baiern noch erhalten; denn große starke
hunde heißen bei der landbevölkerung gewönlich *Türas* und
darum ist der name des so genanten reichshundes des fürsten
von Bismark in der tat nicht schlecht gewält.

Ὕπανις. – beim worte Ὕπανις, dem namen des dritten
flußes, trenne ich nicht mit Müllenhoff s. 560 Ὑ-παν-ις,
weil in disem falle der sinn gebräche, sondern Ὑπ-α-ν-ις,
wobei *n* ableitungshalber wie öfter im skythischen steht.
von einem ὑ = *vi* kann demnach hier nicht die rede sein,
sondern Ὑπ-α-ν-ις = *Hup-a-n-is* hat einfach zum stamme

kup- hup- springen fließen, ags. *hoppan* mhd. *hupfen,* altind. *kup kupyati* wallen, auf und nider gehen — Fick II, 328 — *Hup-a-n-is* = Ὑπ-α-ν-ις ist daher der wallende springende. den späteren namen *Kuban* lautlich damit zusammen zu halten, steht die erweichung im inlaute von *p : b,* wie wir auß erfarung von dem vilfältigen wechsel zwischen harten und weichen lauten wißen, welcher keiner regel sich unterwirft, durchauß nicht im wege.

Βορυσθένης. - den vierten fluß bei Herod. IV, 53 den Βορυσθένης = *Borusthenes* erklärt Müllenhoff s. 574 mit zd. *vouru-çtána* breiten stand habend entweder vom fluße oder dem an disem gelegenen handelsplatze gesagt. doch die widergabe von zend. *çtána* durch griech. σθεν-ης, welche schon Müllenhoff zu stark hellenisirt findet — man solte σθην-ης od. στην-ης nach vorgang von Σακα-στην-η erwarten — scheint mir dar zu tun, daß Βορ-υ-σθεν-ης gar kein skythisches sondern ein griechisches wort auß βορά fraß weide speise und σθένω kraft stärke haben ist und demnach kräftige weide habend bedeutet; denn nicht umsonst spricht Herodot ibidem von den schönsten und dem vihe nüzlichsten weiden, dem außgezeichneten korne und dem längsten grase an den ufern des Borusthenes.

Παντικάπης. - der name des fünften flußes Herod. IV, 54 des Παντικάπης = Παντ-ι-καπ-ης = *Pant-i-cap-es* ist wider skythisch in der für uns umgekerten weise auß urgermanisch *band* = βανδ terra regio, das zu *pant* sich erhärtete, und auß *kap-* sich heben, wozu got. *hafjan* sich stelt, — vgl. Fick II, 318 — zusammen gesezt und bedeutet demnach sich hebendes land, aufsteigendes land, hochland oder auf den fluß an gewendet hochländer hochlandsfluß, was dadurch gerechtfertigt wird, daß der *Bandi-capes* = *Panti-capes* auß der Hylaea, dem waldlande

entspringt, welches ja selbstverständlich vom Borysthenes auß
aufwärts stig und die umligende gegend überragte. wir
werden dem worte *band* in der gleichen bedeutung weiter
unten noch einmal begegnen, wo ich mich außfürlicher darüber
verbreiten werde und wohin ich den vererlichen leser
verweisen möchte. ein ser wertvolles beispil bringt auch
Spiegel Eran I. Kohestan, land oberhalb der mündung
des *Ghor-band* = bergland.'

Ὑπάκυρις. – der name des sechsten flußes des Ὑπάκυρις
ligt ebenfals klar; denn Ὑπ-α-κυρ-ις = *Hup-a-kur-is* ist
zusammen gesezt auß dem nämlichen stamme *kup- hup-
springen wallen* wie Ὕπανις und auß zd. *çura* stark
her heilig. – vgl. Fick I, 437 und Justi 296 – der
Hup-a-kur-is ist daher der wallende starke oder der
fließende heilige oder auch kurzweg der heilige
fluß. der zweite teil des wortes erscheint auch für sich
selbständig als *Kûr-us* Κῦρ-ος, name eines flußes im asiatischen
Iberien.

Γέρρος. – über den namen des sibenten flußes des Γέρρος
ist dagegen wider schwiriger zu entscheiden, da uns in dem
nämlichen worte orts- fluß- und volksname zugleich
entgegen treten. ich halte denselben am warscheinlichsten
von gr. γέρρον lat. *gerrae* crates vimineae auß gehend
und zuerst der landschaft der skythischen königsgräber wegen
der über den königsleichen geflochtenen dächer
nach Herod. IV, 71 bei gelegt. nach diser dächerlandschaft
Γέρρος wurden dann ganz natürlich deren bewoner Γέρροι
und der durch strömende fluß Γέρρος genant.

Τάναϊς. – der name des achten flußes des Τάναϊς kann
den stamm *tan-*, wozu got. *þanjan* denen gehört, zu grunde
haben, wie Müllenhoff s. 574 meint, es sind aber auch altpers.
dan fließen, zend. *dânu* fluß, osset. *don* waßer, kelt.
dána dàn fortis, womit Zeuß *Dánuba* zusammen hält, wol

zu berüksichtigen. — vgl. Spiegel altp. keil. 223; Justi 154; Zeuß grm. celt. 994. —

Ὕργις **und Bisurgis.** – in disen mündet der Ὕργις = *Hurg-is* = *Surg-is,* welches wort offenbar mit dem zweiten teile des bekanten flußnamens in Germanien des *Vi-surg-is* nach Velleius, Plinius, Tacitus, $Βι\text{-}σουργ\text{-}ις$ $Οὐϊ\text{-}σουργ\text{-}ις$ $Οὐϊ\text{-}σουριγ\text{-}ις$ $Οὐϊ\text{-}σουργ\text{-}ιος$ nach Strabo, Ptolemaeus, Dio Cassius ein und dasselbe ist. da wir nun wißen, daß die Weser namentlich im altertume und in irem oberen laufe ser vil **salz** fürte, wofür der ort **Salzungen** an derselben noch zeugt, und in folge dessen einen ser bitteren geschmack entwickeln muste, so haben wir ja den schlüßel für die lösung des wortes schon in der hand; denn nun kann gar kein zweifel mer bestehen, daß *Bi-sur-g-is* ursprünglich her zu stellen und daß *sur-g-is* mit *-g* auß germanisch *sûr* **acidus** ab geleitet ist und das bittere sauere waßer bedeutet. aber auch das skythische ὕργ-ις beßer ὕργ-ις = *hur-g-is* muß auf die nämliche weise gebildet sein, da ja die Skythen nur die älteren Germanen vertreten, und da der wechsel zwischen *h* und *s* eine algemeine erscheinung der Indogermanen und insbesondere der Germanen ist, wobei ich an das noch heute algemein in der baiwarischen mundart gesprochene *hamə' heits hand* für *samə' seits sand* d. i. **wir sind ir seid sie sind** erinnere. so darf auch im skythischen *hur-g-is* für *sur-g-is* gelten, weßwegen also auch der skythische Ὕργις beßer Ὕργις als der **bittere herbe** genommen werden darf, um so mer, als ja Herodot öfters von bitteren quellen gerade im Skythenlande spricht. in $Βι\text{-}σουργ\text{-}ις$ der allein richtigen form, wie sie auch Strabo bringt, ist $Βι$- die germanische partikel *bi-,* über deren verhältnis in der zusammensetzung Grimm's gr. II, 718 ff. zu vergleichen ist. die späteren namen des eben genanten flußes: *Wisura Wisera Wiser-aha* sind sich irer abstammung durch-

auß nimmer bewust und Zeuß d. D. u. d. nbst. s. 15 nent
sie mit recht ab geschliffen.

Λύκος. – IV, 123 bei Herod. begegnet uns der fluß *Λύκ-ος*
= *Luc-us* = *Luk-us* der leuchtende helle, ein rein skythischer name; denn griechisch würde er *Λεῦκος* heißen. das
got. *luk-arn* leuchte licht ist ab gesehen von seiner ableitung mit *Luk-us* eines stammes. der flußname ist in so
fern auch noch beachtenswert, als er den gebrauch des
skythischen *l* statt des urverwanten *r* z. b. in altind. *rué*
leuchten wider bestättigt und so, wie ich schon öfters z. b.
s. 169 darauf hin wis, sich seit urzeit zu den germanischen
sprachen stelt.

Ὄαρος, **Varus.** – *Ὄαρ-ος* = *Var-us* bei Herod. ibidem
ist ebenfals ein echt skytho-germanischer name vom stamme
vara waßer see nach Fick II, 465. *Ὄαρ-ος* bedeutet
demnach das gewäßer schlechthin wegen seiner größe, wie
auch ags. *vär* n. und an. *ver* n. *vör* f. mare bezeichnen.
an *Ὄαρ-ος* = *Var-us* haben wir ein seltenes beispil, wie
Herodot das lat. *v* und das german. *w* im anlaute auß drükt,
nämlich durch vor gesetztes *o*. der versuch kert wider im
eigennamen *Ὀάριζος* = *Varizus* VII, 71, in *Ὄασις πόλις*
III, 26, vor allen im skythischen *Οἰόρ* und villeicht noch
in einigen andern, wobei aber wegen der verschiedenen gesetze der fremden sprachen, welchen dise namen an gehören,
äußerste vorsicht geboten erscheint. der Varus hieß später
Wolga, wurde von den Türken nach Theoph. ed. Par.
p. 296 *Ἀταλις* sonst *Ἀτέλ* *Ἀττίλας* Men. p. 301,
Etel Itil, von den Finnen Rha genant. mit außname
dises lezten finnischen gehören auch dise namen, wie *Ὄαρος*,
unbedenklich der germano-skythischen sprache an.

Wolga. – Wolga *Βοίλγα* hängt entweder mit *valg-
volvere* oder *valg-* feuchten näßen oder auch solte *β*

= germ. *b* sein mit *balgh-* schwellen zusammen. — vgl. Fick II, 422, 469, 470 — daß Zeuß s. 722 anm. den namen des volkes der $Βούλγαροι$, weil im arabischen $Βολγᾶρ$ Bolgâr geschriben wird, nicht mit $Βούλγα\ Βόλγα$ unserem fluße zusammen halten will, sehe ich nicht den geringsten grund; im gegenteile können die Bulgarer, welche ja die von gotischen völkern zurück geschlagenen Hunnen sind, nur einzig und allein nach der Wolga d. i. $Βούλγα$ benant sein, wie die namen $Οὐὰρ\ καὶ\ Χουνί$ bei Theophylakt 7, 7 und $Οὐαρ\text{-}χωνῖται$ = Var-chûn-itae bei Menander ed. Bonn p. 400, 401 klar beweisen; denn Var = $Ὄαρος$ ist ja wie wir wißen, der ältere name der Wolga und die Hunnen, welche an derselben, nachdem sie zurück geschlagen waren, für kurze zeit wonsitze namen, hießen deswegen und auß keinem anderen grunde $Οὐὰρ\ καὶ\ Χουνί$ d. i. zu deutsch Hunnen am Var, wie auch $Οὐαρ\text{-}χων\text{-}ιται$ = Var-chûn-itae, name der Avaren, ebenfals wider als Hûniten d. i. abkömlinge der Hunnen am Var verstanden werden muß. darauf deutet auch die stelle bei Jornandes c. 52, welche so oft misverstanden wurde und welche doch ganz klar ist, wenn man das nichts sagende Hunnivar in Hunni Var auf löst, so daß wir haben: 'Quos (Hunnos) tamen ille (Valamir), quamvis cum paucis, excepit, diuque fatigatos ita prostravit, ut vix pars aliqua hostium remaneret, quae in fugam versa eas partes Scythiae peteret, quas Danapri amnis fluenta praetermeant, quae lingua sua Hunni Var appellant.' siht man von dem versehen des Jornandes ab, daß er den Danaper mit der Wolga verwechselt, so ist der sinn der stelle: 'Walamir . . . schlug die Hunnen dergestalt aufs haupt, daß kaum ein nennenswerter teil der feinde übrig blib, um sich in die flucht zu werfen und die länderstriche Skythiens zu erreichen, welche die fluten der Wolga bespilen, die d. i. die fluten die Hunnen in irer zunge Var nennen.' lezteres ist wider so zu verstehen, daß eben die Hunnen die skytho-germanischen bereits seit urzeit haftenden namen und so auch unser Var = ″$Oαρος$ überkamen und an namen, wie es ja in der völkergeschichte oftmals geschiht, wovon begreiflich Jornandes kein wißen haben konte. sie selber hielten sich vil zu kurze zeit in den gegenden der Wolga, als daß sie einen namen auß irer sprache dem strome hätten geben können, der sich vererbt hätte.

Attel. – so verhielt es sich auch bei den später auf tretenden Türken; auch dise hörten den namen Atel und sprachen in nach. *Atel Attel* ist aber nur ableitungsform von *atta* pater. den urgermanischen namen *Atel Attel* = Väterchen den Türken sei es auch mit anderer bedeutung zu schreiben, heißt weder von der anschauung der Germano-Skythen, noch von dem einfluße, welchen sie auf die entlegensten völker Asiens, so eben auf die Türken, die Chinesen, die Japanesen u. s. w. geübt haben, worüber wir die beweise nicht schuldig bleiben werden, nicht das geringste verstehen. nur in der vorstellung der Germano-Skythen werden gewäßer vater und mutter genant. so berichtet Herodot IV, 52 von einem see im Skythenlande, welcher des Hypanis mutter heißt; ebenso ist, wie wir bereits oben s. 172 und 160 sahen, die $Μαιῆτις$ die mutter des Pontus und die *Temerunda* die mutter des meres. heute noch nent der Russe große flüße väterchen und wir selber haben noch bachmutter nach Schmeller I, 193. Heinrich der Lette ad. a. 1210 p. 85 schreibt: ‚transeunt flumen quod dicitur mater aquarum' — vgl. Gr. g. d. d. sp. I, 234 — auch einen Attersee in Österreich und eine Attel als nebenfluß des In können wir verzeichnen.

$δόχια$, **das türkische begräbnis.** – einen hervor ragenden beweis aber, wie gerade die Türken germano-skythischen und eranischen einfluß über sich ergehen ließen, bietet folgendes. in Justin. legat. ad Pers. berichtet Menander über ein begräbnis, welches der türkische häuptling *Τούρξανϑος* seinem vater *Διλζίβουλος* in gegenwart einer römischen gesantschaft unter Valentinus an ordnete. darnach hatten die *Τοῦρκοι* zimlich den Germanen änliche sitten; sie übergaben nämlich den Dilzibul dem schoße der erde und begruben zugleich mit im seine leibpferde und vier gefangene Hunnen, welche im jedenfals begleiter und diener sein solten. und darüber heißt es nun: *δόχια δὲ τῇ οἰκείᾳ γλώττῃ προσαγυρεύουσι* (nämlich *οἱ Τοῦρκοι*) *τὰ ἐπὶ τοῖς τεϑνεῶσι νόμιμα* d. h. *δόχια* nennen die Türken in irer muttersprache das verfaren bezüglich irer toten oder kurz *δόχια* nennen die Türken das begräbnis überhaupt. der stamm *doch* = *δοχ-* geht aber auf *dog- dug-* zurück, auf welchen auch das ahd. ab gelautete und im anlaut verschobene *taug-an taug-al toug-en* geheim verborgen, *taugaljan* verbergen fürt, um so mer, als auch formen wie *daucg-al tauc-li doug-li gi-dug-no* begegnen und das ags. *dêg-ol deóg-ol dyg-ol deág-ol* occultus secretus, *be-deág-lian* occultare abscondere gleichfals dafür spricht. — vgl. Grf. V, 373 ff. und Grein ags. spr. 190 u. ö. — der begriff von *dog- dug- daug- taug-* occultare abscondere muste aber seit den ältesten zeiten für begraben sepelire bei den Germano-Skythen gedient haben; denn als unanfechtbares zeugnis haben wir das got. verb. *filhan* verbergen abscondere *κρύπτειν* gleichfals für *ϑάπτειν* begraben verwendet, wie auch das compositum *us-filhan ϑάπτειν* nebst *ga-filh* n. und *us-filh* begräbnis *ἐνταφιασμός*. es ist daher zweifellos, daß die Türken den obigen außdruck *doch-ia* gelegentlich von den Germano-Skythen überkamen und irer sprache ein verleibten.

Τούρξανϑος. — gerade so machten sie es mit *Τούρξανϑος* dem namen des türkischen häuptlings; denn in *Τούρξανϑος*, das offenbar volständiger *Τουρκ-ζανϑος Τουρκσανϑος* lautete, ist der zweite teil des wortes *ζανϑ-ος* oder noch griechischer gegeben σανϑ-ος one allen zweifel das zend. *zañtu* gens, welchem wir schon oben s. 138 bei besprechung des skythischen wortes Παραλάται begegneten, wo ich insbesondere wegen des grammatikalen verhältnisses wider nach zu lesen bitte. das durch verschmelzung von κ und ζ oder vilmer κ und σ zu ξ nun entstandene Τούρξανϑ-ος bedeutet zunächst einen auß dem stamme der Türken, hier aber, indem der an der spitze dises stammes stehende damit bezeichnet ist, one allen zweifel den Türkenhäuptling. somit ist der eranische einfluß auf die Türken gerade so wie der germano-skythische erwisen.

eines anderen skythischen flußnamens werde ich noch später bei besprechung der Skythen in Sogdiana gedenken.

b. Gebirgsnamen.

'Ριπαῖα ὄρη, 'Ολβια, "Αλβια, "Αλπια, **Albes, Alpes.** — wenden wir uns zu den skythischen gebirgsnamen, so begegnen uns außer dem bereits oben ab gehandelten *kunkun-th* und dessen compositis sowie dem früher besprochenen *Graucasus* vor allen anderen die 'Ρίπαια ὄρη, welche auch als 'Ριπαῖα ὄρη, 'Ριπᾶς ὄρος, 'Ρείπαια ὄρη und 'Ρῖπαι schlechthin, bei den Römern verschoben als Riphaei Rhiphaei montes erscheinen. — vgl. auch Zeuß s. 2 u. anm. — die 'Ρῖπαι sind zunächst in Skythien warscheinlich der Ural, werden dann aber auch für die Alpen, die Ercyniae silvae, sowie für unbestimte nördliche gebirge überhaupt gebraucht. was iren namen an geht, so sagt die wichtigste stelle bei Athenaeus VI, 23 ed. Schweigh. ϰαὶ τά τε πάλαι μὲν 'Ρίπαια καλούμενα ὄρη, εἶϑ' ὕστερον "Ολβια προσαγορευϑέντα, νῦν δὲ "Αλπια . . .' und so ist es nicht bloß der reihenfolge der namen, sondern zwischen 'Ρίπαια einerseits und "Αλπια "Ολβια andererseits auch der ab-

stammung nach. wie der stamm *kun kunth* Skythen, Thraken,
Germanen und Kelten gemeinsam ist, so gehört der stamm
'Ριπ- *Rip-* Griechen, Italern, Thraken, Skythen, Germanen,
Slaven und Kelten an, wenn auch mit wechselnder form;
denn 'Ρίπαι od. *Ρίπαι* "Αλβια "Ολβια "Αλπια reihen sich
mit einander zum arischen stamme *rabh-*, wovon altind. *rabh-
asa* lebhaft gefärbt stechend grell weiß. darum
leitet Fick I, 193 und II, 27 von disem *rabh-* richtig gr.
ἀλφό-ς weißer fleck, ἀλφινία weißpappel, lat.
albu-s, umbr. *alfu,* sabin. *alpu-s* etc. und slavo-deutsch *albhadi*
schwan, eigentl. der weiße ab. *ribh-* verschoben *rib- rip-*
ist nur dem vokale nach geschwächte form von *rabh-*, auß
welch' lezterem, wie ja jeder sprachkundige weiß, auch *albh-*,
alb-, alp- sich bilden konte. *rib-* und *alb-, rip-* und *alp-* sind
demnach nur zwei äste eines und desselben stammes *rabh-*,
und hiebei begegnet uns wider die alte gewonheit der arischen
völker, hohe gebirge nach irer weithin leuchtenden schnee-
und eisdecke 'Ρίπαι *Albes Alpes* d. i. die schimmernden
die weißen zu bezeichnen, wie wir es an den worten Graucasus und Caucasus oben bereits gesehen haben und noch
an anderen namen sehen werden. ich kann nicht umhin
hier zu bemerken, daß schon Jakob Grimm wtb. I, 201 auf
dise mögliche verwantschaft zwischen *rip-* und *alp-,* wenn
auch noch schüchtern, hin wis. es stund ja der zusammenhang zwischen Asien und Europa bei im noch nicht durch
so vile unumstößliche beispile fest.

Libanon. – auß *rip-* konte sich änlich dem vorgange von
ruć zu *luc* splendere schon ser frühe nach skythischem
sprachgesetze auch *lip-* bilden, wie wir es in dem namen
Λιπο-ξαϊς dem herscher über die gebirge, den
wir oben s. 130 bei der einteilung der Skythen besprochen,
vor uns haben. es ist sogar als sicher an zu nemen, daß
der Libanon von disem *rib = lib* seinen namen hat, und
daß niemand anderer als die Skythen die namengeber ge-

wesen sind. daß man grund hatte, den Libanon wegen ewigen schnees als **weiß glänzend** zu benennen, bezeugt Hieronymus in Jerem. I, 4 auß eigener anschauung mit den worten: ‚nix de Libani summitatibus deficere non potest.' man hat eben bißher noch vil zu wenig mit den Skythen gerechnet, und daher wurden tatsachen, welche von ein schneidender wichtigkeit für das ganze altertum insbesondere für die asiatischen staten sind, wie die tausendjärigen kämpfe der Skythen mit den großen kulturvölkern der Aegyptier, Assyrier, Babylonier, Baktrier, Meder und Persen, biß zur stunde selbst von den grösten geschichtsforschern nicht der aufmerksamkeit gewirdigt, welche sie verdienen. wenn nun in ganz Asien vom atlantischen biß zum stillen okean, von Indien biß zum Altai bei finnisch-ugrischen, türkischen und mongolischen stämmen skythische spuren sich finden, wenn in Galilaea sogar eine statt von den Skythen gegründet wurde, das berümte **Scythopolis**, von welchem geschichtlich nach gewisen werden kann, daß dessen bewoner **wirklich** Skythen waren, so ist auch die benennung des Libanons von skythischer seite gar nicht mer zu verwundern, um so weniger, als nach Ptolemaeus V, 15, 8 neben dem Libanon ein Κάσιον ὄρος in Coelesyrien nach gewisen ist, welcher name unzweifelhaft mit dem skythischen Κάσιον ὄρος, der jenseit des Imaus merere male begegnet, ein und derselbe ist und die bedeutung **weiß** hat, wie wir sie mit dem zweiten teile des wortes Grau-casus nämlich mit **cas** bereits oben s. 160 verbunden sahen.

Hermon. — es treten aber noch andere wichtige gründe ein, das angeblich phoenikisch-hebraeische *Lebānōn,* griech. Λίβανος, lat. *Libanus,* assyr. *Labnana,* jezt arabisch *Djebel Libnan* unzweifelhaft als skythisches lehnwort erscheinen zu laßen, nämlich einmal der umstand, daß das wort im phoenikisch-hebraeischen ebenfals **weiß-gebirg** bedeutet, ferner daß der südlichste stock des **Antilibanus** der berg **Hermon,**

angeblich im hebraeischen *härmon* = hervorragender bergrücken nach Egli nomina geographica, eine mer als auffallende gleichheit seinem namen und seiner bedeutung nach mit dem germanischen und deshalb auch skythischen worte *erman ermun ermon herman hermun hermon* etc. groß hervorragend gewaltig hat, — vgl. Fick I, 495 — und daß endlich nicht der geringste zweifel besteht, daß der name des galilaeischen berges *Tabor* = anhöhe berg, welcher in geringer nördlicher entfernung von der skythischen statt Scythopolis, also in einem ehemaligen skythischen gebiete ligt, und welchen die Griechen mit Ἀ-ταβ-υρ-ιον ὄρος wider geben, ebenfals lehnwort von dem skythogermanischen wortstamme *tab- tap-* = anhöhe berg gebirge ist, eine bezeichnung, welche, wie wir unten sogleich sehen werden, durch alle skythischen lande Asiens geht, bei den Gebiden — richtiger wie Gepiden — in Europa sich vor findet und noch heute in allen ehemaligen skythischen gefilden Erans und Turans selbst bei mongolischen völkern als *tepe* = collis mons gang und gäbe ist. die tatsache, daß der name *Tabor* auch auf Rhodus und Sikilien, bei den Griechen beidesmal ebenfals Ἀταβύριον ὄρος genant, sowie im karthagischen Afrika sich findet, tut der warheit unserer meinung nicht den mindesten abbruch; denn ein lehnwort konte von den Semiten, hier villeicht den Phoeniken, gerade so verbreitet werden wie ein einheimisches, und werde ich unten nach weisen, daß der skythische stamm *tab-* durch die Araben biß nach Spanien gelangte und in der romanischen sprache noch heute lebt. — vgl. Kiepert 122 und 174, sowie Egli 38 und 566 —

Κάραμβις. — bei Dionysius Periegetes v. 151 ff. lesen wir:

ἣ μὲν ὑπερνοτίη, τήν τε κλείουσι Κάραμβιν
ἡ δὲ βορειοτέρη γαίης ὑπὲρ Εὐρωπείης
τήν ῥα περικτίονες Κριοῦ καλέουσι μέτωπον.

beide namen: *Κάραμβις* und *Κριοῦ μέτωπον* keren auch bei anderen schriftstellern wider z. b. bei Ptolemaeus, Strabo, Plinius, Mela, Val. Flaccus u. a. Carambis ist ein vorgebirge Paphlagoniens. da Skythen und Thraken an der südküste des Pontus sich die hand reichen, so könte der ausdruck auch thrakisch sein. sicherlich ist er einer und derselben herkunft mit dem griech. *κόρυμβος* vertex bei Herod. VII, 218, Aeschylus Pers. 660 — vgl. auch Fick I, 522 —, wonach *Κάραμβις = Καρ-αμβ-ις* einfach **felsenspitze bergspitze** bedeutet.

Βρίξαβα, κριοῦ μέτωπον. — das andere vorgebirge *κριοῦ μέτωπον* widderstirn widderkopf in Taurien hätte für uns als griechischer name gar keinen weiteren wert, wenn nicht der jüngere Plutarch de flum. XIV folgende bemerkung daran knüpfte: *ὄρος, τῇ διαλέκτῳ τῶν ἐνοικούντων προςαγορευόμενον Βρίξαβα, ὅπερ μεθερμηνευόμενον Κριοῦ μέτωπον*. dises *Βρίξαβα* ist sowol geschichtlich als sprachlich von unschätzbarer bedeutung. vergegenwärtigen wir uns, daß in Taurien die sogenanten Tauroskythen wonten, so läßt sich bei inen das andenken an die griechische Hellespontussage d. i. die flucht von Phrixus und Helle auf dem widder gerade durch dises *Βριξ-α-βα* nachweisen; denn *Βριξ-* ist ja, wie man auf den ersten blick siht, das verschobene griech. *Φριξ-* der name des widders, welchen die Skythen, wenn sie das wort nicht selber in irem sprachschatze hatten, von den Griechen an namen und nach irer zunge formten; *βα = ba* ist aber die echt gotische adverbialbildung, welche uns in *abr-a-ba, azêt-a-ba, balþ-a-ba* ff. begegnet und welche auch in *Βριξ-α-βα* erscheint, da skythisch *βριξ-* ebenso wie griech. *φριξός* der starharige, wovon der widder benant wurde, adjektiv ist. *Βριξ-α-βα* ist demnach das widderhafte, wie ein widder außsehende somit mit recht *κριοῦ μέτωπον*. mit *Βρίξαβα* ist zugleich das reine Skythentum der Tauroskythen erwisen und hiemit stimt wider das lange verweilen von **germanischen** stämmen in der **Krim** überein, wovon zulezt noch Busbecquius deutscher gesanter in Constantinopel im 16. jarhundert berichtet. — vgl. Zeuß 432 ff. —

Tabis. — einen anderen skytho-germanischen namen für **berg spitze gebirg** finden wir in dem worte *Tabis* promontorium. Plinius VI, 17 erzält: ‚iterum deinde Scythae. iterumque deserta cum beluis usque ad **jugum** incumbens mari, quod vocant **Tabin**.' bei Solinus heißt es: ‚... usque ad maris **jugum**, quod **Tabin** vocant ...' hieher kann nicht das *tab- tap-* bezogen werden, welches uns oben bei abhandlung des skythischen götternamens $Ταβιτί$ begegnete und **brennen leuchten** bedeutete. man könte geltend machen, solche mit *tab- tap-* gebildeten berge und gebirge seien eben feuer speiende und deshalb leuchtende gewesen. ab gesehen. davon aber, daß uns die alten darüber sicherlich nicht im ungewissen gelaßen hätten, haben wir dafür, daß *tab- tap* auch **kegelförmige spitze** bedeutet und somit unleugbar **eins** mit ags. *taeppa,* altn. *tappi,* schwed. *tapp,* ndd. *tap tapp,* ahd. *zapfo,* mhd. *zapfe* **epistomium** ist, dessen grundbedeutung die einer **kegelförmigen spitze** bildet, wie auß den worten *eis-zapfen, tannen-zapfen, schlund-zapfen, stul-zapfen* etc. zweifellos hervor geht, ein schlagendes skythisches beispil selber an dem parthischen worte $ταβάλα$, welches, da ja die Parther abkömlinge der Skythen sind, wie wir noch beweisen werden, als durchauß zeugnisfähig an erkant werden muß.

$ταβάλα$, $ταβῆλα$. — Hesychius schreibt nämlich: ‚$Ταβάλα$· $ταβῆλα$· $ὑπὸ\ Παρθῶν\ οὕτω\ καλεῖται\ ὄργανον\ κριβάνῳ\ ἐμφερές,\ ᾧ\ χρῶνται\ ἐν\ τοῖς\ πολέμοις\ ἀντὶ\ σάλπιγγος$.' die *tabala* war also die **kriegspauke** der Parther und die form derselben durch $κριβάνῳ\ ἐμφερές$ dahin näher bestimt, daß sie sich wie alle derartigen schallinstrumente gegen unten erweiterte, mithin ein auß gesprochen **kegelförmiges**

ansehen hatte. $\tau\alpha\beta\text{-}\alpha\lambda\text{-}\alpha = $ *tab-al-a* ist ganz germanisch
wider mit *al* von *tab-* ab geleitet. höchst sonderbar ist die
wanderung des namens diser parthischen kampftrommel. wir
begegnen nämlich im romanischen wörterbuche von Diez I,
38 folgendem absatze: ‚*Ataballo, taballo* it., sp. *atabal,* pg.
atabale maurische pauke vom arab. *al-ʿtabl attabl* Freytag
III, 40ᵃ.' das ist nun volkommen richtig, aber welche bewantnis hat es mit dem arabischen *al-ʿtabl?* dises ist selbst
ein lehnwort, welches unbedingt auf das parthische *tabala*
zurück zu füren ist. wir wißen, daß die Parther das ganze
persische reich sich unterworfen hatten; wir wißen aber auch
zugleich, daß nach den berichten der alten die arabisch-
semitischen völker sich nicht auf die gebiete beschränkten,
welche man inen heute zu teilt, sondern weit mer gegen
osten im asiatischen festlande auß gebreitet waren. **Parther
als herscher** und **Araben als untertanen** musten daher
notwendig in berürung kommen, und bei diser gelegenheit
auch das wort $\tau\alpha\beta\acute{\alpha}\lambda\alpha$ von den Parthern zu den Araben
gelangen. leztere trugen es dann in iren eroberungszügen
nach westen biß nach Spanien, von wo so manche noch
andere arabische außdrücke in die romanische sprache auf
genommen wurden, ich erinnere an *admiral, alcóva, álgebra* u. a.

Tabae, Tapae. – als höhennamen treffen wir *Tabae
Tapae* auch bei Jornandes c. XII im lande der gotischen
Gebiden — richtiger wie Gepiden — ‚quae patria . . .
corona montium cingitur, duos tantum habens accessus unum
per Bontas alterum per Tapas'; ebenso $T\acute{\alpha}\pi\alpha\iota$ bei Dio
Cassius LXVII, 10 und LXVIII, 8, wo von kriegen unter
Domitian und Traian $\dot{\varepsilon}\nu\ T\acute{\alpha}\pi\alpha\iota\varsigma$ die rede ist. $T\acute{\alpha}\pi\alpha\iota$
Tapae war demnach höchst warscheinlich auch gotisches
wort und im cod. biblioth. Ambros. treffen wir geradezu
Zapae als bereits im anlaute verschobene form auf der ahd.
lautstufe, ein beweis mer für unsere anname, noch dazu
da es der stamm *tap-* brennen leuchten auch im althoch-

deutschen nicht zur verschiebung mit *z* gebracht hat, sondern, wie wir oben s. 115 unter *Ταβιτί* gesehen haben, meist mit der media *d* erscheint.

Taberistan. – mit der erklärung des wortes *tab*- spitze bergspitze ist auch die bedeutung des namens *Taberistan*, dessen etymologie Spiegel in seinem Eran bd. I. schwirig und dunkel nent, gelöst; denn *Tab-er-i-stan* ist felsenland gebirgsland. ebenso gehören hieher die namen bei Ptolemaeus: *Ταβήϊνοι, Ταβίανα, Ταβιηνή, Ταβιηνοί Σκυθίας, Τάπουρα πόλις Ἀρμενίας, Τάπουρα ὄρη*, die hienach benanten *Σκύθαι Ταπούρεοι*, ferner die *Τάπουροι* in Medien und in Margiana, in sofern sie auß der lage irer bergigen wonplätze zu benant wurden, und noch eine menge namen in Asien und Europa. es ist nun erklärlich, warum der name so häufig erscheint, da er ja auf jedes zackige felsengebirge an gewendet werden konte und sich von da auf land statt und bewoner übertrug. beachtenswert jedoch bleibt es, daß der stamm *tap*- cacumen in Asien nur innerhalb skythischen gebietes sich findet; denn auch die namen in Medien, Margiana und Armenien wurzeln auf dem boden ein gedrungener Skythen. die skytho-germanische sprache hat demnach in irem schatze *tab- tap- zap* cacumen und *tap*- leuchten brennen, wärend die altbaktrische, soweit sie uns zur kentnis gekommen, nur lezteres beanspruchen kann.

Tepe. – daß ich auf der richtigen färte bin, dafür zeugt unumstößlich der in den gegenden der ostprovinzen des ehemaligen persischen weltreiches bei den heutigen mongolischen bewonern häufig vor kommende name *tepe* für hügel und berg, welcher nur auß dem alten skythischen *tab- tap-* hervor gehen konte. *ak-tepe* weiß-berg, *kara-tepe* schwarz-berg sind daselbst ganz gewönliche namen.

Tabor, *Ἀταβύριον ὄρος*. – das skythische *tab- tap-* anhöhe hügel berg gebirge wurde ferner, wie zu den

Mongolen, so schon in ser hohem altertume bei gelegenheit der skythischen stürme durch Asien zu den Semiten getragen und machte von disen einmal als lehnwort auf genommen die wanderung in verschiedene länder, so nach Rhodus, Sikilien, in das karthagische Afrika, nach Abessinien u. s. w. es erscheint in der form *Tab-or*, was die Griechen mit $\mathcal{A}$-$\tau\alpha\beta$-$\nu\varrho$-$\iota o\nu$ $\H{o}\varrho o\varsigma$ wider geben, in der herkömlichen bedeutung. ich habe von disen erscheinungen bereits bei gelegenheit der erörterung der frage über das Skythentum des wortes *Libanon* gesprochen und glaube, daß wir nach disen weiteren beweisen so wenig mer über die ursprünglichkeit aller diser benennungen auß skythischer sprache im unklaren sein dürfen, als wir es über das bereits schon früher als skythisch erwisene und in andere sprachen über gegangene *kol gol* = aqua, *Silis* = *Sir* = flumen, *ag ak* = albus, *kunth* = mons, $\delta\acute{o}\chi\iota\alpha$ = funus ff. sind und das noch unten begegnende *kand* = urbs und *kuh koh kûh kôh kuhi* = mons sein werden.

$\H{I}\mu\alpha o\nu$ $\H{o}\varrho o\varsigma$, **Himalaya**, $\H{H}\mu\omega\delta\acute{o}\varsigma$, **Ḥêmavant.** – einen echt skytho-arischen gebirgsnamen trägt auch der Imaus mons = $\H{I}\mu\alpha o\nu$ $\H{o}\varrho o\varsigma$. man unterscheidet einen skythischen und indischen $\H{I}\mu\alpha o\varsigma$, lezterer auch Emodus mons, $\H{H}\mu\omega\delta\grave{o}\nu$ $\H{o}\varrho o\varsigma$ genant. Skythen, Inder und Thraken stimmen in diser beziehung überein; denn $\H{I}\mu\alpha o\varsigma$ ist ja das urarische *hima* schnee, altind. *hima* kalt, schnee, demnach $\H{I}\mu\alpha o\varsigma$ oder richtiger $\H{`I}\mu\alpha o\varsigma$ schnee- oder eisgebirge, der nämliche name, welchen wir im heutigen *Hima-laya* d. i. schneewonung dem nachfolger des alten indischen $\H{I}\mu\alpha o\nu$ $\H{o}\varrho o\varsigma$ vor uns haben. $\H{H}\mu$-$\omega\delta$-$o\varsigma$ richtiger $\H{`H}\mu$-$\omega\delta$-$o\varsigma$ lat. Em-od-us richtiger Hem-od-us ist genau griechische übertragung von altind. *Ḥêma-vat Ḥêma-vant*, welches von *ḥêmá* aurum ab geleitet den goldenen goldstralenden sc. berg bedeutet. *ḥêmá* aurum ist aber selber mittels guna von *himá* schnee eis wegen seines glanzes gebildet. Bopp glss. comp. 448 übersezt *Hima-vat Hima-vant* mit **nive praeditus**. die altbaktrische sprache hat hier auf fallender weise keinen anteil; denn nach ir hätte uns ein *Zimaus* od. *Zemodus* statt *Himaus* und *Hemodus* überlifert werden müßen. in Lykien finden wir unseren *Hêmavant* als **Emodes Hemodes** ebenfals wider, ein bedeutungsvolles zeichen für die stellung der namengeber, fals dise Lykier waren, irer abstammung nach. — vgl. Justi 125; Fick I, 467; Bopp glss. 448 —

wanderung der gebirgsnamen, $A\tilde{\iota}\mu o\varsigma$. — wie nun vile berg- und gebirgsnamen von ost nach west wanderten, wobei ich an *kun- kunth* erinnere, welches von südost und nordost Binnenasiens auß gieng und in Griechenland und Germanien in *Ara-kunth, Er-kun* und *Her-kun* wider auf taucht, an den *Hemodus* in Indien und *Hemodes* in Lykien, an die $\text{'}P\iota\pi\alpha\iota\alpha\ \ddot{o}\varrho\eta$ im äußersten Skythien und an die Römern, Kelten und Germanen gemeinsamen *Alpes* im südwesten Europas, an *ard- hard- kard-* in den worten $K\alpha\varrho\delta\text{-}ov\chi o\iota$ *Cord-uene* $\Sigma\text{-}\varkappa o\varrho\delta\text{-}\alpha\iota$ in Asien und an $\Sigma\text{-}\varkappa\alpha\varrho\delta\text{-}o\varsigma\ \Sigma\text{-}\varkappa o\varrho\delta\text{-}\iota\sigma\varkappa o\varsigma$ in Illyrien, sowie an die vilen *Hard- Hart-* in Germanien biß zur *Ard-uene* im westen dises landes, an den *Ida* mons in Phrygien und den *Ida* auf Kreta, an den *Berekunth* gleichfals in Phrygien und den gebirgsnamen *Fairguni* bei den Goten und seinen bereits oben genanten genoßen bei den übrigen Germanen, an den *Taurus* in Asien und an die hohen *Tauren* in den Ostalpen Deutschlands, an den $K\varrho\acute{\alpha}\gamma o\varsigma$ und $\text{'}A\nu\tau\acute{\iota}\varkappa\varrho\alpha\gamma o\varsigma$ in Lykien und an die *Alpes graiae*, wobei *crag-* in *graj- grai-* sich erweichte, in den westalpen ff., so wanderte auch unser *Hima* biß nach Thrakien, um sich daselbst nach thrako-germanischer weise durch vriddhi des *i* zu *ai* in $A\tilde{\iota}\mu o\varsigma$ d. i. schnee- eisgebirge zu verwandeln. in rüksicht hierauf hatte der **Haemus** bei den alten auch die beinamen **gelidus nivalis**. $A\tilde{\iota}\mu o\varsigma$ der griechischen sprache zu teilen, hieße gegen tatsachen, geschichte und sprache verstoßen. gegen tatsachen, weil sowol in dem einen falle, daß man gr. $αἶμος = δρυμός$ zu grunde legen wolte, der Haemus nicht als waldrücken sondern als gebirge an gesehen wurde, als auch in dem anderen falle, daß $αἶμος$ = cacumen wäre, der Haemus widerum nicht als bergspitze, sondern als bergkette erschin; gegen die geschichte, weil der Haemus in einem urthrakischen lande ligt, welches nie eigentum der Griechen war und endlich gegen die sprache, weil die Griechen, insoferne sie von arisch *himá* schnee — $χεῖμα$ bildeten, auch gleicher weise den Haemus — $Χεῖμος$ und nicht $Αἶμος$ benennen hätten müßen. — mit einigen anderen gebirgsnamen werde ich mich noch später beschäftigen.

Achtes hauptstück.

Der germanische glaube des unsichtbar machens wurzelt bei den Skythen.

Ehe ich die spuren der Skythen noch weiter an der hand von örtlichen anhaltspunkten verfolge, möge inzwischen, um den leser nicht zu ser zu ermüden, noch ein gegenstand beleuchtet werden, welcher sowol der sprache als dem glauben nach die innigste blutsverwantschaft der Skythen und Germanen und zwar gerade diser auf eine so offenbare und kenzeichnende weise klar zu legen im stande ist, daß auch der ungläubigste zu unserer ansicht über die zusammengehörigkeit der beiden völker seit urbeginn überzeugt werden müste, wenn darüber nach dem vorauß gegangenen noch der geringste zweifel bestehen könte.

wir haben oben im geschichtlichen teile schon widerholt erwisen, wie gebräuche, sitten und gewonheiten unter Skythen und Germanen gemeinsam seien und jezt werden wir sehen, wie ein glaube, welcher dem ganzen germanischen altertume an klebte und von dem jeder gelerte unbedingt halten würde, daß er, soweit nämlich unser bißheriger begriff von Germanentum galt, nur den Germanen eigentümlich sei, dennoch von den Skythen seinen ursprung nimt, welche allerdings die annoch ungekanten Urgermanen sind.

Τάρανδος, **tarandus.** — es ist der *τάρανδος* = tarandus, ein bei den Skythen hausendes tier, womit wir es zu tun haben. wir lesen darüber bei Aelian de nat. anim. II, 16: ἐρυθήματα εἴ ποτε ἐπανατέλλει καὶ ὠχρίασις καὶ γενέσθαι πελιδνὸν καὶ ἀνθρώπῳ ταῦτα καὶ θηρίοις ἀλλ' ἐπὶ ψιλῆς τῆς δορᾶς καὶ τριχῶν γυμνῆς, θαυμαστὸν οὐδέν· τάρανδος δὲ τὸ ζῶον, ἀλλ' οὗτός γε θριξὶν αὐταῖς τρέπει ἑαυτὸν καὶ πολύχροιαν ἐργάζεται μυρίαν, ὡς ἐκπλήττειν τὴν ὄψιν. ἔστι δὲ Σκύθης καὶ τὰ νῶτα παραπλήσιος ταύρῳ καὶ τὸ μέγεθος· τούτου τοι καὶ τὴν δορὰν ἀγαθὴν ἀντίπαλον αἰχμῇ, ταῖς αὐτῶν ἀσπίσι περιτείναντες νοοῦσι καὶ οἱ Σκύθαι.' bei Philon t. I, s. 383 ed. Mangey: φασὶ μέντοι καὶ ἐν Σκύθαις τοῖς καλουμένοις Γελωνοῖς θαυμασιώτατόν τι γίνεσθαι σπανίως μὲν ὅμως δὲ γίνεσθαι θηρίον, ὃ καλεῖται τάρανδος, μέγεθος μὲν βοὸς οὐκ ἀποδέον, ἐλάφῳ δὲ τὸν τοῦ προσώπου τύπον ἐμφερέστατον. λόγος ἔχει τοῦτο μεταβάλλειν ἀεὶ τὰς τρίχας πρός τε χωρία καὶ τὰ δένδρα.' Eustathius coment. ad Dionys. Perieg. v. 310 läßt sich vernemen: παρὰ τούτοις (Βουδίνοις) ζῶον λέγεται θαυμάσιον γίνεσθαι, τὸ μέγεθος ὅσον βοός, ἐοικὸς τὸν τοῦ προσώπου τύπον ἐλάφῳ, καλούμενον τάρανδος, δυσθήρατον διὰ τὴν μεταβολήν, μεταβάλλει γὰρ τὰς χρόας τῶν τριχῶν καθ' ὃν ἂν τόπον εἴη, καὶ ἀλλοιοῦται, καθὰ καὶ ὁ χαμαιλέων καὶ ὁ πολύπους.' Hesychius erklärt: τάρανδος ζῶον ἐλάφῳ παραπλήσιον, οὗ ταῖς δοραῖς εἰς χιτῶνας χρῶνται οἱ Σκύθαι.' Plinius h. n. VIII, 34 berichtet: mutat colores et Scytharum tarandus, nec aliud ex iis, quae pilo vestiuntur, nisi in Indiis lycaon, cui jubata traditur cervix. nam thoes (luporum id genus est procerius longitudine, brevitate crurum dissimile, velox saltu, venatu vivens, innocuum homini) habitum, non colorem mutant, per hiemes hirti, aestate nudi. tarando magnitudo, quae bovi, caput maius cervino nec absimile: cornua ramosa, ungulae bifidae, villus magnitudine ursorum. sed cum libuit sui coloris esse, asini similis est. tergori tanta duritia, ut thoraces ex eo faciant. colorem omnium arborum, fruticum, florum locorumque reddit, in quibus latet metuens ideoque raro capitur. mirum esset, habitum corpori tam multiplicem dari, mirabilius et villo.' Solinus c. 33 schreibt: ‚Mittit (Aethiopia) et tarandum boum magnitudine, bisulco vestigio, ramosis cornibus, capite cervino, ursino colore et pariter villo profundo. hunc tarandum affirmant habitum metu vertere et cum delitescit, fieri assimilem, cuicunque rei proximaverit, sive illa saxo alba sit, seu fruteto virens, sive quem alium modum praeferat. faciunt hoc in mari polypi, in terra chamaeleontes, sed et polypus et chamaeleon glabra sunt, et pronius est cutis levitate proximantia aemulari: in hoc novum est et singulare, hirsutiam pili colorum vices facere· hinc evenit, ut difficulter capi possit.' hiebei unterläuft Solinus das versehen, den tarandus nach Aethiopien statt nach dem Skythenlande der Budiner zu versetzen. ferner gedenken des tarandus Aristoteles in seinen $\vartheta\alpha\nu$-$\mu\acute{\alpha}\sigma\iota\alpha$ $\dot{\alpha}\varkappa o\acute{\nu}\sigma\mu\alpha\tau\alpha$, Theophrast in dem fragm. de iis, quae colorem mutant, Antigonus c. 31, Philes carm. 105 und Stephanus Byzantinus.

taran, latere. – die naturforscher haben sich mit dem tarandus schon längst beschäftigt und sind in der merzal darin überein gekommen, denselben für das rentier oder doch eine art desselben zu halten, welche damals in Skythien weidete, weshalb seit Linné das rentier auch den namen cervus tarandus trägt. eine minderzal will im tarandus das elen sehen. die sprachforscher aber haben sich bißher um den tarandus nicht bekümmert, und doch überwigen die ergebnisse in diser hinsicht bei weitem diejenigen für die naturgeschichte. der vorgang mit dem tarandus ist einfach genug. derselbe besizt nach den einstimmigen berichten der alten die merkwirdige fähigkeit, seinen haren nach belieben jegliche farbe der umgebung sei es, daß dise auß bäumen gesträuchen gräsern felsen erde wasen oder irgend einem anderen gegenstande besteht, zu geben. dise eigenschaft, und jezt komt die hauptsache, ist im aber nur mittel zu dem zwecke, sich dadurch zu verbergen unsichtbar zu machen und so vor nachstellungen sicher zu sein. nun müsten wir blind sein, um mit J. Grimm zu reden, wenn nicht das wort tarandus im geiste bereits gelöst vor uns stünde. man kann sich doch denken, daß ein tier, welches eine solch' einzige eigenschaft unter allen geschöpfen besizt, die aufmerksamkeit der scharf beobachtenden Skythen im höchsten grade auf sich zog und darnach seinen namen empfangen haben muste. und so ist es in der tat. $\tau\alpha\varrho$-$\alpha\nu\delta$-$o\varsigma$ tar-and-us ist das particip praesens vom skythischen verbum *tar-an* latere occultari abscondi; der *tar-and-s* ist der sich verbergende, der verborgen seiende, der unsichtbare. *tar-an* ist die noch einfache skythische verbalform, welche im gotischen bereits mit *an* ab geleitet ist, wie das got. *tar-n-j-an* verhüllen ursprünglich *tar-an-jan* beweist, welches wir im *gatarnjan* des Ulfila vor uns haben. hieher gehören auch ahd. *tarnjan* occultare dissimulare, alts. *dernian*, ahd. *tarni* latens, ags. *dyrne* und alts. *darno* clam, ahd. *tarnigo dernigo* latenter, alts. *darnungo*, ags. *dearnenga* clam ff. — vgl. Grf. V, 458 u. a. — sowie mhd. *tarnen, ternen* sw. v. zu decken verhüllen verbergen und die berümte *tarnkappe* oder *tarn-hût*. es steht also mit berüksichtigung der auf älterer stufe stehenden alts. und ags. sprache ein stamm *dar-* latere, welcher im skythischen, gotischen und althochdeutschen bereits zu *tar-* verschoben ist, so daß die lezteren drei sprachen hier auf fallender weise auf gleicher lautstufe stehen, wie es uns jedoch schon begegnete, unbedingt fest, was bißher nicht erwisen werden konte. wir begegnen dem stamme *tar-* übrigens nochmal in dem getischen worte *Tarabostes* bei Jornandes c. V, wie die edleren des getischen volkes hießen, worauß die könige und priester entnommen wurden, worüber bei den Thraken die rede sein wird. damit fält auch jede ansicht über andere entstehung des wortes *tar-n* als durch ableitung von *tar-*, so z. b. auß *tarhn* nach Grf. ibidem durch außfall des *h* in sich zusammen. aber auch in der got. stelle bei Timotheus VI, 5: ‚at þaimei *gatarniþ* ist sunja' ist mit Löbe und v. d. Gabelentz *gatarniþ* allein richtig durch **verhült verborgen** zu übersetzen und nicht mit Grimm durch **vernichtet zerstört**, ab gesehen davon, daß leztere übersetzung gegen den sinn ist; denn die warheit kann wol verhült, verborgen, aber nicht zerstört, vernichtet werden. auß dem skythischen *tarand-* ersehen wir ferner, daß das **skythische** particip volkommen dem **gotischen** schon gleich war, sowie daß skythisch *tar-an* ein starkes verbum gewesen sein muß, welches aller warscheinlichkeit nach praes. *tar-a,* praet. *tor* wie *svara, svor* formirte.

die tarnhût oder tarnkappe. – was nun erst die germanische mythologie betrifft, so kommen uns durch dises skythische **tarandus** nie geträumte aufschlüße zu; denn nicht bloß, daß der begriff des **verborgen seins**, des **unsichtbar seins** durch das im skythischen wie im germanischen nämliche wort *tar-an* auß gedrükt wird und gleiche sprache und anschauung bekundet, so wurzelt noch dazu auch der ganze glaube an die *tarn-kappe,* die *tarn-hût* im **tarandus** und in folge dessen in **skythischem boden.** schon wusten wir, daß unter *tarnkappe* ein **mantel** zu verstehen sei, der den ganzen körper bedekte, worüber ja die *tarnhût* die bergende haut, wie Grimm mythol. I, 383 sie wider gibt, keinen zweifel mer auf kommen ließ, aber wenn wir auch im Nibelungenliede 338 lasen:

‚ouch was diu selbe *tarnhût* álsô getân
daz dar inne worhte ein ieslîcher man
swaz er selbe wolde, daz in **doch niemen sach'**,

so konte doch bißher niemand auf die fragen antworten, warum denn die unsichtbar machende bekleidung gerade in einer haut bestehen müße, und was es mit diser haut für eine bewantnis habe, d. h. welchem geschöpfe ob mensch ob tier sie an gehöre, was doch in anbetracht des großen zaubers, der sich an sie knüpfte, durchauß nicht gleichgiltig sein konte. nun aber, da wir wißen, daß der tarandus eine haut trägt, mittels welcher es im möglich ist, sich unsichtbar zu machen, so ist es so klar wie der tag, daß die *tarn-hût* d. i. die bergende, unsichtbar machende haut keine andere sein kann, als eben die *hût* = haut des tarandus, weil keine andere diser eigenschaft sich rümen kann. mit ir allein läßt der Skytho-Germane diejenigen bekleidet sein, die sich den blicken der menschen entrücken können, wobei in seiner vorstellung die geheime kraft der haut, wie sie ir an dem körper des tarandus an haftete, auch auf den träger derselben über gieng. und auf dise weise war auch die *tarn-hût,* worin Sigfrid die Brunhilde bezwang, zugleich die haut eines tarandus.

entstehung des glaubens des unsichtbar machens. – wir können noch fragen, wie denn diser glaube an die möglichkeit des unsichtbar machens des tarandus sich ergeben habe, d. h. mit anderen worten, ob dise meinung bloß in der einbildung der Skythen bestund, oder einen wirklichen untergrund hatte. das leztere ist tatsächlich der fall. wir wisen oben darauf hin, daß der tarandus als eine art rentier zu betrachten sei. nun wißen wir auß der naturgeschichte, — vgl. Leunis § 53, 4 — daß das fell der rentiere, welches für gewönlich braungrau ist, im winter sich volkommen weiß färbt. denken wir uns nun den ebenfals braungrauen tarandus mit eintritt des winters sich weiß färben und somit die farbe des schnees an nemen, so daß in niemand mer von demselben unterscheiden kann, bei erwachen des lenzes aber mit abgang des schnees die weiße farbe wider ab legen und zu seinem ursprünglichen graubraunen gewande zurück keren und so sich von neuem den waldbäumen der farbe nach an gleichen, so daß er widerum ebenso wenig gesehen werden kann, so haben wir das ganze rätsel des unsichtbar machens. nur müßen wir beachten, daß der Skythe die fähigkeit des farbenwechsels, welche die natur dem tarandus verlih, in dessen wilkür legte, damit aber auch schon den grund diser geheimnisvollen und wunderwirdigen erscheinung sich schuf, was um so mer zu rechtfertigen ist, als der tarandus mit dem heutigen rentiere unter den großen wider käuenden säugetieren das einzige ist, welches sich dises wechsels in seinem äußeren je nach der jareszeit erfreut. jeder naturkundige weiß zwar, daß weiße elene hirsche damhirsche rehe als seltenheiten vor kommen, daß sie es aber von geburt oder hohem alter sind und daß sie einmal mit der weißen farbe behaftet nie mer im stande sind bei guter jareszeit dieselbe ab zu legen. unter den kleineren tieren in gemäßigtem klima ist vorzugsweise dem wisel von der natur ein änliches farbenspil wie dem tarandus gestattet. gerade an das wisel knüpfen sich aber auch bei den Germanen geheimnisvoller glaube und zallose sagen.

Budiner und Geloner. — da in den obigen vom tarandus handelnden texten bald die Geloner bald die Budiner als diejenigen genant sind, in deren gebiete derselbe hausen soll, so erübrigt es die richtige ansicht und das ware verhältnis zwischen beiden völkern fest zu stellen. Herodot ist es, der uns hier wider vollen und unzweideutigen aufschluß gewärt. er berichtet über beide völker IV, 108: $Βουδῖνοι δὲ ἔθνος ἐὸν μέγα καὶ πολλὸν γλαυκόν τε πᾶν ἰσχυρῶς ἐστι καὶ πυρρόν. πόλις δὲ ἐν αὐτοῖσι πεπόλισται ξυλίνη, οὔνομα δὲ τῇ πόλι ἐστὶ Γελωνός· τοῦ δὲ τείχεος μέγαθος κῶλον ἕκαστον τριήκοντα σταδίων ἐστὶ, ὑψηλὸν δὲ καὶ πᾶν ξύλινον, καὶ οἰκίαι αὐτῶν ξύλιναι καὶ τὰ ἱρά. ἔστι γὰρ δὴ αὐτόθι Ἑλληνικῶν θεῶν ἱρὰ Ἑλληνικῶς κατεσκευ-$

ἀσμένα ἀγάλμασί τε καὶ βωμοῖσι καὶ νηοῖσι ξυλίνοισι . . .
εἰσὶ γὰρ οἱ Γελωνοὶ τὸ ἀρχαῖον Ἕλληνες, ἐκ δὲ τῶν
ἐμπορίων ἐξαναστάντες οἴκησαν ἐν τοῖσι Βουδί-
νοισι καὶ γλώσσῃ τὰ μὲν Σκυθικῇ, τὰ δὲ Ἑλληνικῇ
χρέονται.' und ibidem 109: ‚Βουδῖνοι δὲ οὐ τῇ αὐτῇ
γλώσσῃ χρέονται καὶ Γελωνοί· ἀλλ' οὐδὲ δίαιτα ἡ αὐτή
ἐστι Γελωνοῖσι καὶ Βουδίνοισι· οἱ μὲν γὰρ Βουδῖνοι ἐόντες αὐτόχθονες νομάδες τέ εἰσι καὶ φθειρο-
τραγέουσι μοῦνοι τῶν ταύτῃ, Γελωνοὶ δὲ γῆς τε ἐργάται
καὶ σιτοφάγοι καὶ κήπους ἐκτίμενοι, οὐδὲν τὴν ἰδέην
ὁμοῖοι οὐδὲ τὸ χρῶμα. ὑπὸ μέντοι Ἑλλήνων καλέονται καὶ οἱ Βουδῖνοι Γελωνοί, οὐκ ὀρθῶς καλεόμενοι...'
dise stellen könten nicht klarer sein. dennoch hat sie Müllenhoff s. 550 und anm. unrichtig auf gefaßt und auß falscher
schlußfolgerung die Budiner sogar zu Finnen gestempelt.
eben so wenig hat Penka in seinen orig. ariac. s. 136 die
erzälung Herodots verstanden und wegen seiner vor gefaßten
meinung, wonach das wort Γελωνοί **blonde** bedeuten
solle, zu dem außwege seine zuflucht nemen müßen, als hätte
Herodot Βουδῖνοι und Γελωνοί mit einander **verwechselt!**
das dargestellte verhältnis ist ja onehin so einfach: die
**Budiner sind vor allem ein großes helles und rot-
blondes volk.** sie sind die landeseingeborenen und
füren zumeist ein **hirtenleben.** sie haben aber auch eine
hölzene statt mit namen Gelonus. in dise statt
kamen vor alters **vertribene Hellenen** und ließen sich
daselbst häuslich nider, mischten sich mit den **ursprünglichen budinischen bewonern** und lernten dann eine
sprache, die halb **hellenisch halb skythisch** war.
gerade dise tatsache ist der unumstößliche herodotische
beweis für das **Skythentum der Budiner**; denn wenn
dieselben **keine** Skythen gewesen wären, so hätten ja die
Hellenen in Gelonus eine **andere** sprache als die skythische
zu der irigen erlernen müßen. nun färt Herodot fort, daß

die Budiner nicht die nämliche sprache redeten, wie
die Geloner. das ist ja ganz natürlich; denn die Budiner
bedienten sich der reinen skythischen muttersprache,
wärend die Geloner bereits wälschten d. i. eine auß
skythisch und hellenisch gemischte sprache sich
gebildet hatten. aber auch eine andere hautfarbe, ein
anderes außsehen und eine andere lebensweise als die
rotblonden Budiner musten die Geloner haben, weil sie
ja mit den dunkleren Hellenen sich gemischt hatten. die
Budiner sind es also, bei welchen der tarandus und der
daran haftende glaube seine heimat hat. sie sind
reine Skythen und darum tarandus und Gelonus
skythische namen. Geloni war aber zunächst gar kein
volksname, sondern bezeichnete nur die in der statt
Gelonos wonenden Budiner. erst nach der einwanderung der Hellenen bildete sich $Γελωνοί$ zum unterscheidenden volksnamen nach und nach auß, wurde
aber von den Griechen auch noch dann für $Βουδῖνοι$,
wiewol mit unrecht, wie Herodot richtig bemerkt, gebraucht.

nach Herodot IV, 119 und 120 schloßen sich die Budiner
auch dem kampfe der Königskythen wider Darius vollauf an,
wider ein beweis, daß sie sich als echte Skythen fülten,
wenn es nach den erläuterten tatsachen noch eines solchen
bedürfte. über die namen $Γελωνός$ und $Βουδῖνος$ werde ich
zu einer anderen gelegenheit, wenn ich die einzelnen stämme
der Skythen behandle, sprechen.

das rentier in Osteuropa. – vom naturgeschichtlichen
standpunkte ist noch bemerkenswert, daß der tarandus oder
das rentier, denn nur dises kann nach der im an klebenden
veränderung der hautfarbe in betracht kommen, zur zeit des
Aristoteles und noch später sich im lande der Budiner
d. i. ungefär unter dem 50^0 n. br. in den damaligen wäldern
Osteuropas getummelt hat.

Neuntes hauptstück.

Uralte kultur der Skythen-Saken oder Urgermanen in Asien.

die Saken im persischen reiche. – Ich habe schon oben s. 151 ff., als ich die tatsache besprach, daß die Persen alle Skythen insgesamt Saken nennen, ein geflochten, daß allenthalben im persischen reiche Skythen als persische untertanen seit den ältesten zeiten sich nider geläßen hatten, so in Palaestina, Cappadokien, am südlichen Pontus, in Armenien, Sagartien, im norden Mediens, an der kaspischen see, in Hyrkanien, Parthien, Margiana, Sogdiana, Baktrien, Drangiana, Arachosien u. a. o. dise Skythen waren natürlich nicht mer die nomaden, wie manche irer brüder im norden und osten Erans, sondern lebten in stätten und dörfern, wie wir auß den berichten von Plinius, Diodorus Siculus, Claudius Ptolemaeus u. a. ersehen können. übrigens darf man selbst das nomadentum der freien Skythen durchauß nicht so wörtlich nemen; denn auch bei den Skythen-Saken jenseit des Imaus weist Ptolemaeus stätte nach, von welchen einige, welche den Issedonen an gehören, sich tief biß in das land der Seren hinein ziehen.

sakische stätte und dörfer. – mit der seßhaftigkeit namen aber die Skythen sogleich denjenigen grad von kultur an, der iren hohen geistesanlagen gezimte und stelten sich damit **jedem** gebildeten volke, insbesondere iren verwanten den **Persen,** **Medern** und **Baktriern** wirdig zur seite; denn sie erbauten **stätte** und **burgen** wie dise; sie bearbeiteten den boden, daß sie getreide im überfluße erhielten und sogar den Persen damit auß helfen konten; sie übten wißenschaft und künste. ich erinnere deshalb an etliche vier und zwanzig stätte und dörfer, welche Ptolemaeus VI, 2, 3, 4 im lande der Parther auf zält, worunter die statt Hekatompylos an das hunderttorige Theben in Aegypten gemant und gewiß den namen nicht erhalten hätte, wenn sie in nicht verdiente; ferner an fünf stätte in Margiana, an sibzehn in Baktrien, zehn in Sogdiana, elf stätte und dörfer in Drangiana u. s. w. also in ländern, wo die skythische bevölkerung bei weitem überwigend war.

getreidebau. – bezüglich des getreidebaues der Skythen innerhalb des persischen reiches verweise ich auf die Arimasper-Skythen in Drangiana oder Zarañka, die sogenanten *Humavarkâ* = Εὐεργέται, worüber ich ebenfals oben unter dem namen der Saken s. 153 schon sprach, welche dem Kyrus und seinem dem hungertode nahen here nach Diodorus Sic. XVII, 81 mit dreißig tausend wagenladungen getreides zu hilfe kamen. bedenken wir dise ungeheure leistung! nemen wir als länge für je einen wagen mit gespan gering gerechnet 20 fuß, so war diser zug, wenn noch dazu alle wagen one abstand einander folgten, 600 000 fuß oder 24 deutsche meilen lang und brauchte zwei tage und nächte, um an dem auge eines still stehenden beobachters vorüber zu kommen. wie schwunghaft aber müßen die Arimasper den ackerbau betriben haben, um über eine solche menge von getreide in so rascher zeit verfügen zu können, und wie mächtig musten sie sein, um, da sicherlich jeder wagen mit zwei tieren bespant war, die ein knecht leiten muste, dise 60 000 zugtiere und 30 000 knechte zu stellen, welche noch dazu narung für sich und futter für das gespan mit füren musten. warlich das ganze königreich Baiern müste in einem solchen falle heran gezogen werden, um einer so großen anforderung zu genügen. dise leistung war in der tat den titel *Humavarkâ* wert.

kunst und wißenschaft. – was die kunst und wißenschaft der Skythen betrift, so nenne ich das volk der $Χάλυβοι$ oder $Χάλυβες$, welche Hesychius mit den worten ,$Χάλυβοι$ $ἔϑνος$ $τῆς$ $Σκυϑίας$, $ὅπου$ $σίδηρος$ $γένεται$' als Skythen bezeichnet. irer fertigkeit in der eisen- und stahlbereitung verdankt sogar $χάλυψ$ *chalybs* der stahl seinen namen in der ganzen alten kulturwelt. die Parther unter irem feldhern Surenas trugen in den kämpfen gegen Crassus helme und brünne von eisen, und ire pferde waren ebenfals mit erz und eisen gepanzert, so daß sie den anblick von einem mittelalterlichen ritterhere der Germanen gewärten. – vgl. Plutarch und Appian – merkwirdiger weise wurde zu diser rüstung nach Plutarch $Μαργιανὸς$ $σίδηρος$ verwendet. gerade Margiana aber bewonten fast außschließlich wider Skythen, nämlich die $Σκύϑαι$ $Ἀμύργιοι$, die *Tigrakhaudâ* der persischen keilinschriften, welche ich ebenfals oben s. 155 unter dem namen der Saken schon besprach. von der kunst der Skythen, häuser türme und befestigungen von holz zu erbauen, habe ich bei erklärung des namens der Mossunoeker = $Μοσσύνοικοι$ s. 179 ff. schon des weiteren gesprochen.

die königin Zarina. – ferner erzält Diodorus Sic. II, 34 von der königin der Saken Zarina: ,$πόλεις$ $οὐκ$ $ὀλίγας$ $κτίσαι$ $καὶ$ $τὸ$ $σύνολον$ $εὐδαιμονέστερον$ $τὸν$ $βίον$ $τῶν$ $ὁμοεϑνῶν$ $ποιῆσαι$.' der name $Ζαρίνα$ = Zar-in-a ist nebenbei bemerkt von zend. *zar* gelb sein – vgl. Justi 121 – ab geleitet, wovon auch *zaranya* aurum, *zaranaêna* aureus stamt. der stamm *zar* war somit auch spracheigentum der Saken und die sakische fürstin höchst warscheinlich ires goldblonden hares wegen so genant, wie auch in der persischen heldensage Zal der son des osteranischen fürsten

Sam wegen seines blonden hares den beinamen *Zer* ebenfals von zend. *zar* flavus erhielt und *Zal-Zer* genant wurde.

pyramidenbau und fertigung einer goldenen bildsäule. — von einem baudenkmale der Saken aber, welches bißher ebensowenig wie die Skythen überhaupt beachtet wurde, berichtet Diodorus Sic. ebendaselbst mit den worten: *διὸ καὶ τοὺς ἐγχωρίους μετὰ τὴν τελευτὴν αὐτῆς (Ζαρίνης) χάριν ἀποδιδόντας τῶν εὐεργεσιῶν, καὶ τῆς ἀρετῆς μνημονεύοντας, τάφον οἰκοδομῆσαι πολὺ τῶν ὄντων παρ' αὐτοῖς ὑπερέχοντα. ὑποστησαμένους γὰρ πυραμίδα τρίγωνον, τριῶν μὲν σταδίων ἑκάστην πλευρὰν αὐτῆς κατασκευάσαι τὸ μῆκος, τὸ δ' ὕψος σταδιαῖον, εἰς ὀξὺ συνηγμένης τῆς κορυφῆς. ἐπιστῆσαι δὲ τῷ τάφῳ καὶ χρυσῆν εἰκόνα κολοσσικὴν, καὶ τιμὰς ἡρωϊκὰς ἀπονεῖμαι, καὶ τἄλλα πάντα μεγαλοπρεπέστερα ποιεῖν τῶν τοῖς προγεγονόσιν αὐτῆς συγχωρηθέντων.*' also auß einer gleichseitigen pyramide, deren höhe ein stadium oder 600 fuß und deren umfang, da jede der drei seiten ein stadium lang war, 1800 fuß betrug, bestand dises grabdenkmal, welches die sakischen untertanen irer geliebten königin Zarina errichteten. denken wir uns nun auf der spitze der pyramide die goldene bildsäule der Zarina, welche jedenfals, um zum ganzen zu paßen, weit über gewönliche lebensgröße gefertigt war, so dürfen wir von einem bau- und kunstwerke sprechen, welches sich kün den pyramiden der alten Aegyptier an die seite stellen darf. und dise kunst wurde von den Saken bereits im sibenten jarhunderte vor Christus gepflogen, sezt daher eine wol tausendjärige kultur des volkes vorauß. diß ist aber um so wichtiger, als ja die Saken, die asiatischen Skythen, ebenso wie die europaeischen, welch' leztere ja selbst auß Asien einst auß zogen, die vorfaren der Germanen sind und auf dise weise mit fug und recht an genommen werden kann, daß wir in disem sakischen zugleich ein urgermanisches denkmal vor uns haben,

worauß folgt, daß die Urgermanen in Asien, wo man sie
Saken und Skythen nante, eine, wenn nicht ältere, so doch
eben so alte kultur beanspruchen können als ire verwanten
die Baktrier, Meder und Persen.

die kultur der Germanen durch die wanderung unterbrochen. — wenn wir nun die Germanen, welche als skythische
abkömlinge nach Westeuropa zogen nach ungefär anderthalb
tausend jaren von Zarinas zeit an gerechnet erst wider die
alte sakische bildungsstufe erklimmen sehen, so lag
das in dem umstande, welchen eine merhundertjärige wanderschaft mit sich brachte. durch dise muste notgedrungen
die kultur unterbrochen werden, nicht aber die erinnerung an dieselbe in den sitzen der vorväter, weshalb
sie, da ja die geistesanlagen die nämlichen blieben, jeder zeit
wider auf genommen werden konte. ich möchte durch dise
tatsache der bei einem teile der gelerten eingefleischten
meinung entgegen treten, nach welcher die Germanen im
heutigen Deutschland, wo übrigens nur von Westgermanen
die rede sein kann, da ja die Ostgermanen als Thraken
und Skythen vorerst am Pontus sitzen blieben, als autochthonen sich erst nach hundert- oder gar tausendjärigem mühen vom büffel- und bärenhäuter auf ire
spätere stufe empor geschwungen hätten. nein, sie
suchten nur zu irem ehemaligen zustande in Asien
zurück zu keren, und darum gieng auch die bildung von
germanischen reichen in Westeuropa verhältnismäßig
schnell von statten, obwol von sämtlichen Germanen die
Westgermanen den längsten weg gewandert waren und sich
darum die härtere aufgabe gestellt hatten, noch dazu weil
Westeuropa zur damaligen zeit unwirtlicher war als Osteuropa oder Asien, die gebiete der Thraken und Skythen.

vilen mag es nun allerdings überraschend erscheinen,
daß unsere anen die Skythen in Asien schon eine hohe
kultur inne hatten, welche wir mit der unseres germanischen

mittelalters zu vergleichen vollauf berechtigt sind. doch, wenn sie sich nur ein wenig die hohe geistesanlage der Skythen, von der wir ja im geschichtlichen teile manigfache proben gaben, wider ins gedächtnis rufen, so wird es inen von selbst ein leuchten, daß, wo und wann nur immer ein solches volk zum seßhaften zustande über geht, alsogleich auch der beginn höherer lebensweise die unaußbleibliche folge ist.

eine skytho-sakische oder urgermanische statt in Sogdiana. − nun brauchen wir uns glüklicher weise nicht einmal damit zu begnügen, daß wir sakische verhältnisse in Asien als urgermanische, wie sie es in warheit sind, so one weiteren beweis an erkennen. die alten autoren haben dafür gesorgt, daß wir eine urgermanische statt, welche natürlich zugleich skytho-sakisch ist, in Asien so schlagend der sprache nach nach zu weisen im stande sind, als ob sie fast von althochdeutschen völkern, sovil wir unter solchen im sprachlichen sinne verstehen, gegründet worden wäre. dise statt ligt im äußersten nordosten des persischen reiches in der provinz Sogdiana lat. Sogdiana und Sugdiana sc. terra, gr. Σογδιανή Σουγδιανή Σογδιάς und Σουγδιάς sc. γῆ, zend. Çughdha, altpers. Sug'uda, deren bewoner die Sogdier, l. Sogdii Sugdii Sogdiani Sugdiani, gr. Σόγδιοι Σογδιανοί Σούγδιοι Σουγδιανοί den Persen nach Herodot III, 93 und VII, 66 tribut- und herespflichtig waren, sonst aber zimlich unabhängig lebten. wie nun in späterer zeit die Baktrier nach Justinus' II, 3 ‚Parthicum et Bactrianorum imperium (Scythae) ipsi condiderunt' und nach Curtius' Rufus' IV, 47 ‚at interdiu primum terribilis occursuras facies Scytharum Bactrianorumque . . .' Skythen waren und skythisches außsehen hatten, so schon seit jeher die bewoner Sogdianas, welches öfters auch teilweise zu Baktrien gerechnet wurde. die persische oberhoheit über Sogdiana war onehin zu zeiten oft zweifelhaft, um so mer, als gegen osten, norden und zum teile gegen westen die freien Skythen unmittelbar an gränzten und einen unverkenbaren einfluß auf ire seßhaften brüder auſſ übten.

der fluß Πολυτίμητος. – den fraglichen wichtigen namen nun haben wir zunächst den geschichtschreibern Alexanders des großen zu verdanken. Arrian erwänt nämlich öfters einen fluß Πολυτίμητος in Sogdiana, so IV, 5: ‚ἔνϑα δὴ πολλῶν τιτρωσκομένων . . . τοὺς στρατιώτας ἀνεχώρουν ὡς ἐπὶ τὸν ποταμὸν τὸν Πολυτίμητον . . .' IV, 6: ‚καὶ ἐπῆλϑε πᾶσαν τὴν χώραν ὅσην ὁ ποταμὸς ὁ Πολυτίμητος ἐπάρδων ἐπέρχεται.' ibidem: ‚ὁ δὲ Πολυτίμητος πολὺ ἔτι μείζων ἢ κατὰ τὸν Πηνειὸν ποταμόν ἐστι.' Curtius Rufus schreibt VII, 39: ‚Sogdiana regio maiore ex parte deserta est; octingenta fere stadia in latitudinem vastae solitudines tenent. ingens spatium rectae regionis est, per quam amnis, Polytimetum vocant incolae, fertur torrens.' bei Strabo 518 heißt es: ‚τὸν δὲ διὰ τῆς Σογδιανῆς ῥέοντα ποταμὸν καὶ . . . Πολυτίμητον . . .' auch Ptolemacus gedenkt VI, 14, 2 bei besprechung der Skythen disseit des Imaus des Πολυτίμητος. so hieß also in der sprache der landesbewoner zur zeit Alexanders des großen nach der eben an geführten stelle von Curtius diser fluß, was offenbar nur griechische übersetzung des einheimischen skythischen namens war. daß dise anname richtig ist, beweist die tatsache, daß das Zendvolk, welches nicht am Polytimetus wonte, wenigstens zur zeit Alexanders nicht, denselben fluß *Gâu* und *Çughdha*, die Persen *Sug'uda* nanten; daß derselbe im Bund. *Zishmend* heißt und in den *Hvejand* (Oxus) fließt und heute *Zarafshan Zerefshan* der goldstreuende genant wird. – vgl. Justi 103, 295; Spiegel Eran I, 275 –

statt und wort Marakanda. – wie nun am Zarafshan die statt Samarkand ligt, so lag am Polytimetus der alten die statt Μαράκανδα *Marakanda*, die haupt- und residenz-

statt von Sogdiana, wie Arrian, welcher sie widerholt nent,
III, 30 bezeugt: *Ἀλέξανδρος δὲ ἀναπληρώσας τὸ ἱππικὸν
... ὡς ἐπὶ Μαράκανδα ἦγε· τὰ δέ ἐστι βασίλεια τῆς
Σογδιανῶν χώρας.*' Ptolemaeus bringt *Μαράκανδα* nach
ab weichender ländereinteilung VI, 11 unter den stätten Baktriens. Curtius Rufus, welcher ebenfals viermal Marakanda
erwänt, schreibt VII, 26: ‚hinc quarto die ad urbem Maracanda perventum est. LXX stadia murus urbis amplectitur;
arx alio cingitur muro.' die burg in Marakanda wird auch
durch Arrian IV, 5 mit den worten ‚*οἱ δὲ ἐν Μαρακάνδοις
ἐν τῇ ἄκρᾳ φρουρούμενοι Μακεδόνες* . . .' bezeugt.

schon lange hat man nun den alten *Πολυτίμητος*
und den heutigen Zarafshan für einen und denselben
fluß und das alte Marakanda und das heutige Samarkand für eine und dieselbe statt gehalten und man
hat recht getan. den strengen sprachlichen beweis aber, wie
auß Marakanda Samarkand sich bilden konte, ist man, so vil
ich wenigstens weiß, bißher schuldig gebliben.

und nun zur lösung des fluß- und stattnamens! wir
wißen, *Πολυτίμητος* ist griechische übersetzung des unbekanten einheimischen skythischen flußnamens; ferner, die
statt Marakanda ligt an disem fluße. solten darum dise
beiden namen nicht in einer beziehung zu einander stehen,
wie es im altertume zwischen gebirgen flüßen stätten
und völkern bezüglich irer namen so häufig der fall ist?
in der tat, in dem augenblicke, als uns diser gedanke komt,
haben wir das rätsel auch schon gelöst; denn sofort muß
uns ja klar sein, daß der erste teil des namens *Mar-a-kanda*
nämlich *mar-* dem stamme nach der name des skythischen
flußes sein muß. wir begegneten ja schon in Europa im
lande der skythischen Agathurser einem fluße *Μάρ-ις*,
welchen uns Herodot IV, 48 nent. flüße und gebirge
wandern aber, wie wir gesehen haben; d. h. die völker verewigen gerne, wenn sie auch in andere länder gezogen

sind, die erinnerungen irer einstigen heimat. auch hier sind beide flußnamen dieselben und würde der asiatische fluß ebenfals $Μάρ$-$ις$ oder $Μάρ$-$ας$ heißen, wenn uns dessen name nicht in der zusammensetzung, sondern als einzelnes wort überlifert worden wäre. wir knüpften oben den europaeisch-skythischen $Μάρις$ an den germanischen stamm *mar*- got. *mêr-s* ahd. *mâri* **praeclarus eximius memorabilis famosus illustris** etc. wie recht wir getan haben, bestättigt die griechische übersetzung des asiatisch-skythischen $Μαρ$-$ις$; denn könte wol das germanoskythische *mar*- beßer als mit $πολυτίμητος$ wider gegeben werden? der sinn des griechischen wortes **hoch geert hoch geachtet** ist ja vollauf in *mar*- **hoch gerümt hoch ansehnlich** etc. enthalten. den grund, warum der skythische fluß so genant wurde, haben wir wol in der **reinheit lauterkeit und treflichkeit** seines waßers zu suchen, und von Asien ist uns auch ein schluß nach dem $Μάρ$-$ις$ der Agathurser in Europa in der weise erlaubt, daß wir seiner benennung eine **änliche ursache** unterschieben. der zweite teil des wortes *Mara-kanda* nämlich *kand-a* ist ebenfals echt skythisch oder urgermanisch von arisch *jan,* zend. *zan,* germ. *gan* **erzeugen gebären** gebildet und fürt geradewegs auf das got. *kund-s* = — **gena**, welches nur schwächung von *kand*- ist. — vgl. Fick I, 319, II, 341; Justi 121 — wie wir nun gotisch *airþa- godaguma- himina- ufarhimina- inna- qina-kund-s* haben, so haben wir auch schon skythisch oder urgermanisch *mara-kand*- nur mit dem unterschiede, daß *mara*- hier auf einen bestimten gegenstand, der disen namen trägt, auf den $Πολυτίμητος$ nämlich bezogen werden muß. das skythische oder urgermanische *Mara-kand-a* heißt also, wenn wir in betracht ziehen, daß wir es mit einer statt zu tun haben, die am $Μάρις$ oder $Μάρας$ **geborene erzeugte geschaffene erbaute kurz die statt am** $Μάρις$ oder die Marisstatt. daß wir mit diser erklärung auf dem richtigen wege sind, beweisen uns noch heute die namen der stätte in Binnenasien, wie *Kods-chend Tasch-kend Çem-kend Kho-jand Ko-kand Jar-kand* u. s. w., bei welchen allen das *chend kend jand kand* durchweg statt bedeutet und sich nur an das ehemalige skythische *kand-* knüpfen kann, auß dem einfachen grunde, weil alle dise stätte nicht mer innerhalb des persischen reiches, sondern im gebiete der Skythen sich befanden. hier läßt sich also weit gehende nachwirkung der Skythen oder vilmer irer sprache fest stellen. im worte *kand-* komt die skythische sprache auch dem begriffe nach der zendischen entgegen und beide sprachen ergänzen sich hier wechselseitig. im zendischen haben wir nämlich auß demselben stamme *zan-* die bildung *zañtu* genoßenschaft, woran sich hzv. parsi *zand* (Neriosengh *janda*), np. *zindán* (burg kerker), armen. *zendán* sowie medisch Ἀρι-ζαντ-οι und lykisch *Xanthus* reihen. — vgl. Justi 120; Fick I, 320 — wir bemerken an np. *zindán* burg kerker dem sinne nach bereits deutliche annäherung an das skythische *kand-* statt. Spiegel eran. stamverfaßung 681 kent zend. *zañtu* in der bedeutung stamm. ebenderselbe weiß daselbst bereits um die stammeseinheit des altind. *jantu*, zend. *zañtu* und got. *kund-s;* zwischen beiden lezteren fült das skythische oder urgermanische *kand-* nun die bißher bestandene lücke auß. Bopp in seiner vgl. grm. 3. außg. 3. bd. s. 289 nimt zend. *santu* ursprünglich erzeugung schöpfung, wie er sagt, ebenfals schon als statt im sinne unseres skythischen *kanda*, über dessen Skythen- oder Urgermanentum sohin jeder zweifel schwinden muß, weil altind. das nämliche wort *jantu*, zend. *zañtu* oder nach anderer schreibart *santu* lautet und altpers. *dañtu* tönen müste und weil es nur im gotischen *kund-s*, welches ja nur ein geschwächtes *kand-s* ist, einzig und allein wider erklingt. in *kand-* und *kund-* stehen skythische und gotische sprache wie öfters auf gleicher verschiebungsstufe; beide sprachen

sind aber schon dem griechischen und lateinischen in $\gamma i \gamma$-
$\nu o \mu \alpha \iota$ und gigno um eine stufe vorauß. da Marakanda
zur zeit Alexanders aber bereits eine alte statt war — denn
wenn es anders wäre, würde es uns auch berichtet worden
sein — so läßt sich darauß ab nemen, daß die Skythen oder
Urgermanen seit den ältesten zeiten sich schon von iren
arischen brüdern getrent hatten und ein **selbständiges
volk bildeten**. in der vokalisation ist das skyth. *kand* an
alter den meisten schwestersprachen, welche *a* zu *i e o u*
schwächten, vorauß und steht an der seite von altindisch und
zendisch. bezüglich des wortes *mar-* ist zu bemerken, daß
die zend. und altpers. sprache in der skyth. bedeutung dasselbe **ganz entberen**, wärend die altind. sprache ein substantiv *marîci* m. glanz schimmer — vgl. Fick II, 433 —
ir eigen nent, und die keltische sprache *mar-* oder vilmer
mâr- als **clarus und magnus kent** — vgl. Glück s. 76 ff.
— ein *kand = kund* — gena im skytho-germanischen sinne
aber kann sie nicht auf weisen; *can cant* heißt im keltischen
vilmer **albus** z. b. *canto-benna* **album cornu** — Zeuß
grm. celt. s. 825 —, ab gesehen davon, daß unter den
asiatischen Saken insbesondere in Sogdiana von Kelten überhaupt nicht die rede sein könte. und somit verbleibt Marakanda einzig und allein den **Saken-Skythen oder Urgermanen**.

die gleiche bedeutung von $M\acute{\alpha}\rho\iota\varsigma$, **Çughdha und**
$\Pi o \lambda v \tau \iota \mu \eta \tau o \varsigma$. — was mir in der bestättigung meiner ansicht
über das skythische wort *Marakanda* wider unerwartet zu
hilfe komt, ist die zendische sprache. bereits oben s. 137 ff.
bei der deutung des skythischen wortes $\Pi\alpha\rho\alpha\lambda\acute{\alpha}\tau\alpha\iota$ be-
kräftigte sie die gleichheit des sinnes des skythischen *par-a*
gens mit dem zend. *zañtu* **stamm genoßenschaft** durch
die worte bei Strabo $\Xi\alpha\nu\delta\iota o\upsilon\varsigma\ \mathring{\eta}\ \Pi\alpha\rho\iota o\upsilon\varsigma$.' so auch hier,
nur noch in vil hervorragenderer weise. wir wißen, daß
manche provinzen des alten Persenreiches nach **gewäßern**,

seien es ströme oder seen, benant sind, wie **Arachosia
Margiana Drangiana** etc. ebenso ist das auch bei
Sogdiana der fall, welches land dem fluße zend. *Çughdha*,
altpers. *Sug'uda* seinen namen in der weise verdankt, daß
diser zunächst auf die an demselben ligende hauptstatt und
von lezterer auf das ganze land übertragen wurde. in diser
weise hieß *Marakanda*, welcher name, obwol seit urzeiten bestehend, dennoch erst seit Alexanders zeiten dem abendlande
bekant wurde, bei den **nicht skythischen** Eranern neben
Gâu auch *Çughdha*, — vgl. Justi 295 —, weil dises leztere
eben benennung der Eraner für skythisch $M\alpha\varrho\text{-}\iota\varsigma$ griech.
$\Pi o\lambda v\tau \acute{\iota}\mu\eta\tau o\varsigma$ war. *Çughdha* als fluß ist aber wörtlich der
reine, und der skythische $M\alpha\varrho\text{-}\iota\varsigma$? — die wurzel *mar-*
hat ursprünglich ganz die nämliche bedeutung **rein lauter
unvermischt**, — vgl. Fick I, 719 — worauß die bereits
oben an gefürten anderen eigenschaften wie **praeclarus
eximius famosus** etc. hervor giengen. was **rein** und
lauter ist, ist auch **berümt, hoch berümt, hoch geert** ff.
es kann also keinem zweifel unterligen, daß zend. *Çughdha*
eine wortgetreue übersetzung des skyth. $M\alpha\varrho\text{-}\iota\varsigma$ ist und
warscheinlich sogar im nämlichen auß der urbedeutung **rein
lauter** hervor gegangenem nebensinne von **hoch berümt
hoch geert**, wie das gr. $\pi o\lambda v\tau \acute{\iota}\mu\eta\tau o\varsigma$, mit welchem die
Griechen offenbar als gut unterrichtet das skyth. $M\alpha\varrho\text{-}\iota\varsigma$
wider gaben. wir haben sonach skyth. $M\alpha\varrho\iota\varsigma$ = zend.
Çughdha = griech. $\Pi o\lambda v\tau \acute{\iota}\mu\eta\tau o\varsigma$ = **der reine, hoch berümte, hoch geerte** durch eine **einzig da stehende
sprachliche übereinstimmung dreier verschiedener völker**
unumstößlich fest gestelt, was um so erfreulicher ist, als es
sich um einen der wichtigsten nachweise skythischen oder
urgermanischen daseins in ganz Asien handelt.

**die skythische kultur in Sogdiana die herschende
und ältere.** – ich nante soeben *Çughdha* eine übersetzung
von $M\alpha\varrho\text{-}\iota\varsigma$. damit ist zugleich auß gesprochen, daß die

skythische kultur in Sogdiana die herschende war. um das zu sein, muste sie aber auch zugleich die ältere sein und musten die Skythen seit urzeiten am Maris sich an gesidelt und behauptet haben, weil ir name sonst nicht sich hätte erhalten können, wenn die Baktrier zuvor daselbst geseßen wären. es ist nämlich eine alte erfarung, daß fremde völker, sobald sie in kulturgebiete ein dringen, wo eine andere sprache herscht, nicht alles um benennen, sondern die bereits bestehenden namen von gebirgen ländern flüßen stätten etc. gerne übernemen. daß wir den skythischen namen erst seit Alexander hören, hat seinen grund darin, daß das abendland nicht mit Skythen, sondern bis dahin fast nur mit Medern und Persen verkerte, welche natürlich eranischer bezeichnungen sich bedienten.

statt und wort Samarkand. – und nun will ich zum überfluße gleichsam noch den probebeweis für das Urgermanentum des wortes Μαράχανδα und seiner namensgeber dadurch erbringen, daß ich erkläre, wie auß *Marakanda — Samarkand* geworden ist. es wäre höchst wißenswert, genau fest stellen zu können, seit wann der name *Samarkand* in gebrauch kam, weil er one den geringsten zweifel der einheimischen bevölkerung ab gelauscht wurde, uns aber einen schluß erlauben würde, wie lange Skythen oder Urgermanen als solche unvermischt mit anderen stämmen noch in und um *Marakanda* sitzen blieben. *Samarkand* ist nämlich ebenfals ein skythischer name und seinen wortbestandteilen nach an und für sich und bei der einheimischen urgermanischen bevölkerung gerade so alt wie *Marakanda,* wie er auch das nämliche besagt. nur in der öffentlichkeit ist der name *Samarkand* jünger als *Marakanda* und zugleich verrät er den der skythischen sprache nicht mer mächtigen ersten berichterstatter, welchem alle anderen, wie es ja dutzendmale geht, blindlings nach schriben; denn *Sa-markand-* oder ursprünglicher *sa-Marakand-a* ist ja nichts anderes als das wort

Marakanda mit unserem alten bekanten dem germano-thrako-skythischen artikel *sa* an der spitze, welchem wir als zäher und kenzeichnender eigenheit diser sprachen schon öfters begegneten, ich erinnere an die schon oben besprochenen thrako-skythischen worte σα-κυνδακη, σα-ναπις, σα-ναπτις, Σα-κυνϑος, wozu sich jezt auch *sa-Mar(a)kand(a)*, mit außstoßung des ursprünglichen verbindungsvokales *a* und abwerfung des schlußvokales als *sa-Markand = Samarkand* sich darstellend, geselte. die unkentnis der skythischen sprache ist es also, welche den artikel als den bestandteil des eigentlichen wortes wider an sah und auf dise weise dem neuen namen zur geburt und zur verewigung verhalf. so ein verstoß konte den gelerten begleitern Alexanders des großen **nicht** begegnen, weil in dessen here Thraken, Skythen, Baktrier, Meder, Persen und überdiß eigene dolmetscher waren, welche die skythische sprache teils als an geborene teils als erlernte von grund auß verstunden. und dennoch sind wir dem unbekanten und nicht sprachkundigen ersten nachrichtgeber des wortes *Samarkand* zu großem danke verpflichtet, weil gerade er uns einen unumstößlichen weiteren beweis für das **Urgermanentum der in- und umwoner** von *Marakanda* in die hand gab, von welchen er den namen vernommen hatte.

die Sogdianer, urbilder der Germanen. – beachten wir nun noch, was Curtius Rufus über die Sogdier VII, 39 schreibt: ex captivis Sogdianorum ad regem XXX **nobilissimi, corporum robore eximio,** perducti erant: qui ut per interpretem cognoverunt, iussu regis ipsos ad supplicium trahi, **carmen laetantium modo canere, tripudiisque et lasciviori corporis motu gaudium quoddam animi ostentare coeperunt.** admiratus rex, tanta magnitudine animi oppetere mortem, revocari eos jussit, causam tam effusae laetitiae, cum supplicium ante oculos haberent, requirens. illi, si ab alio occiderentur, tristes morituros fuisse respondent;

nunc a tanto rege victore omnium gentium maioribus suis
redditos honestam mortem, quam fortes viri voto
quoque expeterent, carminibus sui moris laetitiaque
celebrare. tum rex: quaero itaque, an vivere velitis non
inimici mihi, cuius beneficio victuri estis? illi, nunquam se
inimicos hosti fuisse respondent. si quis ipsos beneficio quam
iniuria experiri maluisset, certaturos fuisse, ne vincerentur
officio. interrogatique, quo pignore fidem obligaturi essent?
vitam, quam acciperent, pignori futuram esse dixerunt: red-
dituros, quandoque repetisset. nec promissum fefellerunt.
nam qui remissi domos ierant, fide continuere populares;
quattuor inter custodes corporis retenti, nulli Macedonum in
regem caritate cesserunt.' wer erkent nicht auß irem körperbau, irer todesverachtung, irer freude als tapfere männer
nach irem tode mit iren vorfaren vereinigt zu werden,
was geradezu an das unsterbliche fortleben in der Wal-
halla gemant, ferner auß irer vasallentreue irem neuen
lehenshern gegenüber, der inen das leben geschenkt hat, das
echte urbild der späteren Germanen! im ganzen und
großen aber, welche nie geante fernsicht eröfnet sich uns
durch die entdeckung der urgermanischen statt Marakanda
oder Samarkand! fürwar Marakanda ist die sonne in Binnenasien, deren stralen auf einer seite biß zum atlantischen auf
der anderen biß zum stillen okean die einstigen pfade
der Urgermanen erhelt, welche uns von nun an nimmer
verdunkelt werden sollen.

uralter grund und boden der Germanen. – Samarkand, die zweite statt von Bôkhârâ ist alt und wegen irer
schönheit berümt' läßt sich Spiegel Eran bd. I, 276 vernemen. zur zeit Alexanders hatte sie, wie Curtius Rufus
oben berichtet, bereits 70 stadien im umfange; sie und die
burg hatten je eine mauer für sich. welche schiksalstürme
muste dise statt durchmachen, biß sie als Tamerlans residenz
nochmals in den arabischen märchen der mittelpunkt

alles schönen und herlichen ward! und wir Germanen! ja wir brauchten über 2000 jare, biß wir dise statt als die unsrige wider erkanten. im alten erbfeler unserer philosophischen und kosmopolitischen träumereien haben wir meistenteils nicht acht auf das, was uns angeht und uns fromt. wärend die Slaven seit einer langen reihe von jaren dise binnenasiatischen länder so ganz im stillen für sich fort nemen, laßen wir Germanen, ich will ja gar nicht sagen, dises ruhig geschehen, im gegenteile, wir wißen nicht einmal, daß es unser ureigner mit dem heldenblute unserer urvorfaren durchtränkter grund und boden ist, um welchen es sich handelt. wenn man heut zu tage von Chiwa Merw Bokhara Balch Samarkand Kodschend Kokand Margilan Taschkend Khojand Cinas Çemkend Ardijan Kaschgar Jarkand Chotan spricht oder schreibt, so sind das namen, welche in einem gebiete ligen, welches im altertume außschließlich und allein von Saken oder Skythen, unseren urvorfaren, beherscht wurde, und niemals unter der botmäßigkeit von Sauromaten und Slaven stund. ja noch vil weiter nach osten, nordosten und südosten geboten die Skythen, wie wir noch sehen werden.

Skythen-Saken oder Urgermanen unter Alexander dem großen. - wir wißen auß der zulezt an gefürten stelle von Curtius Rufus, daß von den 30 gefangenen adeligen Sogdier-Skythen vier in die leibwache Alexanders auf genommen wurden. auch die freien Skythen jenseit des Jaxartes oder Silis durch die milde des großen königs gewonnen, waren demselben ser zu getan. — vgl. Curtius ibid. c. 38 — alle Skythen aber innerhalb des persischen reiches kamen mit dem wechsel des oberkönigtums selbstverständlich unter die regirung Alexanders, und somit können die Germanen mit fug und recht behaupten, daß ire

brüder bereits unter Alexander dem großen
dienten. diser schäzte aber von allen seinen untertanen
gerade die Skythen ser hoch. ich brauche da bloß an
die außgezeichnete behandlung zu erinnern, welche er nach
Arrian III, 27 und Curtius VII, 11 den Arimasper-Skythen
den sogenanten Evergeten d. i. *Humarvarkâ* in Drangiana
oder näher bestimt in Sakastene, bei welchen er 60 tage
verweilte, an gedeihen ließ und durch schenkung von länder-
strecken und geldsummen zum außdrucke brachte. ich
kann mir nicht versagen, die stelle Arrians hieher zu setzen;
denn was in ir gesagt ist, gilt ja den Urgermanen. es heißt
daselbst: ‚... ἀφικνεῖται εἰς τοὺς πάλαι μὲν Ἀριμασποὺς
καλουμένους, ὕστερον δὲ Εὐεργέτας ἐπονομασθέντας ... καὶ
τούτους Ἀλέξανδρος ... τιμήσας καὶ αὐτὸς κατα-
μαθὼν ἄνδρας οὐ κατὰ τοὺς ἄλλους τοὺς ταύτῃ
βαρβάρους πολιτεύοντας, ἀλλὰ τοῦ δικαίου ἴσα
καὶ τοῖς κρατίστοις τῶν Ἑλλήνων μεταποιουμένους,
ἐλευθέρους τε ἀφῆκε καὶ χώραν τῆς ὁμόρου ὅσην
αὐτοὶ σφίσιν ᾔτησαν, οὐ πολλὴν δὲ οὐδ' αὐτοὶ ᾔτησαν,
προσέθηκεν.' Alexander überließ inen also volständige
politische freiheit, womit nicht bloß das leben nach
eigenen gesetzen und gewonheiten, sondern nachlaß von ab-
gaben und befreiung vom kriegsdienste verbunden war, gewiß
eine glänzende anerkennung irer hervor ragenden
eigenschaften.

warheit des Annoliedes. — jezt wird man auch nicht
mer vornem lächeln, wenn man im liede zu eren des hl.
Anno v. 316 list:

‚man sagit, daz dar in halvin noch sin
die dir diutischin sprecchin
ingegin India vili verro' und 322:
‚der Sahsin . . . .
die lisit man, daz si wilin werin
al des wunterlichin Alexandris man.'

im gegenteile gerechtes erstaunen muß uns erfüllen über die richtigkeit des erzälten, das uns dise alte erwirdige quelle in bißher ganz rätselhafter weise vor hält, und wir können uns dise erscheinung nicht anders erklären, als daß wir an nemen, es sei im deutschen volke durch mündliche oder schriftliche uns unbekante überliferungen das andenken an die herkunft vom fernen osten nie völlig erstorben. insbesondere die hindeutung gegen Indien ist durchauß richtig; denn Baktriana, Arachosien, Drangiana lagen ja in diser richtung, nicht zu vergeßen, daß ja selbst Indien, als es längst von den Ariern in besitz genommen war, zum zweiten male von **unseren brüdern** den Skythen oder Saken heim gesucht wurde, welche sich dort nider ließen und von der zeit **Indoskythen** genant wurden. — vgl. Grimm g. d. d. spr. 226 biß 228 —

A. **Lehwalds haltlose meinung.** – ehe ich weiter gehe, will ich noch einiger irrigen ansichten gedenken. so ist die meinung A. Lehwalds, von J. J. Egli in seinem werke ‚nomina geographica' auf genommen, nach welcher **Samarkand** den namen von einem erobernden Araben **Samar** im jare 643 erhalten hätte, kaum der widerlegung wert, um so weniger, als der autor gar nicht zu wißen scheint, daß dise statt zur zeit Alexanders des großen **Marakanda** hieß, sondern nur iren angeblich chinesischen namen **Tschin kent**.

H. **Kieperts irrige ansichten.** – ebenso wißen wir auß dem vorher gehenden, daß die anschauung des geographen Heinrich Kiepert in seinem lerbuche der alten geographie § 64, nach welcher die **Saken-Skythen um 130 vor Christus** erst nach Drangiana gekommen seien, volständig unbegründet ist, da dieselben ja schon dem **Kyrus** den bekanten retterdienst erwisen, und um hiezu befähigt zu sein, wol jarhunderte vor Kyrus in Drangiana gesessen sein musten. bei diser gelegenheit kann ich nicht umhin, die stellung Kieperts zu disen völkern überhaupt ein wenig zu streifen. und da ist es denn volkommen unbegreiflich, wie ein so hoch verdienter forscher gerade hinsichtlich der beurteilung der Saken-Skythen auf einem von vorneherein so verfelten standpunkte stehen bleiben und sich noch dazu auf Niebuhr und K. Neumann berufen kann, deren leistungen nur in der volständigen mißachtung und unkentnis alles dessen bestehen, was uns die alten d. i. die griechischen und römischen autoren über die Skythen berichten. ich will nur einiges herauß greifen. Kiepert spricht s. 343 von einem haremsleben der skythischen frauen. ich verweise in auf die hervor ragende stellung der frauen bei den Saken-Skythen, worüber ich im geschichtlichen abschnitte s. 61 ff. gesprochen habe, wo sich das gerade gegenteil herauß stelt. ferner betrachtet er als mongolische sitten das von jugend auf bestehende reiterleben der Skythen; mit demselben grunde sind die Thessaler, die Galler, die Basternen, die Germanen und die gesamte mittelalterliche ritterschaft ebenfals als Mongolen an zu sehen. er gedenkt weiters der vorliebe der Skythen für das pferdefleisch; nun dann gehören sämtliche Germanen und ein großer teil der heutigen Deutschen ebenfals wider zu den Mongolen. hierauf erwänt er ungerechtfertigter weil irriger weise die berauschung der Skythen durch dampfbäder von hanfsamen; die Germanen bedurften freilich dises äußeren mittels nicht, sie namen solche kuren innerlich vor und berauschten sich mit bier und met. er fürt auch das brennen der weichteile gegen rheumatische schmerzen an; in Deutschland brent sich das volk zum vergnügen mit glühendem eisen die anfangsbuchstaben des namens auf brust arme und beine, ganz ab gesehen vom gewönlichen tätowiren auf fast allen teilen des körpers. die Skythen vergifteten ire pfeile; im mittelalter vergifteten gewisse nationen meßer dolche und noch so manches andere, worüber wir beßer schweigen. endlich glaubt Kiepert züge von hervor ragender rohheit bei den Skythen war zu nemen, welche den arischen völkern widersprechen: so das schlachten der lieblingsfrauen, wie der dienerschaft auf dem grabe irer fürsten, die aufstellung von auß gestopften leichen gemordeter krieger um das königsgrab u. s. w. ab gesehen, daß dise lezteren gebräuche nur bestimten stämmen der Skythen am Pontus eigen waren, wärend die anderen stämme, sowie die asiatischen Skythen, die Saken, sie nicht kanten, so möchte ich fragen, ob die menschenopfer der Germanen für iren kriegsgott; das in die höhe werfen, mit speren auf fangen und töten eines kriegers bei den Thraken; das schleifen von feinden bei den Griechen; das verbrennen der frauen beim tode eines indischen fürsten biß in die neueste zeit; das vom felsen stürzen, kreuzigen und vorwerfen den wilden raubtieren; das rostbraten, in öl und pech stecken und anzünden bei lebendigem leibe nebst allen erdenklichen anderen martern der Christen von seite der arischen Griechen und Römer; das vierteilen und die harsträubendsten folterarten, wie das verbrennen auf dem scheiterhaufen in den hexen- und ketzerprozessen des gesamten arischen abendlandes; ich möchte fragen, sage ich, ob dise dinge etwa keine rohheiten waren, und ob, wenn schon die Skythen wegen irer gewonheiten zu den Mongolen gezält werden, es in anbetracht der unerhörten grausamkeiten, welche sich die sogenanten gebildeten kulturvölker von Europa zu schulden kommen ließen, noch ein volk auf der erde gibt, welches zum vergleiche mit disen heran gezogen werden könte?!

 wir sehen, auf wie schwachen füßen solche beweise für die beurteilung der zugehörigkeit eines volkes stehen, und wie sie statt die Skythen zu Mongolen zu machen, im gegenteile die übrigen Arier noch unter die skalpirenden Indianer herab drücken. mit solchen zusammenstellungen kommen wir ein und für allemal um keines hares breite vorwärts.

nicht beßer steht es um die ansichten Kieperts s. 345 anm. 6 bezüglich der sprache der Skythen. er sagt: ‚daß jene skythischen namen, welche mit thrakischen und persischen genau überein stimmen, auß disen sprachen einfach entlehnt sind, daher für die eigentliche nationalität irer träger keine beweiskraft haben, geht gerade auß jedem mangel einer dialektischen abweichung hervor.' gerade das gegenteil ist der fall, wie teils auß den bei Müllenhoff besprochenen skythischen eigennamen teils auß der s. 562 von demselben gemachten warnemung zu ersehen, wonach Skythen einerseits und Zendvolk und Altpersen anderseits durch den jeweiligen gebrauch der buchstaben *l* oder *r* strenge und seit den ältesten zeiten sich von einander scheiden, ganz ab gesehen von den vilen sondernden sprachmerkmalen, welche sich auß meiner abhandlung ergeben und welche Kiepert ja nicht wißen konte. wenn nun dessen ungeachtet den Skythen, Persen und Thraken manche wortstämme insbesondere in personennamen gemeinsam sind, so ist das doch nicht zu verwundern, sondern geht auß dem gleichen sprachschatze hervor, der disen völkern als arischen bruderstämmen eigen ist, und der sich gerade in den personennamen, wie es ja gerne der fall ist, am änlichsten und längsten erhielt. sehen wir uns aber worte auß der eigentlichen volksprache der Skythen an, mögen sie nun eigen- oder dingenamen sein, so gewaren wir sofort den großen unterschied, welcher zwischen der zunge der Skythen und der der Eraner besteht. darum habe ich auch im anfange des sprachlichen abschnittes bei besprechung der skythischen sprachüberreste s. 80 das hauptgewicht auf dise unmittelbaren skythischen volksaußdrücke gelegt. zwischen Thraken und Skythen freilich

wird und darf kein eigentlicher sprachunterschied sich
herauß stellen, da ja beide völker gleicher abstammung
sind und nur als verschiedene stämme zu den vilen
anderen innerhalb der großen germanischen völkerfamilie treten.

über die ferner von Kiepert s. 343 und 344 anm. 4 ins
treffen gefürte bekante stelle des Hippokrates de aëre locis
et aquis habe ich bereits im ersten abschnitte s. 19 ff. bei
gelegenheit des besprechens des körperbaues der Skythen
unter anfürung des betreffenden textes gehandelt, dabei auf
ire durch Zeuß dar getane unwichtigkeit hin gewisen und
auf die außsagen aller anderen alten autoren, so wie
insbesondere auf die bißherige nichtbeachtung eines geradezu
entscheidenden glänzenden zeugnisses über wirkliche Mon-
golenkentnis von seite des vaters der geschichte des
Herodot in seinem werke IV, 23 aufmerksam gemacht, worauf sich mit recht auch ein schon öfters genanter neuerer
streiter für das Ariertum der Skythen J. G. Cuno in seinen
forschungen im gebiete der alten völkerkunde I, 86 beruft.
leider komt derselbe nicht zu dem gewünschten ergebnisse,
obwol er eine menge treffender bemerkungen und
ansichten entwickelt, weil er in den Skythen von vorneherein Litauer und Slaven siht und sich deswegen gerade
in außschlag gebenden skythischen worten nicht an die außsagen der alten hält, was ich im gegenteile gleich von anfang an als einzig und allein richtige grundregel
an erkante und durchgehends zur richtschnur nam. doch
bereits zu lange habe ich mich mit Kieperts einwürfen beschäftigt, welche der berümte geograph bei genauerer um-
sicht in skythischen dingen wol selbst fallen laßen wird.

Eran und Turan. – ich komme nochmals auf Sogdiana
zurück. ich habe die vermutung Spiegels in seinem Eran,
wonach in Sogdiana auch damals d. h. zu der von uns besprochenen zeit die merzal der bewoner des landes nicht

eranischen ursprunges gewesen sein dürfte d. h. nicht zu den stämmen der Baktro-Medo-Persen zälte, gerechtfertigt, indem ich durch Marakanda die anwesenheit der Germano-Skythen über jeden zweifel erhob. dise nicht eranischen Germano-Skythen sind aber dessen ungeachtet echte wenn auch turanische Arier, gleichwie die Inder, die Thraken, Sauromaten, Kelten, europaeischen Germanen, Griechen, Römer etc. wenn auch nicht unter die Eraner, so doch unter die unverfälschten Arier gerechnet werden. die Eraner bilden sonach in der nämlichen weise wie die eben genanten einzelnen völker einen bruchteil der Arier, unter welchem begriffe wir die gesamten indoeuropaeischen oder indogermanischen völker unter zu bringen pflegen und welchen sinn des wortes wir auch bei behalten wollen, da er uns namentlich im vergleiche mit semitischen und mongolischen völkern zu gute komt. aber wir haben uns nunmer damit vertraut zu machen, daß wir den seit den ältesten zeiten biß heute fest gehaltenen unrichtigen gegensatz zwischen Eran und Turan im sinne einer schranke von verschiedenartigen völkern völlig fallen laßen und nur einen unterschied in der weise geltend machen, daß beide länder nur verschiedene sippen einer und derselben großen arischen völkerfamilie beherbergten, nämlich die baktro-medo-persischen Eraner und die germano-skythischen Turaner.

    die öfteren einfälle der lezteren seit der grauesten vorzeit in die vor inen gelegenen kulturstaten der Assyrier, Babylonier, Baktrier, Meder und Persen und die daher bestehende feindschaft haben nicht wenig dazu bei getragen, die edlen arischen Turaner als horden eines barbarischen geschlechtes erscheinen zu laßen, in welcher ansicht uns abendländer das vom 6. jarhundert unserer zeitrechnung beginnende erscheinen der wirklich einem anderen volke als dem arischen an gehörenden Turuken, *Turkur*

d. i. räuber bei den Araben, unserer Türken durch iren dem worte Turan änlichen namen bestärkte und auf dise weise das bild für den oberflächlich schauenden für immer trübte. die alten turanischen Saken-Skythen aber, unsere urväter, haben nichts anderes getan, als was ire nachkommen die nach Europa gezogenen Germanen mit iren hundertjärigen vorstößen gegen das römische weltreich widerholten. auch dise wurden von Griechen und Römern oft genug als barbarische horden bezeichnet und waren dennoch zu trägern der algemeinen weltbildung und zu stiftern der größten biß heute blühenden reiche berufen.

den völkerkentnissen der griechischen und römischen autoren müßen wir aber auch hier wider unsere bewunderung zollen: inen gieng das band zwischen Saken-Skythen, Sauromaten, Thraken, Baktriern, Medern, Persen, Germanen und Kelten nie verloren; sie kennen auch keine scheidewand zwischen Eran und Turan; ja vilbedeutend schreibt Ammianus Marcellinus XXXI, 2 ‚Persae, qui sunt originitus Scythae' und gibt dadurch einen merkwirdigen beleg für die gemeinsame beiderseitige arische herkunft.

wir wißen, daß die Sogdianer zu den Urgermanen oder Saken-Skythen zälen und nach stamm und sprache innerhalb der großen arischen völkerfamilie von den eigentlichen Eranern den Baktro-Medo-Persen zu scheiden sind. kaum möchte man es glauben, wie genau dise tatsachen, welche wir zunächst durch die nachrichten des abendlandes d. i. der Griechen und Römer fest stellen konten, von den morgenländischen überliferungen in den eranischen heldengesängen bestättigt werden. nach Firdusi z. b. bildet der Dschihun oder Oxus die gränze zwischen Eran und Turan und Sogdiana wird außdrüklich als bestandteil des turanischen reiches und dessen bewoner als Turaner auf gefürt, worüber der turanische könig Afràsiàb gebietet. statt unzäliger beweise gebe ich nur einen auß Firdusi IX, 7 nach graf von Schack, wo Afrâsiâb zu Gersiwes, welchen er als gesanten zu Sijawusch nach Eran schikt, unter anderm spricht:

In Eran's landen such ich keine fehde,
Ich bin in Sogd, und wie dir wol bekant,
Gehört biß zum Dschihun mir alles land.'

ebenso ist daselbst XIII, 8 bei beschreibung des zweikampfes des Turaners Human mit dem Eraner Bischen die verschiedenheit der sprache zwischen den Turanern und Eranern bezeugt, wie sie in der wirklichkeit zwischen Skythen-Saken und Eranern bestund, da jeder der kämpfenden helden seinen dolmetsch zum begleiter hat.

Zehntes hauptstück.

Weitere spuren der Skythen-Saken oder Urgermanen in Asien.

a. Innerhalb des persischen reiches.

Bucharei, Bucharen, Bôkhârâ. – Ich gehe zu einem anderen germano-skythischen nachweise über. ungefär an derselben stelle, wo sich das alte Sogdiana erstrekte, finden wir heut zu tage die Bucharei oder das land der Bucharen, welche namen von der statt *Bôkhârâ* auß gehen. dise aber verdankt den irigen dem worte *bôkhar bôkar bûkar*, welches in jenem lande sowol bei den ureingebornen Tadschik's als auch bei den türkischen den muhamedanismus bekennenden eroberern einen schriftgelerten bedeutet und sich zu jener zeit verbreitete, als unter den Tadschik's die blüte der muhamedanischen gelertenwelt in *Bôkara Bûkara Bôkhârâ* auch *Búchara* sich vereinigte und der statt dadurch disen iren namen, welcher sovil wie gelertenstatt bedeutet, verschafte. — vgl. Timkowski Mong. I. p. 386 ff. 392 — dise tatsache ist albekant und unbestritten. niemand hat sich aber bißher, sovil ich weiß, ernstlich gefragt, was es denn mit disem namen für eine nähere bewantnis habe, und deswegen ist man auch nicht darauf gekommen, daß der name *Bôkara* ein hell leuchtendes zeugnis für das ehemalige und noch spät nach haltende Germanentum in disen landen ist; denn es ist ja sofort klar, daß wir es hier einzig und allein mit einem germanischen worte zu tun haben, das im got. *bóka* buchstabe, *bókós* schrift buch, *bókareis* schriftgelerter, im alts. *bók,* im ags. *bôc,* im afrs. altn. *bók* ff. erscheint. weder die zendische noch altpersische oder neupersische sprache kennen ein solches wort, und das altslav. *buküi,* das russ. *búkva* können hier nicht in betracht kommen. wie aber in aller welt komt dises wort *bókareis* nach Turan, wird man fragen? allerdings vom gewönlichen standpunkte wäre dise frage nie und nimmer mer zu beantworten. für uns ist sie es leicht; denn wem anderen muß das wort *bók bókareis* zu geschriben werden als den **nachkommen der germanischen Saken-Skythen**, welche in jenen ländern sitzen bliben und noch heute weit über das ehemalige Eran hinauß zwischen den turko-mongolischen stämmen **in allen alten ländern der Skythen** disseit und jenseit des Oxus, Jaxartes und des Imaos teils unvermischt teils mit den fremden eroberern vermengt an zu treffen sind. lezteren haben sie sogar dadurch arisches gepräge verlihen; denn Spiegel Eran 350 sagt: ‚unter den **Turkomanen gibt es heute noch durchgängig blonde leute mit länglichem schädel, verhältnismäßig kleinem kopfe, länglichem kinne, wenig erhebenden backenknochen**.' wer daher dise blonden blauäugigen stämme, denn nur von **solchen** spreche ich, insbesondere in Turan von den ehemaligen baktro-medo-persischen völkern ab leiten wolte, würde nicht bloß gegen jede überliferung der alten verstoßen, nach welcher in den nordostprovinzen des persischen reiches die **Saken-Skythen** das herschende volk waren, und über den Oxus und Jaxartes hinauß selbst zu zeiten des griechisch-baktrischen reiches nach dem tode Alexanders des großen weder **Griechen** noch **Persen** auf die **dauer** festen fuß faßten, ab gesehen davon, daß seit der herschaft der Parther noch **vil mer** Skythen, als schon von früher her im persischen reiche saßen, von osten nach rükten, sondern er würde sich auch die **sprache und ge-**

stalt diser stämme nicht erklären können. gerade dise beiden bilden aber für uns die unumstößlichsten anhaltspunkte für die beurteilung der volksangehörigkeit derselben, sowie auch irer vorfaren; denn wie die sprache der Saken-Skythen von den eranischen schon in der urzeit verschieden war und auf der ältesten germanischen stufe stund, so steht auch die sprache irer nachkommen heute noch von der **neupersischen** ab, kann aber trotz der über sie hin gegangenen stürme und der mischung mit eranischen, arabischen und turko-mongolischen elementen ire **arische** abkunft nicht verläugnen. vollends aber die hohe gestalt und insbesondere die **roten** oder **blonden hare** und **blauen** oder **grauen augen**, welche sich sogar nach der vermischung mit den fremden eroberern, wie wir soeben erfuren, noch bemerkbar machen, sind das bedeutendste und untrüglichste zeichen sakoskythischer oder urgermanischer herkunft. nur die Saken-Skythen oder Urgermanen, wie wir im geschichtlichen abschnitte nach wisen, konten sich hoher gestalt, weißer hautfarbe, roter oder blonder hare und blauer augen rümen, und wir können mit gutem grunde sagen, daß im altertume in **Binnenasien** nur die Germano-Skythen **allein** unter allen völkern mit disen merkmalen von der natur auß gezeichnet waren und daß dem gemäß umgekert **diejenigen völker** daselbst, welche sich diser äußerlichkeiten rümen konten, auch unbedingt zu den Germano-Skythen zälten.

äußeres der Baktrier, Meder und Persen. − Baktrier, Meder und Persen, die ersten allerdings wegen des fort dauernden skythischen einflußes nur teilweise, hatten im algemeinen **dunkles har** und **dunkle augen**. **rotes blondes har** und **helle blaue augen** galten inen als makel am körper, ja sogar als anzeichen der **Daêva's**, der bösen daemonen, wie auß dem umstande hervor geht, daß **Sam**, obwol selbst ein arischer Turaner d. h. ein Sako-Skythe der abstammung nach, dennoch schon so ser eranisirt war, daß er seinen son Zal, welcher goldblondes har bei seiner geburt mit auf die welt brachte und deswegen, wie wir oben bei der erwänung der Sakenkönigin Zarina schon erfuren, in der folge den beinamen *Zer* oder *Zerd* d. i. der blonde erhielt, auß setzen ließ, um den gefürchteten nachreden zu entgehen.

immerhin bewarten aber Baktrier, Meder und Persen, wenn sie auch nach eroberung irer länder durch vermischung mit fremden unterworfenen völkern von den auß zeichnenden eigenschaften der reinen und unvermengten Arier die blauen augen und die blonden hare meistenteils verloren, iren hohen stolzen wuchs als dauerndes unterscheidendes merkmal von semitischen und mongolischen stämmen. zum beweise dessen verweise ich bezüglich der gestalt der Baktrier auf das s. 21 des ersten buches über sie berichtete; bezüglich der Meder und Persen mögen Xenophons denkwirdige worte an die zehn tausend anab. III, 2 zu dem vererlichen leser sprechen: ἀλλὰ γὰρ δέδοικα μὴ ἂν ἅπαξ μάθωμεν ἀργοὶ ζῆν καὶ ἐν ἀφθόνοις βιοτεύειν καὶ Μήδων δὲ καὶ Περσῶν καλαῖς καὶ μεγάλαις γυναιξὶ καὶ παρθένοις ὁμιλεῖν, μὴ ὥσπερ οἱ λωτοφάγοι ἐπιλαθώμεθα τῆς οἴκαδε ὁδοῦ.' wenn also frauen und jungfrauen der Meder und Persen schön und groß waren, so versteht es sich von selbst, daß davon auch **schöne und wol noch größere jünglinge und männer** ab stamten.

die Saken-Skythen oder Urgermanen, die Turaner des altertums. – seit dem höchsten altertume trugen dise unterscheidenden körpermerkmale nicht wenig zu dem immer wärenden kampfe zwischen Eran und Turan bei, wie er in den eranischen heldensagen geschildert ist. die Saken-Skythen, die Urgermanen, waren ja die Turaner, die rot- und blondharigen sowie blauäugigen Daêva's, mit welchen es keine versönung gab, welche auch keine wolten, sondern allemal wider ins eranische reich ein fielen.

wie verhaßt sie auch waren, dennoch war man irer in Eran
froh, wenn man irer dienste bedurfte, und gleichwie der
edle Turaner Pîrân selbst fürst von Khotan am hofe seines
hern, des königs Afrâsiâb von Turan, als vasalle die stelle
eines *Pehlevan* d. i. eines obersten herfürers ein nimt,
so sind auch die fürsten von Segistan, dem alten Saka-
stana = $\Sigma\alpha\varkappa\alpha\sigma\tau\eta\nu\acute{\eta}$ der Drangianer, der Arimasper-
Skythen, worunter Sam, Zal und Rustem die berümtesten,
als vasallen die obersten herfürer am eranischen königshofe. man beachte, daß dise lezt genanten helden nach dem
Shâhnâme mit den Turanern blutsverwant sind, sowie daß
Moses von Chorene den Rustem eigens als einen Saken
bezeichnet, und man muß die merkwirdige übereinstimmung
der persischen heldensage und der berichte der
Griechen und Römer bewundern, wodurch unsere längst
fest stehende meinung, daß die Turaner der heldensage
die Saken-Skythen d. i. die Urgermanen sind, vollauf bestättigt wird. jezt erst, weil wir wißen, daß in Drangiana seit den ältesten zeiten Saken sich nider ließen, wonach das land auch Sakastana benant wurde, begreifen wir,
daß die Rustemiden, die sakischen fürsten dises landes,
obwol vasallen am eranischen königshofe, dennoch blutsver-
wante der Turaner sein können und müßen, da sie ja von
disen, den Saken des nordostens, ursprünglich auß
gegangen sind. wir sehen zugleich klar, warum die
Arimasper-Skythen den Kyros so bereitwillig durch zufur
vom hungertode erretteten, einmal, weil ja seit urzeiten ire
fürsten am eranischen hofe die erste rolle spilten,
und darum auch die völker mit einander sich befreundeten
und dann, weil es höchst warscheinlich ist, daß bei dem
fraglichen kriegszuge des Kyros ir eigener fürst als anfürer oder gar mit eigenem aufgebote beteiligt war, so
daß es sich also nicht allein um die rettung des Kyros und
seiner herscharen, sondern auch um die ires eigenen fürsten

und seines kriegsvolkes handelte. jedenfals war die verleihung des titels *Humavarkâ* = $Εὐεργέται$ an dise Saken-Skythen wol nicht die erste und auch nicht die lezte außzeichnung von seite des eranischen hofes an ein volk, das wie keines sein wol und wehe an das oberkönigtum knüpfte.

die eranische heldensage der älteste rumessang der Germanen. — gerade dise vasallentreue aber, welche die Sakenfürsten in Drangiana gegen das eranische herscherhaus bewisen, und welche die ebenfals skythischen fürsten von Khotan gegen die könige von Turan übten, wäre an und für sich etwas unbegreifliches, wenn wir in ir nicht ein wenn auch fernes so doch warhaftiges vorbild germanischer art und weise erblicken dürften. nur uralte germanische lehenstreue offenbart sich hier zum erstenmale, wie wir sie im höchsten grade auß gebildet an Hagen gegen könig Gunther im Nibelungenliede bewundern. die eranische heldensage ist mithin zugleich der älteste rumessang der Germanen. aber wir, die nachkommen, brauchen tausende von jaren, um unsere vorfaren wider zu erkennen! hätte uns nicht schon längst die einzig da stehende änlichkeit der beiderseitigen überliferungen manen sollen? erscheint nicht der germanische Haimon bereits im eranischen Kehriman und seine vier söne in dessen vier nachkommen Nehriman, Sam, Zal und Rustem? entwickelt nicht der eranische Gustasp bei dem schmide in Rûm die heldenstärke des germanischen Sigfrids? kämpft er nicht mit dem drachen? und wenn auch erst sein son Asfendiar durch mitwirkung Zarathustras den erzkörper *rûin-tan* erhält, wärend Sigfrid selbst durch das bad im drachenblute *hürnen* wird, so sind eben das nur unwesentliche örtliche abweichungen, welche der warheit über die einheit zwischen eranischer und germanischer sage keinen abbruch tun. vollends muß uns das ahd. lied von Hildebrand und

Hadubrand, wenn wir es mit dem kampfe zwischen
Rustem und seinem sone Sohrab vergleichen, die augen
dahin öfnen, daß eine solche höchst auf fallende übereinstimmung nicht zufällig sein kann. darum hat auch mit
vollem rechte einer der hervorragendsten forscher auf germanischem sprachgebiete C. W. M. Grein im schlußworte
seines Hildebrandliedes — Kassel 1880 — auf das **merkwirdige diser änlichkeit** hin gewisen und nach dem
eranischen vorbilde den warscheinlichen außgang des
kampfes zwischen den **germanischen helden** fest zu stellen
versucht. wie aber, kann man fragen, wurde der zusammenhang zwischen **Eran** und **Germanien** vermittelt? auf
die einfachste weise, indem die **Germanen als abkömlinge
der Skythen** bei irem westlichen zuge ire **ureigenen**
erinnerungen mit sich namen. ich sage **ureigene** erinnerungen; denn mit dem rechte, womit wir bißher dise heldensagen persisch oder eranisch genant haben, können wir sie,
soweit sie mit unseren späteren germanischen überein stimmen
und sich dadurch als **unser geistiges gut** erweisen, auch
als **urgermanische** oder **skythische** bezeichnen, wofür
ja selbst die Persen als aufzeichner und überliferer ein treten,
weil sie uns ja kund tun, daß die **Turaner die roten
blonden völker** waren, welche wir als **Saken-Skythen**
oder **Urgermanen** betrachten müßen.

**der seherblick von W. Menzel und A. F. graf von
Schack.** — noch muß ich der äußerungen zweier gelerten
gedenken, welche schon vor zwei jarzehnten erfolgten, in irer
vollen bedeutung aber erst durch die ergebnisse diser abhandlung gewirdigt werden können.

Wolfgang Menzel in seiner algemeinen weltge-
schichte, Stutgart 1862 bd. I, s. 40—44, bespricht die
heldengesänge des Firdusi und zieht dabei einen vergleich
zwischen dem alten Eran und Turan. läuft dabei auch
viles unrichtige unter, worauf ich selbstverständlich hier nicht

ein gehen kann, so schält sich doch auß seiner ganzen auffaßung der kern herauß, daß er in den edlen **Turanern die blonden blauäugigen Saken-Skythen und in disen unsere vorfaren die Urgermanen zweifellos zu erkennen glaubt.**

Adolf Fridrich graf von Schack läßt sich in dem vorworte zur zweiten auflage der deutschen nachbildung der heldensagen von **Firdusi** s. III vernemen: ‚in wunderbarer und villeicht **nur auß der ursprünglichen einheit des eranischen und germanischen stammes zu er**klärender weise bricht durch solche äußerlichkeiten überall und übermächtig ein geist hervor, der einer **sympathetischen stimmung in unserem innern begegnet.** wie die gestalten Firdusi's auß den dämmernden fernen der frühsten vergangenheit zu uns heran treten, glauben wir **bekante stimmen zu vernemen, geliebte züge zu erkennen**; es ist, als sähen wir die großen bilder **unserer eigenen sagenwelt** tiefe, dunkle schatten auf die sonnigen flächen von Eran werfen, als hörten wir zwischen dem feierlichen rauschen der morgenländischen palme das brausen der **nordischen waßerfälle, klänge, die, wie auß einer älteren verlorenen heimat** kommend, ein echo in **unserer sele** wecken.' und in der darauf folgenden treflichen einleitung desselben verfaßers heißt es: ‚die in dem ersten teile des schachname geschilderten lebensverhältnisse und statseinrichtungen sind nämlich von der art, daß sich in keiner historisch beleuchteten periode orientalischer geschichte irgend ein vorbild dazu findet; man betrachte nur die **stellung der großen dem könig gegenüber**, welche der vasallenschaft des **europaeischen mittelalters** änelt, den **freimut und stolzen unabhängigkeitssinn der lehensträger** u. s. w. und gestehe, daß solche zustände und gesinnungen dem despotischen charakter der uns bekanten asiatischen reiche durchauß widersprechen. auf der anderen seite erscheinen dise verhältnisse so genau biß ins einzelne hinein auß gebildet, daß man unmöglich an nemen kann, sie seien bloß von der phantasie geschaffen, und ebenso undenkbar ist es, daß Firdusi, der im zehnten jarhundert, also lange vor den kreuzzügen schrib, sie von europaeischen vorbildern entlehnt habe . . .' dise worte des gelerten grafen gehören mit Menzel's erörterungen zu dem bedeutendsten, was je über den inhalt von Firdusi's werk biß auf den heutigen tag geschriben wurde. one äußeren zwingenden anstoß, lediglich auß der heldensage selbst herauß, fülen dise autoren den odem germanischen geistes, erkennen die züge germanischen gemütes und germanischer sitte. nach der beweise heischenden wißenschaft stehen sie allerdings noch vor einem rätsel; denn die wirklichkeit weist den blick an die äußersten gränzen Osterans und nach Turan, wärend der alle entfernungen überbrückende gedanke in demselben augenblicke bei den Germanen des mittelalters verweilt. und dennoch, wie ser ist der seherblick beider gelerten, welchen ich dem eines Jakob Grimm vergleichen möchte, gerechtfertigt, da ja durch alles das, was wir bißher über die Skythen-Saken, die edlen Turaner oder Urgermanen vernommen haben, die vermutungen Menzel's und Schack's zur unumstößlichen tatsache geworden sind.

b. Außerhalb des persischen reiches.

die freien Skythen. – ich gehe über die gränzen des persischen reiches hinauß, um den spuren der Skythen biß zum äußersten osten zu folgen. wir wißen längst, daß hauptsächlich, was Asien betrifft, von der südostspitze des kaspischen meres an die freien Skythen in einem gewaltigen bogen biß jenseits des Imaus zum lande der Seren rings um das gebiet des persischen reiches saßen. dise ferner gelegenen gegenden besuchten nur noch die handelskarawanen, welche auch die kentnis von land und leuten dem westen vermittelten. zwar sęzte eine truppe Alexanders über den Silis, um die Skythen zu verfolgen, doch geschah diß mer, um dem rume genug zu tun, als daß es sonst von irgend einer bedeutung gewesen wäre. mer von dem skythischen nordosten hätte das griechisch-baktrische reich uns vermitteln können, welches durch Diodotus 256 v. Chr. gegründet wurde und biß 165 v. Chr. dauerte, wenn uns durch dasselbe nachrichten zu gekommen wären. im lezt genanten jare wurde es aber gerade durch unsere Saken-Skythen von osten her überwältigt, welche es biß in das vierte jarhundert n. Chr. noch behaupteten, worauf es die **Ephthaliten** eroberten.

Οὖννοι οἱ Ἐφθαλῖται. – auch dise, unter dem namen Οὖννοι οἱ Ἐφθαλῖται, Οὖννοι λευκοί im altertume bekant, waren noch **arische Turaner** und keine Turuken oder Türken in mongolischem sinne, wofür sie fälschlich oftmals an gesehen wurden, sondern zälten zu den am spätesten in den vordergrund getretenen Skythen, wie klar auß den berichten von **Theophanes Byzantinus, Procopius** und **Menander** sich ergibt, von welch' lezterem sie den **Türken außdrüklich gegenüber gestelt werden.** wie sie den namen Οὖννοι erhielten, mit dessen mongolischen trägern sie nicht das mindeste gemein haben, kann nicht mer fest gestelt werden.

die Chinesen kennen längst die Skythen. – die **Chinesen** waren jedenfals über die westlich gelegenen länder und deren völker ₁am meisten unterrichtet; denn ire kriegshere drangen seit anfang unserer zeitrechnung und villeicht schon früher biß an den **Silis** und darüber hinauß westlich vor. und in der tat, die Chinesen musten seit dem höchsten altertume die Skythen, unsere urvorfaren, kennen gelernt und mit inen sowol in freundschaftlicher wie feindlicher weise, in lezterer allerdings nicht zu irem vorteile in berürung gekommen sein. ire annalisten schildern, wie **Abel Remusat, Klaproth** und **Ritter** zeigten, **sechs völker des ostens** als durchauß ab weichend von der gewönlichen natürlichen beschaffenheit irer nachbarn, nämlich als **blond und blauäugig** und verzeichnen ire namen folgender maßen als: 1. **Usun**, 2. **Schule** oder **Khinscha**, 3. **Khute**, 4. **Tingling**, 5. **Hakas** oder **Kian-kuan**, 6. **Alan** oder **Yanthsaï**. one mich auf die besprechung diser namen und der merkwirdigen änlichkeit einiger derselben mit solchen in der alttestamentlichen **genesis** ein zu laßen, weise ich darauf hin, daß wir an den **Hakas** und **Alan** unsere **Saken** und den ebenfals echt skythischen stamm der **Alaner** sofort wider erkennen, worauf schon Jakob Grimm g. d. d. sp. 227 aufmerksam machte. auch um das skythische volk der *Δάαι*, **Dahae**, zend. *dâha* — Justi 155 — wusten die Chinesen, wie ich bereits oben s. 93 bemerkte und nanten es *Ta-hia*. die meiste wichtigkeit aber hat, daß die Chinesen disen blonden blauäugigen völkern das **gebiet vom kaspischen mere in der richtung gegen Dsaisan-noor in der heutigen Dsungarei biß zu den quellen des Jenissei und zum Baikal-see** als heimat zu weisen, und dise nicht genug zu wirdigende nachricht bestättigt wird durch die **gesamte griechische und römische welt mit der angabe der wonsitze der Skythen cis et trans Imaum**, *ἐντὸς καὶ ἐκτὸς Ἰμάου ὄρους*. auch die eranischen sagen stimmen dem bei; denn unter den bestandteilen des reiches des **Afrâsiâb** des königs von **Turan** oder des freien **Ostskythiers** sind: **Cîn, Macîn, Khita** und **Khotan**, wobei Khotan nach den alten vorstellungen sogar noch **Tibet** umfaßt, und die anderen namen sich auf **China** selbst und die zunächst gelegenen länder beziehen, indem außdrüklich nach der überlieferung der **Faghfûr** von **China** den **Turanern untertan war**. — Spiegel, Eran — warlich, einen größeren beweis als disen consensus gentium über das volk und die ursitze der Skythen kann man nimmer verlangen! nun erfült sich auch die bestättigung meiner schon früher, ja gleich eingangs der geschichtlichen abteilung diser abhandlung erfolgten bemerkungen über die berürung der Skythen und Chinesen und also auch der Urgermanen und der lezteren. ebenso müßen die Chinesen im kampfe mit den Skythen bedeutend den kürzeren gezogen haben, wie ir eben berürtes abhängigkeitsverhältnis von denselben beweist.

die Skythen am großen okean. – ich blib aber bei der tatsache diser einwirkung der Skythen auf die Chinesen nicht stehen, sondern erwänte des öfteren, daß die Skythen biß zum **großen okean** sich auß breiteten und selbst bei den **Japanesen** ire spuren zurück ließen. das heißt mit anderen worten, daß auch **unsere urväter** einstens die **große salzflut** des ostens geschaut haben. diß kann uns aber durchauß nimmer wunder nemen, nachdem die Skythen soweit vor gerükt waren, daß sie teile von China unterwerfen konten. welche wunderbare übereinstimmung der **eranischen sagen** aber über dises ereignis mit den **berichten der alten**, welche gleichfals dar tun, daß die Skythen den östlichen okean erreichten! Diodorus Siculus ist es, welcher, indem er II, 43 über die entwickelung und entfaltung der macht der Skythen berichtet, sich über ire gröste außdenung folgender maßen auß läßt: ... *τοὺς μὲν Πάλους, τοὺς δὲ Νάπας προσαγορευϑῆναι. μετὰ δέ τινας χρόνους τοὺς ἀπογόνους τούτων τῶν βασιλέων ἀνδρείᾳ καὶ στρατηγίᾳ διενέγκαντας, πολλὴν μὲν πέραν τοῦ Τανάϊδος ποταμοῦ χώραν καταστρέψασϑαι μέχρι τῆς Θρᾴκης· ἐπὶ δὲ ϑάτερα μέρη στρατεύσαντας, διατεῖναι τῇ δυνάμει μέχρι τοῦ κατ' Αἴγυπτον Νείλου, πολλὰ δὲ καὶ μεγάλα τῶν ἀνὰ μέσον τούτων ἐϑνῶν καταδουλωσαμένους, προβιβάσαι τὴν ἡγεμονίαν τῶν Σκυϑῶν τῇ μὲν ἐπὶ τὸν πρὸς ἀνατολὰς Ὠκεανὸν, τῇ δ' ἐπὶ τὴν Κασπίαν ϑάλασσαν, καὶ Μαιῶτιν* λίμνην. ηὐξήθη γὰρ ἐπὶ πολὺ τοῦτο τὸ ἔθνος, καὶ βασιλεῖς ἔσχεν ἀξιολόγους. ἀφ᾽ ὧν τοὺς μὲν Σάκας προσαγορευθῆναι, τοὺς δὲ Μασσαγέτας, τινὰς δὲ Ἀριμασποὺς καὶ τούτοις ὁμοίως ἄλλους πλείονας.' das hier vorkommende ἐπὶ τὸν πρὸς ἀνατολὰς Ὠκεανόν' kann sachlich und sprachlich nur auf den großen oder stillen okean bezogen werden, einmal weil die an gegebenen westlichen gränzen der Skythen das kaspische mer und die Maeotis bilden, somit der bezeichnete Ὠκεανός als ostgränze auch nach osten hin ligen muß, und dann weil die auf gezälten völker der Saken, Massageten und Arimasper gleichfals nach osten hin sich erstrecken. auch J. G. Cuno in seinem von mir bereits erwänten werke s. 293 nimt die lage fraglichen okeans in disem sinne. an den indischen okean zu denken, wie dr. Herm. Brunnhofer in einem vortrage über den ursitz der Indogermanen Basel 1884 s. 20 es tut, verbietet der klare wortlaut der stelle, vor allem aber der sprachgebrauch; denn wol trägt der östliche oder stille okean im altertume den namen ὁ ἠοῦς ὠκεανός, was ganz das nämliche sagt, wie ὁ πρὸς ἀνατολὰς ὠκεανός, für den indischen okean aber gelten die namen τὸ Ἰνδικὸν πέλαγος oder ὁ Ἰνδικὸς ὠκεανός und für seine teile die namen τὸ ἐρυθραῖον πέλαγος und ὁ Γαγγητικὸς κόλπος und keine anderen. den überflüßigen zweifel aber entscheidet Diodorus selbst dadurch, daß er XVII, 96 den indischen okean mit dem namen ὁ ὠκεανὸς ὁ κατὰ μεσημβρίαν bezeichnet. und nun zu den sprachlichen beweisen, welche in vollem umfange die warheit der sage und geschichte über die außdenung der Skythen durch Binnenasien biß zum rande des weltteiles bestättigen werden.

die gebirge Ἀσκατάγκας **und Ascanimia.** – wir finden jenseits des Silis südlich vom heutigen Karakul und Balkasch, nordwestlich vom Issikkul im lande der freien Saken-Skythen ein gebirge, ὃ καλεῖται Ἀσκατάγκας nach Ptolemaeus VI, 13, 1 und 3, nach welchem ebenda 14, 13 die an wonenden Skythen οἱ Ἀσκατάγκαι benant werden. den schlüßel zur lösung dises namens gibt uns Ammianus Marcellinus XXIII, 6, welcher von der nämlichen gegend und ebendemselben gebirge mit den worten erzält: ‚his — sc. Sogdiis — contigui sunt Sacae, natio fera, squalentia incolens loca, solo pecori fructuosa, ideo nec civitatibus culta: cui Ascanimia mons imminet et Comedus.' wie wir sehen, schöpften beide autoren auß zweierlei quellen, indem sie einem und demselben gebirgszuge wenigstens der hälfte nach verschiedene namen zu teilen. gerade diser umstand aber komt uns treflich zu statten; denn nun erkennen wir, daß das wort *ask-* den zwei namen gemeinsam ist, und daß wir demnach zusammen gesezte worte vor uns haben, welche *ask-a-tank-as* und *ask-a-nim-ia* zu trennen sind. was kann aber den kriegerischen Saken-Skythen, den Urgermanen in höherem grade anlaß zur benennung eines gebirges gegeben haben, als wenn an dessen fuße die esche ahd. *ask* m. gedih, deren junge stämme inen zu irem vornemsten geschäfte, dem kriegshandwerke als lanzen unentberlich waren, ganz ab gesehen davon, daß die esche als der heilige baum der Germanen auch schon den Urgermanen oder Skythen nicht gleichgiltig gewesen sein kann, nach maßgabe der erfarungen, welche uns beleren, daß die wichtigsten sagen sitten und gebräuche von osten d. i. von den Skythen auß giengen und von den Germanen iren abkömlingen nach westen mit genommen wurden.

‚dô lêttun se êrist askim scrîtan,
scarpên scûrim: dat in dêm sciltim stônt,'

erzält gleich eines der ältesten germanischen lieder, und so wird es auch bei den Skythen gewesen sein, zumal ja das an gezogene deutsche lied selbst, wie wir sahen, ein nachhall des kampfes zwischen Rustem und Sohrab den abkömlingen der Saken-Skythen oder Urgermanen ist. der bedeutung nach kommen sich die beiden außdrücke *Ask-a-nim-* und *Ask-a-tank-* in solch' auf fallender weise entgegen, daß es scheint, als wären beide in fast gleichem sinne im gebrauche gewesen; in *ask-a-nim-* ist nämlich das zweite wort das got. *niman* accipere, Asc-a-nim-ia mons somit das gebirg, bei welchem man sich die eschen d. i. die lanzen holt, wo man die eschen erhält, und ὁ Ἀσκ-α-ταγκ-ας, wobei ταγκ = tank = got. *þagk-s χάρις* zu nemen ist, stelt den berg dar, welcher die gunst gewärt, die eschen zu nemen oder mit anderen worten den berg, welchem man die eschen verdankt. grammatikal bemerken wir, daß sich im anlaute skythisch *tank-* zu got. *þagk-* regelmäßig verschiebt, daß aber im außlaute die skythische, gotische und die meisten althochdeutschen formen *dank-* auf einer stufe stehen. sachlich ist nicht zu übersehen, daß für das fortkommen der esche in den besprochenen asiatischen gegenden, welche etwa unter 45^0 n. b. ligen, insbesondere an dem nördlichen fuße der gebirge die nämlichen voraußsetzungen gegeben sind, wie in Europa, wo man dieselbe biß zum 60^0 n. b. an trift. Ἀσκατάγκας und Ascanimia sind also wider zwei leuchtende unschätzbare marksteine des Germano-Skythentums in Binnenasien, welche in keiner anderen sprache eine nur irgend befridigende erklärung finden können.

Ῥίβιοι. – bei Ptolemaeus VI, 14, 13, wo von Skythien disseits des Imaus die rede ist, lesen wir ferner: '. . . καὶ παρὰ τὸν Ὦξον ποταμὸν Ῥίβιοι, ἐν οἷς πόλις Δαύαβα...' das wort *rib-*, wovon Ῥιβ-ι-οι sich ab leitet, ist uns bereits bekant. ich verweise, um nicht zu widerholen, auf das oben s. 220 ff. unter Ῥίπαια ὄρη gesagte, wonach Ῥιβ-ιοι gebirgsbewoner bezeichnet. *rib-* ist hier insofern grammatikal bemerkenswert, als es die schließende media nach weist und meine obige anname, daß ῥιπ- auß ῥιβ- bereits verschoben sei, völlig bestättigt.

Δαύαβα, Δάαι Δακοί, Dahae Daci, gleichzüngigkeit der Thraken und Skythen. – der name Δαυ-α-βα ist von nicht geringerer erheblichkeit. der erste teil des wortes nämlich δαυ- gleicht volständig dem zweiten teile der stättenamen Δοκι-δαυ-α, Πατρι-δαυ-α, Καρσι-δαυ-α, Πετρο-δαυ-α, Σαν-δαυ-α, Οὐτι-δαυ-α, Μαρκο-δαυ-α, Ζιρι-δαυ-α, Σιγγι-δαυ-α, Κομι-δαυ-α, Ῥαμι-δαυ-α, Ζουσι-δαυ-α, Ἀργι-δαυ-α, Νεντι-δαυ-α etc. bei Ptolemaeus III, 8, 6 ff. dises δαυ- knüpft sich aber unzertrenlich an die volksnamen Δάαι Δάοι Δάκοι Dahae und Daci; denn nur, wo dise völker ire sitze haben, findet sich diser name. gerade dise eigentümlichkeit ist schon ein anzeichen der zusammengehörigkeit diser völker. die skythischen Dahen an der mündung des Oxus in das kaspische mer, zu welchen unsere Ῥίβιοι, wie ire statt Δαύαβα one zweifel beweist, zälen, sind der urstamm, von welchem alles, was mit dem namen Δάαι Δάοι Δάκοι Dahae und Daci behaftet ist, auß gieng. Dahen drangen eben von Asien westlich, wie die übrigen Skythen nach Europa vor, so daß Strabo von Dahen an der Maeotis weiß und 515 erzält: φασὶ δὲ τοὺς Πάρνους Δάας μετανάστας εἶναι ἐκ τῶν ὑπὲρ τῆς Μαιώτιδος Δαῶν, οὓς Ξανδίους ἢ Παρίους καλοῦσιν.' von da ist in das eigentliche land der Thraken nur ein kleiner schritt, welchen die Dahen in der tat auch gemacht haben müßen, um dann daselbst als Δάοι und Δακοί = Daci in lezterer form besonders bei den Römern zu gelten; denn die Römer bewarten auch stets die form Dahae, auß welcher one zweifel Daci hervor gieng und von den Griechen als Δακοί übernommen wurde. wider ist es Strabo, der sich des zusammenhangs diser namen bewust bleibt und keinen augenblick zweifelt, daß Δάοι und Δακοί dieselben namen sind, wenn er 304 schreibt: ͵Δακοὺς δὲ τοὺς εἰς τἀναντία πρὸς Γερμανίαν καὶ τὰς τοῦ Ἴστρου πηγὰς, οὓς οἶμαι Δάους καλεῖσθαι τὸ παλαιόν· . . .' wolte man nun, wie Zeuß d. D. u. d. n. s. 260 mit berufung auf Strabo tut, die Δακοί als Thraken erklären, so wäre das unrichtig; denn Strabo sagt in der fraglichen stelle 305: ' . . . ὁμόγλωττοι δ' εἰσὶν οἱ Δακοὶ τοῖς Γέταις' und 303: ' . . . παρὰ τῶν Γετῶν, ὁμογλώττου τοῖς Θραξὶν ἔθνους . . .' damit ist nur die gleichzüngigkeit der Daker mit den Geten, der Geten mit den Thraken und hiedurch auch der Daker mit den Thraken bewisen, aber nicht die unmittelbare stammesangehörigkeit der Daker zu den Thraken, ja nicht einmal der Geten zu den Thraken, wenn wir lezteres nicht auß anderen quellen, so auß Strabo 295 und Herodot IV, 93 außdrüklich wüsten. aber eine andere weit tragende tatsache ist dadurch unumstößlich fest gestelt: nämlich die gleichzüngigkeit der Thraken und der Skythen, weil eben die Geten auß gesprochene Thraken und die Daker eben solche Skythen sind. wären die Daker zu Herodots oder auch eines späteren autors zeiten schon in Thrakien gewesen, sie wären sicherlich genant worden, wie die Geten; die Δῖοι und die μαχαιροφόροι τοῦ Διακοῦ γένους des Thukydides II, 96 und VII, 27 mit J. Grimm g. d. d. sp. 191 zu den Dakern zu halten, wage ich nicht. so aber muß Zeuß selbst zu gestehen. daß der name Daci nicht im thrakischen stamlande erscheint; daß sie zu unbekanter zeit ein gewandert sein müßen und daß Caesar d. b. g. VI, 25 iren namen zum erstenmale erwänt. sie sind eben Skythen und diß bestättigt Dio's LI, 22 ' . . . πρὸς ἀλλήλους Δακοί τε καὶ Σουῆβοι ἐμαχέσαντο· εἰσὶ δ' οὗτοι μὲν Κελτοί, — d. i. Germanen — ἐκεῖνοι δὲ δὴ Σκύθαι τρόπον τινά . . .', was nichts ändert, wenn selbst Goten unter den Skythen verstanden werden solten. die gleiche sprache ist es also, warum skythische Daker und thrakische Geten immer zusammen gehalten werden. wir wißen aber schon längst durch beispile, daß Thraken und Skythen als brudervölker sich gleicher sprache bedienten. nach diser zum klaren verständnisse notwendigen abschweifung kere ich zu unserem worte $\varDelta\alpha v\text{-}\alpha\text{-}\beta\alpha$ zurück.

ich erinnere dabei, daß ich schon einige male erwänte, wie nach chinesischen, zendischen und römischen quellen in den griechischen formen $\varDelta\acute{\alpha}\alpha\iota$ und $\varDelta\acute{\alpha}o\iota$ stets ein organisches h stecke, welches die Griechen nicht geben konten, so daß wir also einen stamm *dah-* vor uns haben. wie konte nun auß *dah-* die form $\delta\alpha v\text{-}=$ dav- hervor gehen? einzig und allein auf dem wege der echt germano-skythischen ableitung auf *-v*, — vgl. Gr. gr. II, 186 ff. —, wonach sich vorerst *dah-v-* bildete, welches im griechischen wider wegen der unmöglichkeit das h auß zu drücken zu $\delta\alpha v\text{-}$ werden muste. so ist der erste teil unseres $\varDelta\alpha v\text{-}\alpha\text{-}\beta\alpha$ ursprünglich *Dah-v-a-ba* und auch das $\delta\alpha v\text{-}\alpha$ eigentlich *dah-v-a* der oben an gefürten vilen stättenamen zu erklären. das nämliche gilt auch von dem römischen worte dav-us, womit ein sklave auß dem lande der Daker bezeichnet wurde; auch hier hat ein *dah-v-* oder selbst ein *dac-v-* zu grunde gelegen. J. Grimm g. d. d. sp. 190 hatte schon eine änliche ansicht auß gesprochen.

der zweite teil von $\varDelta\alpha v\text{-}\alpha\text{-}\beta\alpha$ nämlich $\beta\alpha$ ist deswegen von so großer bedeutung, weil wir in im die gotische ableitung *ba* wider vor uns haben, welcher wir schon oben s. 224 im tauro-skythischen $B\varrho\iota\xi\text{-}\alpha\text{-}\beta\alpha\ \varkappa\varrho\iota o\tilde{v}\ \mu\acute{\varepsilon}\tau\omega\pi o\nu$ begegneten. wir haben demnach in dem einen worte $\varDelta\alpha v\text{-}\alpha\text{-}\beta\alpha$ zwei hervor ragende merkmale germanischer wortbildung gefunden, welche sowol das Skythentum der ʽ$P\acute{\iota}\beta\iota o\iota$ als auch insbesondere das Germanentum der Skythen zum so oftenmale auf unläugbare weise wider fest stellen.

das land $Ov\alpha\nu\delta\acute{\alpha}\beta\alpha\nu\delta\alpha$. – ich fare weiter. bei gelegenheit der beschreibung Sogdianas bemerkt Ptolemaeus VI, 12,

4, ehe er zur aufzälung der stätte über geht: ‚... καὶ μεταξὺ τοῦ τε Καυκάσου ὄρους καὶ τοῦ Ἰμάου ἡ καλουμένη Οὐανδάβανδα.' nirgends, so vil ich weiß, findet sich diser name wider. derselbe ist aber von der höchsten wichtigkeit. an dem bei gefügten καλουμένη sehen wir von vorneherein, daß es eine fremde, überkommene bezeichnung ist, welche Ptolemaeus sich an eignete. das wörtchen ἡ aber sagt uns, daß wir es mit einem ländernamen zu tun haben, der nach der algemeinen geschlechtsregel im griechischen als femininum gilt. diß bestättigt auch der text; denn was anderes kann sich in der gewaltigen außdenung zwischen dem Kaukasus und dem Imaos als ungeteilte einheit befinden, als eine große länderstrecke? wer aber waren die herren dises landes, das im norden des persischen reiches sich hin zog? alle überliferungen der alten stimmen darin überein, daß es einzig und allein die Skythen waren. es kann deshalb keinem zweifel unterligen, daß Οὐανδάβανδα eine skythische benennung ist, welche durch den verker der Skythen oder irer abkömlinge, so insbesondere der Parther mit den Griechen iren weg zu den lezteren fand. sehen wir uns nun nach den eigentümlichkeiten um, welche in hervor ragender weise disem teile der erde an haften und welche veranlaßung waren, daß die Skythen, welche wie wir wißen, außgezeichnete beobachter irer gesamten lebenden und leblosen umgebung waren, gerade disen namen wälten, so finden wir: eine der größten tiefebenen der erde mit bedeutenden bodensenkungen, — depressionen nach modernem fremdworte haschenden außdrucke — welche zu weit sich erstreckenden waßerbecken durch die mündungen der nach disen mulden ir rinsal grabenden ströme geworden sind, wovon wir nennen gleich östlich vom Kaukasus die Κασπία θάλαττα, 25 meter unter dem mittelmere, wozu die stromgebiete des Ῥᾶ, Ῥυμμός, Δάϊξ, Ἴαστος, Ἰαξάρτης, Πολυτίμητος und Ὦξος etc. nach Ptolemaeus gehören; ferner die ’Ωξειανὴ λίμνη und eine unzal uns von den alten nicht benanter seen und flüße in und nördlich vom heutigen Turan biß in die Dsungarei, so einen Karakul, Balkasch u. a., wobei nicht genug hervor zu heben ist, daß im altertume von einer versandung dises ungeheueren steppengebietes, wie es heut zu tage der fall ist, nicht die rede sein konte, sondern daß im gegenteile der waßerreichtum ein gerade zu fabelhafter und deßwegen auch der pflanzenwuchs ein überauß üppiger gewesen sein muß, was wir auß der anzal etlicher vierzig skythischer stämme entnemen, welche auf disem gebiete mit iren geradezu zallosen herden von pferden, rindern u. s. w. gehaust haben.

waßer und wider waßer in gestalt von großen und kleinen seen strömen flüßen und bächen war also das gepräge dises ungefär 40° langen und 15° breiten erdgürtels. die nämliche anschauung über dises ir land hatte sich aber auch den Skythen auf gedrängt; denn wer erkent in $Οὐανδ$-$αβανδ$-$α$ = *Vand-a-band-a* nicht zwei echt skythische oder urgermanische worte, nämlich *vanda* waßer — vgl. Fick II, 462 — und *band-* terra regio, welches ndd. *bant,* ahd. *banz benz panz penz* lautete? wie also die Germanen die namen *Tu-bant-es Buccino-bant-es Bursi-bant Ostro-bant Westro-bant Teister-bant Brac-bant Brâch-bant* jezt *Brabant* bildeten — vgl. Gr. gr. I^2, 153, II, 214, 628, 642; Gr. g. d. d. sp. 593 ff.; Grf. III, 139; Zeuß d. D. u. d. n. 310 a. — wovon *Buccinobant-* buchenland und *Brâch-bant* ackerland bedeuten, so haben auch die Skythen disen mit dem naßen elemente so ser gesegneten ungeheueren landstrich in ganz selbstverständlicher weise $Οὐανδ$-$α$-$βανδ$-$α$ = *Vand-a-band-a* d. i. waßerland genant.

ich bemerke noch, daß den stamm *vand-* waßer, womit auch gotisch *vató* verwant ist, mit den Skythen auch Litauer und Preußen teilen, sowie daß skythisch *band-* terra regio im anlaute mit ndd. *bant* und ahd. *benz,* wie es öfters vor komt, auf einer stufe steht, wärend im außlaute von skythisch zu gemeingermanisch und von disem zu althochdeutsch regelmäßig verschoben wurde. — vgl. auch seite 213 ff. —

Κάσια ὄρη, **Nan-schan** und Βαύτισος, **Hoang-ho**. — Ptolemaeus gedenkt in seiner beschreibung von Skythien ἐκτὸς τοῦ Ἰμάου ὄρους VI, 15 und von dem lande der Seren VI, 16 mermals der Κάσια ὄρη, nach welchen auch eine gegend ἡ Κασία χώρα sich nent. dises gebirge ist deswegen so bemerkenswert, weil es germanischen einfluß biß ins heutige sogenante **reich der mitte** hinein nach weist; denn die Κάσια ὄρη stellen das heutige hochgebirge von Nan-schan, den östlichen außläufer vom Küen-lün dar, welches südlich der wüste Gobi und nördlich vom Kukunoor sich als nordostgränze Tibets hin zieht. auf den Κασίοις ὄρεσι entspringt nach Ptolemaeus der strom Βαύτισος, der heutige Hoang-ho, einer der grösten ströme Chinas und der welt. der stamm *kas*- ist rein skythisch, erscheint im germanischen als *has*- und bedeutet **weiß glänzend**. ich sprach darüber außfürlich s. 160 bei erklärung des skythischen wortes Graucasus, worauf ich hiemit zurück weise. Κάσια ὄρη stelt demnach das von ewigem schnee und eis **glänzende schimmernde gebirge** dar, auf welchen namen Nan-schan um so mer anrecht hat, als seine gipfel biß zu und über 20000 fuß sich erheben.

ich kann nicht umhin, auch hier, wie bereits oben unter Graucasus eines anderen Κάσιον ὄρος bei dem nämlichen autor V, 15, 8 in Coelesyrien zu gedenken, welcher nach Plinius h. n. V, 22 und Solinus XXXVII ebenfals dort genant wird, zugleich aber nach den beiden lezteren berichterstattern h. n. V, 11 und 12 und XXXIX **noch einen namensvetter** hat. es befestigt sich in mir immer mer die überzeugung, daß dise namen mit dem skythischen Κάσιον ὄρος durchauß gleich und ebenfals **marksteine** des zuges der Skythen nach Aegypten, sowie überreste irer einstigen langen beherschung Asiens und hier auch Kleinasiens sind.

Baikal, heiliges waßer, heiliges mer, dalai-noor, swjatoie more. – ich komme jezt zu einem namen, welchen ich schon des öfteren insbesondere bei gelegenheit der erklärung des skythischen wortes Ἐξαμπαῖος s. 105 erwänte, welchem ich aber bißher nicht näher treten wolte, biß ich den geneigten leser almählich mit dem großen einfluße und der weiten außbreitung der Skythen in Asien vertraut gemacht hätte. es ist der name Baikal, welchen der gröste alpensee der erde trägt, der zwischen Da-urien und dem sajanskischen gebirge um etwa 11—12° nördlicher wie das vorhin erwänte gebirge Nan-schan in der richtung gegen Sibirien zu ligt. die alten geographen kennen denselben nicht. Ptolemaeus nent VI, 16, 4 als nördlichste völker vom lande der Seren auß die ἔϑνη ἀνϑρωποφάγων, südlich von disen die Ἄννιβοι am nördlichen rande des gleichnamigen gebirges, östlich davon die Γαριναῖοι und Ῥαβάνναι, leztere von H. Kiepert fälschlich südlich der Γαριναῖοι auf der karte ein getragen. in das land der Anthropophager hätte also Ptolemaeus den Baikal versetzen müßen, wenn er in gekant hätte. an seinen ufern saßen einst stämme der biß her so vil verkanten edlen blonden und blauäugigen Turaner, d. i. der Saken-Skythen oder Urgermanen; denn die bedeutung des namens *Bai-kal* = heiliges waßer, heiliges mer, welche sich trotz aller stürme der Mongolen bei den Burjäten biß auf den heutigen tag erhalten hat, zeigt unabweisbar auf germanisches *veih-* sacer und *kal* = waßer. demnach lautete das wort ursprünglich *veih-kal* oder vilmer *vaih-kal*, wobei *h* vor der tenuis *k* auß fiel, so daß dem fremden ore zunächst *vai-kal* erklang, worauß nach bekantem vorgange *Bai-kal* hervor gieng. in keiner sprache der welt kann *Bai-kal* als heiliges mer gedeutet werden, als wie nur in der germanischen. alle nach den Germano-

Skythen dortselbst sitzenden stämme biß auf die Burjäten und Tungusen herab waren sich durch gegenseitige treue überliferung des sinnes des wortes *Bai-kal* wol bewust und leztere übersezten das wort in ire sprache volkommen richtig mit *dalai-noor* = heiliges mer. diß wird auch durch die rußische sprache bestättigt, welche *dalai-noor* mit *swjatoie more* = heiliges mer ebenfals wider gibt. über *kal*- bitte ich unter dem skythischen namen $Κολάξαϊς$ s. 133 nach zu lesen, ebenso bezüglich verwandlung von *veih*- resp. *vaih*sacer in *bai*- das bei der erklärung der skythischen worte $Ἐξαμπαῖος$ und $Ἀργιμπαῖος$ s. 103 ff. und 112 gesagte sich zu vergegenwärtigen.

biß heute hat man in geradezu unbegreiflicher weise disen urgermanischen namen für mongolisch gehalten, indem man *Baikal* auß scheinbar mongolisch *Baikul* heiliger see reicher see hervor gehen ließ, one daran zu denken, daß *kul kol gul gol* ff. von der arischen sprache auß gieng und durch die Skythen den mongolischen völkern vermittelt wurde, so daß es jezt in fast ganz Asien als bezeichnung von see mer waßer geläufig ist. wie aber dises wort, so könte man dutzende andere auf zälen, welche in das mongolische von der arischen sprache ein gedrungen sind. erst in der neuesten zeit ist man auf dise tatsache mer aufmerksam geworden, one sich aber über den vorgang klar zu werden. an die Skythen als vermitler dachte niemand, erstens weil man immer die europaeischen im auge hat, wärend man die bei weitem noch größere anzal in Asien so zimlich außer acht läßt, und weil man zweitens von vorne herein nicht gewont ist, die Skythen zu den Ariern zu rechnen. und doch sind sie es einzig und allein, welche arische laute zu den von inen süd- nord- ost- und westwärts sitzenden Mongolen getragen haben.

bezüglich der grammatik mache ich auf die nun durch drei beispile erhärtete tatsache aufmerksam, daß das got.

veih-s im skythischen *vaih-s* lautete, worauß mit großer warscheinlichkeit zu entnemen ist, daß got. *ei* als schwächung eines älteren skythischen *ai*, gerade so diphthongisch gesprochen wurde, wie es über jeden zweifel erhaben ist und durch die baiwarische mundart heute noch bewisen werden kann, daß auch gotisch *aí* und *aú* diphthongisch lauteten, wie professor M. Heyne in seiner 8. aufl. d. Ulfila richtig fest hält, und nicht, wie professor Braune in seiner got. grammatik 2. aufl. s. 14 an nimt, als *ä* und *å* galten.

veihs, sacer. – solten wir nicht versuchen, dem bißher rätselhaften herkommen des wortes *veih-s* sacer etwas näher zu kommen? *vaih-* offenbar gesteigert auß *vih-* geht auf eine wurzel *viç-* zurück. von der nämlichen wurzel komt aber auch das got. *veih-s-a* flecken, welches aber bereits mit -*s*- ab geleitet ist. — vgl. Gr. gr. II, 266 – daß ein und der nämliche stamm einmal für heilig, das andere mal für flecken gilt, darf uns noch nicht ab schrecken. zu got. *veih-s-a* flecken gesellen sich altind. *veça* m., zend. *vaêça* haus, gr. οἶκος eig. ϝοῖκος haus, lat. *vicus* dorf. es erscheinen aber auch zend. *viç* f. und altpers. *vith* im sinne von clan, der zweiten gliderung des volkes von Eran von unten herauf. da wir bei erklärung des skythischen wortes Παραλάται s. 135 ff. schon sahen, daß Skythen und Eraner änliche einrichtungen besaßen, so dürfen wir auch an nemen, daß auch skythisch *vaih-s,* und zwar dißmal warscheinlich noch nicht ab geleitet, für clan galt. jeder clan aber hatte wol sein besonderes heiligtum. mag nun dises wie immer beschaffen gewesen sein, so wird es das hervorragendste ja villeicht außschließlich kenzeichnende merkmal desselben gewesen sein. wäre es nun zu verwundern, wenn sich gerade deshalb der name des clans vorzüglich an dises sein wichtigstes äußeres abzeichen als den mittelpunkt des ganzen damaligen geistigen lebens nämlich an die in den augen der umwonenden familien erhabendste götterstätte geknüpft hätte? war nicht auch im christlichen altertum die kirche der brenpunkt eines dorfes, und erhielten nicht eine große anzal von ortschaften davon iren namen? das gemüt der menschen aber hat sich in diser hinsicht seit tausenden von jaren nicht geändert, und der einfachste natürlichste vorgang ist immer der warscheinlichste. der ursprüngliche name des clans also wäre auf das volksheiligtum als den mittelpunkt desselben über gegangen und auf demselben haften gebliben. das übrige, wie daß der mit dem heiligtume sich beschäftigende, der priester, den namen *vaih-a* got. *veih-a* vom heiligtume erhielt, und daß die eigenschaft heilig sich in abstraktem sinne auß bildete, versteht sich ja von selbst, one weiterer außfürung zu bedürfen.

Sokondo- oder Tschokondogebirge. – einen weiteren beweis für die einstige anwesenheit der Skythen am Baikal und zugleich eine bekräftigung seiner skythischen benennung bildet für uns der name des südöstlich desselben gelegenen gebirges *So-kondo* oder *Tscho-kondo*. tscho tso war anfänglich der skythische artikel *sa*, wie *So-kondo* zeigt, welcher später durch fremde mongolische zunge teils gequetscht teils verdumpft wurde, so daß wir ein ursprüngliches *Sa-kund- Sa-kunt- Sa-kunth-* vor uns haben, wonach *kond* gleich *kund kunt kunth* einer von *kun-* summitas altitudo ab geleiteten skythischen form ist, welche zur bezeichnung von höhen und gebirgen allenthalben in Asien und Europa an gewendet wird. ich habe über das betreffende wort schon oben s. 186 ff. außfürlich gesprochen, als ich die anwesenheit der Skythen auf der insel Delos durch den berg $Κύνθος$ = *Kunthus* nach wis und bitte zum beßeren verständnisse das daselbst gesagte nach zu lesen.

bei diser gelegenheit erinnere ich daran, daß die anwesenheit der Skythen am Baikal und Tschokondo also in gebieten, welche später unter mongolischer resp. chinesischer hoheit stunden, biß die Slaven nach Sibirien und auch in dise gegenden kamen, lange dauern und den charakter einer unbestrittenen oberherlichkeit über die anderen dort sitzenden stämme der Mongolen tragen muste, daß die von inen gegebenen namen so fest daselbst haften konten, um sich auf die nachwelt noch dazu durch vermittelung fremder anderszüngiger stämme zu vererben.

blonde und blauäugige völker im äußersten osten Asiens. – wider sind es die Chinesen, welche meine durch die sprache erbrachten beweise vollauf bestättigen. nach iren angaben nämlich herschten vile jarhunderte vor Christus mitten unter mongolischen und tibetanischen stämmen, also an den nordgränzen des eigentlichen China's etwa, völker mit blonden haren, blauen augen und roten bärten, welche sich im laufe der langen zeit teils wider westwärts zogen, teils mit irer umgebung vermischten, so daß ire spuren sich noch heute nach weisen laßen. daß wir es hier mit Skythen oder Urgermanen zu tun haben, kann nicht dem mindesten zweifel unterligen. männer der strengen wißenschaft, wie der berümte geographe und ethnologe Ritter — vgl. dessen erdk. v. Asien I, 430, 433, 436 — machten schon darauf aufmerksam, daß nicht bloß unter den Kirgisen, sondern noch vil weiter ostwärts unter den stämmen am Sungari und Usuri, den rechten nebenflüßen des Amur, die blauen oder grünen augen und die roten hare nichts seltenes sind. gleiche erscheinungen keren westwärts wider an den quellen des Irtisch, Obi, Jenissei und am Baikal, so daß also die nämlichen verhältnisse hier ob walten, wie in Turkestan, wo ebenfals die nachkommen der Skytho-Germanen teils in der vermischung mit den Turuken teils als eigene blonde blauäugige und hoch gewachsene stämme noch zu erkennen sind.

Klaproth und die Mandschu. – ich habe bereits auf die vilen wurzeln hin gewisen, welche die mongolischen sprachen

von der arischen durch vermittelung der Skythen in sich auf
namen, und hiemit stimt der große forscher Klaproth
überein — vgl. Ritter ebenda — welcher in seinen untersuchungen über die sprache der Mandschu erklärte, daß
dise sprache bezüglich grammatikaler formen merkwirdiger
weise der deutschen sich nähere, so daß also neuerdings
die sprache bestättigt, was die natur an äußeren merkmalen der menschlichen gestalt noch bewarte. gleich wie
andere seit tausenden von jaren fest stehende warheiten der
alten autoren, sind auch dise berichte Klaproths, man kann
wirklich sagen auß wißensonmacht in derlei dingen, bißher nicht nach verdienst gewirdigt worden, obwol sie ein neues
wichtiges glid mer in der kette unserer beweisfürung bilden.

Skythen und Japanesen. – ich gelange jezt zu einer
der hervorragendsten erscheinungen meiner ganzen abhandlung, nämlich zu dem sprachdenkmale, welches die Skythen
bei den Japanesen hinterließen und welches sowol dafür,
daß die Skythen biß zum großen oder stillen okean vor
drangen, als auch dafür, daß sie die Urgermanen, als welche
wir sie widerholt bezeichneten, in der tat waren, widerum
ein einzig da stehendes glänzendes zeugnis ab legt.
es ist der Sintho- oder Sinto-kultus der Japanesen,
welcher uns disen geradezu überwältigenden beweis in die
hand gibt. ich brauche, wie ich glaube, nicht erst darauf
hin zu deuten, daß die Japanesen zu den ältesten völkern
gezält werden müßen. es ist zwar der schleier irer herkunft
noch nicht gelüftet; doch nimt man immerhin ire verwantschaft mit den Chinesen als fest stehend an, wenn man auch
eine vermischung mit einem anderen volke, welches man
noch nicht kent – einige nennen die Ainos — wodurch
die Japanesen an kultur und charakter sich von chinesischem
wesen almählich ab hoben, gelten laßen muß.

Sinto- oder Kami-no-mitsi-kultus. – bekantlich be-
stunden in Japan drei hauptreligionen seit langer zeit fridlich

neben einander. zwei davon sind auß der fremde ein gewandert und zwar die lere des **Kong-fu-tse** von China und die des **Buddha** von Indien. die dritte aber, die älteste, ist die einheimische urreligion. nach diser bekanten sich die Japanesen, wie so vile andere alte völker des ostens zum **lichtdienste**. nach disem, welcher außdrüklich der *Sinto-* oder *Kami-no-mitsi-kultus* genant wird, ist das höchste wesen *Ten-sio-dai-sin,* die **sonnengöttin**. sie wird sinbildlich durch eine art **metalspiegel** dar gestelt, welcher den vornemsten schmuck der **Sinto-tempel** auß macht. vor diser **stralenden fläche** wirft sich der Japanese nider und verrichtet seine andacht. nun war den see farenden Europaeern längst bekant, daß das wort *sinto* oder *sintho* — so nämlich ist die richtige in allen älteren werken an gegebene lesung — im japanesischen **weg** heiße und eigentlich **weg der götter** oder **weg zu den göttern** bedeute und wird auch durch die japanesische bezeichnung *kami-no-mitsi* auch *kami-mitsi*, welcher außdruck gleichbedeutend für *sinto* ist, vollends bestättigt, da *kami* für **götter** und *mitsi* für **weg** steht. aber gerade die **Deutschen** waren ja biß auf die jüngste zeit kein see farendes volk und kamen daher als die lezten mit den Japanesen in berürung, weshalb sie sich immer mit dem **hörensagen** begnügen musten. dessen ungeachtet bleibt es fast unerklärlich, daß dise urgermanische bezeichnung biß zur stunde unbeachtet bleiben konte. aber auch das ist widerum ein leuchtend, wenn man sich erinnert, daß den hauptvertretern der ehemaligen Germanen nämlich den Deutschen von jeher der laut zu brandmarkende feler an klebt, daß sie sich um **alles** bekümmern, nur nicht um **das**, was sie zunächst an geht; daß sie in jeglicher **fremder wißenschaft** und daher auch in allen **fremden sprachen** es zu erstaunlichen leistungen bringen, in **eigener literatur** und **sprachkentnis** aber, ab gesehen von einzelnen sprachheroen, im algemeinen auf einer höchst bescheidenen stufe biß

heute stehen, und daß sie gerade auß disen gründen gar
nicht die fähigkeit besaßen, ir eigenes sprachgut als solches
wider zu erkennen. konte man ja in den büchern über
dises wort *sint sinth* sogar lesen, daß es eigentlich nicht den
Japanesen an gehöre, sondern von den Chinesen gekommen
sei, obwol leztere *tao* für weg gebrauchen. da ist es denn
auch kein wunder, wenn man jüngst bei verkündigung der
abschaffung jeglicher statsreligion und gleichstellung aller
religionsparteien von seite Japans immer von einer *Schinto-
religion* hören muste, wie das urdeutsche *sint* entstelt wurde.

sint, via. – der freundliche leser aber wird schon längst
mit freudigem staunen in disem japanesischen *sinto* = weg
unser germanisches *sint-*, welches got. *sinþ-*, ahd. *sint-*, alts.
sidh, ags. *sid* lautet, in vilen zusammensetzungen erscheint
und weg reise gang richtung bedeutet, — vgl. Fick I,
794 und II, 479; Diefb. II, 210; Grf. VI, 231; Gr. gr. II,
476, 519 — erkant haben. was aber dem germ. worte *sint
via iter cursus* und dem bei den Japanesen sich daran
knüpfenden licht- oder sonnendienste eine so auß nemende
wichtigkeit verleiht, ist die tatsache, daß sich gerade an das
nämliche wort auch bei den Germanen der licht- oder
sonnendienst knüpft und daß wir der unabweisbaren notwendigkeit gegenüber stehen, den Urgermanen oder Skythen,
welche, wie wir wißen, schon durch vererung des Αἰτόσκυρος
oder Οἰτόσκυρος dem lichtdienste huldigten, auch disen
Sinto-dienst und zwar mit dem urheberrechte zu zu
schreiben.

die göttin Sinthgunt. –

Phol unde Uuodan vuorun zi holza.
dû uuart demọ Balderes volon sin vuoz birenkit.
thû biguolen *Sinthgunt*, Sunna erâ suister
. . . .

heißt es im zweiten Merseburger spruche 2. außg. von
Müllenhoff und Scherer. *Sinthgunt* ist hier als selbständige

göttin und als schwester der *Sunna,* der höchsten lichtgöttin, auf gefürt und muß daher in einer ser nahen beziehung zum lichte, ja selbst als lichtgöttin gedacht werden, wenn sie auch nach den eben genanten autoren s. 276 ibidem minderen ranges als die *Sunna* sein dürfte. J. Grimm in seiner d. myth. 3. außg. s. 587 nimt sie als morgen- und abendstern. sei dem, wie im wolle, so vil steht fest: eine göttin *Sintha* oder *Sinthgunda* — ich laße die schreibweise der muten dahin gestelt — muß schon bei den Skythen oder Urgermanen eine ser wichtige rolle gespilt haben, daß nach ir der ganze lichtdienst benant werden und dise benennung von den Skythen auf die Japanesen über gehen konte. dise auffaßung scheint auch durch den späteren germanischen namen gerechtfertigt; denn da *Sinth-gunt* die wegeskämpferin ist, wonach sie die ban der ir nach folgenden schwester *Sunna* nicht allein zuerst beschreitet, sondern auch gegen jedwede fremde feindselige macht verteidigt, so folgt von selbst, daß das tägliche erscheinen der *Sunna* aufs innigste mit dem schiksale der *Sinthgunt* verknüpft ist und daß, fals dise im kampfe unterligt, jene ire gewonte fart unterbrechen muß und ewige finsternis die erde umhült. versenken wir uns nur kurze zeit in dise auffaßung unserer uranen, in dises ir tägliches bangen und hoffen, und rufen wir uns ins gedächtnis, welche furchtbare aufregung eine sonnenfinsternis noch heute bei den naturvölkern hervor ruft, weil sie die meinung, daß irgend ein ungeheuer die sonne verschlingen wolle, nicht los werden, so haben wir den grund von der außerordentlichen wichtigkeit der göttin *Sinthgunt* als der beschützerin der ban irer stralenden schwester.

andere skytho-germanische worte bei den Japanesen. — es bleibt für uns warscheinlich immer dunkel, ob die Japanesen auf der asiatischen östlichen festlandsküste mit den Skythen, den Urgermanen, in berürung kamen und erst nachher auf ire inseln über sidelten, oder ob die Skythen selbst auf die inseln, wie einst auf Delos kamen. jedenfals muß die skythische einwirkung eine nachhaltige auf die Japanesen gewesen sein, da der japanesische wortschatz sich nicht bloß auf die aufname des skytho-germanischen wortes *sint* = via beschränkte, sondern noch in anderen außdrücken nach zu weisen ist, welche ich dem index zur japanesischen grammatik des pater Rodriguez in der übersetzung von Landresse ‚elements de la grammaire japonaise, Paris 1825' also einer ganz unparteiischen quelle entneme: wir finden daselbst im japanesischen: *ak-ai*, rot ersichtlich auß *ag- ang-* hell machen — Fick II, 297 — wovon auch die bereits oben s. 174 ff. besprochenen worte *aglu* und *angl* schwan gebildet sind; denn ursprünglich wurden die verschiedenen farben weiß gelb und rot, wie Penka s. 42 mit recht bemerkt, nicht unterschieden. die wurzel *ag- ak-* ist durch vermitlung der Skythen fast zu allen mongolischen stämmen in der bedeutung weiß hell gedrungen: *ak-gol* weißwaßer, *ak-tepe* weißhügel, weißberg sind im heutigen Turan ganz gewönliche namen;

kun fürer, chin. *kiun* anfürer, sowie *kouni* herschaft königreich, sämtliche bildungen offenbar von der nämlichen abstammung wie das ahd. *chun-ig chun-ing*, alts. *cun-ing*, ags. *cyn-ing*, altn. *kon-ungr* könig;

koui, eßen one den geringsten zweifel desselben herkommens wie ahd. *chiuwan*, ags. *ceowan*, mhd. *kiuwen*, baiw. *kuiš koiš* mandere manducare u. a. m.

bezüglich des eben an gefürten chin. *kiun* anfürer muß ich ergänzend bemerken, daß es selbstverständlich an genommen werden darf, daß ein solch' geradezu zalloses und gewaltiges volk wie die Skythen oder Urgermanen, welches bei den gesamten mongolischen stämmen seine spuren hinterließ, mit den Chinesen, welche inen ja zeitweise unterworfen waren, keine außname machte, und daß daher auch in der chinesischen sprache skytho-germanische nachweise, fals von kundigen gelerten darnach gesucht wird, sich one zweifel finden müßen.

die Skytho-Germanen seit urzeiten in Asien. – an die tatsache des vorkommens des germ. *sint* = via bei den Skythen oder Urgermanen und dessen übertragung zu den Japanesen knüpfen sich die wichtigsten folgerungen; es wird dadurch für unumstößlich gewiß fest gestelt, daß die Skytho-Germanen im fernsten osten oder mindestens in Binnenasien schon seit urzeiten hausten, weil im anderen falle, namentlich in dem einer wanderung der Arier und mit inen der Skytho-Germanen auß der angeblichen urheimat Europa nach Asien bei der großen zeitdauer einer solchen nur almählich statt findenden volksbewegung es inen unmöglich gewesen wäre, den Sinto-dienst, welcher bekantlich zu der urreligion der Japanesen zält, in einer so fernen zeit disen zu vermitteln.

die Skytho-Germanen fast eben so lange von den Ariern getrent. – es muß ferner als unbestreitbar zu gegeben werden, daß die Skytho-Germanen fast eben so lange, gerade weil das wort *sint* = via inen schon eigentümlich war, von iren übrigen arischen brüdern getrent waren, gleichwie wir disen schluß auch auf die Kelten auß denen dürfen; denn keine arische sprache nent das wort *sint sinth sind* weg reise fart ir eigen, als die germanische und die keltische, welch' leztere mit altir. *sét* und cambr. *hint* sich offenbar an die germanische anschließt.

wüsten wir, wie lange die Japanesen dem Sinto-dienste huldigen, so hätten wir einen greifbaren anhaltspunkt über die zeit, in welcher dieselben mit den Skytho-Germanen in Binnen- oder Ostasien in berürung kamen und gewännen eine neue wichtige anschauung auch bezüglich der Arier in Asien überhaupt, daß wir zu diser kentnis noch gelangen werden, ist bei der geradezu einzigen erscheinung, wie sich das japanesische volk in der kürzesten zeit europaeischer kultur genähert hat und auf diser ban der algemeinen bildung weiter schreitet, villeicht schon für die nächste zukunft im höchsten grade warscheinlich.

Schluß.

Rükblicke und folgerungen.

außdenung der Skythen. – Somit habe ich die spuren der Skythen am schwarzen und kaspischen mere, in Kleinasien westlich biß zur griechischen insel Delos, in Syrien und Palaestina biß nach Aegypten und von da gegen nordosten wider zurück durch ganz Vorder- und Binnenasien biß zum ende des festlandes, also vom mittelmere biß zum großen oder stillen okean verfolgt. mag man nun auch auf den berechtigten gedanken kommen, daß die Skythen mit den Mongolen hier insbesondere den Japanesen zu einer zeit in berürung kamen und sie zur anname des Sinto-dienstes veranlaßten, als leztere noch nicht so weit zum östlichen mere vor gerükt oder gar auf ir inselreich über gesidelt waren, sondern sich noch tiefer in Binnenasien befanden, so zeugen nichts desto weniger die namen Baikal. Sokondo, $Κάσια\ ὄρη$, $Γαριναῖοι$, $'Ραβάνναι$, $ἡ\ Ἀσμιραία\ χώρα$, welch' leztere drei worte ebenfals von skytho-arisch *gar* = mons, *rab* = mons und *açman* = lapis saxum sich ab leiten, mithin **gebirgsbewoner** und **bergland** bedeuten, sowol von der weiten östlichen außdenung der Skythen als auch von dem lange dauernden und beherschenden einfluße derselben auf alle mongolischen umwoner, weil andernfals dise benennungen ja gar nicht zur geltung kommen, geschweige unter späteren fremden völkern sich hätten erhalten können.

skythische und germanische nachhaltigkeit. – bei den Skythen tritt die nämliche merkwirdige erscheinung zu tage, wie bei iren abkömlingen den Germanen. überall, wohin sie kamen, war ir auftreten ein **gewaltiges** und **nachhaltiges**, und in folge dessen finden wir auch in Osteuropa und namentlich in Asien ire unvertilgbaren spuren bei **fast allen** völkern dises erdteiles. ganz so trift es sich bei den späteren Germanen, welche wirdig in die fußstapfen irer anen traten. vom schwarzen mere, wo sich uns das Germanentum zuerst in den gotischen völkern oder Ostgermanen offenbart biß an den atlantischen okean, findet man zallose warzeichen irer taten in namen, welche sich, wie die skythischen in Asien, biß auf den heutigen tag in Europa erhielten.

ende der beweisfürung. – ich bin mit der eigentlichen beweisfürung, daß die **Skythen** die **wirklichen Urgermanen** waren, zu ende. ich könte zwar noch viles zur bestättigung in diser hinsicht bei bringen; das müste ich aber mer den **einzelnen** stämmen der Skythen entnemen und ich habe mir zunächst die aufgabe gestelt, die Skythen als **gesamtheit** zu behandeln und dem gemäß auch so vil als möglich das sprachmaterial, das über dieselben **im algemeinen** vorhanden war, zu benützen. die **einzelnen** skythischen stämme und was sich daran knüpft, werde ich ein anderes mal gesondert besprechen, sowie ich auch die **sprachgesetze**, welche sich auß den gesamten skythischen denkmälern folgern laßen, **eigens** behandeln werde.

einheit der Skythen und Germanen in allen wichtigen merkmalen. – wir haben gesehen, daß die Skythen in irem äußeren durch **weiße hautfarbe**, durch **blondrote hare**, durch **blaue augen**, durch hohen andere völker um kopfeslänge überragenden **wuchs** sich gerade so auß zeichneten, wie die späteren Germanen; daß sie durch tragen von **hosen**, durch **kopfbedeckung**, durch ver-

wendung von **tierfellen** zur bekleidung und rüstung sich
wider an die seite der lezteren stellen; daß ire **geistigen
anlagen** nach jeder seite hin auf einer solch' hohen stufe
stehen, wie wir sie nur bei den vornemsten arischen völkern
an zu treffen gewont sind, und daß sie daher auch in diser
hinsicht ebenbürtige vorgänger der Germanen waren; daß sie
was glaube gebräuche sitten und gewonheiten
betrift, gar nicht von den Germanen, wenn man auch wolte,
getrent werden können; daß ferner ire **stammeseinteil-
ung**, ire **ganze kultur in Asien**, ire **statlichen einrichtungen**, wovon insbesondere das verhältnis der skythischen
fürsten den oberkönigen gegenüber hervor zu heben ist,
dann ir **sagenschatz** und ir **heldentum** auf eine merkwirdige und nur durch **unsere** anname volständig auf ge-
klärte weise mit germanischer eigenheit im mittelalter und
deren hervorragendsten merkmalen an **vaterlandsliebe
vasallentreue frauenachtung und ritterlichkeit**
zusammen fallen; daß endlich die **skythische sprache**
grammatikal wie lexikal in geradezu schlagender weise durch
zalreiche beispile **ire volständige einheit** mit der germanischen sprache erweist, welcher sie nur an alter und
wortreichtum voran steht, wie es ja die natur der dinge mit
sich bringen muß. wenn nun so **vile, so gewichtige
und so wesentliche** merkmale zwei völkern und nur disen
allein gemeinsam sind, so darf man auch mit fug und
recht schließen, daß dise völker einst **eine familie** gebildet haben, in **einer und derselben einheit** inbe-
griffen waren. und so ist es auch. **Skythen und Germanen**, an welche beide, wie wir noch sehen werden, sich
die **Thraken** an schließen, waren in der urzeit **ein und
dasselbe volk**. die Skythen sind die **älteren**, die Germanen die **jüngeren**; jene gleichsam der **stock**, von
welchem seiner zeit, wie von einem mutterkorbe ein **binen-
schwarm**, die Germanen, insbesondere die West- und Nord-

germanen, sich los lösten und in die ferne zogen. und somit sind die Skythen, die edlen Turaner, in warheit die so lange vermißten und bißher vergebens gesuchten Urgermanen.
glaubwirdigkeit der alten. – man mag bezüglich der erklärung einzelner weniger skythischen worte, für welche uns von seite der alten kein fingerzeig gegeben wurde, von meinen ansichten ab weichen, so ändert das durchauß nichts mer an der beziehung zwischen Skythen und Germanen; denn einmal sind einzelne worte nicht entscheidend, und dann steht dadurch, daß man inen eine andere erklärung vermeint, noch nicht ir skythischer charakter in frage. an der deutung derjenigen sprachdenkmäler aber, welche uns die alten autoren als skythisch überlifern und welche sie entweder in ire sprache übersetzen oder auf andere unzweideutige weise uns durch den zusammenhang klar zu machen bestrebt sind, dürfte man um so weniger rütteln können, als nur mit zuhilfename der germanischen sprache die lösung im einklange mit den uns überkommenen erklärungen der alten gelingt, und als man, fals man sich diser augenfälligen erkentnis verschließen wolte, die gesamten alten geschichtsschreiber der unwißenheit oder geradezu der unwarheit zeihen müste. ich habe mich aber schon widerholt dahin auß gesprochen, daß ich, und warum ich die berichte der alten autoren so hoch stelle und muß hier nachdrüklichst widerholen, daß nur die geringschätzung und mißachtung derselben, welche one grund, wie wir sahen, gerade manche unserer grösten gelerten hegten, daran schuld sind, daß so hochwichtige, tausende von jaren nider gelegte warheiten über das germanische volk entweder gar nicht oder nicht in irem waren lichte und werte bißher erkant werden konten. allerdings hat dazu auch die beliebte, von mir bereits des öfteren gerügte bloße wortdeutung, nach welcher man irgend ein skythisches

wort zu erklären suchte, one den zusammenhang, auß
dem es gerißen, eines näheren studiums zu wirdigen, zu den
geringen erfolgen mit bei getragen; denn nur in der beachtung des ganzen zusammen gehörigen textes zeigt sich
glänzend die richtigkeit der alten überliferungen.

dr. H. Schliemann und die alten. – einer der hervorragendsten erfolge der neuzeit, der nur durch das vertrauen
auf die angaben der alten erreicht werden konte, hat ja
die ganze gebildete welt in bewegung gesezt, ich meine die
außgrabungen dr. H. Schliemanns. nur durch den festen
glauben an die außsagen der einschlägigen autoren konten
so herliche ergebnisse erzilt werden. schenken wir doch,
was die nachrichten über die Skythen betrift, den griechischen
und römischen berichten nicht weniger glauben, als Schliemann es bezüglich irer angaben über die verschütteten
stätte getan hat, und wir werden in einer noch ganz
anderen weise dafür belont werden; denn in unserer angelegenheit handelt es sich um die vergangenheit des gewaltigsten volkes, welches je über die erde schritt, dem wir
noch dazu mit fleisch und blut an gehören, um die
Skythen, unsere urväter, die brüder der Thraken, die
Urgermanen.

Thraken und Germanen. – ich kann nicht umhin, auch
die Thraken öfters zu nennen; denn sie gehören mit zur
großen urgermanischen familie. Skythen und Thraken
stehen sich so nahe, als wie irgend zwei stämme der Germanen. die Thraken sind sohin auch Germanen, wie ich
es ja schon widerholt auß gesprochen und an mereren worten,
welche inen mit den Skythen gemeinsam sind und dem germanischen wortschatze zugleich an gehören, erwisen habe.
deshalb zälen auch die Phrygen als ein stamm der Thraken,
insofern sie mit Eranern und Semiten unvermischt bliben,
zu der großen urgermanischen sippe, — ich erinnere
an das oben s. 199 ff. besprochene phrygische *Berekunt* und

sein verhältnis zu *Perkun* und got. *Fairguni* — und das merkwirdigste ist dabei die tatsache, daß das ganze gebiet von Troia, der fundboden Schliemanns, einst unter phrygischer oder thrakischer und daher auch urgermanischer botmäßigkeit stund.

Jakob Grimm und Karl Blind über die Thraken.

— wenn daher in der neuesten zeit ein von jeder vor gefaßten meinung unabhängiger forscher wie Karl Blind die ansicht von der verwantschaft der Thraken und Troier mit den Germanen vertritt, one vorerst mit unumstößlichen sprachlichen beweisen seiner behauptung zu hilfe kommen zu können, so hat derselbe eine biß jezt den meisten unbegreifbar scheinende warheit auß gesprochen und an den seherblick des unsterblichen Jakob Grimm gemant, dessen geschichte der deutschen sprache ja fortwärend um den angelpunkt, wie er selbst gesteht, sich dreht, ob die thrakischen Geten die vorfaren der germanischen Goten waren. wie ser aber haben seiner zeit die gelerten Deutschlands mit wenigen außnamen die aufstellungen Grimms bezüglich der Thraken und Skythen verurteilt! auß welchen gründen aber, wenn man näher zu siht? konten sie von allem anderen ab gesehen nur so vile und gewichtige beweise gegen die meinung Grimms erbringen, als derselbe dafür erbracht hatte? mit nichten! und doch kann man bei einem der neuesten und hervorragendsten forscher bei Wilhelm Arnold in dessen sonst herlichem werke deutsche urzeit s. 25 lesen: ‚die identität der Geten und Goten, die Jakob Grimm nach weisen zu können glaubte, hat die wißenschaft längst auf gegeben.' ich möchte denn doch fragen, welche wißenschaft? kann von einer solchen überhaupt die rede sein, wenn sie bißher nicht einmal an nähernd eine kentnis darüber hat, ob und welche anhaltspunkte an thrakischen sprachdenkmälern, welche die thrakische frage zur entscheidung bringen können, uns die alten autoren überlifert haben? wir sehen, wie **vorschnell** und **unbotmäßig** man mit solchen urteilen bei der hand ist, welche, mögen sie in solch' **oberflächlicher weise** geschöpft, außdem gelertesten munde kommen, nicht den mindesten wert haben. damit aber der geerte leser keine falsche meinung von **meinem** standpunkte erhalte, so muß ich hier außdrüklich bei fügen, daß ich nicht **darauf** einen nachdruck lege, ob gerade die Geten die Goten außschließlich waren und ob somit auch beide **namen** einander gleich und nur mundartliche abweichungen seien; nein, **dise frage** betrachte ich vorerst als eine unter geordnete und nebensächliche; die hauptsache ist und bleibt für mich, den beweis zu erbringen, daß **alle echten Thraken** und hiemit auch die Geten zum großen volke der Germanen **überhaupt** gehören, worauf sich dann auch das übrige, soweit die anhaltspunkte noch vorhanden sind, ergeben wird. und in so ferne ist es erfreulich, wenn sich, um nochmal darauf zurück zu kommen, solche nur **zu berechtigte** urteile wie die Karl Blinds als bestättigung der meinung Jakob Grimms über die Thraken und deren abkömlinge, die Phrygen, vernemen laßen; denn sie helfen, wenn auch **langsam** dennoch **sicher** und endlich **sigreich** der warheit ban brechen.

anzal der Skythen in Europa. — ich kere zu den Skythen und zwar zu denen in Europa zurück. alle **echten Skythen** daselbst waren auch Urgermanen und spätere Germanen. die **Sauromaten** aber müßen nicht so fast auß **den gründen**, welche Herodot bringt, als nach den bestimten überliferungen der anderen alten autoren von den Skythen getrent werden; sie sind **keine Urgermanen.** von den Skythen selbst ist nicht zu vergeßen, daß sie auch eine menge **sklaven** unter sich hatten, welche warscheinlich auß im kriege bezwungenen fremden völkern hervor gegangen sein dürften. die Skythen waren somit in diser hinsicht eine **ser große kaste**, welche je nach den verschiedenen stämmen in wechselnder stärke als kriegeradel ire anderer herkunft an gehörigen untertanen, änlich wie die Germanen, beherschten. das geht unzweifelhaft auß mereren andeutungen Herodots insbesondere auß einer derselben IV, 81 hervor, wo es heißt: ̔πλῆϑος δὲ τὸ Σκυϑέων οὐκ οἷός τε ἐγενόμην ἀτρεκέως πυϑέσϑαι, ἀλλὰ διαφόρους λόγους περὶ τοῦ ἀριϑμοῦ ἤκουον· καὶ γὰρ κάρτα πολλοὺς εἶναί σφεας καὶ ὀλίγους ὡς Σκύϑας εἶναι.' diß kann doch nur, wenn es überhaupt einen sinn geben soll, so gemeint sein, daß es zwar vile skythische krieger gibt, welche aber über eine noch größere zal untertanen gebieten, im vergleiche mit welcher sie ungeachtet irer menge dennoch als die minderen erscheinen. allerdings muß dabei noch ins auge gefaßt werden, daß Herodot vorzüglich nur die nachkommen des Skythes, des jüngsten sones des Herakles und der schlangenjungfrau, als die eigentlichen berechtigten träger des skythischen namens an siht, wärend im die nachkommen der älteren brüder des Skythes nämlich des Gelonus und Agathursus, welche in unseren augen doch zu den mit den Skythen gleichzüngigen völkern, also auch zu den Skythen unbedingt gerechnet werden müßen, keine eigentlichen Skythen mer sind.

daß aber die anzal der reinen Skythen in Europa, wenn auch im beschränkteren sinne des Herodot genommen, dennoch eine ungeheuere war, geht auß einer weiteren erzälung desselben autors im selben hauptstücke hervor, wonach auß den ehernen pfeilspitzen, deren je eine jeder Skythe auf befehl des skythischen königs Ariantas, welcher über die menge seines volkes unterrichtet sein wolte, lifern muste, einen keßel fertigen ließ, welcher sechshundert amphoren faßte und sechs finger oder nach unserem maße einen halben fuß dicke hatte. nimt man den inhalt einer amphore zu einem kubikfuß flüßigkeit, so treffen auf den keßel sechshundert kubikfuß und nach diser größe und der eben erwänten stärke dürften, wenn man noch den abgang bei der bearbeitung des erzes im feuer rechnet, die skythischen pfeilspitzen und darnach die zal der echten Skythen nur nach **hunderttausenden** zu bemeßen sein. daß nur jeder **freie, wirkliche** Skythe seine pfeilspitze zu besagtem zwecke sante, leuchtet von selbst ein, da ja die übung des kriegshandwerks sich von jeher, wie auch bei den Germanen, nur an den ungemischten stand der **herschenden klasse** knüpfte.

wenn wir fest halten, daß **alle** Skythen, seien sie nun **acker bauende oder vihzucht treibende, seßhafte oder wandernde, Königskythen oder andere** gewesen, ire untertanen hatten, so müßen wir bei einer bloßlegung von gräbern in den alten sitzen der europaeischen Skythen, in dem falle, als die skythischen untertanen nicht ebenfals Skythen waren, wie ire herren, darauf gefaßt sein, auf skelette von **verschiedener bauart und größe** zu stoßen, von welchen es nach unserem standpunkte keinen augenblick einen zweifel leiden kann, welche den Skythen zu zu teilen sind.

anzal der Skythen in Asien. – einer noch vil größeren anzal von Skythen als in Europa begegnen wir in Asien. diser erdteil ist ja die skythische **urheimat**, von welcher auch die europaeischen Skythen auß gegangen sind. daher sind die asiatischen Skythen-Saken auch an **kultur** iren **brüdern in Europa überlegen**. ich habe bereits oben s. 240 ff. bemerkt, in welch' ferner vorzeit sie schon unter einer wol geordneten regirung in stätten und dörfern lebten und im algemeinen durchauß auf der höhe der mittelalterlichen bildung der Germanen stunden. ja das reich eines irer stämme, der **Parther**, gelangte, wenn auch noch später zu einem **weltrufe**, und wir dürfen es mit stolz sagen, daß die **Parther als asiatische Germanen** für die damaligen herren der erde, die Römer, die nämlichen gefürchteten gegner waren, wie ire brüder in Europa, die wirklichen

Germanen. die uralte kultur der Skythen in Asien aber zeigt so recht klar, daß auch dort ire ursprüngliche heimat gewesen sein muß; denn im anderen falle müste man ja auf solch' änliche erscheinungen in Europa stoßen, was nicht der fall ist.

die Germanen zum herschen bestimt. – faßen wir die menge der skythischen stämme in Europa und Asien ins auge und suchen einen schluß auf die zal aller Skythen überhaupt zu ziehen, so kommen wir zu dem ergebnisse, daß im altertume weder ein anderes arisches, noch ein semitisches oder mongolisches volk an zal und kraft sich mit den Skythen meßen konte. rechnen wir zu den Skythen noch die Thraken, welche die brüder derselben sind und einst mit inen, wenn auch in ser früher zeit vereinigt sein musten, hinzu, so ergibt sich, wenn wir uns ins gedächtnis rufen, daß schon Herodot die Thraken als eines der grösten völker des altertums bezeichnete, für vereinigte Thraken und Skythen also für die gesamten Urgermanen ein geradezu überwältigendes übergewicht über Arier sowol wie Nichtarier. wäre es da zu verwundern, wenn sich deshalb bei uns die meinung fest sezte, daß die Urgermanen und ire nachkommen die Germanen, mit den herlichsten gaben des leibes und geistes auß gerüstet, von der vorsehung schon von jeher bestimt zu sein schinen, die fürerrolle der völker der welt zu übernemen, wie wir glükliche zeitgenoßen diß in unseren tagen vor unseren augen tatsächlich verwirklicht finden?

beschaffenheit der urheimat der Skythen. – eine ungemein wichtige frage ist die über die engere urheimat der Skythen, nicht bloß an und für sich, sondern auch auß dem grunde, weil mit ir auch die über den ursitz der Arier überhaupt innig zusammen hängt. welche eigenschaften muste nun ein land besitzen, um als wige der Skythen oder Urgermanen, des volkes der weißen hautfarbe, der blauen augen, der rotblonden hare und des reckenhaften wuchses gelten zu können? die natur antwortet uns darauf selbst, und auch die alten autoren waren sich schon längst darüber klar, daß nur gegenden mit gemäßigtem, nördlichem klima, in welchem die küle über die wärme vor herschte, wo also erträglich warme sommer mit nicht alzu strengen wintern wechselten, sich am besten als aufenthalt für derartige völker eigneten. und in der tat wißen alle alten berichte, welche wir von den Skythen haben, dieselben immer in nördlicheren klimaten. diser umstand scheint aber fast mit bestimtheit zu beweisen, daß die Skythen stets absichtlich auch nach dem verlaßen irer urheimat so beschaffene wonsitze auf suchten, weil ir ganzer organismus seit den urzeiten sich daran gewönt hatte; denn niemand hätte sie ja, die mermals herren von ganz Asien waren, hindern können, dauernd südlicher sich fest zu setzen. allemal aber kerten sie wider nach norden zurück, und wenn es einzelne nicht taten, so erschlaften sie nach und nach und giengen geradeso in anderen völkern auf, wie die späteren Germanen in den südlicheren gegenden Europas.

 in der urheimat der Skythen aber musten immergrüne nadelwälder mit saftigen laubhölzern wechseln; zu einer zeit quellen und bäche murmeln, zu einer anderen eis- und schneefelder glitzern; der bär, der wolf, der luchs, die wildkatze, der fuchs, die otter, der hirsch, das elen, das ren, der ur, der steinbock, die gemse, das reh, das wildschwein, das murmeltier, der igel ff. je nach dem wechsel der jareszeit die bewoner der wälder, und das pferd, das rind, die ziege, das schaf, der hund die genoßen des hauses oder der hütte sein. selten wol konte sich zu inen der löwe und der tiger verirren und wenn es geschah, so wird es disen, welche nur eindringlinge waren, unter den körpergewaltigen Skythen ebenso ergangen sein, wie später den zwei bekanten löwen im markomannischen kriege, welche von den Germanen wie hunde zusammen geschlagen wurden. mit füglichem rechte kann man daher den schluß ziehen, daß insbesondere der tiger sein heutiges großes streifgebiet in Vorder- und Binnenasien biß zum stillen okean sich erst nach abgang der Skythen bei der **schwächeren mongolischen** bevölkerung in ser später zeit nach und nach erobern konte.

die ältesten kultursitze der Skythen. — es gibt nun in Asien allerdings merere länderstriche, welche diser unserer schilderung entsprechen. wenn wir aber die nachrichten über die ältesten stätten der Skythen und die art und weise irer außbreitung in erwägung ziehen, so wird nicht lange ein zweifel bestehen können über die richtung, der wir unseren blick bezüglich der skythischen urheimat zu zu wenden haben. wir wißen, daß **Sogdiana** seit den frühesten zeiten von den Skythen besezt war, weil die uralte statt **Marakanda** den unwiderlegbaren beweis hiefür lifert; wir dürfen an nemen, daß die unabhängigen **kulturreiche** der Saken, von welchen wir uns oben s. 242 ff. schon von Diodorus Siculus erzälen ließen, ebenfals in der nähe, wenn auch villeicht mer gegen osten oder nordosten gelegen waren; wir haben kunde, daß in **Baktrien**, in welches später ebenfals Skythen ein drangen, eine hohe eranische kultur, welche ganz Ost-Eran umfaßte, unter der herschaft der **Kâvja** iren sitz schon zu einer zeit hatte, als man die Meder und Persen kaum dem namen nach kante; und doch sind wir unterrichtet, daß die Skythen in beiden genanten provinzen nur **vor gestrekte einzelne äste** des gewaltigen volkes darstelten, das **immer noch östlich und nordöstlich** von den eranischen völkern seine **eigentliche** heimat bewonte. für alle dise verhältnisse sprechen tatsachen. die **eranischen heldenlieder** in der schilderung der gewaltigen kämpfe zwischen **Eran** und **Turan**, gegen welche die kriege mit den westvölkern so z. b. mit den **Griechen** in irer minderen bedeutung **so ser** zurück stunden, daß sie den späteren Persen

ganz auß dem gedächtnisse schwanden, wärend die erinnerung
an erstere biß auf den heutigen tag noch lebendig ist, weisen
auf die Turaner, welche, wie wir wißen, die Skythen-Saken
oder Urgermanen waren, immer als auf östlich und nord-
östlich von Ost-Eran hausende völker hin. außdrüklich,
wie ich schon einmal bemerkte, gehören zum reiche des
turanischen oder ostskythischen königs Afrâsiâb die länder
Cîn Macîn Khita und Khotan, welche östlich von
Sogdiana und Baktriana ligen; ist der Faghfûr von
China den Turanern untertan und der Turaner oder Skythe
Pîrân, herr von Khotan, ein änlicher lehensfürst und
Pehlewan am hofe des königs von Turan, wie Sam in
Zâbul, herr von Segestan, am hofe des königs von
Eran. die feldherren Alexanders des großen fanden haupt-
massen freier Skythen gerade noch im norden und osten
des persischen reiches. und gleichsam zur bestättigung diser
tatsache überwältigten die lezteren noch im jare 165 v. Ch.
das griechisch-baktrische reich, um ein skytho-sakisches
an dessen stelle zu setzen, das biß zum vierten jarhundert
nach Christus noch dauerte. Cl. Ptolemaeus weiß ebenfals
noch Skythen disseits und jenseits des Imaus, wie
sich die alten auß zu drücken belieben, und wir haben die
nachhaltigkeit skythischen wesens in Asien und gerade in
Turan bei besprechung der namen Samarkand, Bôkhârâ
und der übrigen stättenamen, welche sich auf das skythische
-kand -kend, erweicht *-jand -jend* d. i. statt endigen, noch
zu einer zeit betont, wo die erinnerung an den namen der
Skythen-Saken im abend- wie im morgenlande längst er-
loschen war. heute noch finden wir gerade in Turan und
umgebung die meisten denkzeichen skythischer anwesenheit, welche übrigens im ganzen reiche der Persen verstreut
sind, so die worte *gol gul* = aqua skythisch *kal kol, ak*
= albus skythisch *ag, tepe* = collis mons skythisch *tab
tap, kôh kûh* = mons, welches durchauß nicht, wie bißher

an genommen wurde, von altpers. *kaufa*, zend. *kaofa* berg buckel ab geleitet werden darf, denn auß *kaufa kaofa* kann wol *kup kub kuw*, wie das oss. *kupb*, das kurd. *kew* — vgl. Justi 76 — klar zeigen, entstehen, nimmer aber ein *kôh* oder *kûh*, welches leztere nur auß einem skyth. *kauk kûk*, dem späteren germanischen *hauh hûh*, hervor gehen konte und skythischem munde, wie das bucharische *kôh* so recht dar tut, sowie parthischem seine verbreitung verdankt, gleichwie *kond khond kund* skyth. *kund* = mons, welchem man allenthalben begegnet, durch die Indoskythen biß Bahár einer provinz Bengalens getragen wurde, wie *Sita-kund* berg des Sita beweist. in anbetracht diser erscheinungen und insbesondere auch noch des umstandes, daß seit den ältesten zeiten, wo man der Skythen-Saken gedenkt, biß zu anfang unserer zeitrechnung und noch in dise herein die länder östlich und nordöstlich von Sogdiana und Baktrien, gleichsam als ein unerschöpflicher born immer frische skythische kriegerscharen nach westen und süden entsendeten — ich erinnere in diser beziehung an die eroberung Indiens und stiftung des indoskythischen reiches ungefär 150 v. Chr., sowie an einen widerholten skythischen zug um 20 v. Chr. nach Indien, und an die zuzüge von skythischen hilfstruppen zur unterstützung der Parther — sind wir völlig berechtigt, auch die urheimat der Skythen-Saken da zu suchen, wo uns dise zalreichen und untrieglichen zeichen an die Skythen gemanen.

der Imaus scythicus oder Thian-schan, die urheimat der Skythen. – das zalreichste und gewaltigste volk der erde dürfen wir aber nicht, wie es gewönlich in engherziger nach der bücherstube bemeßener weise geschiht, auf einen engen platz oder einen ab gelegenen verborgenen winkel der welt beschränken wollen, sondern wir müßen die freie bewegung der familien, der clane und der stämme mit iren sklaven und zallosen herden

berüksichtigen und dann erst nach dem großen stück erde
uns umsehen, das ein solches volk zu seinem fortkommen
und zu seiner weiterentwickelung bedurfte. als solche gegenden können nur die **hochländer** des **Imaus scythicus**
des heutigen **Thian-schan** gelten, als dessen nordwestliche
außläufer wir die von den Skythen benanten gebirge **Aska-
tankas** und **Askanimia** bereits kennen lernten. auf denselben, die sich etwa 150 meilen weit hin ziehen, ist das
klima so beschaffen, wie wir es oben schilderten und wie
es für das gedeihen der **weißen blonden und blauäugigen völker** erforderlich ist; mischen sich die
schattigen laub- und die harzigen nadelwälder;
tummeln sich **alle tiere**, wie wir sie genant haben und
auch im nördlicheren Europa wider treffen, und was das
wichtigste ist, entspringen **zallose quellen und bäche**
und vereinigen sich später zu **ansehnlichen flüßen und
strömen**, so daß von anfang an durch die **herlichsten
triften** das halten **großer herden** ermöglicht und somit
nach allen seiten hin für das fortkommen eines zalreichen
volkes hinlänglich gesorgt war. ich erinnere auf der einen
seite des **Thian-schan** oder **Imaus** an die quelbäche
des heute benanten **Kaschgar-darja** des Tarim im
späteren laufe und die seiner nördlichen zuflüße, an denen
oder in deren nähe als beweis uralter kultur die Skythen
die stätte **Auxacia, Issedon scythica, Chaurana**
und **Soeta** bewonten, — vgl. Ptol. VI, 15, 4 — **an der
anderen seite** an die quellen des **Ili**, des **Tschui**, des
Talas oder **Taras**, des **Narim** und des so recht eigentlichen skythischen stromes des **Sir-darja** oder **Sihon** bei
den heutigen anwonern, des **Tanais, Jaxartes** oder **Araxes**
bei den alten, des **Silis** bei den Skythen.

außbreitung der Skythen. — so lange nun die menge
des volkes, welches immerhin ser zalreich werden durfte,
eine gewisse höhe nicht überschritt, mag dises land für die

Skythen genügt haben. der zu große nachwuchs aber und die darauß sich ergebende sorge um narung veranlaßte wie allerwärts, so auch hier ein aufgeben der heimatlichen sitze und eine almähliche außbreitung nach verschiedenen seiten. es ist selbstverständlich, daß die ersten wanderungen von dem jüngeren geschlechte unternommen wurden und daß sie auch die kürzesten sein musten, weil man das nächst gelegene zugängliche land besezte und auf dise weise auch bei der noch nicht großen entfernung von der heimat die verbindung mit derselben nicht ganz ab zu brechen brauchte. je öfter aber und von je mereren seiten sich solche außzüge widerholten, desto weiter in die ferne musten sie sich richten, so daß im verlaufe von jartausenden auf dise weise selbst erdteile wie Asien durchmeßen werden konten. an den Skythen, den lezten östlichen Ariern, können wir disen vorgang der wanderung, wie er sich in höchst mannichfacher und lerreicher weise bemerkbar macht, deutlich verfolgen.

außdenung nach süd und nord. – anfangs scheinen sich dieselben in der nähe des Thian-schan auß gebreitet zu haben, indem sie südlich den Bolor-dagh, an den westlich das öde weltdach Pamir sich an schließt, biß zum Küen-lün, nördlich die ketten Ara-tau, Tarbagatau und Sara-tau besezten. dann aber fiengen sie an ost- und westwärts zu ziehen, indem sie den ufern der flüße und den gebirgszügen folgten. die großen kriegs- und beutezüge der Skythen durch ganz Asien gehören nicht zu den regelmäßigen außbreitungen.

wanderung nach ost. – beginnen wir mit dem osten. das tal des Tarim fürte die Skythen in das land der Issedonen, welche von den alten für die äußersten östlichen Skythen gehalten wurden, und von da in das land der Seren, wo die statt Issedon scrica und noch andere namen, deren hereinziehung mich zu weit füren würde, an das einstige Skythentum gemanen. ob die Skythen den östlichen Casius mons, den heutigen Nan-schan, einen irer südöstlichsten punkte, über welchen ich schon oben sprach, von der mündung des Tarim auß nach überschreitung eines teiles der Gobi erreichten, muß dahin gestelt bleiben. möglich ist es immerhin. es gibt aber noch einen anderen weg, welchen sie nachweislich betraten und der sie mit notwendigkeit von selbst dahin geleitete. diser andere weg zieht sich hin an dem Küen-lün, zu welchem die Skythen an den ostabhängen des oben erwänten Bolor gelangten. Jarkand an einem der vilen quelflüßen des Tarim am fuße des westlichen Küen-lün hat in seinem zweiten namensteile das skythische *kand* = urbs noch bewart. land und statt Khotan, heute ebenfals noch so lautend, weiter östlich gleichfals am nördlichen fuße des Küen-lün wißen wir schon auß den heldenliedern Erans seit urzeiten als turano-skythisches fürstentum. ebenso füren uns die immer damit genanten untertänigen länder des königs der Turaner oder Skythen: Khita, Cîn und Macîn, namen chinesischer reiche, noch weiter den Küen-lün entlang gegen osten biß zum Nan-schan, wobei wir an nemen dürfen, daß in jener zeit chinesische völker noch mer westlich als heute seßhaft waren. das wort Khita hat sich bei den Araben des mittelalters als Kitai oder Katai, bei den Italienern derselben zeit als Cataja für Nordchina und bei den Rußen als Kitai für ganz China biß auf den heutigen tag erhalten.

wie hier im süden, fand änlicher weise im norden die außbreitung der Skythen nach osten statt. auch dort waren die gebirge zunächst die fürer. vom Sara-tau wendete sich der strom der skythischen außwanderung längs des Altai und Tangnu zum Oola und gelangte auf disem wege zum Baikal und zum Sokondo oder Tschokondo, disen zwei unvertilgbaren und ewigen marksteinen einstiger skythischer landesherlichkeit, welche bereits oben eingehend erklärt wurden. von da weg gieng es nach Daurien und zum gebiete des Amur, welcher sicherlich nachdem die Skythen von den mongolischen anwonern erfaren hatten, daß er sich in ein großes mer ergieße, dazu ein lud, im zu folgen und sich dasselbe an zu sehen.

höchste nördliche breite skythischen vordringens. – ich habe die skythischen wanderungen nach nord, süd und ost nun bißher verfolgt. ich glaube bezüglich ires nördlichen vordringens darauf hin deuten zu müßen, daß für dasselbe die klimatischen verhältnisse vorzugsweise maß gebend gewesen sein dürften; denn wenn auch die Skythen eine abhärtung von jugend auf erfuren, wie wir sie uns gar nicht mer zu denken vermögen, so scheint doch die ganze natur der weißen, blonden und blauäugigen völker darnach an gelegt zu sein, zu ungünstige einflüße so z. b. alzu große kälte, wie unerträgliche hitze zu meiden und gegenden, welche sich dadurch auß zeichnen, den hiefür beßer geschaffenen völkern zu überlaßen, noch dazu, da den Skythen vermöge irer alle anderen geschlechter übertreffenden stärke jeder wunsch in diser hinsicht erfülbar war. auß disem grunde glaube ich, daß die Skythen über die **nördliche breite des Baikal** wenigstens auf die dauer nicht hinauß gekommen sind.

wanderung nach west. – ich gehe zur westlichen außbreitung der Skythen über. hier waren es hauptsächlich die flüße, welchen die Skythen von irer hohen urheimat auß folgten, so der Ili, der Tschui, der Taras oder Talas, der Narin, der Jaxartes oder Silis, aller welcher ich schon oben gedachte, ferner der Polytimetus, der skythische Maris, der zend. Çughdha oder mit anderem namen Gâu, der heutige Zarafshan, dann der Oxus, der Margus und der Hilmend, welche uns ebenfals schon mermals begegneten. ir lauf fürte teils eine

größere menge der Skythen in die von inen selbst so genante
$Oὐανδάβανδα$ = *Vandabanda* = waßerland, — vgl. oben
— welches sich vom **Imaus** biß zum **Kaukasus** erstrekte
und wo nach und nach, wie ich ebenfals schon oben bemerkte, bei **vierzig** skythische stämme eine neuere heimat
fanden, teils eine kleinere anzal in die **nähe** und das **innere**
der eranischen länder, des späteren persischen weltreiches. es
ist lerreich bei lezterem vorgange etwas zu verweilen, weil
meine anname über verbreitung der Skythen durch die nachrichten der alten, welche selbstverständlich von denjenigen
stämmen, welche mit kulturstaten in berürung kamen, **mer**
erfuren, als von solchen, bei welchen lezteres nie der fall
war, überraschend bestättigt wird.

beginnen wir beim **Jaxartes**. schon der umstand, daß
der skythische name desselben, **Silis**, den weg in die damals
civilisirte welt fand und von den alten auf gegriffen werden
konte, sowie die weitere tatsache, daß nur **diser** name von
den späteren anwonern, den Mongolen, übernommen und
vermöge des alten durch verschiedene sprachen gehenden
wechsels des *l* mit *r* als **Sir** biß auf heute bei behalten
wurde, läßt auf alten und **lange nach haltenden** einfluß des skythischen elements in seiner nähe schließen, was
wir denn auch längst im vorher gehenden bestättigt fanden.
da ist es kein wunder, wenn in den namen längs des stromes
ligender orte auch zur stunde noch das skythische *kand*
= urbs wie in **Kho-kand, Kods-chend, Taschkend, Çem-kend** ff. erklingt und die einwirkung skythischer sprache bei den turukischen völkern verewigt.

ebenfals schon im höchsten altertume, wie wir wißen,
drangen die Skythen am **Polytimetus** oder **Maris** nach
Sogdiana vor und entfalteten an dessen ufern ein hohes
kulturleben durch die gründung der statt **Marakanda**, des
späteren **Samarkand**. ich glaube, gerade dem umstande,
daß der Maris seinen lauf nicht in die ferne nam, sondern

innerhalb Sogdiana entsprang und mündete, ist es zu zu
schreiben, daß die Skythen von seinen damals herlichen
ufern sich nicht mer trenten, sondern sich zur seßhaftigkeit
bequemten und daß in folge dessen, wie wir an der statt
Bôkhârâ oben zeigten, noch ser spät in unserer zeitrechnung
skythischer einfluß nach haltend war; in dem falle, daß der
Maris sich biß zum kaspischen mere auß gedent hätte,
wären auch, wie ich glaube, die Skythen an seinen ufern
weiter gezogen.

so geschah es längs des Oxus, welcher ebenfals ein vor-
züglicher fürer der Skythen auf irer westlichen wanderung
war. denselben entlang zogen die Dahen, welche jedenfals
mit von den ersten waren, welche seinem laufe folgten, biß
zu seiner mündung in den Kaspisee und bliben daselbst
auch sitzen. den ὠκεανὸς Ἀμάλχιος oder das mare
congelatum haben wir in irem gebiete als einen teil des
Kaspi, der nach der meinung der alten mit dem nördlichen eismere zusammen hieng, bereits oben s. 161
kennen gelernt. den Dahen reihten sich nach und nach
andere stämme an, so daß der strom in seinem ganzen
unteren und großenteils mitleren laufe biß Baktrien
hinein die gestalten der Skythen wider spiegelte.

änlich, wie am Maris oder Polytimetus, ließen sich
Skythen-Saken auch am Margus in dem davon benanten
Margiana nider, und obwol sie persische oberhoheit durch
järlichen tribut und durch heresfolge an erkanten, behaupteten
sie unentwegt ir volkstum. sie hießen bei den alten
Σκύϑαι Ἀμύργιοι, welchen namen ich schon oben
s. 152 ff. erklärte.

biß ins herz von Eran wurde eine andere schar von
Skythen geleitet, welche dem Haêtumañt oder Hilmend
folgte, der sich in den arischen see ergießt. es sind die
Sakâ Humavarkâ = Σάκαι εὐεργέται, worüber ebenfals schon außfürlich s. 153 ff. gesprochen wurde. sie sind

die väter von mereren der berümtesten helden, über welche die eranische sage berichtet.

ich sehe von weiteren beispilen ab, weil ja durch dise schon hinreichend gezeigt wurde, wie die westliche außdenung der Skythen vor sich gieng. das zeugnis aber muß den Skythen auß gestelt werden, daß sie ein wunderbares geschick entfalteten gerade die fruchtbarsten und schönsten länder zu iren niderlaßungen zu wälen und das einmal in besitz genommene, wenn es auch mitten im persischen reiche lag, erfolgreich zu behaupten. schon nach maßgabe dises ires scharfblickes glaube ich, daß auch der name Chorasmia altp. *Uvârazam'i*, zend. *qâirizem* nicht mit schlechtes land, wie Spiegel keilinschr. s. 212 und Justi s. 89 wollen, sondern entweder mit Bournouf mit futterland oder mit P. Lerch von *chwar* = nidrig und *zem* land mit niderland übersezt werden dürfte; denn die Chorasmier waren ebenfals Skythen und als solche wären sie nicht in einem lande geblieben, welches ire herden nicht gut zu nären vermocht hätte.

südliche umgehung des Kaspi. – wir haben gesehen, wie die Skythen durch die Vandabanda almählich sich biß zum Aral und Kaspi hin zogen. leicht ist es nun zu verfolgen, wie dieselben noch weiter westwärts drangen. sie umgiengen das kaspische mer auf zwei seiten. auf der südseite kamen sie über Hyrkanien durch das land der Marder und Cadusier zu den zwillingströmen Araxes und Kyrus und auf dise weise nach dem Kaukasus oder Graucasus und nach Armenien; von lezterem auß in die nähe oder unmittelbar an die küsten des südlichen Pontus, wie die Skutiner, die Tibarener, Mossynoeker und Chalyben, welche alle außdrüklich als Skythen bezeugt sind, beweisen. von da gieng der weg an dem südlichen Pontus entlang biß zum thrakischen Bosporus, wo der übergang nach Europa one mühe bewerkstelligt werden konte, wie es die Thraken, welche, wie ich schon öfters bemerkte, hier den Skythen die hand reichten, durch häufigen verker zwischen den zwei weltteilen bewisen.

Thraken und Skythen in Armenien und die Armenier. — Armenien und das land davon nördlich biß zum Kaukasus müßen lange zeit der aufenthalt skytho-thrakischer stämme gewesen sein. die bevölkerung daselbst war früher semitisch, soweit nicht schon medischer einfluß veranlaßung zur mischung gab, biß die Skythen und Thraken in die gegenden kamen, die eingeborene semitische bevölkerung teils verdrängten teils unterwarfen und zum großen teile arisirten. zeuge dessen sind die skythischen namen Graucasus und Kaukasus, das land $\Sigma\alpha\kappa\alpha\sigma\tau\eta\nu\acute{\eta}$ bei Strabo, $\Sigma\alpha\kappa\alpha\pi\eta\nu\acute{\eta}$ nach anderer formbildung bei Ptolemaeus, welches wort niderlaßung oder land der Saken bedeutet, sowie das darnach benante volk Sacasani bei Plinius; ferner der bericht des nämlichen VI, 17: ‚Persae illos (Skytharum populos) Sacas in universum appellavere a proxima gente, antiqui Arameos od. Aramios.' die lezteren sind, wie Cuno I, 264 schon völlig richtig erkante, armenische Skythen, an deren gebiet das reich der Persen oder Meder südlich gränzte; denn das wort $\mathcal{A}\rho\mu\text{-}\varepsilon\nu\text{-}\iota\alpha$ = Arm-en-ia voller $\mathcal{A}\rho\alpha\mu\text{-}\varepsilon\nu\text{-}\iota\alpha$ = Aram-en-ia ist ja nur ableitung vom wortstamme $\mathcal{A}\rho\alpha\mu\text{-}$ = Aram- verkürzt Arm-, und deshalb sagen beide worte Aramenia und Aramia oder Armenia und Aramia ein und dasselbe. es ist hier für uns gleichgiltig, ob die wurzel *aram-* = *arm-* ursprünglich volks- oder ländername, ob semitischen oder arischen — vgl. Justi 321 — herkommens ist und welche bedeutung ir inne wont, so vil möchte richtig sein, daß der name $\mathcal{A}\rho\alpha\mu\alpha\tilde{\iota}o\iota$ Aramaei auch $\overset{"}{A}\rho\iota\mu o\iota$, der Syrer bei den Griechen, nicht notwendig ein anderer sein muß, weil in auch ein semitisches volk trägt, sowie daß Strabo nicht Aramaeer und Armenier verwechselt, wenn er von der gleichheit der Syrer und Armenier spricht. gerade der umstand, daß das semitische volk der Aramu am Euphrat saß, legt den unabweißbaren gedanken nahe, daß es disem strome einst von seinen quellen in Armenien gefolgt sei; und wenn Strabo Syrer und Armenier einander gleich sezt, spricht er nur wider die warheit; denn die Armenier waren ja in uralten zeiten syrische Semiten, welche später von Thraken und Skythen arisirt wurden und darum wider wolbewust und mit recht von den alten so z. b. von Herodot VII, 73 als $ἄποικοι\ Φρυγῶν$ — die Phrygen waren thrakischer abkunft, und Thraken und Skythen hatten, wie wir bereits wißen, gleiche sprache — auf gefürt werden, wärend inen Strabo selbst § 530 thessalische kleidung zu schreibt und sie also mit Ariern verbindet. die Arisirung der ursprünglich semitischen Armenier drang aber doch nicht vollends durch oder wurde später durch semitischen oder anderen einfluß wider getrübt; dafür legt die armenische sprache — man vgl. Bopps vgld. gr. 3. aufl. — so recht zeugnis ab und bestättigt, daß die Armenier ein mischvolk sind; denn wenn sie es nicht wären, müste ire sprache entweder rein semitisch, hier assyrisch oder wie die Griechen wollen, syrisch sein, oder sie müste rein arisch ertönen und hier, wo nur Skythen oder Thraken in frage kommen, urgermanisch lauten.

nochmal das Annolied. – es steht also fest, daß Skythen oder Urgermanen längere zeit in Armenien und am Kaukasus saßen, und darum ist die stelle des liedes auf den hl. Anno, welches wir schon einmal bei änlicher gelegenheit s. 256 an fürten, wider so merkwirdig, wenn es darin v. 310 heißt:

‚dere (d. i. der Baiern) geslehte dare qam wilin ere
von Armenie der herin
da Noe uz der arkin gieng' . . .

die sage hat also wider recht, wenn sie nichts anderes

an deuten will, als einen zeitweiligen aufenthalt eines teiles
der Urgermanen oder Skythen in Armenien, ich sage außdrüklich eines teiles im verhältnisse zu der geradezu unzäligen menge aller Skythen.

urheimat der Arier. – Armenien aber als die urheimat
der Skythen überhaupt, oder gar, wie neuere forscher wollen,
als die wige sämtlicher Arier zu erklären, ist, ab gesehen
davon, daß das land vil zu klein gewesen wäre, solch' gewaltige und so vile völker zu beherbergen, hauptsächlich
auß all' dem, was wir über das herkommen der Skythen vor
gebracht haben, ein ding der unmöglichkeit. im gegenteile,
wir müßen die urheimat auch der gesamten Arier da suchen,
wo die Skythen auß gegangen sind. entscheidend weisen
uns nicht bloß die alten sitze der Skythen in und östlich von
Sogdiana, sondern auch die ältesten bewoner Baktriens,
eines anderen großen volkes der Arier, nur nach osten,
wo sich auch die ganze eranische heldensage, die großartigen kämpfe zwischen Eran und Turan, wie wir wißen,
ab spilen. und zwar erscheint Baktrien mit dem skythischen Sogdiana und Margiana im bunde schon als
mächtiges arisches reich, als die Assyrier im 13. jarhunderte v. Chr. die völker des eranischen hochlandes sich
unterwarfen. wir gewinnen daher für die älteste kultur der
Arier, auf welche unstreitig von allen arischen stämmen
nicht Persen oder Meder, sondern Baktrier und die
rings um dieselben seßhaften Skythen anspruch erheben
dürfen, eine zeit, welche merere tausende von jaren
hinter unsere zeitrechnung zurück geht, somit vor die semitische kultur der Babylonier und Assyrier fält und sich
wirdig derjenigen der noch nicht völlig bekanten völker der
Sumir Akkad und Kaldi an die seite stelt, wo nicht
gar an alter sie überragt. hiezu komt, daß auch Zarathustra mit der außbreitung seiner religion nur in Ost-
Eran, in Baktrien, erfolg erringen konte, weil er da-

selbst von alters her geordnete statliche verhältnisse an traf, durch welche der empfängliche boden für eine neue lere geebnet war. merkwirdiger weise teilt Diodorus Sic. I, 94 den Zarathustra den Arimasper-Skythen zu, was wider auf eine innige verknüpfung der östlichen Skythen und irer kultur mit dem volke der Baktrier hin weist, wenn auch beide völker der sprache nach schon längst geschieden waren. alle dise tatsachen machen es unwiderleglich, daß östlich von Baktrien und Sogdiana in den nämlichen gegenden, welche ich oben als die urheimat der Skythen nach wis, also am skythischen Imaus, dem heutigen Thian-schan und den von mir weiters beschriebenen zunächst gelegenen ländern auch der ursitz aller Arier gewesen sein muß. von da auß stigen sie den kurzen weg nach Baktrien und umgebung herab; sie brauchten nicht durch lange wanderung wider zu verwildern, sondern konten mit allen iren bißherigen errungenschaften des geistes sich in den besitz eines landes setzen und dasselbe tausende von jaren ungestört behaupten, um auf dise weise die höhe der bildung zu erklimmen, welche wir an inen bewundern. die Skythen hielten sich zur damaligen urzeit noch am weitesten östlich und rükten, je nach dem andere Arier vorne weg zogen, almählich nach. ire besetzung von Sogdiana, Margiana und Drangiana muß allerdings schon ser früh erfolgt sein. auch glaube ich, daß, wenn wir die Skythen als die zalreichsten und mächtigsten aller Arier, sowie iren mut und ire streitlust ins auge faßen, manchesmal sogar ein druck von irer seite veranlaßung war, daß andere arische stämme sich vom großen stocke los lösten und in Vorder-Asien ein rükten. noch einen sprechenden beweis für den ursitz der Arier in den von mir bezeichneten gegenden Binnenasiens geben uns die arischen Inder an die hand. dise namen one zweifel die südlichsten länder unter der arischen familie ein. ire weitere außdenung in diser richtung

muste sie notgedrungen innerhalb kurzer zeit an den oberen
lauf des Indus oder an seine nebenflüße füren, und nun
war inen die ban in das fünfstromland genau vor gezeichnet, und sie konten auch nicht widerstehen ir zu folgen,
wie villeicht schon vor inen längst vergeßene völker ir gefolgt waren, und wie nach inen Persen Griechen Saken
Parther Araben Mogul-Türken folgten.

wäre ein anderes land etwa Armenien die urheimat
der Arier gewesen, so ist es doch einleuchtend, daß vor
allen anderen doch die arischen völker zuerst in irer wachs-
enden außbreitung dem laufe des Euphrat und Tigris
gefolgt wären; daß an beiden strömen biß zu deren
mündung sich in folge dessen nur arische staten entwickelt
hätten; daß von baktrischen skythischen medischen
und persischen reichen da, wo wir solche kennen, gar nie
die rede hätte sein können, ebenso wenig wie von semitischen am Euphrat und Tigris; daß schwerlich je Arier
an den Indus oder Ganges gelangt wären; daß die nördlichen vorderasiatischen länder namentlich die große Vandabanda wol nie von Skythen bevölkert worden wäre, daß
sich in Armenien biß zum Kaukasus ein rein arisches
reich hätte bilden müßen, kurz daß, um die vergleiche nicht
ins zallose fort zu setzen, was wirklich möglich wäre, die
ganze länderverteilung und völkergestaltung von Vorder-
asien eine grundverschiedene von derjenigen hätte
werden müßen, welche wir jezt kennen und welche sich in
ganz natürlicher und anschaulicher weise änlich der oben
geschilderten skythischen westbewegung entwickelt hat, indem die außerskythischen arischen völker nachweis-
bar ebenfals zunächst den gebirgssträngen und fluß-
tälern als füren sich überließen, wie es die Skythen getan
haben.

die Sumir, Akkad und Kaldi. – ich habe oben der
völker der Sumir Akkad und Kaldi gedacht; ich muß

nochmal auf dieselben zurück kommen, weil einige Assyriologen der neuzeit dieselben auf grund der entdekten sprachüberreste zu den Turanern reihen wollen. ab gesehen nun davon, daß die wal des außdruckes Turaner, wenn man damit Finni-Ugri, ural-altaische völker oder überhaupt Mongolen bezeichnen will, schon deshalb durchauß unzuläßig ist, weil es zu der zeit, die hier ins auge zu faßen ist, nur arische Turaner gab, so muß vollends davon ab gesehen werden, die Skythen als mutmaßliche stamväter diser alten bißher nicht näher bekanten völker an zu sehen, da ja gerade die Skythen, die Urgermanen, dise arischen Turaner gewesen sind.

zweite gattung der keilinschriften. – bei diser gelegenheit dürfte eine weitere bemerkung nicht überflüßig sein, welche sich gegen eine andere irrige meinung über die Skythen richtet. man hat nämlich in einigen lerbüchern über altpersische keilinschriften die texte zweiter gattung mit den Skythen in der weise in verbindung gebracht, daß man in inen skythische sprache vermutete. nun, wir haben in diser abhandlung genug proben diser sprache gegeben, um mit recht zu folgern, daß die fraglichen texte nur dann für skythische gelten können, wenn sie zugleich urgermanisch sind, und daß, wenn lezteres nicht der fall ist, jeglicher gedanke an skythisches eigentum ab gewisen werden muß. auch die bezeichnung diser art keilinschriften mit skythisch in der absicht, dadurch an zu deuten, daß sie weder in einer indogermanischen noch in einer semitischen sprache geschriben seien, ist demnach eine hinfällige, weil durchauß unzutreffende.

nördliche umgehung des Kaspi und übergang nach Europa. – ich habe oben gelegentlich der schilderung der westlichen wanderung der Skythen da ab gebrochen, wo dieselben an das kaspische mer kamen, und wo ich auß sprach, daß sie auf zwei seiten um dasselbe herum giengen, sowie daß sie auf der südseite desselben biß zum **thrakischen Bosporus** kamen, von wo der übergang nach **Europa** leicht bewerkstelligt werden konte. ich neme hier den faden wider auf und ersuche den freundlichen leser, mir nordwärts zu folgen. weitauß die größere menge der europaeischen Skythen kam nämlich am **nördlichen** ufer des Kaspi in irem westlichen zuge vorüber und gelangte, indem sie den **Daïx** und den **Varus** überschritt, in das land **nördlich des Kaukasus** und dann an die **Maeotis**; von da an den **nördlichen Pontus** und von hier almählich in **alle die länder**, welche wir als gebiete der Skythen in Europa hauptsächlich durch Herodot und seine nachfolger kennen. ich muß hier der weitschweifigkeit halber die nähere beschreibung derselben übergehen, um außführlicher darüber zu handeln, wenn ich über die **einzelnen** stämme der Skythen zu reden komme. wie wir uns also den außzug der Skythen auß **Asien** und iren übergang nach **Europa** bezüglich der ein geschlagenen wege zu denken haben, ist nun, glaube ich, auß all' dem hierüber vor gebrachten klar geworden. behufs des vorganges solcher wanderungen aber dürfen wir nicht an nemen, als wenn ein skythischer stamm tief in Asien auf einmal sein hab und gut auf geraft und die richtung nach Europa ein geschlagen hätte, sondern wir müßen uns ein solches ereignis als ein **almähliches** meist von **übervölkerung** bedingtes **rukweises** und **oft unterbrochenes** vorrücken denken, über welches **jarhunderte, ja jartausende** in anbetracht der großen wegstrecken und der zu bewältigenden schwirigkeiten dahin gehen konten.

verbleiben einer großen anzal von Skythen in Asien. – nicht das **ganze** skythische volk schob sich auf dise weise gegen Europa vor, sondern eine große anzal blib in Asien für immer zurück, indem sie sich auf die ursitze und die übrigen von mir öfters schon in und außerhalb der eranischen reiche, dann in Klein- Vorder- und Binnenasien auf gefürten skythischen lande verteilte. damit will aber nicht in abrede gestelt werden, daß von der zeit an, seit die ersten Skythen den Pontus erreichten, ein fortwärendes hin und her wogen skythischer gefolgschaften und stämme zwischen Europa und Asien statt hatte, welches erst seinen abschluß fand, nachdem der große arische ring der Skythen von den Mongolen durchbrochen war und sich die lezteren zwischen die europaeischen und asiatischen Skythen fest sezten, was nach der zeit der hunnischen wanderungen geschah.

alter der Skythen. − es drängt sich hier von selbst die frage auf, wann wol die ankunft der Skythen oder Urgermanen resp. eines teiles derselben in Europa erfolgte. die europaeischen Skythen geben hierauf selbst die antwort in iren äußerungen an Herodot. um aber die warheit irer angaben voller wirdigen zu können, halte ich es für notwendig, zuvor noch einer anderen angelegenheit einige beachtung zu schenken, nämlich der, seit wann die Skythen wol überhaupt ein von den übrigen Ariern getrentes selbständiges eigenes volk gewesen sein dürften. es ist einleuchtend, daß diß nicht so one weiteres fest gestelt werden kann, weil in solch' nebelgraue ferne keine geschichte reicht. vergleichungsweise aber ergeben sich so manche anhaltspunkte, welche einiges licht in dises dunkel der vorzeit zu werfen geeignet sind. schon oben haben wir gesehen, daß die kultur der Skythen und der Baktrier die älteste aller Arier ist. hienach muß der bestand des skythischen volkes als eines solchen noch vil weiter zurück datiren; denn nur in langer zeit hat es dise stufe erklommen. ferner lesen wir im Justin II, 3 von einem sigreichen kriege der Skythen mit den Aegyptiern unter Vesosis, womit nur Sesostris gemeint sein kann. diser regirte aber ungefär 1394—1328 v. Chr. bei dem nämlichen autor vernemen wir ebendaselbst, daß Asien 1500 jare den Skythen tributpflichtig war, und daß könig Ninus von Assyrien diser pflicht ein ende machte. setzen wir die zeit dises sagenhaften herschers nur in das 16. jarhundert v. Chr., so musten die Skythen schon ende des vierten jartausends v. Chr. Asien bezwungen haben und daher noch vil früher ein zalreiches eigenes volk gewesen sein, um den außzug so viler tausende zu einem solchen gewaltigen unternemen notwendiger krieger auß irer östlichen urheimat veranlaßen zu können. die alten insgesamt nemen aber auch gar keinen anstand, die Skythen für eines der ältesten völker der erde zu halten; daher giengen in dem im geschichtlichen teile s. 3 und 41 ff. bereits erwänten streite der Skythen und Aegyptier um das höhere alter die Skythen überzeugungsgemäß als siger hervor. der erste aegyptische geordnete stat aber datirt ins vierte oder fünfte jartausend v. Chr. zurück, je nachdem für könig Menes das jar 3893 nach Lepsius oder 4455 nach Brugsch an gesezt wird, und darnach ist das noch höhere alter der Skythen zu ermeßen. auch der Sinto-dienst der Japanesen, der disen von den Skythen bei gebracht wurde, gleichwol aber auß hohem alter als urreligion dises mongolischen volkes erscheint, zeugt laut für das in die fernste urzeit reichende bestehen des skythischen volkes. daß Homer und Hesiod die Skythen als selbständige völker kennen, erscheint unter solchen verhältnissen fast als eine schmälerung skythischer alterswirde.

zeit der ankunft in Europa. — nach diser überzeugung über das ungemein hohe alter der Skythen als volk, können wir der frage über ir erscheinen in Europa näher rücken. da werden wir finden, daß die Skythen selber höchst auf fallender weise in iren angaben über sich selber mit den so eben entwickelten tatsachen völlig überein stimmen. laßen wir nun unserem längst bewärten vater der geschichte, Herodot, das wort, um uns zu erzälen, was im die Skythen über ir alter in Europa mit teilten. es heißt bei im IV, 5 hierüber: ‚ὡς δὲ Σκύθαι λέγουσι, νεώτατον ἁπάντων ἐθνέων εἶναι τὸ σφέτερον . . .' und dann IV, 7: γεγονέναι μέν νυν σφέας ὧδε λέγουσι οἱ Σκύθαι ἔτεα δέ σφι, ἐπεί τε γεγόνασι, τὰ σύμπαντα λέγουσι εἶναι ἀπὸ τοῦ πρώτου βασιλέος Ταργιτάου ἐς τὴν Δαρείου διάβασιν τὴν ἐπὶ σφέας χιλίων οὐ πλέω, ἀλλὰ τοσαῦτα.' das sind nun höchst wichtige nachrichten, mit welchen man bißher noch gar nicht rechnete, weil man sich mit den Skythen nicht mit der rüksicht beschäftigte, welche sie längst verdienten. beide außsagen der Skythen bergen unzweifelbare warheiten. wenn sie behaupten, ir volk sei von allen das jüngste, so heißt das offenbar, es sei von allen völkern als das lezte von Asien nach Europa gekommen und hinter oder nach inen, wenigstens auf dem wege, den sie ein schlugen und der durch ir gebiet fürte, keines mer; denn wäre das biß zu den zeiten, wo Herodot über disen gegenstand mit inen sich besprach, der fall gewesen, so hätten sie darum wißen müßen. wenn sie weiters an geben, von Targitaus biß zum zuge des Darius gegen sie seien tausend jare verfloßen, so sind die ersten Skythen, da der zug des Darius ungefär in das jar 513 v. Chr. fält, im jare 1513 v. Chr. oder rund am ende des sechzehnten jarhunderts v. Chr. in Europa an gekommen. dise angabe stimt ganz und gar mit den meinungen, welche die Griechen und Römer über das hohe alter des skythischen volkes hegten, überein.

die Skythen die lezten Arier in Europa. — keine alte nachricht widerspricht aber auch der ersteren überliferung, daß die Skythen oder Urgermanen zulezt unter allen Ariern in Europa ein gewandert seien, ja gewichtige tatsachen treten sogar dafür ein, so die uralte kultur der Kelten, welche schon Herodot im äußersten westen Europas kent, wo sie längst, ehe die Skythen in Europa an langten, festen sitz gefaßt haben musten. wenn daher W. Arnold in seiner deutschen urzeit die Kelten 2000 jare v. Chr. Gallien erreichen läßt, so hat er durchauß nicht zu weit zurück gegriffen, sondern wir dürfen immerhin noch ein halbes oder ganzes jartausend dazu geben. aber auch die illyrischen völker werden längst vor den Skythen, wenn auch villeicht auf einem anderen wege Illyrien sowie Italien und Griechenland erreicht haben. sicher müßen Litauer und Slaven vor den Skythen nach Europa von Asien auß ein gewandert und von lezteren nur weiter nördlich und westlich gedrängt worden sein. Herodot nent manche namen, — ich kann hier nicht weiter darauf ein gehen — deren träger weder Skythen noch Mongolen, welch' leztere er eigens als kalköpfe kenzeichnet, an gehören und welche wir füglich Litauern und Slaven ein verleiben dürfen. die Sauromaten sind weder zu den Skythen noch zu den Slaven zu stellen, sie sind eine von den Skythen nach Europa verpflanzte eranische kolonie, welche sich in der folge ser vermerte und auß dente, in welcher selbst skythische völker auf giengen, welches völkergemische später aber selber wider unter Slaven und Mongolen verschwand. ob die Thraken mit den europaeischen Skythen ein wanderten und sich erst in Europa von inen sonderten, oder ob sie vor den Skythen auf dem nämlichen wege, wie dise oder auf dem anderen über den thrakischen Bosporus nach Thrakien, Griechenland und an die südwestseite des Pontus kamen, laße ich hier dahin gestelt. sovil dürfen wir als sicher an nemen, daß die Thraken keinesfals nach den Skythen nach Europa kamen, sowie daß ire trennung von den Skythen, fals sie schon in Asien vom gemeinsamen stocke aller Skythen geschah, sich möglichst an die zeit an schließen muß, in der sich auch die europaeischen Skythen von iren asiatischen vätern und brüdern sonderten. zeugnis für die unzweifelhafte skythische herkunft der Thraken gibt laut ire sprache, welche mit der der Skythen eine und dieselbe ist, wofür wir schon mermals beweise gelifert haben und noch mer bei der behandlung der Thraken geben werden.

West- und Nordgermanen gehen zunächst von Thraken und Skythen auß. – um nun von den Skythen und Thraken auf die Germanen zu kommen, so steht fest, daß leztere nicht schon als gesondertes volk auß Asien nach Europa wanderten, sondern noch als Urgermanen d. i. eben als unsere Skythen und Thraken. erst in Europa lösten sich von Thraken und Skythen einzelne gefolgschaften und stämme nach und nach los und zogen nordwestwärts; auch sie folgten, wie ire urväter in Asien den gebirgszügen und ufern der flüße, um zunächst an die Ostsee und Nordsee zu gelangen, von wo sie in der folge nach Skandinavien über sezten. die so nach und nach vom schwarzen mere auß zogen, bildeten mit der zeit die West- und Nordgermanen.

die Ostgermanen bleiben zurück. – Ostgermanen, worunter ich die gesamte gotische völkermasse verstanden wißen will, wanderten anfangs nur wenige nordwestlich, der hauptstock blib vorerst unter Skythen und Thraken am Pontus sitzen. im vierten jarhundert v. Chr. scheint schon eine zimliche anzal Germanen im heutigen Norddeutschland und villeicht auch schon in Skandinavien sich nider gelaßen zu haben. in späterer zeit fand ein hin- und herwogen von germanischen völkerschaften zwischen Pontus und Ostsee gerade so statt, wie einst, ja noch zur selben zeit von skythischen stämmen zwischen Europa und Asien. daß West- und Nordgermanen von Thraken und Skythen am Pontus wirklich iren außgang namen und vorher als solche daselbst hausten, dafür ist uns, ab gesehen von den unwiderleglichen zeugnissen der sprache, beweis die algemeine anschauung der alten über daselbst zurück geblibene Ostgermanen. von disen werden

z. b. die Basternen ein thrakisches, skythisches und germanisches volk genant; ebenso heißen die Goten auch Geten und Skythen, ja werden die Ostgoten von einigen autoren nur mit Skythen, die Westgoten mit Goti Gothi außschließend bezeichnet, die Skythen sogar als ein teil des Gotenvolkes auf gefürt. ich habe auf dise tatsachen schon ende des geschichtlichen teiles s. 72 ff. aufmerksam gemacht und auch auf die außflüchte hin gewisen, mit denen man sich bißher zu behelfen suchte, indem man den betreffenden autoren eine verwechslung in die schuhe schieben wolte. jezt glaube ich, sind dise alten berichterstatter glänzend gerechtfertigt; denn sei es, daß sie Thraken und deren stämme wie die Geten für Goten, oder Skythen und deren stämme für Goten, oder thrakische stämme für skythische und umgekert erklären, so sind sie immer im rechte, da ja, wie wir schon oft es auß sprachen, Thraken und Skythen einem und demselben völkerbaume, den wir am treffendsten den urgermanischen nennen, an gehören. man könte noch ein wenden, wie es denn komme, daß Thraken und Skythen, wenn sie Germanen waren, nicht auch geradezu mit dem namen Germani bezeichnet wurden, wenigstens zu der zeit, als diser name algemein in gebrauch kam, und man sich überzeugt hatte, daß Skythen und Thraken wirklich mit den als auß gesprochenen Germanen bekanten völkern die gleiche zunge redeten? one mich über anderweitige gründe zu verbreiten, antworte ich mit der gegenfrage: warum wurden die Goten und die meisten irer stämme am Pontus, welche doch die unbestrittensten Germanen waren, nie als Germani von den alten bezeichnet? — Tacitus kent die Goten am Pontus nicht — ja warum wurden sie sogar den Germanen z. b. den Franken, welche vorzüglich als Germani galten, außdrüklich gegenüber gestelt? es entscheidet also diser umstand nicht nur nicht, sondern es könte im gegenteile der fall sein, daß uns der name Goti, hätten wir keine gotischen sprachüberreste, gerade so fremd, so ungermanisch erscheinen würde, wie uns bißher der name der Thraken und Skythen galt, als wir von irer sprache noch nichts wusten.

ich habe oben gesagt, daß die Ostgermanen d. i. die gotischen völker im großen und ganzen zunächst am Pontus bliben. um die zeit der oberherschaft des Maximus und Balbinus fieng es auch unter disen völkern zu gären an; die gefürchteten anstürme gegen das römische reich begannen und dauerten merere jarhunderte. die wärend diser zeit, in welche auch die sogenante völkerwanderung fiel, verrichteten kriegstaten der pontischen Germanen kent die ganze welt. aber auch nach disen stürmen und den dabei unter laufenden zalreichen germanischen zügen nach westen, bliben ostgermanische völker in der alten heimat zurück, so die Goti minores in Moesien, die Goti tetraxitae am kimmerischen Bosporus und auf der Krim, reste der Vandaler, der Gepiden u. a., ebenso Basternen und Peukiner, so daß man also mit recht sagen kann, vile Germanen haben das unter dem namen Germania schlechthin verstandene land nie gesehen.

verschwinden der Skythen in Asien. – wo nun die Skythen, womit wir auch die Thraken verbinden können, hin kamen, und wie ir name verschwand, dise fragen haben sich durch die bißherigen entwickelungen fast schon von selbst erledigt, und ich brauche nur wenig mer bei zu fügen. beschäftigen wir uns zunächst mit Asien. wir wißen, daß dort ehedem die meisten Skythen hausten und daß, wenn auch nach der eigentlichen einwanderung eines großen teiles derselben in Europa noch immer später scharen westwärts nach drangen, doch eine zallose menge für immer in Asien zurück blib. bei den asiatischen Skythen nun wirkten dieselben ursachen zu irer verminderung mit, wie bei iren

abkömlingen den Germanen in Europa, nämlich die **ewige
kriegs- und eroberungslust**. so verzerte die eroberung
des **griechisch-baktrischen** reiches, womit natürlich die
heftigsten kämpfe verbunden waren, und die herstellung einer
sako-skythischen herschaft daselbst, eine **große anzal
von Skythen**; ebenso forderte die besetzung **Indiens** und
errichtung eines **indo-skythischen** reiches widerum **ser
vile skythische menschenopfer**. als ferner die Parther,
selbst skythischer herkunft, **mit hilfe der Skythen** das
persische reich überwältigten, bliben vornemlich **dise ire
vorzüglichsten bundesgenoßen** und nur mit irer unterstützung
konten sich die Parther in heftigen kämpfen nicht nur der
inneren und äußeren feinde erweren, sondern sogar erobernd
vor gehen und es zu einem **parthischen weltreiche**
bringen. wir sind über **dises eingreifen der Skythen** in
parthische angelegenheiten zur genüge unterrichtet und ich
verweise auf die parthischen könige Phrahates II, Sanatrokes
und Phrahates IV, welche **nachrichtlich Skythen im solde
hatten**. die Skythen benüzten aber auch die onmacht der
Parther und fielen auß freien stücken, um beute zu machen,
ins parthische reich ein. widerholt kämpfte der parthische
könig Artabanus gegen ire einfälle an. dises stete befinden
auf dem kriegspfade trug aber zur **bedeutenden minderung
des skythischen volkes** bei; denn der **tägliche verlust
an kriegern**, dem edelsten kerne des volkes, der durch
vile jartausende fort gieng, konte unmöglich durch den
nachwuchs auß geglichen werden; ja es muste endlich
kommen, daß, wärend die lezten stützen eines stammes, die
waffenfähigen manschaften, in westlichen fernen
der eranischen reiche in schlachten kämpften oder in raubzügen sich tummelten, die schwach verteidigten dörfer der
östlichen heimat mit leichter mühe von den nach rückenden Mongolen überwältigt wurden. wie es bei solchen überfällen zu geht, lert an hunderten von beispilen die geschichte:

kinder und greise fallen als unnützer ballast dem schwerte anheim, und die frauen wandern in die sklaverei. auf dise weise werden vile stämme der Skythen unter gegangen sein und auch die unversert geblibenen musten almählich der übermacht der Mongolen weichen und sich in entlegenere gegenden zurück ziehen. wie zäh aber das skythische element, so lange es irgend gieng, stand hielt, sehen wir an land und statt Bôkhârâ, wo noch zur zeit des mittelalters skythischer einfluß maß gebend war. wir haben darüber bereits oben bei der erklärung dises namens gesprochen. auch ire gestalten überdauerten in vilen fällen ire selbständigkeit wie iren namen und zeigen sich noch, wie wir ebenfals wißen, teils in den roten blonden und blauäugigen kriegern der heutigen Turkomanen, teils in einigen biß heute unabhängigen arischen stämmen Binnenasiens.

an den Skytken in Asien sehen wir so recht das schiksal viler germanischen stämme der späteren zeit in Europa sich volziehen und zwar auß ganz gleichen ursachen, nämlich auß dem uralten verhängnisse, das über der ganzen germanischen völkerfamilie zu schweben scheint und so vilen glidern derselben schon zum verderben gereichte: der unzufridenheit mit der eigenen heimat; der gir nach fremden ländern, sowie der vorliebe für alles fremde und daher der aufopferung für fremde zwecke; der uneinigkeit und fehde unter den eigenen stamverwanten. heute noch dürfen wir uns täglich disen spiegel vor augen halten!

aufgehen der europaeischen Skythen in Germanen und Sauromaten. – ich komme nach Europa. wir wißen, daß von den europaeischen Skythen und Thraken die West- und Nordgermanen sich los lösten und in Germanien und Skandinavien nider ließen, wärend die Ostgermanen unter thrakischer und skythischer hülle noch länger unbekant bliben. als ersten anerkanter maßen germanischen stamm im osten finden wir die Basternen. gerade dise lifern uns noch einen lezten und schlagenden beweis für die hinfälligkeit der anname, als wenn die ostgermanischen völker, wozu die Basternen one den geringsten zweifel gehören, in der zweiten hälfte des zweiten jarhunderts unserer zeitrechnung, wie selbst Zeuß d. D. u. d. nb. s. 402 noch an nimt, erst in die gegenden der Thraken und Skythen gekommen wären; denn Livius XL, 5 erzält uns, daß bereits Philippus der vater des Perseus gesante an die Basternen um hilfstruppen schikte. demnach waren dieselben also schon im dritten jarhundert v. Chr. ein an gesehenes volk und saßen, wie auß weiteren stellen desselben und anderer autoren hervor geht, links der Donau, also mitten im thrako-skythischen gebiete. wie wäre es nun möglich, daß die Basternen schon zu einer so frühen zeit in dise gegenden gekommen wären, wenn die ostgermanischen völker erst vier jarhunderte später vom ufer der Weichsel auß ziehen und dises land an der Donau hätten erobern sollen? und gesezt auch, man würfe ein, daß ja die Basternen ganz allein für sich auf eigene faust von der Ostsee an das schwarze mer wirklich zu einer so frühen zeit, als wir sie dort finden, gezogen wären, glaubt man, ein einzelner germanischer stamm unter feindlichen Skythen und Thraken — die Geten waren damals schon am linken ufer der Donau — wäre nicht längst auf geriben worden und spurlos verschwunden? aber es verhält sich eben wesentlich anders. die Basternen hatten nirgend anderswo ire heimat als an der Donau, waren nie an die mündung der Weichsel gekommen und wonten immer unter völkern gleicher sitte und sprache nämlich unter Thraken und Skythen. sie gehörten nur zu denjenigen stämmen, welche sich durch besondere tatenlust auß einer größeren gesamtheit schon frühzeitig herauß hoben und es deswegen zu einem eigenen und neuen namen gebracht hatten. nicht unter die schwachheiten des Appianus und Dio Cassius gehört es daher, wie Zeuß ibidem s. 128 anm. meint, wenn der erstere (Macedon. Schweigh. 1, 531) durch die stellen ὁ Περσεύς ... ἐς δὲ Γέτας ἔπεμπε τοὺς ὑπὲρ Ἴστρον und p. 532 ἤδη Γετῶν αὐτῷ προσιέναι μισϑοφόρους ... Γετῶν δὲ τῶν Ἴστρον περασάντων ἐδόκει Κλοιλίῳ μὲν τῷ ἡγεμόνι die Basternen als Geten und der leztere (51, 23 Reim. 656) durch die stelle Βαστάρναι δὲ, Σκύϑαι τε ἀκριβῶς νενομίδαται dieselben als Skythen bezeichnet; im gegenteile beide autoren wusten sicherlich auß uns unbekanten quellen, daß die Basternen nur ein teil des großen thrako-skythischen volkes seien, und gerade die tatsache, daß sie der eine Geten der andere Skythen nent, beweist auch hier wider die ursprüngliche zusammengehörigkeit der Thraken und Skythen. die Basternen sind uns aber noch ein beweis dafür, wie im laufe der zeit große völker scheinbar untergehen, in der wirklichkeit aber nur unter anderen namen fort leben, wie es mit den Thraken und Skythen in hervor ragender weise der fall war. von inen schälten sich unter den Ostgermanen zuerst unsere Basternen los und traten, obwol am Pontus unter anderem namen ein altes volk, mit disem irem neuen namen in die öffentlichkeit. dann sind wir merere jarhunderte lang one jegliche nachrichten, biß wir auf einmal, als dise wider fließen, von der anwesenheit der gotischen völker am Pontus hören. niemand wuste weder von irer ankunft, noch von iren kämpfen mit Thraken und Skythen, den uralten eingeborenen landsaßen; im gegenteile, von dem augenblicke an, als der name der Goten ertönt, gilt er auch schon mit dem der Geten gleich, ja die Goten heißen auch Skythen und von zeitgenoßen werden die Ostgoten außschließlich so benant, die Skythen aber sogar als teil der Goten auf gefürt. merkwirdiger weise wuste man sich biß in die neueste zeit mit disen tatsachen nicht anders zurecht zu finden, als daß man, was freilich das einfachste war, um dise heikele frage mit einem male los zu werden, an nam, es hätte sich der geister der alten eine algemeine völkerverwirrung bemächtigt, der alten sage ich, welche mit eigenen augen sahen und mit eigenen oren noch hörten, und nur ganz hervor ragende männer vor allen Jakob Grimm wagten es, den gedanken zu faßen, daß am ende Griechen und Römer dennoch recht haben könten, wenn sie alle dise völker einer und derselben großen familie zu teilten. und sie hatten auch recht.

mit den völkern an der Donau und am Pontus, mit welchen seit Herodot sich nur wenige ein gehend beschäftigt hatten, in welchen aber ein kriegerischer geist entfacht war, der das römische weltreich bedrohte, trat das römische volk auß politischer notwendigkeit in engere verbindung und lernte auf dise weise ire gestalt, ire sitten und ire sprachen unwilkürlich näher kennen. da muste es denn kommen, daß man mit einer anzal neuer namen bekant wurde, welche im laufe der zeit sich gebildet hatten, wärend man auß her gebrachter gepflogenheit und wider beßeres wißen immer noch die alten allumfaßenden bezeichnungen der Skythen und Thraken an gewendet hatte. und nun wird es begreiflich, daß einesteils die warnemung den alten autoren sich auf drängte, daß alle dise blonden blauäugigen völker namentlich Geten Goten Thraken Skythen ff. eine und dieselbe nur mundartlich abweichende zunge sprachen und daß man sie daher gerade so gut mit iren einzelnen neuen stammesnamen, wie mit den algemeinen alten her gebrachten volksnamen bezeichnen könne, wie es in der tat auch unzälige male geschah, sowie daß anderteils, je mer die auf gekommenen neuen benennungen in folge der berümtheit irer träger an außbreitung gewannen, die alten namen seltener wurden und schließlich gänzlich außer gebrauch kamen. man hörte also anfangs neuere und ältere namen in einem atem, dann fast nur mer neuere, biß zulezt die älteren namen Skythen und Thraken ganz verstumten. sie waren überflüßig geworden; denn die meisten irer besitzer waren in iren neuere und berümtere bezeichnungen tragenden stammesgenoßen auf änliche weise auf gegangen, wie dise umgekert vile jarhunderte hindurch unter den völkern, welche skythische und thrakische namen trugen, verborgen waren. gerade dises lezte für den nicht eingeweihten rätselhafte verschwinden des größeren teiles der Thraken und Skythen unter den Ostgermanen bildet für den näher zusehenden noch an und für sich einen wichtigen beweis für gleiche herkunft und gleiche sprache diser drei völker; denn im anderen falle hätten ja die Ostgermanen insbesondere die Goten, welche die fürung übernommen hatten, durch dise vermischung mit Thraken und Skythen eine trübung irer sprache im nicht germanischen sinne erfaren müßen; aber gerade das gegenteil ist der fall; die gotische sprache ist so rein germanisch, wie es nur eine andere germanische sprache sein kann, geblieben.

ich habe in meinen lezten außfürungen über die europaeischen Skythen auch immer die Thraken herein gezogen, one doch dise vorher eigens behandelt und den beweis für ir ursprüngliches Germanentum vollends erbracht zu haben. es ist aber geradezu unmöglich, über europaeische Skythen und ir verhältnis zu den Ostgermanen zu sprechen, one die Thraken zu berüren, und deshalb möge mich der geerte leser entschuldigen, wenn ich mir wider willen in solcher weise vor greifen muste.

wir haben gesehen, wie der weitauß größere teil der europaeischen Skythen in den Ostgermanen auf gieng. nicht alle Skythen traf dises glükliche los, wie man wol sagen darf, wenn ein volk in einem anderen sich verliert, das nur fast dem namen nach sich davon unterscheidet. ein kleinerer teil hatte ein anderes schiksal.

wir sind in diser abhandlung schon öfters den **Sauromaten** begegnet. sie sind ebenfals **arischer** abkunft wie die Skythen, werden oft auch, obwol mit unrecht, **Skythen** genant, sind aber dennoch keine Skythen, wie schon Herodot und die folgenden autoren wißen. sie sprechen eine **andere sprache** wie die Skythen d. h. sie nähern sich darin den **Eranern**, auß deren lande, wie Diodorus Sic. II, 43 außdrüklich erzält, sie als **kolonisten** nach Europa verpflanzt wurden. in der neuen heimat vermerten sie sich außerordentlich, namen das östliche Europa und das **westliche Asien** mit der zeit ein, griffen selbst die Skythen an und fielen widerholt in deren gebiet ein. sie sind es, durch deren übermacht manche von der gesamtheit der Skythen **entfernt wonende skythische stämme** unterjocht wurden. irerseits aber musten die **Sauromaten** wider teils durch die **Slaven** teils durch die **Mongolen** büßen. auf zweifache weise also teils in den Germanen teils in den Sauromaten haben sich die europaeischen Skythen verloren.

des Plinius berümter bericht. – merkwirdig ist es nun, daß dises ganze schiksal der europaeischen Skythen bereits von den alten in der vollen tragweite und sogar **ser frühzeitig** erfaßt und auß gesprochen wurde. Plinius, dem wir so manches verdanken, ist es nochmal, der uns h. n. IV, 12 dise hoch wichtige nachricht auf bewart hat. so kurz sie ist, gehört sie zu dem berümtesten, was derselbe überhaupt geschriben hat und würde allein hin reichen, in unsterblich zu machen, um so mer, als der weiter blickende forscher die ganze germanische urgeschichte darin an gedeutet findet. die berümte stelle lautet: Scytharum nomen usquequaque transit in Sarmatas atque Germanos, nec aliis prisca illa duravit appellatio, quam qui extremi gentium harum ignoti prope ceteris mortalibus degunt.'

ich aber schließe mit dem festen glauben, daṣ neunzehnte jarhundert wird nicht vergehen und man wird sich mit verwundern fragen: **wie konte eine so große von den alten hundertfältig bestättigte warheit, wie die abstammung der Germanen von den Skythen, worunter auch die Thraken als teil des ganzen in begriffen sind, dem gebildeten Europa so lange verborgen bleiben!**